金融法学

范　玲◇著

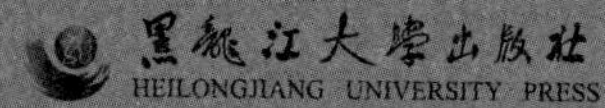

图书在版编目(CIP)数据

金融法学 / 范玲著. -- 哈尔滨 : 黑龙江大学出版社, 2012.7

ISBN 978-7-81129-516-0

Ⅰ. ①金… Ⅱ. ①范… Ⅲ. ①金融法-法的理论-中国 Ⅳ. ①D922.280.1

中国版本图书馆 CIP 数据核字(2012)第 173066 号

金融法学
JINRONG FAXUE
范 玲 著

责任编辑 张怀宇 曲丹丹
出版发行 黑龙江大学出版社
地 址 哈尔滨市南岗区学府路 74 号
印 刷 哈尔滨市石桥印务有限公司
开 本 710×1000 1/16
印 张 28.5
字 数 490 千
版 次 2012 年 7 月第 1 版
印 次 2012 年 7 月第 1 次印刷
书 号 ISBN 978-7-81129-516-0
定 价 55.00 元

前　言

金融从业者不仅需要掌握丰富的金融理论，还需要熟知并灵活运用金融法律知识来指导各项金融活动。因此，金融法律知识的学习意义重大。然而，目前已公开出版的金融法学著作，多以法学专业学生或从业者为受众群体，并无专门适用于经济类专业学生或从业者的金融法学书籍。因此，作者针对此类人士的需要撰写了本书。本书在充分考虑读者经济以及法律知识背景的基础上，紧跟金融法制建设与实践发展的脚步，对金融法律制度进行了系统、全面的阐述，内容具体、翔实、新颖，富有启发性。

本书由十二章组成，分别是：第一章金融法概述；第二章中央银行法；第三章商业银行法；第四章政策性银行法；第五章证券法；第六章保险法；第七章信托法；第八章融资租赁；第九章货币法；第十章票据法；第十一章担保法；第十二章金融监管法。本书在篇章体例上，与现有金融法学教材基本相同，在此基础上特别增加了与金融实践密切相关的票据法和担保法方面的内容，使得本书更加符合金融实践发展的现实需要，具有较高的参考价值。

因笔者理论功底有限，书中仍有许多不足之处，还望广大读者批评指正。

谨以此书献给我的家人，尤其是我的宝贝儿子——刘禹锡，感谢他们对我的理解和支持。

范　玲

2012 年 4 月

目　　录

第一章　金融法

第一节　金融法概述

一、金融与金融法

1. 金融

金融，是指在商品货币经济条件下，各种金融机构以货币为对象，以信用为形式所进行的货币收支、资金融通等活动的总称。[①] 例如，银行的贷款业务、银行卡业务、外汇买卖业务，以及证券公司和保险公司开展的投资业务都属于金融活动的范畴。金融市场中的各类主体，通过金融活动实现了资金的融通。其中，资金供给方通过剩余资金的让渡，获得了利息收入；资金的需求者通过资金的融入，使得生产活动顺利开展。

随着商品经济的纵深化发展，金融活动与人们的关系日益紧密，国家和地区的经济发展更是离不开金融活动。尤其是在金融产品数量、金融制度以及金融产品价格等方面逐渐呈现出全球化趋势的今天，国家和地区之间的金融交往也在此趋势下日益向纵深化发展。

2. 金融市场

通俗地讲，金融市场就是金融产品交易的场所，该市场被称为一个国家或地区发展的"晴雨表"。它的基本功能即在于进行资产配置。通过金融产品的交易，金融市场主体实现了资金在不同主体、不同时间以及不同空间的转移。

---

① 朱崇实主编：《金融法教程》，法律出版社2005年版，第1页。

与普通商品交易市场有所不同，金融市场是以金融产品为交易标的，该类交易标的具有非物质性的特征，其交付和使用都与一般商品有很大的不同。但是，金融市场毕竟不同于传统的商品市场，金融市场的风险较普通商品市场更加多样化、复杂化，当然其风险防范也就更加困难。

下面通过一段资料，了解一下我国金融市场的最新运行情况。

2011 年 11 月份金融市场运行情况[①]：

2011 年前 11 个月，金融市场总体运行平稳。11 月份，银行间市场债券发行量有所增加，5—10 年期债券发行比重上升；银行间市场同业拆借和债券回购量有所增加，货币市场整体利率水平较上月下降，走势呈现先下降后上升态势；现券交易活跃，银行间债券指数和交易所国债指数走高。11 月份，上证股指总体下跌，沪市日均成交量有所增加。

(1)债券发行情况

2011 年前 11 个月，银行间债券市场累计发行债券 6.7 万亿元，同比减少 26.0%。11 月份，银行间债券市场发行债券6 694亿元，较上月上升 21.7%。截至 11 月底，债券市场托管量为 21.6 万亿元，其中银行间债券市场托管量为 21.0 万亿元，占债券市场托管量的 97.2%。前 11 个月，银行间债券市场发行的债券 5 年期以下的债券比重最大。11 月份，5 年期以下债券比重有所减少，5 年(含)到 10 年期以上的债券比重有所增加。

(2)拆借交易情况

前 11 个月，同业拆借市场总体运行平稳，交易量累计约 30 万亿元，同比增加 18.9%。11 月份，同业拆借市场累计成交 3.3 万亿元，较上月增加 19.3%；其中 1 天期品种共成交 2.5 万亿元，占本月全部拆借成交量的 76.7%。11 月份，同业拆借利率先降后升，整体利率水平较上月有所下降。同业拆借加权平均利率为 3.49%，较上月下降 26 个基点。11 月 30 日，7 天期拆借加权平均利率为 4.02%，较上月末下降 95 个基点。

(3)回购交易情况

前 11 个月，回购市场交易相对活跃，债券质押式回购累计成交 86.1 万亿元，同比增加 11.8%。11 月份，债券质押式回购成交量为 9 万亿元，较上月增加 25.0%。交易品种以 1 天期为主，1 天期品种成交约 6.6 万亿元，占本月全部质押式回购成交量的 73.1%。11 月份，回购加权利率呈现先下降后回升态势，整体利率水平较上月有所下降。11 月份，债券质押式回购加权平均利率

① http://www.pbc.gov.cn.

为3.52%，较上月下降23个基点。11月30日，7天质押式回购加权平均利率为3.97%，较上月末下降100个基点。

(4)现券交易情况

前11个月，银行间债券现券交易累计成交57.2万亿元，同比减少0.4%。11月份，银行间债券市场现券累计成交5.4万亿元，比上月增加35.9%。11月末，银行间债券指数为138.20点，较上月末上涨1.63点，涨幅为1.2%，较年初上涨5.27点，涨幅为4.0%；交易所国债指数继续上涨，月末收盘130.83点，较上月末上涨0.59点，涨幅为5.5%，较年初上涨4.51点，涨幅为3.6%。

(5)股票交易情况

11月份，上证股指总体下跌。上证综指月末收于2 333.42点，较10月末下跌134.83点，跌幅为5.5%。沪市日均成交量736.2亿元，较上月增加38.9亿元。

二、金融法律关系

金融法律关系，是金融法律规范在调整人们行为过程中形成的以权利义务为内容的社会关系。这种法律关系是人们在从事金融活动的过程中形成的。

金融法律关系主要包括金融法律关系主体、金融法律关系客体以及金融法律关系内容这三个构成要素。

(一)金融法律关系主体

金融法律关系主体，是指参加金融法律关系的人。在我国，具体包括自然人、法人、其他组织和国家等。

1. 自然人

(1)自然人的概念

自然人即指生物学意义上的人，是基于出生的事实而取得民事主体资格的人。因此，自然人不仅包括本国公民，还包括外国人以及无国籍人士。

(2)自然人的民事权利能力

所谓自然人的民事权利能力，是指民事法律赋予自然人享有民事权利以及承担民事义务的一种资格。可见，自然人的民事权利能力指的是一种资格，这种资格是由法律直接赋予的。而且在目前的人类社会，自然人的民事权利能力具有普遍性与平等性。

自然人的民事权利能力因其出生而获得，因自然人的死亡而终止。《中华人民共和国民法通则》(以下简称《民法通则》)第9条规定："公民从出生时起到死亡时止,具有民事权利能力,依法享有民事权利,承担民事义务。”对于自然人的出生时间问题,各个国家的认定方法不一致,主要有露出说、独立呼吸说等学说。我国采取的是独立呼吸说,也就是说从初生婴儿具备独立呼吸能力并进行第一次呼吸开始来认定自然人的出生时间。

自然人的死亡,包括生理死亡和宣告死亡两种形式。

生理死亡对于死亡的认定主要有呼吸停止说、脉搏停止说、心脏跳动停止说以及脑死亡说等学说。随着现代医学技术的不断进步,脑死亡说被更多的国家所接受。我国在此问题上采取心跳和呼吸同时停止作为判断自然人死亡的标准。

宣告死亡,并非生理死亡。宣告死亡是指自然人离开自己的住所,下落不明达到法定期限,经利害关系人申请,由法院宣告其死亡的法律制度。《民法通则》第23条规定:“公民有下列情形之一的,利害关系人可以向人民法院申请宣告他死亡:(一)下落不明满四年的;(二)因意外事故下落不明,从事故发生之日起满二年的。战争期间下落不明的,下落不明的时间从战争结束之日起计算。”

(3)自然人的民事行为能力

民事行为能力是指自然人能够独立地依靠其意思表示进行民事行为的能力。自然人民事行为能力与其年龄、智力以及精神状态密切相关。只有达到一定年龄并且智力以及精神状态符合特定要求的自然人,才能够对其行为性质有足够的认识,以自己的意思表示为此行为并对其行为负责。以此为出发点,自然人的民事行为能力可以分为完全民事行为能力、限制民事行为能力以及无民事行为能力三种类型。

①完全民事行为能力。《民法通则》第11条规定:“十八周岁以上的公民是成年人,具有完全民事行为能力,可以独立进行民事活动,是完全民事行为能力人。十六周岁以上不满十八周岁的公民,以自己的劳动收入为主要生活来源的,视为完全民事行为能力人。”由此可见,我国首先以年龄作为划分民事行为能力的标准,年满18周岁即具备完全民事行为能力。在特殊情况下,年满16周岁的自然人也可以视为具备完全民事行为能力,但是需要以自己的劳动收入为主要生活来源。不过,还需要具备“智力正常”这一条件。

②限制民事行为能力。我国《民法通则》界定的限制民事行为能力的自然人为十周岁以上的未成年人以及不能完全辨认自己行为的精神病人。限制民事行为能力人可以进行与他的精神健康状况相适应的民事活动,其他的民事活动由他的法定代理人代理,或者征得他的法定代理人的同意。

③无民事行为能力。不满十周岁的未成年人以及不能辨认自己行为的精神病人是无民事行为能力人。无民事行为能力人需要由他的法定代理人代理民事活动。

需要注意的是,我国对于精神病人的无民事行为能力和限制民事行为能力的判定采取宣告制度。《民法通则》第 19 条规定:“精神病人的利害关系人,可以向人民法院申请宣告精神病人为无民事行为能力人或者限制民事行为能力人。被人民法院宣告为无民事行为能力人或者限制民事行为能力人的,根据他健康恢复的状况,经本人或者利害关系人申请,人民法院可以宣告他为限制民事行为能力人或者完全民事行为能力人。”

2. 个体工商户和农村承包经营户

个体工商户和农村承包经营户也是参与金融法律关系的主体,可以依法从事相应的金融活动,例如,个体工商户和农村承包经营户可以向银行申请贷款,可以购买保险产品等。

(1)个体工商户

《民法通则》第 26 条对个体工商户的界定是:“公民在法律允许的范围内,依法经核准登记,从事工商业经营的,为个体工商户。”但是,个体工商户并非是一类独立的金融法律关系主体,而是涵盖在自然人主体的范畴之内。个体工商户享有独立的经营权,可以起字号,可以参加信贷以及票据等金融活动。在对外责任的承担上,个人经营的个体工商户以其全部的个人财产承担无限清偿责任;家庭经营的个体工商户,则须以家庭共有财产作为承担责任的保障。

(2)农村承包经营户

《民法通则》第 27 条规定:“农村集体经济组织的成员,在法律允许的范围内,按照承包合同规定从事商品经营的,为农村承包经营户。”农村承包经营户对其承包的土地、滩涂等具有相应的财产所有权以及经营上的自主权。在对外责任的承担上,个人经营的,以个人财产承担;家庭经营的,以家庭财产承担。

3. 合伙

规范合伙行为的法律规范主要有《民法通则》和《中华人民共和国合伙企业法》(以下简称《合伙企业法》)。《民法通则》第 30 条规定:“个人合伙是指两个以上公民按照协议,各自提供资金、实物、技术等,合伙经营、共同劳动。”《合伙企业法》第 2 条第 1 款规定:“本法所称合伙企业,是指自然人、法人和其他组织依照本法在中国境内设立的普通合伙企业和有限合伙企业。”可见,所谓的合伙乃是两个或者两个以上的自然人或法人，按照合伙协议约定共同出资、共同经营，并对外承担无限连带责任或者有限责任的组织。

合伙包括普通合伙和有限合伙两种方式：在普通合伙中，所有的合伙人需要对合伙企业的债务承担无限连带责任；而有限合伙，是由普通合伙人和有限合伙人组成，普通合伙人对合伙企业债务承担无限连带责任，有限合伙人以其认缴的出资额为限对合伙企业的债务承担责任。

4. 法人

(1)法人的概念

法人是相对于自然人的民事行为主体。法人是具有民事权利能力和民事行为能力，依法独立享有民事权利和承担民事责任的组织。法人的民事权利能力和民事行为能力，从法人成立时产生到法人终止时消灭。可见，法人的民事权利能力和民事行为能力同时产生，这点与自然人主体不同。另外，法人并无完全民事行为能力、限制民事行为能力以及无民事行为能力的划分，因此也就没有监护人的概念，其对内的管理以及对外的经营都由其组织机构负责完成。

(2)法人的分类

法人的种类相对比较丰富，按照不同的标准可以划分为不同的类别。

①公法人和私法人。公法人和私法人的划分是以该法人事业目的的"公"、"私"指向为标准的。事业以"为公"作为目的的法人是公法人，例如财政局、劳动局等，事业以"为私"作为目的的即为私法人，例如某某印刷股份有限公司、某某商业集团等。

②社团法人和财团法人。这是以成立条件的不同为划分标准对法人进行的分类。社团法人是指以人的组合为成立基础的法人，如企业、公司等；而财团法人则是以财产的组合作为成立要件的法人，如基金会等。

③营利法人和非营利法人。营利法人和非营利法人的划分是以法人经营目的为标准的。凡是以经营获利为成立目的和经营方向的法人即为营利法人，例如，某某食品有限公司等；凡是不以营利为目的的法人即为非营利法人，例如，公办学校等。与营利法人相比，非营利法人承担更多的公法义务和社会责任。

(二)金融法律关系客体

金融法律关系客体是金融法律关系主体权利义务所指向的对象，金融法律关系主体之间的法律关系都是围绕着金融法律关系客体展开的，可以说金融法律关系客体是金融法律关系主体权利义务的载体。

金融法律关系客体通常包括货币、外汇、证券、权利以及金融服务行为五种。

1. 货币

货币是充当一般等价物的商品，人类历史上的货币先后采取过实物货币、金属货币以及纸币等表现形式，而且随着信息产业的飞速发展，还产生了电子货币形式。

货币具有价值尺度、流通手段、贮藏手段、支付手段以及世界货币五种职能。不过需要注意的是，经济学领域所说的货币是具有不同层次的，不同层次的货币构成并不相同。例如，我国对于货币的划分，采取以下的标准：

M_0 = 流通中的现金

M_1 = M_0 + 企业单位活期存款 + 农村存款 + 机关团体、部队存款

M_2 = M_1 + 企业单位定期存款 + 自筹基本建设存款 + 个人储蓄存款 + 其他存款

金融法领域的货币，通常是指本币，即一国的法定流通货币。我国的法定流通货币是人民币，包括纸币和硬币。人民币由中国人民银行统一发行。任何主体不得实施故意毁损人民币，制作、仿制、买卖人民币图样的行为，未经中国人民银行批准，不得在宣传品、出版物或者其他商品上使用人民币图样以及中国人民银行规定的其他损害人民币的行为，否则将会承担相应的法律责任，例如，《中华人民共和国人民币管理条例》（以下简称《人民币管理条例》）第43条规定："故意毁损人民币的，由公安机关给予警告，并处1万元以下的罚款。"

2. 外汇

外汇是以外币形式表现的、用于国际结算的凭证。按照《中华人民共和国外汇管理条例》（以下简称《外汇管理条例》）第3条的规定：外汇，是指以外币表示的可以用作国际清偿的支付手段和资产，具体包括：(1)外币现钞，包括纸币、铸币；(2)外币支付凭证或者支付工具，包括票据、银行存款凭证、银行卡等；(3)外币有价证券，包括债券、股票等；(4)特别提款权；(5)其他外汇资产。

但是，除国家另有规定外，我国境内禁止外币流通，并不得以外币计价结算。而且按照《外汇管理条例》第40条的规定："有违反规定以外汇收付应当以人民币收付的款项，或者以虚假、无效的交易单证等向经营结汇、售汇业务的金融机构骗购外汇等非法套汇行为的，由外汇管理机关责令对非法套汇资金予以回兑，处非法套汇金额30%以下的罚款；情节严重的，处非法套汇金额

30%以上等值以下的罚款;构成犯罪的,依法追究刑事责任。

《外汇管理条例》第9条规定:“境内机构、境内个人的外汇收入可以调回境内或者存放境外。”《外汇管理条例》第41条规定:“违反规定将外汇汇入境内的,由外汇管理机关责令改正,处违法金额30%以下的罚款;情节严重的,处违法金额30%以上等值以下的罚款。非法结汇的,由外汇管理机关责令对非法结汇资金予以回兑,处违法金额30%以下的罚款。”

另外,为确保外汇管理的有序进行,外汇管理机关在依法履行职责的过程中,有权采取下列措施:(1)对经营外汇业务的金融机构进行现场检查;(2)进入涉嫌外汇违法行为发生场所调查取证;(3)询问有外汇收支或者外汇经营活动的机构和个人,要求其对与被调查外汇违法事件直接有关的事项作出说明;(4)查阅、复制与被调查外汇违法事件直接有关的交易单证等资料;(5)查阅、复制被调查外汇违法事件的当事人和直接有关的单位、个人的财务会计资料及相关文件,对可能被转移、隐匿或者毁损的文件和资料,可以予以封存;(6)经国务院外汇管理部门或者省级外汇管理机关负责人批准,查询被调查外汇违法事件的当事人和直接有关的单位、个人的账户,但个人储蓄存款账户除外;(7)对有证据证明已经或者可能转移、隐匿违法资金等涉案财产或者隐匿、伪造、毁损重要证据的,可以申请人民法院冻结或者查封。

有关单位和个人应当配合外汇管理机关的监督检查,如实说明有关情况并提供有关文件、资料,不得拒绝、阻碍或隐瞒。

3. 证券

证券是一种权利的凭证,其对外彰显的权利种类是非常多的,并非都是经济性的权利。而金融法领域的证券通常是指资本证券、货币证券和商品证券。

资本证券以股票为典型代表,国家在对证券发行、交易活动实行集中统一监督管理的前提下,依法设立证券业协会。证券业协会是证券业务经营主体自律性管理组织。另外,按照《中华人民共和国证券法》(以下简称《证券法》)第9条的规定:“国家审计机关依法对证券交易所、证券公司、证券登记结算机构、证券监督管理机构进行审计监督。”

货币证券则以汇票、本票、支票和银行卡为代表。以汇票为例,汇票是出票人签发的,委托付款人在见票时或者在指定日期无条件支付确定的金额给收款人或者持票人的票据。汇票具体包括银行汇票和商业汇票。汇票票面上必须记载:表明“汇票”的字样;无条件支付的委托;确定的金额;付款人名称;收款人名称;出票日期以及出票人签章。否则汇票无效。

至于商品证券则是以提单和仓单为代表。拥有仓单或者提单即意味着对于特定货物具有所有权，因此，仓单或者提单的所有者乃是货物的名义所有人。

4. 权利

权利也可以成为金融法的客体，作为承载金融法主体权利义务的载体存在，例如，期权、抵押权、质押权等等。

期权交易是指买卖双方当事人为了获得证券价格波动所带来的利益而约定在一定时间内，以特定价格买入或卖出指定证券的交易。实际上，期权交易的买方通过期权交易合同，以支付一定数额的权利金的方式获得了一种未来时间以特定价格买入或卖出特定数量证券的选择权。当期权交易的买方决定行使权利时，卖方有义务向其购入或出售特定价格以及特定数量的证券。当然，期权交易的买方也可以以放弃已交付的权利金为代价放弃行使权利。因此，证券的期权交易又可以分为买进期权和卖出期权两种形式。

（1）买进期权。买进期权又称为“看涨期权”，是指期权的买方拥有在期权合约有效期内按执行价格买进一定数量证券的权利。期权的买方之所以与卖方达成买进期权交易，主要是因为买方对于未来行情的看好。

（2）卖出期权。卖出期权又被称为“看跌期权”，是指期权的买方拥有在期权合约有效期内按执行价格卖出一定数量证券的权利。但是，期权的买方并不负担必须卖出的义务。与买进期权相反，卖出期权的买方主要认为预期未来证券价格将会下跌。

5. 金融服务行为

金融服务行为是金融机构向其客户提供的各种服务的总称。金融服务行为以有偿服务为主，但也存在一些无偿服务项目。

目前，商业银行提供的保管箱服务即是以金融服务行为作为客体的。中国银行开设保管箱租赁服务。该业务是以出租保管箱的形式代租用人保管贵重物品的一项服务。该业务的办理处程序是：凡持有身份证、护照等有效身份证件的我国公民、港澳台同胞、外国公民以及持有介绍信的企事业单位或社会团体，凡自愿与中国银行签订《租箱合约》，均可以申请租用保管箱。租用保管箱应使用真实姓名、地址，凭有关证件向中国银行提出申请，填写《租箱合约》一式两份，其中一份交承租人收执，交纳租金及保证金，预留印鉴或指纹。办妥租用手续后，领取保管箱钥匙一式两把交承租人收执，即可启用保管箱。

（三）金融法律关系内容

金融法律关系内容是指主体之间的权利义务。鉴于具体金融法律关系的繁杂，金融法律关系主体之间的权利义务不尽相同。例如，证券法律关系中主体的权利义务和保险法律关系中主体的权利义务就是不相同的。以保险法律关系为例，当事人之间的权利义务如下：

1. 投保人的义务

投保人的义务主要包括交纳保险费、如实告知以及出险通知义务等。

(1)交纳保险费

《中华人民共和国保险法》(以下简称《保险法》)第14条规定："保险合同成立后，投保人按照约定交付保险费，保险人按照约定的时间开始承担保险责任。"保险费的交纳通常以现金缴纳为主，但是也可以采取票据或者保险人同意的其他方式进行保险费的缴纳。另外，按照缴纳期数的不同，保险费的缴纳可以分为趸交和分期交两种。

趸交是指保险费的一次性缴纳，这种保险费的缴纳方式一般适用于财产保险中保险费的缴纳。对于人身保险而言，保险费的缴纳也可以采取趸交的方式，但是趸交方式对于投保人的财务压力相对较大。分期缴纳的方式，又可以具体分为年缴、半年缴、按月缴等合同当事人同意的分期缴纳方式。

另外，虽然投保人具有缴纳保险费的义务，但是保险费也可以由非投保人缴纳。此种情况，保险人对第三人不享有续期保险费交纳请求权。

至于保险费的形式主要以现金为主，当然也包括票据。如果投保人未按照合同约定进行保险费的缴纳，保险人有权拒绝承担保险责任，甚至解除保险合同。

(2)如实告知

保险合同订立之前，需要投保人将有关保险标的的风险状况因素向保险人作出最大程度的告知，保险人据此评估保险标的的风险状况以确定是否对其进行承保，在承保的基础上采取适宜的保险费率，进而确定保险合同的价格——保险费。因此，从理论上讲，投保人告知得越为详细具体，保险人制定的保险费率才能越为合理。但是，从投保人履行如实告知义务的客观能力以及提高合同效率的角度出发，我国的《保险法》并不要求投保人就一切风险因素均作出如实告知，而只要求投保人将影响保险标的风险状况变化的重要事实进行告知即可。这里的关键因素就是，何为重要事实？英国《1906年海上保险法》中对此的表述是："影响谨慎的保险人在确定收取保险费的数额和决定是否接受承保的每一项资料就认为是重要事实。"我国《保险法》对于重要事实的认定并没有给出明确的规定，但是《保险法》第16条第1款、第2款规定："订立保险合同，保险人就保险标的或者被保险人的有关情况提出询问的，投保人应当如实告知。投保人故意或者因重大过失未履行前款规定的如实告知义务,足以影响保险人决定是否同意承保或者提高保险费率的,保险人有权解除合同。”

(3)出险通知义务

保险标的出险后,投保人需要及时地向保险人报案,如果投保人违反该义务将会导致现场勘察不及时,进而影响到被保险人获得的赔款数额,甚至会导致保险人合同责任的免除。

当被保险人履行此项义务时,需要向保险公司提供保险单证的号码以及身份证等基本信息,保险人在进行简单的登记核实之后会派出现场勘察人员进行具体的勘察工作,以核定保险责任以及保险事故中保险标的的损失数额。

2. 保险人的义务

保险人的义务主要是在保险合同成立后,一旦发生保险合同约定范围内的责任事故,即需要按照合同的约定进行保险金的支付,这是保险人最主要的合同义务。当然保险人还会按照保险合同的约定对保险人提供防灾防损建议、进行保险标的物日常养护等附加性的服务项目。

(1)确定保险责任

保险人支付保险金义务的履行要以被保险人的损失是发生在合同约定范围内为前提条件。也就是说,保险人对于非保险标的损失、非责任范围内的损失以及除外原因造成的标的物损失无须承担保险责任。而为了使保险责任更加明确,在保险合同中通常列有基本责任条款、附加责任条款以及除外责任条款。除外责任条款对于合同主体权利义务的影响十分明显,因此,保险人在与投保人签订保险合同的过程中,需要将除外责任条款向投保人作出特殊说明。否则该条款对于投保人将不产生效力。

(2)保险金的支付

保险金的支付以现金支付为主,但也有修理、更换以及重置等赔付方式存在。而且保险人对被保险人或者受益人给付的支付项目,除了保险金给付之外,还包括施救费用等。

三、金融法律行为

(一)金融法律行为的概念

金融法律行为是金融法律关系主体设立、变更、终止权利义务关系的合法行为。金融法律行为充分实现了金融法律关系主体之间的意思自治。

(二)金融法律行为的成立

金融法律行为除了要遵循《民法通则》的一般性规定外,还需要遵守各相关金融法律规范的特殊规定。

1. 金融法律行为成立的一般要件

金融法律行为应当具备下列条件:(1)行为人具有相应的民事行为能力;(2)意思表示真实;(3)不违反法律或者社会公共利益。符合上述条件的金融法律行为从成立时起具有法律约束力。行为人非依法律规定或者取得对方同意,不得擅自变更或者解除。

但是,如果存在以下情形之一,则金融法律行为无效,而且无效的金融法律行为从行为开始起就没有法律约束力:(1)无民事行为能力人实施的;(2)限制民事行为能力人依法不能独立实施的;(3)一方以欺诈、胁迫的手段或者乘人之危,使对方在违背真实意思的情况下所为的;(4)恶意串通,损害国家、集体或者第三人利益的;(5)违反法律或者社会公共利益的;(6)经济合同违反国家指令性计划的;(7)以合法形式掩盖非法目的的。

2. 金融法律行为生效的特殊要件

金融法律关系相对比较繁杂,既有保险法律关系,又有信托法律关系以及证券法律关系等。因此,各个具体金融法律关系成立的特殊要件也不尽相同。下面以证券法律关系为例,了解一下证券法律关系成立的特殊要件。《证券法》第13条规定:公司公开发行新股,应当符合下列条件:(1)具备健全且运行良好的组织机构;(2)具有持续盈利能力,财务状况良好;(3)最近三年财务会计文件无虚假记载,无其他重大违法行为;(4)经国务院批准的国务院证券监督管理机构规定的其他条件。上市公司非公开发行新股,应当符合经国务院批准的国务院证券监督管理机构规定的条件,并报国务院证券监督管理机构核准。《证券法》第16条规定:公开发行公司债券,应当符合下列条件:(1)股份有限公司的净资产不低于人民币三千万元,有限责任公司的净资产不低于人民币六千万元;(2)累计债券余额不超过公司净资产的百分之四十;(3)最近三年平均可分配利润足以支付公司债券一年的利息;(4)筹集的资金投向符合国家产业政策；(5)债券的利率不超过国务院限定的利率水平；(6)国务院规定的其他条件。

公开发行公司债券筹集的资金，必须用于核准的用途，不得用于弥补亏损和非生产性支出。上市公司发行可转换为股票的公司债券，除应当符合第一款规定的条件外，还应当符合本法关于公开发行股票的条件，并报国务院证券监督管理机构核准。

(三)可撤销以及无效的金融法律行为

当存在金融法律关系主体对行为内容有重大误解或者当事人之间的权利义务关系显失公平等情形时，金融法律关系主体中的一方当事人有权请求人民法院或者仲裁机构对其之前的法律关系予以变更或者撤销，被撤销的民事行为从行为开始起无效。而且当民事行为被确认为无效或者被撤销后，当事人因该行为取得的财产，应当返还给受损失的一方。有过错的一方应当赔偿对方因此所受的损失；双方都有过错的，应当各自承担相应的责任。双方恶意串通，实施民事行为损害国家、集体或者第三人的利益，应当追缴双方取得的财产，收归国家、集体所有或者返还第三人。

四、金融法律责任

金融法律责任是指金融法主体因违反了法定义务或约定义务，不当行使法律权利所产生的、由行为人承担的不利后果，或者是一种"惩罚"。

总体来说，金融法律责任的承担方式有停止侵害、排除妨碍、消除危险、返还财产、恢复原状、修理、更换、重做、赔偿损失、支付违约金、消除影响、恢复名誉以及赔礼道歉等。究竟对当事人采取何种责任承担方式，还要依具体情况而定。

例如，《中华人民共和国商业银行法》(以下简称《商业银行法》)第76条规定：商业银行有下列情形之一，由中国人民银行责令改正，有违法所得的，没收违法所得，违法所得50万元以上的，并处违法所得一倍以上五倍以下罚款；没有违法所得或者违法所得不足50万元的，处50万元以上200万元以下罚款；情节特别严重或者逾期不改正的，中国人民银行可以建议国务院银行业监督管理机构责令停业整顿或者吊销其经营许可证；构成犯罪的，依法追究刑事责任：(1)未经批准办理结汇、售汇的；(2)未经批准在银行间债券市场发行、买卖金融债券或者到境外借款的；(3)违反规定同业拆借的。

根据《中华人民共和国反洗钱法》(以下简称《反洗钱法》)第32条的规定，金融机构有下列行为之一的，由国务院反洗钱行政主管部门或者其授权的设区的市一级以上派出机构责令限期改正;情节严重的,处20万元以上50万元以下罚款,并对直接负责的董事、高级管理人员和其他直接责任人员,处1万元以上5万元以下罚款:(1)未按照规定履行客户身份识别义务的;(2)未按照规定保存客户身份资料和交易记录的;(3)未按照规定报送大额交易报告或者可疑交易报告的;(4)与身份不明的客户进行交易或者为客户开立匿名账户、假名账户的;(5)违反保密规定,泄露有关信息的;(6)拒绝、阻碍反洗钱检查、调查的;(7)拒绝提供调查材料或者故意提供虚假材料的。金融机构有前款行为,致使洗钱后果发生的,处50万元以上500万元以下罚款,并对直接负责的董事、高级管理人员和其他直接责任人员处5万元以上50万元以下罚款;情节特别严重的,反洗钱行政主管部门可以建议有关金融监督管理机构责令停业整顿或者吊销其经营许可证。

对有上述规定情形的金融机构直接负责的董事、高级管理人员和其他直接责任人员,反洗钱行政主管部门可以建议有关金融监督管理机构依法责令金融机构给予纪律处分,或者建议依法取消其任职资格、禁止其从事有关金融行业工作。

【练习与思考】

1. 金融法对于金融市场的发展意义何在?
2. 金融法的基本原则在《保险法》中是如何体现的?
3. 金融法客体的种类有哪些?

第二节　金融法的渊源和体系

一、金融法的渊源

法的渊源,是指法的"来源"或者"源泉",具体包括历史渊源、政治渊源以及理论渊源。但是,法学领域所提及的"法的渊源"乃特指法的效力来源,具体包括法律的创制方式以及外部表现形式两个方面。因此,所谓金融法的法律渊源指的是金融法的创制方式及其外在表现形式。由于我国属于成文法国家,因此,金融法都是采取制定法的方式,由具有立法权限的部门创制。下面主要介绍金融法的法律渊源的表现形式。

(一)宪法

《中华人民共和国宪法》(以下简称《宪法》)是我国的根本大法,它是由我国的最高权力机构全国人民代表大会制定和修改的，是国家最高权力的象征或标志，其法律地位和效力是最高的。一切法律、行政法规和地方性法规都不得与《宪法》相抵触。

《宪法》的内容涉及我国根本的社会、经济和政治制度，各项基本原则、方针、政策，公民的基本权利和义务、各主要国家机关的组成和职权等。《宪法》第 91 条规定："国务院设立审计机关，对国务院各部门和地方各级政府的财政收支，对国家的财政金融机构和企业事业组织的财务收支，进行审计监督。审计机关在国务院总理领导下，依照法律规定独立行使审计监督权，不受其他行政机关、社会团体和个人的干涉。"

（二）法律

这里指称的法律是指由全国人民代表大会及其常务委员会制定的规范性文件，其地位和效力仅次于《宪法》。例如，《商业银行法》、《证券法》、《保险法》、《中华人民共和国信托法》（以下简称《信托法》）以及《中华人民共和国中国人民银行法》（以下简称《人民银行法》）等即是属于金融法的"法律"渊源。

《中华人民共和国立法法》（以下简称《立法法》）第 8 条规定，下列事项只能制定法律：国家主权的事项；各级人民代表大会、人民政府、人民法院和人民检察院的产生、组织和职权；民族区域自治制度、特别行政区制度、基层群众自治制度；犯罪和刑罚；对公民政治权利的剥夺、限制人身自由的强制措施和处罚；对非国有财产的征收；民事基本制度；基本经济制度以及财政、税收、海关、金融和外贸的基本制度；诉讼和仲裁制度以及必须由全国人民代表大会及其常务委员会制定法律的其他事项。同时，《立法法》第 9 条规定："本法第八条规定的事项尚未制定法律的，全国人民代表大会及其常务委员会有权作出决定，授权国务院可以根据实际需要，对其中的部分事项先制定行政法规，但是有关犯罪和刑罚、对公民政治权利的剥夺和限制人身自由的强制措施和处罚、司法制度等事项除外。"

需要注意的是，全国人民代表大会及其常务委员会制定的具有规范性的"决议"、"决定"、"规定"或"办法"等，与法律具有同等地位和效力。

（三）行政法规

行政法规是由我国最高行政机关国务院制定的规范性文件，其法律地位和效力低于《宪法》和法律。行政法规可以就下列事项作出规定：为执行法律的规定需要制定行政法规的事项；《宪法》第 89 条规定的国务院行政管理职权的事项。①

另外,应当由全国人民代表大会及其常务委员会制定法律的事项,国务院根据全国人民代表大会及其常务委员会的授权决定先制定的行政法规,经过实践检验,制定法律的条件成熟时,国务院应当及时提请全国人民代表大会及其常务委员会制定法律。

国务院制定的行政法规不得与宪法和法律相抵触,否则全国人民代表大会常务委员会有权撤销同宪法和法律相抵触的行政法规。《外汇管理条例》、《人民币管理条例》等都属于行政法规。

(四)地方性法规、自治法规、经济特区的规范文件

地方性法规是省、自治区、直辖市的人民代表大会及其常务委员会根据本行政区域的具体情况和实际需要,在不同宪法、法律、行政法规相抵触的前提下制定的。另外,较大的市②的人民代表大会及其常务委员会根据本市的具体情况和实际需要,在不同宪法、法律、行政法规和本省、自治区的地方性法规相抵触的前提下,可以制定地方性法规。

根据《立法法》第65条的规定:“经济特区所在地的省、市的人民代表大会及其常务委员会根据全国人民代表大会的授权决定,制定法规,在经济特区范围内实施。”《立法法》第66条规定:“民族自治地方的人民代表大会有权依照当地民族的政治、经济和文化的特点,制定自治条例和单行条例。自治区的自治条例和单行条例,报全国人民代表大会常务委员会批准后生效。自治州、

① 《宪法》第89条规定:“国务院行使下列职权:(一)根据宪法和法律,规定行政措施,制定行政法规,发布决定和命令;(二)向全国人民代表大会或者全国人民代表大会常务委员会提出议案;(三)规定各部和各委员会的任务和职责,统一领导各部和各委员会的工作,并且领导不属于各部和各委员会的全国性的行政工作;(四)统一领导全国地方各级国家行政机关的工作,规定中央和省、自治区、直辖市的国家行政机关的职权的具体划分;(五)编制和执行国民经济和社会发展计划和国家预算;(六)领导和管理经济工作和城乡建设;(七)领导和管理教育、科学、文化、卫生、体育和计划生育工作;(八)领导和管理民政、公安、司法行政和监察等工作;(九)管理对外事务,同外国缔结条约和协定;(十)领导和管理国防建设事业;(十一)领导和管理民族事务,保障少数民族的平等权利和民族自治地方的自治权利;(十二)保护华侨的正当的权利和利益,保护归侨和侨眷的合法的权利和利益;(十三)改变或者撤销各部、各委员会发布的不适当的命令、指示和规章;(十四)改变或者撤销地方各级国家行政机关的不适当的决定和命令;(十五)批准省、自治区、直辖市的区域划分,批准自治州、县、自治县、市的建置和区域划分;(十六)依照法律规定决定省、自治区、直辖市的范围内部分地区进入紧急状态;(十七)审定行政机构的编制,依照法律规定任免、培训、考核和奖惩行政人员;(十八)全国人民代表大会和全国人民代表大会常务委员会授予的其他职权。”

② “较大的市”是指省、自治区的人民政府所在地的市,经济特区所在地的市和经国务院批准的较大的市。

自治县的自治条例和单行条例,报省、自治区、直辖市的人民代表大会常务委员会批准后生效。自治条例和单行条例可以依照当地民族的特点,对法律和行政法规的规定作出变通规定,但不得违背法律或者行政法规的基本原则,不得对宪法和民族区域自治法的规定以及其他有关法律、行政法规专门就民族自治地方所作的规定作出变通规定。"

(五)行政规章

行政规章是由国务院各部、委员会、中国人民银行、审计署和具有行政管理职能的直属机构,根据法律和国务院的行政法规、决定、命令,在本部门的权限范围内制定的规范性文件。

中国人民银行制定的《非金融机构支付服务管理办法》、《金融机构大额交易和可疑交易报告管理办法》以及《中国人民银行残缺污损人民币兑换办法》等都属于行政规章。

(六)国际条约和国际惯例

国际条约和国际惯例是金融法的国际渊源。其中,国际条约是我国作为国际法主体同外国缔结的双边、多边协议或其他具有条约、协定性质的文件;国际惯例是国际条约的补充,具体是指已被国际范围内共同遵守的不成文习惯,例如,《国际货币基金组织协定》、《国际金融公司协定》以及《国际复兴开发银行贷款和国际开发协会信贷采购指南》即属于国际条约的范畴。

二、金融法的体系

金融法的体系是指由各项金融法律规范组成的,具有内在逻辑关系的整体。因此,从逻辑结构上看,金融法的体系主要由以下几个部分组成:

(一)银行法

银行法主要由《中国人民银行法》以及《商业银行法》组成,其主要对中国人民银行、商业银行、政策性银行以及非银行金融机构进行相应的法律规制。

1.《中国人民银行法》

《中国人民银行法》于1995年3月18日第八届全国人民代表大会第三次会议通过,并根据2003年12月27日第十届全国人民代表大会常务委员会第六次会议《关于修改〈中华人民共和国中国人民银行法〉的决定》进行了修正。

该法共计8章,53个法律条文。分别是:第一章"总则",第二章"组织机构",第三章"人民币",第四章"业务",第五章"金融监督管理",第六章"财务会计",第七章"法律责任"以及第八章"附则"。

《中国人民银行法》第2条规定:"中国人民银行是中华人民共和国的中央银行。中国人民银行在国务院领导下,制定和执行货币政策,防范和化解金融风险,维护金融稳定。"《中国人民银行法》第4条规定:"中国人民银行履行下列职责:(一)发布与履行其职责有关的命令和规章;(二)依法制定和执行货币政策;(三)发行人民币,管理人民币流通;(四)监督管理银行间同业拆借市场和银行间债券市场;(五)实施外汇管理,监督管理银行间外汇市场;(六)监督管理黄金市场;(七)持有、管理、经营国家外汇储备、黄金储备;(八)经理国库;(九)维护支付、清算系统的正常运行;(十)指导、部署金融业反洗钱工作,负责反洗钱的资金监测;(十一)负责金融业的统计、调查、分析和预测;(十二)作为国家的中央银行,从事有关的国际金融活动;(十三)国务院规定的其他职责。"

2.《商业银行法》

《商业银行法》于1995年5月10日第八届全国人民代表大会常务委员会第十三次会议通过,并根据2003年12月27日第十届全国人民代表大会常务委员会第六次会议《关于修改〈中华人民共和国商业银行法〉的决定》修正。

该法共计9章,95个法律条文。分别是:第一章"总则",第二章"商业银行的设立和组织机构",第三章"对存款人的保护",第四章"贷款和其他业务的基本规则",第五章"财务会计",第六章"监督管理",第七章"接管和终止",第八章"法律责任"以及第九章"附则"。

该法规定,商业银行是依照《商业银行法》和《中华人民共和国公司法》(以下简称《公司法》)设立的吸收公众存款、发放贷款、办理结算等业务的企业法人。商业银行可以经营下列部分或者全部业务:(1)吸收公众存款;(2)发放短期、中期和长期贷款;(3)办理国内外结算;(4)办理票据承兑与贴现;(5)发行金融债券;(6)代理发行、代理兑付、承销政府债券;(7)买卖政府债券、金融债券;(8)从事同业拆借;(9)买卖、代理买卖外汇;(10)从事银行卡业务;(11)提供信用证服务及担保;(12)代理收付款项及代理保险业务;(13)提供保管箱服务;(14)经国务院银行业监督管理机构批准的其他业务。经营范围由商业银行章程规定,报国务院银行业监督管理机构批准。商业银行经中国人民银行批准,可以经营结汇、售汇业务。

(二)证券法

此处所指的证券法乃实质意义上的证券法,即调整证券发行、交易、服务以及监管行为和关系的各种法律规范的总称。主要由《证券法》、《上市公司证券发行管理办法》、《公司债券发行试点办法》以及《上市公司收购管理办法》等组成。

1.《证券法》

《证券法》于1998年12月29日第九届全国人民代表大会常务委员会第六次会议通过,并根据2004年8月28日第十届全国人民代表大会常务委员会第十一次会议《关于修改〈中华人民共和国证券法〉的决定》修正,2005年10月27日第十届全国人民代表大会常务委员会第十八次会议修订。

该法共计12章,240个法律条件文。分别是:第一章“总则”,第二章“证券发行”,第三章“证券交易”,第四章“上市公司的收购”,第五章“证券交易所”,第六章“证券公司”,第七章“证券登记结算机构”,第八章“证券服务机构”,第九章“证券业协会”,第十章“证券监督管理机构”,第十一章“法律责任”以及第十二章“附则”。

在我国境内,股票、公司债券和国务院依法认定的其他证券的发行与交易,以及政府债券、证券投资基金份额的上市交易,都需要适用本法。证券衍生品种发行、交易的管理办法,由国务院依照本法的原则规定。

2.《上市公司证券发行管理办法》

《上市公司证券发行管理办法》于2006年4月26日中国证券监督管理委员会第178次主席办公会议审议通过,自2006年5月8日起施行。《上市公司证券发行管理办法》共计7章,75条。分别是:第一章“总则”,第二章“公开发行证券的条件”,第三章“非公开发行股票的条件”,第四章“发行程序”,第五章“信息披露”,第六章“监管和处罚”以及第七章“附则”。

《上市公司证券发行管理办法》规定,上市公司公开发行证券应符合以下一般性条件:

(1)组织结构

①公司章程合法有效,股东大会、董事会、监事会和独立董事制度健全,能够依法有效履行职责。

②公司内部控制制度健全,能够有效保证公司运行的效率、合法合规性和财务报告的可靠性;内部控制制度的完整性、合理性、有效性不存在重大缺陷。

③现任董事、监事和高级管理人员具备任职资格,能够忠实和勤勉地履行职务,不存在违反《公司法》第148条、第149条规定的行为,且最近36个月内未受到过中国证监会的行政处罚、最近12个月内未受到过证券交易所的公开谴责。

④上市公司与控股股东或实际控制人的人员、资产、财务分开,机构、业务独立,能够自主经营管理。

⑤最近12个月内不存在违规对外提供担保的行为。

(2)盈利性

①最近3个会计年度连续盈利。扣除非经常性损益后的净利润与扣除前的净利润相比,以低者作为计算依据。

②业务和盈利来源相对稳定,不存在严重依赖于控股股东、实际控制人的情形。

③现有主营业务或投资方向能够可持续发展,经营模式和投资计划稳健,主要产品或服务的市场前景良好,行业经营环境和市场需求不存在现实或可预见的重大不利变化。

④高级管理人员和核心技术人员稳定,最近12个月内未发生重大不利变化。

⑤公司重要资产、核心技术或其他重大权益的取得合法,能够持续使用,不存在现实或可预见的重大不利变化。

⑥不存在可能严重影响公司持续经营的担保、诉讼、仲裁或其他重大事项。

⑦最近24个月内曾公开发行证券的,不存在发行当年营业利润比上年下降50%以上的情形。

(3)财务状况

①会计基础工作规范,严格遵循国家统一会计制度的规定。

②最近3年及一期财务报表未被注册会计师出具保留意见、否定意见或无法表示意见的审计报告;被注册会计师出具带强调事项段的无保留意见审计报告的,所涉及的事项对发行人无重大不利影响或者在发行前重大不利影响已经消除。

③资产质量良好。不良资产不足以对公司财务状况造成重大不利影响。

④经营成果真实,现金流量正常。营业收入和成本费用确认严格遵循国家有关企业会计准则的规定,最近3年资产减值准备计提充分合理,不存在操纵经营业绩的情形。

⑤最近3年以现金或股票方式累计分配的利润不少于最近3年实现的年均可分配利润的20%。

(4)保险法

保险法律规范主要由《保险法》构成。《保险法》于1995年6月30日第八届全国人民代表大会常务委员会第十四次会议通过,根据2002年10月28日第九届全国人民代表大会常务委员会第三十次会议《关于修改〈中华人民共和国保险法〉的决定》进行了修正，并于 2009 年 2 月 28 日第十一届全国人民代表大会常务委员会第七次会议再次修订。

《保险法》共计 8 章，187 个法律条文。分别是：第一章"总则"，第二章"保险合同"，第三章"保险公司"，第四章"保险经营规则"，第五章"保险代理人和保险经纪人"，第六章"保险业监督管理"，第七章"法律责任"以及第八章"附则"。

根据《保险法》第 18 条的规定，保险合同应当包括下列事项：①保险人的名称和住所；②投保人、被保险人的姓名或者名称、住所，以及人身保险的受益人的姓名或者名称、住所；③保险标的；④保险责任和责任免除；⑤保险期间和保险责任开始时间；⑥保险金额；⑦保险费以及支付办法；⑧保险金赔偿或者给付办法；⑨违约责任和争议处理；⑩订立合同的年、月、日。

《保险法》第 19 条规定，采用保险人提供的格式条款订立保险合同，如果合同中存在下列条款，该条款无效：①免除保险人依法应承担的义务或者加重投保人、被保险人责任的；②排除投保人、被保险人或者受益人依法享有的权利的。

（三）信托法

信托法是规范信托法律行为的法律规范的总称，以《信托法》为主体构成。

《信托法》于 2001 年 4 月 28 日第九届全国人民代表大会常务委员会第二十一次会议通过，自 2001 年 10 月 1 日起施行。

该法共计 7 章，74 个法律条文。分别是：第一章"总则"，第二章"信托的设立"，第三章"信托财产"，第四章"信托当事人"，第五章"信托的变更与终止"，第六章"公益信托"以及第七章"附则"。

信托是指委托人基于对受托人的信任，将其财产权委托给受托人，由受托人按委托人的意愿以自己的名义，为受益人的利益或者特定目的进行管理或者处分的行为。设立信托，其书面文件应当载明下列事项：(1) 信托目的；(2) 委托人、受托人的姓名或者名称、住所；(3) 受益人或者受益人范围；(4) 信托财产的范围、种类及状况；(5) 受益人取得信托利益的形式、方法。

《信托法》第 11 条规定，有下列情形之一的，信托无效：(1) 信托目的违反法律、行政法规或者损害社会公共利益；(2) 信托财产不能确定；(3) 委托人以非法财产或者《信托法》规定不得设立信托的财产设立信托；(4) 专以诉讼或者讨债为目的设立信托；(5) 受益人或者受益人范围不能确定；(6) 法律、行政法规规定的其他情形。

（四）金融监管法

在我国没有以“金融监管法”命名的法律，有关金融机构监管的内容主要体现在《中国人民银行法》、《商业银行法》、《证券法》、《保险法》以及各监督管理机构所制定的规章中。其具体内容请参见第十二章“金融监管法”部分的内容。

【练习与思考】

1. 金融法的法律渊源有哪些？效力级别如何？
2. 金融法的体系由哪些部分构成？

第二章　中央银行法

第一节　中央银行法概述

一、中央银行制度的形成与发展

中央银行的出现以及中央银行制度的形成，是商品经济发展到一定阶段的成果。但是，逐渐成为一国或地区金融体系的核心机构，并在国民经济发展过程中起着宏观调节作用的中央银行，却也是在特定的经济背景下形成和发展起来的。

（一）中央银行产生的历史背景

1. 商品经济的发展

人类的历史首先是生产力发展的历史，人类历史进步的终极原因，归根结底是生产力和生产关系矛盾运动的结果。① 生产力的发展促进了人类社会的进步。

伴随着新航线的开辟，人类交往范围和频度都较以往有明显的加深，尤其是开始于18世纪的英国产业革命，更是加快了人类社会发展的脚步，经济和社会发展都进入了前所未有的阶段。正如恩格斯所说的，“分工，水力、特别是蒸汽力的利用，机器的应用，这就是从18世纪中叶起工业用来摇撼旧世界基础的三个伟大的杠杆”②。生产力的提高，商品经济的发展，也使得货币经

---

① 于沛：《生产力革命和交往革命：历史向世界历史的转变——马克思的世界历史理论与交往理论研究》，载《北方论丛》2009年第3期。

② 《马克思恩格斯全集》（第2卷），人民出版社1957年版，第300页。

营业迅速兴起,并逐渐形成规模化经营态势。这就是中央银行产生的历史背景之一。

2. 商业银行的普遍设立

商业银行的原始形态,可以追溯至公元前6世纪古巴比伦的“里吉比”银行。随着国际贸易的日益频繁,地中海沿岸的威尼斯以及热那亚等城市逐渐成为国际贸易中心,在这些贸易中心有了专门经营货币兑换业务的商人,他们不仅经营货币兑换业务,而且还经营存款以及贷款等业务。此时的货币兑换商已经具备了商业银行的特征。

但是,现代商业银行的最初形式仍是资本主义时期形成的,例如,1694年形成的历史上第一家资本主义股份制商业银行——英格兰银行。继英格兰银行之后,商业银行在世界范围内普遍设立。

随着商业银行的设立,银行信用迅速发展起来,银行信用的发展克服了商业信用的不足,对于商品经济的发展起到了举足轻重的作用。这是中央银行产生的第二个历史背景。

3. 资本主义经济危机频发

在资本主义经济迅速发展的同时,资本主义却无法克服自身的固有矛盾。具体表现为资本主义社会经济危机的频发,尤其是经济全球化的出现,致使发生在一国或地区的经济危机的波及范围跨越了国界,向世界范围蔓延。经济危机的频繁发生使得危机发生国以及被波及国家和地区的经济发展水平出现了历史性的倒退。在这种境况下,各个国家的政府认为一次次经济危机的爆发乃是货币制度出现了问题,因此都试图建立一种有效的制度来避免经济危机带来的不利影响。这是中央银行产生的第三个历史背景。

(二)中央银行产生的经济原因

在上述历史背景下,中央银行的产生还有其独特的经济原因。

1. 统一银行券发行的需要

银行券是由银行以其信用发行的票据,属于信用货币品类。银行券的接受程度,主要取决于发行银行的信用水平,只要该银行能够保证将其发行的银行券足额兑换成金属货币,其发行的银行券就会被公众接受并使用。

在商业银行发展的初期,各个银行都有发行银行券的权限与业务,因此,市场上流通的银行券种类也是相对丰富的。但是,银行券的分散发行容易引发因个别银行实力较弱而导致银行券不获兑现,从而引发经济混乱的现象出现。除此之外,因各银行发行银行券的信用等级不同,在个别地区产生了部分银行所发行的银行券不被接受的情况,阻碍了商品经济的发展。因此,面对银行券分散发行对社会经济发展的不利影响，国家意识到了统一货币发行的重要性。

2. 实行金融监管的需要

商业银行等金融机构的形成和发展，促进了一国金融市场乃至整个国民经济的迅速发展。但是，金融业是一个风险较大的行业，这些风险不仅有经营风险和市场风险，还有利率风险以及汇率风险等风险种类。一旦发生经营危机，其后果十分严重。这一点从巴林银行倒闭事件中可见一斑。因此，政府当局意识到必须加强对金融机构的监管，以尽量减少或杜绝此类事件的发生，维持金融以及整个国民经济发展的稳定。

另外，加强金融机构的监管，还有利于维护金融秩序，促进金融市场主体的公平竞争。

3. 确保银行支付能力的需要

商业银行的支付能力关涉金融系统的稳定与发展，一直是各国政府非常重视的问题。虽然，商业银行可以通过在金融市场中从事票据转贴现、发行银行券以及同业拆借等方式解决支付能力不足的问题，但是，上述方法只对短期支付能力不足的解决有效，而且还极具不稳定性。一旦商业银行不能有效地解决短期或者长期支付能力不足的问题，极易造成金融恐慌，从而影响到金融系统的稳定。因此，为了避免不良事件的发生，就需要有一个主体能够作为商业银行的强有力的后援，当其发生流动性危机时，对其提供援助以帮助其走出支付能力不足的困局。

4. 政府融资的需要

随着政府职能的不断强化，政府开支项目以及数额也不断地大规模增加，因而难免发生资金短缺问题。为了解决这一问题，政府不得不采取向银行贷款的方式来支撑日益加大的财政支出。但是，作为普通的商业银行，其实力不足以满足政府如此庞大的资金需求，而向多家银行进行借贷又存在着诸多的不便。因此，为解决政府融资问题，急需有一个实力强大的机构充当政府的贷款人。

5. 构建支付结算体系的需要

商品经济的产生与发展，带动了金融市场的形成与发展。在发展日新月异的金融市场中，金融机构的数量和门类也在逐渐增加。这些金融机构之间的交往频度也在逐渐提高，经常发生多机构之间的支付结算业务。但是，由于缺乏全国统一的清算中心，使得金融机构之间的支付结算效率较低。因此，在客观上就需要建立一个清算中心来提高支付结算的效率，促进金融市场更好地发展。

（三）中央银行制度的发展

从历史角度讲，中央银行的产生主要有通过商业银行转化以及国家直接出资设立两种途径。按照这样的发展脉络，如果从1656年斯德哥尔摩银行成立开始计算，中央银行从初创至今已有300多年的历史。在这期间，经历了初创时期、普遍设立时期以及强化时期三个发展阶段。

1. 中央银行制度初创时期

初创时期的中央银行以瑞典银行、英格兰银行和美国联邦储备体系为代表。而1920年在比利时首都布鲁塞尔召开的国际金融会议，要求尚未建立中央银行的国家尽快建立自己的中央银行，从1921—1924年，世界范围内改组或直接建立的中央银行多达43家，且主要以政府出资直接设立为主。

当然，这一时期成立的中央银行，也有部分是由实力强、信誉好的商业银行转化而来的。

（1）瑞典银行

瑞典银行是1656年由私人创建成立的，是世界上最早执行部分中央银行职能的银行。1668年由瑞典政府改组为国家银行，但并未能垄断货币发行权。在瑞典垄断货币发行权以前，瑞典共有28家银行具有银行券的发行资格。直到1897年，货币发行权才集中于瑞典国家银行身上。因此，直到1897年，瑞典银行才成为真正意义上的中央银行。

（2）英格兰银行

英格兰银行成立于1694年，是股份制商业银行，虽然较瑞典银行的成立晚了近40年，但却是最早真正地发挥中央银行职能的银行，因此被称为“现代中央银行的鼻祖”。在其成立之初，还具有办理存款、贷款以及贴现等业务的一般商业银行性质。

英格兰银行最高机构为理事会，该理事会由总裁、副总裁、专职执行董事以及兼职执行董事组成，主要负责行使决策权、执行权以及监督权。另外，理事会还设有8个常委会负责英格兰银行的各项具体工作。

英格兰银行成立之初即被赋予了满足政府融资需要的历史使命，当然，英国政府也因此在很多方面给予了英格兰银行一些特权。尤其是《皮尔条例》更是赋予了英格兰银行十分强大的特权，为其能够垄断货币发行，进而确定其中央银行的地位奠定了强有力的基础。

（3）美国联邦储备体系

美国的中央银行是由政府直接组建的。1913年美国国会通过了《联邦储备银行法》并于1914年正式成立了美国联邦储备银行体系。至此,美国的中央银行制度正式形成。但是在此之前,1782年成立的北美银行,后被改组为美国第一银行才是美国历史上第一个行使部分中央银行职能的银行。之后于1816年成立了美国第二银行,该银行具有商业银行和中央银行的双重职能,但是该银行于1836年被撤销。从此以后,美国金融进入了自由时期,这一时期金融局面混乱,金融恐慌频发。因此,1913年美国国会通过了《联邦储备银行法》并于1914年正式成立了美国联邦储备体系。

美国联邦储备体系由联邦储备银行、联邦储备体系委员会、联邦公开市场委员会、联邦咨询委员会和4 000家会员商业银行组成。

★联邦储备银行。联邦储备银行共有9名董事,其中6名由该储备区内的成员银行推选产生,另外3名董事由联邦储备理事会任命。行长由董事会任命。联邦储备银行主要负责检查会员银行、审批某些银行合并的申请、进行支票清算业务、回收旧通货并发行新通货,以及参与联邦公开市场委员会建立与地方之间的联络。

★联邦储备体系委员会。联邦储备体系委员会作为美国联邦储备体系的最高机构,由7名理事组成。这7名理事必须由美国总统提名并经参议院同意。联邦储备体系委员会主要负责货币政策的制定、决定贴现率、控制法定存款准备金率,以及与联邦公开市场委员会的其他成员一起控制公开市场买卖。

★联邦公开市场委员会。联邦公开市场委员会作为联邦储备体系政策制定中心,由7名联邦储备理事会理事和5名联邦储备银行行长组成。主要负责公开市场业务的决定与法定存款准备金率以及贴现率有关的政策制定。

★联邦咨询委员会。由每个联邦储备区的一位商业银行家组成,主要充当联邦储备理事会的咨询顾问。

★会员商业银行。所有在货币监理处注册的商业银行均是联邦储备体系的会员,而在州注册的商业银行可以自由选择加入联邦储备体系。作为会员银行必须在联邦储备银行存款,同时也可以享有联邦储备体系提供的各种便利。

2. 中央银行制度的普遍设立时期

中央银行制度的普遍设立时期,从19世纪末20世纪初开始,直到第二次世界大战结束为止。在这一历史时期,很多国家都意识到建立中央银行制度对于治理第一次世界大战后的恶性通货膨胀以及金融恐慌的必要性。于是,1920年,在比利时首都布鲁塞尔召开了第一次国际金融会议,会议提出“凡是未设立中央银行的国家应尽快建立中央银行,实行稳定的金融政策”。这一提议在1922年日内瓦召开的国际经济会议上被再次提议。之后,世界范围内出现了一次普遍设立中央银行的浪潮,共有43家成立或者改组的中央银行。例如,波兰国家银行、加拿大中央银行、埃塞俄比亚银行等都是在这一时期成立的。

3. 中央银行制度的强化时期

中央银行制度的强化时期发轫于第二次世界大战之后。在这一时期,中央银行制度得到了改组或者加强。这一时期的中央银行多由政府出面直接组建,因此具备了中央银行的各项特征。例如,在1945—1971年这段时期,重建或者改组的中央银行达50多家,其中包括美洲7家、亚洲21家、欧洲10家以及非洲16家。较具代表性的有中国人民银行、南斯拉夫人民银行、巴西中央银行。

二、中央银行的概念及基本类型

(一)中央银行的概念

中央银行是负责制定和执行国家货币政策,调节与控制货币流通和信用活动,提供金融服务、维护金融稳定,依法实施金融监管的特殊金融机构。[①] 虽然,中央银行在概念上被冠以"银行"的称谓,例如,中国人民银行、阿根廷中央银行、加拿大银行、法兰西银行等。但是,并不是所有国家的中央银行都以"银行"命名,例如,美国即以联邦储备体系命名。虽然以"银行"冠名,但中央银行与银行类金融机构却有很大的不同。

(二)中央银行制度类型

1. 单一制

所谓单一制是指由国家建立中央银行机构,专门负责中央银行的各项业务,而不兼营商业银行业务。这种类型的中央银行制度可以确保中央银行功能实现的专门化与集中化,可以提高中央银行业务的有效性。

单一制中央银行制度又可以进一步划分为一元制和二元制两种类型。一元制。一元制即在一国范围内只建立一家中央银行,中央银行的机构设置采取总分行制。一元制最大的特点在于能够做到政令统一,以确保最大限度地贯彻实施中央银行制定的各项政策。目前,包括中国、日本、意大利等国在内的世界上绝大多数国家都采取一元制进行中央银行的设立。二元制。二元制

① 强力:《金融法》,法律出版社2004年版,第119页。

是在中央和地方建立两级相对独立的中央银行机构,而地方机构与中央机构绝非是总分行的关系,这是二元制与一元制的最大不同。另外,地方机构在货币政策的制定和执行上都具有较强的独立性。美国和德国即是采取二元制中央银行体制的典型代表。而一国之所以采取二元制中央银行体制,主要是因为和其独特的政治体制有关。

2. 复合制

复合制的中央银行体制,在全国范围内并没有专司中央银行业务的机构,而是将中央银行业务交由经营一般存款业务的银行负责。因此,严格地讲,该类中央银行并不属于纯粹意义上的中央银行。其典型代表主要为苏联以及1990年以前的东欧国家。另外,我国在1983年以前也是采取该体制建立中央银行制度的。

3. 跨国制

跨国制中央银行制度主要是由参加了某一货币联盟的成员国所采取的中央银行体制。该联盟所有成员国成立共有的中央银行,并在其成员国设立代理机构,统一执行中央银行职能。1998年7月,由欧盟成员国设立的欧洲中央银行即为其典型代表。

4. 准中央银行制

准中央银行制是由几个履行部分中央银行职能的机构组成一个准中央银行体系的中央银行制度。一般由经济发展水平不高或是地域范围相对狭小的国家或地区所采用,例如,中国的香港地区。

另外,如果从资本金所有权主体方面进行考察的话,中央银行还可以进一步划分为国有中央银行、私人持股中央银行、公私合营中央银行等类型。

三、中央银行的性质与职能

(一)中央银行的性质

1. 中央银行是金融机构

中央银行属于金融机构序列,但却是特殊的金融机构。即中央银行不同于商业银行,组织形式和组织机构的设置都不同于普通的金融机构,而且它以商业银行、政府机构以及其他金融机构为业务对象,业务范围也不同于普通的金融机构,其运营亦不以盈利为目的。

2. 中央银行是管理机关

中央银行虽然冠以"银行"的称号,却同时属于一国的管理机关。但是与普通的行政管理机关不同,中央银行的各项业务手段较少带有强制性。它为促进经济发展而采取的调节手段,在很大程度上依赖于市场主体的自愿参与。例如,利用贴现率以调整货币供给量的手段,需要持票人的贴现行为的配合才能够实现预想的目的。

(二)中央银行的职能

一般来讲,中央银行的职能主要有三个方面,即发行的银行、银行的银行和政府的银行。

1. 发行的银行

中央银行发挥发行的银行这一职能,主要是指中央银行是国家唯一的货币发行机构,独家垄断货币发行权。例如,《中国人民银行法》第18条第1款规定:"人民币由中国人民银行统一印制、发行。"但是,也有诸如日本和德国等国家将货币的发行权赋予财政部。将货币发行权集中于中央银行,可以避免分散发行的不足,而且还有利于货币供给量的调控。

纸币制度下,货币不再以贵金属作为发行准备,而是以国家信用为基础。因此,纸币发行量就需要控制在与国民经济发展相适应的规模上,否则将会出现通货膨胀或者通货紧缩现象,进而扰乱社会生产和生活的正常进行。

2. 银行的银行

作为银行的银行,中央银行的职能主要体现在集中存款准备金、充当商业银行最后贷款人以及组织全国清算三个方面。

(1)集中存款准备金。存款准备金是金融机构为保证客户提取存款和资金清算需要,防止出现流动性困难等偿付能力危机而在中央银行的存款。各国的中央银行都会要求金融机构按照一定的比例向中央银行缴存存款准备金,而中央银行则会根据对经济发展的态势预测社会中流通的货币供给量规模,并适时调整金融机构上缴存款准备金的比例,即存款准备金率。例如,中国人民银行于2011年2月24日将存款准备金率上调0.5个百分点,至此,我国大型银行的存款准备金率达到19.5%的历史高位,是自2010年以来央行第8次上调存款准备金率。

(2)商业银行的最后贷款人。该职能主要是指当商业银行发生资金周转困难,不能通过同业或金融市场筹措资金时,中央银行会充当最后的贷款人,采取直接贷款、票据再贴现或再抵押的方式向商业银行等金融机构提供资金支持。

美国银行的最后贷款人是联邦储备银行。联邦储备银行通过贴现窗口为会员银行提供信贷支持。这种信贷支持的方式多种多样,包括向银行提供短期调整信贷以满足银行的法定准备金需求,或长期的季节信贷和展期信贷以满足银行长期资金的需求。有时联邦储备银行还要向有困难的银行或储蓄机构提供贷款,以恢复公众对银行系统的信任,维持银行业的稳定与发展。

在欧洲国家,银行的最后贷款人一般是财政部而不是中央银行。而欧洲债券市场则无最后贷款人。

(3)组织全国清算。该职能主要是指中央银行通过各金融机构在中央银行开立的存款账户,为其办理资金的结算业务。

3. 政府的银行

作为政府的银行,中央银行主要负责制定和执行货币政策,代为管理国家财政收支并为国家提供金融服务。具体表现在经理国库、代理国库券发行、对政府给予信贷支持、保管外汇和黄金储备等方面。

四、中央银行的资本结构

中央银行的资本结构,也就是中央银行的资本构成。按照其资本所有主体的不同,中央银行的资本结构有以下五种类型:

(一)国家所有

国家所有即指中央银行的全部资本属于国家所有。国家是中央银行的唯一所有者,我国的中央银行即属于此种资本结构。另外,英国、法国、德国、加拿大、瑞典等大多数国家的中央银行都属于此种资本结构类型。

(二)混合所有

在混合所有的资本结构下,中央银行的资本由国家和私人联合提供。不过,虽然出资的非国家主体也是中央银行的所有者,但是,其对中央银行的权利仅限于领取股息。实行此种资本结构的国家有日本、墨西哥、巴基斯坦、比利时、卡塔尔等。

(三)私有

与国家所有的资本结构完全不同,在资本私有的资本结构下,中央银行的全部资本都是由私人提供的。美国、意大利、瑞士等少数国家的中央银行属于此类资本结构。

(四)无资本

无资本的中央银行资本结构类型相对比较特殊,具体是指中央银行并无资本,此类中央银行由政府授权,依照国家法律履行中央银行的各项职责。韩国的中央银行是目前唯一没有资本金的中央银行。

(五)多国出资

此种资本构成的中央银行资本是由多个国家联合提供的。资本提供国均是该中央银行的股东。欧洲中央银行即为代表,其资本金总额为50亿欧元,各成员国中央银行是唯一的认购和资本金持有者。

【练习与思考】

1. 中央银行制度形成的客观背景是什么?
2. 中央银行与商业银行的区别在哪里?
3. 中央银行在金融监管中的作用是什么?
4. 中国人民银行是如何实现其“银行的银行”这一职能的?

第二节 中国人民银行组织法

一、中国人民银行的职责

按照《中国人民银行法》的相关规定,中国人民银行履行下列职责:

(一)发布与履行其职责有关的命令和规章

例如,为促进中国人民银行及其分支机构依法履行职责,规范执法行为,保护金融机构及其他单位和个人的合法权益,根据《中国人民银行法》等法律、法规,中国人民银行制定了《中国人民银行执法检查程序规定》,于2010年3月19日第4次行长办公会议通过并予以公布,自公布之日起施行;另外,于2010年5月19日第7次行长办公会议通过,自2010年9月1日起施行的《非金融机构支付服务管理办法》都属于中国人民银行在其职责范围内制定的部门规章。

(二)依法制定和执行货币政策

货币政策是中央银行为了实现一定的经济目标,利用各种货币政策工具调节和控制货币供给量,以达到影响宏观经济发展的方针和措施的总和。

货币政策的目标有物价稳定、充分就业、经济增长以及国际收支平衡。而实现上述目标的货币政策工具一般有法定存款准备金政策、再贴现政策、公开市场业务操作、直接或间接的信用控制等。例如,中国人民银行提高法定存款准备金率,不仅可以集中使用一部分信贷资金,而且更为重要的是还可以调节货币供给量,进而抑制物价水平的上涨。

中国人民银行是负责制定和执行货币政策的机构。中国人民银行设有中国人民银行货币政策委员会,作为中国人民银行制定货币政策的咨询议事机构。货币政策委员会的职责是:在综合分析宏观经济形势的基础上,依据国家宏观调控目标,讨论货币政策的制定和调整,一定时期内的货币政策控制目标,货币政策工具的运用,有关货币政策的重要措施,货币政策与其他宏观经济政策的协调等涉及货币政策的重大事项,并提出建议。

(三)发行人民币,管理人民币流通

人民币是我国的法定货币,《中国人民银行法》第18条规定:"人民币由中国人民银行统一印制、发行。中国人民银行发行新版人民币,应当将发行时间、面额、图案、式样、规格予以公告。"《中国人民银行法》第22条规定:"中国人民银行设立人民币发行库,在其分支机构设立分支库。分支库调拨人民币发行基金,应当按照上级库的调拨命令办理。任何单位和个人不得违反规定,动用发行基金。"除此之外,中国人民银行还负责反洗钱以及反假币的工作。

(四)监督管理银行间同业拆借市场和银行间债券市场

银行间同业拆借是指商业银行之间的短期资金借贷。银行间债券市场主要是金融机构进行债券买卖和回购的市场。因为围绕银行间同业拆借以及银行间债券市场展开的资金融通活动会影响到货币供给量,进而对一国的宏观经济发展带来十分明显的影响。因此,为了维持宏观经济的稳定以及有序发展,中央银行就需要对银行间同业拆借市场和银行间债券市场进行适时的监管。

(五)实施外汇管理,监督管理银行间外汇市场

中央银行的外汇干预是指为改变本国货币的汇率而进行的买入或卖出外国货币的行为。但是,中央银行对外汇市场进行干预是有条件的,这些条件包括:(1)短期的大幅度汇率波动;(2)较长期的汇率波动;(3)禁止进行与汇率波动方向相同的干预。

(六)监督管理黄金市场

黄金具有货币属性,但是,黄金不同于一般的贵金属,是一国央行国际储备的重要组成部分。为维护经济金融安全和社会稳定,黄金交易应该在经国务院或国务院相关金融管理部门批准的规范交易场所开展。而鉴于黄金的特殊属性以及在国民经济发展中的重要作用,各个国家都对黄金的生产、销售以及流通进行严密的监管,我国自然也不例外。中国人民银行作为黄金市场的监管主体,适时地完善黄金市场法律法规和相关政策支持体系,在防范黄金市

场风险等方面发挥其监管职能。

（七）持有、管理、经营国家外汇储备、黄金储备①

国际储备是一国政府拥有的可以直接用于对外支付的储备资产。国际储备资产主要包括黄金储备、外汇储备、在国际货币基金组织的储备头寸、特别提款权和使用基金信贷等。其中，外汇储备是我国主要的储备资产。

外汇储备是指由各国官方持有的、可以自由支配和自由兑换的储备货币，是一国国际储备的主要组成部分和国家宏观调控实力的主要标志。根据《中国人民银行法》的规定，中国人民银行持有、管理和经营国家外汇储备。中国人民银行授权国家外汇管理局代为经营管理国家外汇储备。表 2－1 总结了从 1978—2009 年，我国的黄金储备与外汇储备。

表 2－1　黄金和外汇储备②

年份	黄金储备（万盎司）	外汇储备（亿美元）	年份	黄金储备（万盎司）	外汇储备（亿美元）
1978	128 0	1.67	1994	126 7	516.20
1979	128 0	8.40	1995	126 7	735.97
1980	128 0	－12.96	1996	126 7	1 050.29
1981	126 7	27.08	1997	126 7	1 398.90
1982	126 7	69.86	1998	126 7	1 449.59
1983	126 7	89.01	1999	126 7	1 546.75
1984	126 7	82.20	2000	126 7	1 655.74
1985	126 7	26.44	2001	160 8	2 121.65
1986	126 7	20.72	2002	192 9	2 864.07
1987	126 7	29.23	2003	192 9	4 032.51
1988	126 7	33.72	2004	192 9	6 099.32
1989	126 7	55.50	2005	192 9	8 188.72
1990	126 7	110.93	2006	192 9	10 663.40
1991	126 7	217.12	2007	192 9	15 282.49
1992	126 7	194.43	2008	192 9	19 460.30
1993	126 7	211.99	2009	338 9	23 991.52

（八）经理国库

中国人民银行经理国库的业务主要是指中国人民银行作为财政部、政府

① http://www.pbc.gov.cn.

② http://www.stats.gov.cn.

各部门及其附属机构的财务代理人，具体负责为由国家拨付经费的行政单位办理存款。为更好地履行该项职责，中国人民银行制定了一系列有关经理国库业务的规章制度，例如，《中央国库现金管理暂行办法》、《国库会计核算业务操作规程（试行）》以及《国库会计管理规定》等。

新中国成立以来，我国的国库业务一直由中国人民银行办理。国库体制经历了从代理到经理的转变。1950 年，中央人民政府政务院发布了《中央金库条例》，规定中央人民政府设中央总金库，各大行政区设中央区金库，各省（市）设中央分金库，各县（市）设中央支金库，各级金库均由人民银行代理，国家的一切财政收入全部缴入同级金库。1985 年，国务院颁布了《中华人民共和国国家金库条例》，确定由“中国人民银行具体经理国库”，将“代理”改为“经理”。1994 年颁布的《预算法》明确中央国库业务由中国人民银行经理。1995 年颁布的《预算法实施条例》明确地方国库业务由中国人民银行分支机构经理。1995 年颁布、2003 年修订的《中国人民银行法》，对经理国库的具体职责又进行了细化，进一步确立了中国人民银行经理国库的法律地位。

按照《中华人民共和国国家金库条例》的规定，国库的主要权限有六项：(1)督促检查各经收处和收入机关所收之款是否按规定全部缴入国库，发现违规不缴的，应及时查究处理；(2)国库对擅自变更各级财政之间收入划分范围、分成留解比例，以及随意调整库款账户之间存款余额的情况，有权拒绝执行；(3)国库对不符合国家规定要求办理退库的情况有权拒绝办理；(4)监督财政存款的开户和财政库款的支拨；(5)国库对不符合规定的凭证，有权拒绝受理；(6)国库对任何单位和个人强令办理违反规定的事项，有权拒绝执行，并及时向上级报告。①

（九）维护支付、清算系统的正常运行

中国人民银行作为支付、清算系统的核心，还有一项重要的任务就是要维护支付、清算系统的正常运行。因此，中国人民银行要适时对清算系统进行检测，建立预警机制。

（十）指导、部署金融业反洗钱工作，负责反洗钱的资金监测

《反洗钱法》第 2 条规定：反洗钱，是指为了预防通过各种方式掩饰、隐瞒毒品犯罪、黑社会性质组织犯罪、恐怖活动犯罪、走私犯罪、贪污贿赂犯罪、破坏金融管理秩序犯罪、金融诈骗犯罪等犯罪所得及其收益的来源和性质的洗

---

① http://www.pbc.gov.cn.

钱活动,依照《反洗钱法》规定采取相关措施的行为。依照《金融机构反洗钱规定》的规定,中国人民银行是金融机构反洗钱工作的监督管理机关。中国人民银行设立金融机构反洗钱工作领导小组,履行下列职责:(1)统一监管、协调金融机构反洗钱工作;(2)研究和制定金融机构的反洗钱战略、规划和政策,制定反洗钱工作制度,制定大额和可疑人民币资金交易报告制度;(3)建立支付交易监测系统,对支付交易进行监测;(4)研究金融机构反洗钱工作的重大疑难问题,提出解决方案与对策;(5)参与反洗钱国际合作,指导金融机构反洗钱工作的对外合作交流;(6)其他应由中国人民银行履行的反洗钱监管职责。

国家外汇管理局负责对大额、可疑外汇资金交易报告工作进行监督管理。国家外汇管理局制定大额、可疑外汇资金交易报告制度。

(十一)负责金融业的统计、调查、分析和预测

中国人民银行还具体负责对金融业相关指标的统计调查、分析和预测工作,以此作为对一定时期内整体经济发展的总结,同时也是中央银行制定和执行货币政策的参考。例如,中国人民银行每年都会进行货币统计、金融机构信贷收支统计、金融市场统计、企业商品价格指数(CGPI)以及景气指数统计等方面的工作。

(十二)作为国家的中央银行,从事有关的国际金融活动

作为一国的中央银行,代表国家从事有关的国际金融活动,也是中央银行的重要职责之一。具体包括参加国际金融会议、加强各国中央银行之间的业务合作等等。

(十三)国务院规定的其他职责

按照《中国人民银行法》的规定,中国人民银行不得对政府财政透支,不得直接认购、包销国债和其他政府债券;不得向地方政府、各级政府部门提供贷款,不得向非银行金融机构以及其他单位和个人提供贷款,但国务院决定中国人民银行可以向特定的非银行金融机构提供贷款的除外。另外,中央银行还不得向任何单位和个人提供担保。

二、中国人民银行的组织机构

(一)领导机构

中国人民银行设行长一人,副行长若干人,实行行长负责制。行长负责领导中国人民银行的工作,副行长协助行长工作。

其中,中国人民银行行长的人选,根据国务院总理的提名,由全国人民代表大会决定;全国人民代表大会闭会期间,由全国人民代表大会常务委员会决定,由中华人民共和国主席任免。中国人民银行副行长由国务院总理任免。

按照《中国人民银行法》第 14、15 条的规定,中国人民银行的行长、副行长及其他工作人员应当恪尽职守,不得滥用职权、徇私舞弊,不得在任何金融机构、企业、基金会兼职。中国人民银行的行长、副行长及其他工作人员,应当依法保守国家秘密,并有责任为与履行其职责有关的金融机构及当事人保守秘密。

(二)货币政策委员会

《中国人民银行法》第 12 条规定:"中国人民银行设立货币政策委员会。货币政策委员会的职责、组成和工作程序,由国务院规定,报全国人民代表大会常务委员会备案。中国人民银行货币政策委员会应当在国家宏观调控、货币政策制定和调整中,发挥重要作用。"中国人民银行货币政策委员会是中国人民银行制定货币政策的咨询议事机构。根据《中国人民银行法》和国务院颁布的《中国人民银行货币政策委员会条例》,经国务院批准,中国人民银行货币政策委员会于 1997 年 7 月成立。2003 年 12 月 27 日,新修订的《中国人民银行法》第 12 条第 2 款明确指出,中国人民银行货币政策委员会应当在国家宏观调控、货币政策制定和调整中,发挥重要作用。

根据《中国人民银行货币政策委员会条例》,货币政策委员会的职责是,在综合分析宏观经济形势的基础上,依据国家宏观调控目标,讨论货币政策的制定和调整、一定时期内的货币政策控制目标、货币政策工具的运用、有关货币政策的重要措施、货币政策与其他宏观经济政策的协调等重大事项,并提出建议。[①]

货币政策委员会现有 15 名组成人员,他们是:周小川(货币政策委员会主席)中国人民银行行长、尤权(国务院副秘书长)、朱之鑫(国家发展改革委员会副主任)、李勇(财政部副部长)、胡晓炼(中国人民银行副行长)、易纲(中国人民银行副行长、国家外汇管理局局长)、杜金富(中国人民银行副行长)、马建堂(国家统计局局长)、尚福林(中国银行业监督管理委员会主席)、郭树清(中国证券监督管理委员会主席)、项俊波(中国保险监督管理委员会主席)、姜建清(中国银行业协会会长)、钱颖一(清华大学经济管理学院院

① http://www.pbc.gov.cn.

长)、陈雨露(中国人民大学校长)、宋国青(北京大学中国经济研究中心教授)。

货币政策委员会历任委员包括:戴相龙、陈元、王春正、陈清泰、谢旭人、陈耀先、刘廷焕、史纪良、黄达、张志刚、张佑才、何林祥、金立群、李福祥、王雪冰、吴敬琏、马永伟、张恩照、姜建清、李扬、肖钢、李若谷、李德水、余永定、邱晓华、郭树清、张平、吴晓灵、谢伏瞻、樊纲、苏宁、蒋超良、周其仁、夏斌、李稻葵。

(三)内设部门

中国人民银行的内设部门有:办公厅(党委办公室),条法司,货币政策司,货币政策二司,金融市场司,金融稳定局,调查统计司,会计财务司,支付结算司,科技司,货币金银局,国库局,国际司(港澳台办公室),内审司,人事司(党委组织部),研究局,征信管理局,反洗钱局(保卫局),党委宣传部(党委群工部),机关党委,纪委,派驻监察局,离退休干部局,参事室,工会和团委。

(四)直属机构

直属机构有:中国人民银行机关服务中心,中国人民银行集中采购中心,中国反洗钱监测分析中心,中国人民银行征信中心,中国外汇交易中心(全国银行间同业拆借中心),中国金融出版社,金融时报社,中国人民银行清算总中心,中国印钞造币总公司,中国金币总公司,中国金融电子化公司,中国人民银行研究生部,中国人民银行党校,中国金融培训中心,中国人民银行郑州培训学院以及中国钱币博物馆。

(五)分支机构

中国人民银行根据履行职责的需要设立分支机构,作为中国人民银行的派出机构。中国人民银行对分支机构实行统一领导和管理。中国人民银行的分支机构根据中国人民银行的授权,维护本辖区的金融稳定,承办有关业务。

中国人民银行设立的分支机构有:上海分行、天津分行、沈阳分行、南京分行、济南分行、武汉分行、广州分行、成都分行、西安分行、营业管理部(北京)、重庆营管部、石家庄中心支行、太原中心支行、呼和浩特中心支行、长春中心支行、哈尔滨中心支行、杭州中心支行、福州中心支行、合肥中心支行、郑州中心支行、长沙中心支行、南昌中心支行、南宁中心支行、海口中心支行、昆明中心支行、贵阳中心支行、拉萨中心支行、兰州中心支行、西宁中心支行、银川中心支行、乌鲁木齐中心支行、深圳中心支行、大连中心支行、青岛中心支行、宁波中心支行、厦门中心支行。

三、中国人民银行的历史沿革[①]

中国人民银行的历史,可以追溯到第二次国内革命战争时期。1931 年 11 月 9 日,在江西瑞金召开的“全国苏维埃第一次代表大会”上,通过决议成立了“中共苏维埃共和国国家银行”(简称苏维埃国家银行)并发行货币。从土地革命到中华人民共和国诞生前夕,人民政权被分割成彼此不能连接的区域。各根据地建立了相对独立、分散管理的根据地银行,并各自发行在本根据地内流通的货币。1948 年 12 月 1 日,以华北银行为基础,合并北海银行、西北农民银行,在河北省石家庄市组建了中国人民银行并发行人民币。中国人民银行成为中华人民共和国成立后的中央银行。

中国人民银行成立至今 50 多年,特别是改革开放以来,在体制、职能、地位、作用等方面都发生了巨大而深刻的变革。

(一)中国人民银行的创建与国家银行体系的建立(1948—1952 年)

1948 年 12 月 1 日,中国人民银行在河北省石家庄市宣布成立。华北人民政府当天发出布告,由中国人民银行发行的人民币在华北、华东、西北三区统一流通,所有公私款项收付及一切交易,均以人民币为本位货币。1949 年 2 月,中国人民银行由石家庄市迁入北平。1949 年 9 月,中国人民政治协商会议通过《中华人民共和国中央人民政府组织法》,把中国人民银行纳入政务院的直属单位,接受财政经济委员会指导,与财政部保持密切联系,赋予其国家银行职能,承担发行国家货币、经理国家金库、管理国家金融、稳定金融市场、支持经济恢复和国家重建的任务。

在国民经济恢复时期,中国人民银行在中央人民政府的统一领导下,着手建立统一的国家银行体系:一是建立独立统一的货币体系,使人民币成为境内流通的本位币,与各经济部门协同治理通货膨胀;二是迅速普建分支机构,形成国家银行体系,接管官僚资本银行,整顿私营金融业;三是实行金融管理,疏导游资,打击金银外币黑市,取消在华外商银行的特权,禁止外国货币流通,统一管理外汇;四是开展存款、放款、汇兑和外汇业务,促进城乡物资交流,为迎接经济建设作准备。1952 年国民经济恢复时期终结时,中国人民银行作为中华人民共和国的国家银行,建立了全国垂直领导的组织机构体系;统一了人民

① http://www.pbc.gov.cn.

币发行,逐步收兑了解放区发行的货币,全部清除并限期兑换了国民党政府发行的货币,很快使人民币成为全国统一的货币;对各类金融机构实行了统一管理。中国人民银行充分运用货币发行和货币政策,实行现金管理,开展"收存款、建金库、灵活调拨",运用折实储蓄和存放款利率等手段调控市场货币供求,扭转了新中国成立初期金融市场混乱的局面,制止了国民党政府遗留下来的长达20年之久的恶性通货膨胀。同时,按照"公私兼顾、劳资两利、城乡互助、内外交流"的政策,配合工商业的调整,灵活调度资金,支持国营经济的快速成长,适度地增加对私营经济和个体经济的贷款。便利了城乡物资交流,为人民币币值的稳定和国民经济的恢复与发展作出了重大贡献。

(二)计划经济体制时期的国家银行(1953—1978年)

在统一的计划经济体制中,自上而下的人民银行体制,成为国家吸收、动员、集中和分配信贷资金的基本手段。随着社会主义改造的加快,私营金融业纳入了公私合营银行轨道,形成了集中统一的金融体制,中国人民银行作为国家金融管理和货币发行的机构,既是管理金融的国家机关,又是全面经营银行业务的国家银行。

与高度集中的银行体制相适应,从1953年开始建立了集中统一的综合信贷计划管理体制,即全国的信贷资金,不论是资金来源还是资金运用,都由中国人民银行总行统一掌握,实行"统存统贷"的管理办法,将银行信贷计划纳入国家经济计划,成为国家管理经济的重要手段。

中国人民银行担负着调节货币流通的职能,统一经营各项信贷业务,在国家计划实施中具有综合反映和货币监督功能。银行对国有企业提供超定额流动资金贷款、季节性贷款和少量的大修理贷款,对城乡集体经济、个体经济和私营经济提供部分生产流动资金贷款,对农村中的贫困农民提供生产贷款、口粮贷款和其他生活贷款。这种长期资金归财政、短期资金归银行、无偿资金归财政、有偿资金归银行、定额资金归财政、超定额资金归银行的体制,一直延续到1978年,这期间虽有几次变动,但基本格局变化不大。

(三)从国家银行过渡到中央银行体制(1979—1992年)

1979年1月,为了加强对农村经济的扶植,国务院恢复了中国农业银行。同年3月,为适应对外开放和国际金融业务发展的新形势,改革了中国银行的体制,中国银行成为国家指定的外汇专业银行;同时设立了国家外汇管理局。以后,又恢复了国内保险业务,重新建立了中国人民保险公司。各地还相继组建了信托投资公司和城市信用合作社,出现了金融机构多元化和金融业务多样化的局面。

日益发展的经济和金融机构的增加，迫切需要加强金融业的统一管理和综合协调，由中国人民银行专门承担中央银行职责成为完善金融体制，更好地发展金融业的紧迫议题。1982 年 7 月，国务院批转中国人民银行的报告，进一步强调“中国人民银行是我国的中央银行，是国务院领导下统一管理全国金融的国家机关”，以此为起点开始了组建专门的中央银行的准备工作。

1983 年 9 月 17 日，国务院作出决定，由中国人民银行专门行使中央银行的职能，并具体规定了人民银行的 10 项职责。从 1984 年 1 月 1 日起，中国人民银行开始专门行使中央银行的职能，集中力量研究和实施全国金融的宏观决策，加强信贷总量的控制和金融机构的资金调节，以保持货币稳定；同时新设中国工商银行，人民银行过去承担的工商信贷和储蓄业务由中国工商银行专业经营；人民银行分支行的业务实行垂直领导；设立中国人民银行理事会，作为协调决策机构；建立存款准备金制度和中央银行对专业银行的贷款制度，初步确定了中央银行制度的基本框架。

人民银行在专门行使中央银行职能的初期，随着全国经济体制改革的深化和经济的高速发展，为适应多种金融机构、多种融资渠道和多种信用工具不断出现的需要，中国人民银行不断改革机制，搞活金融，发展金融市场，促进金融制度创新。中国人民银行努力探索与改进宏观调控的手段和方式，在改进计划调控手段的基础上，逐步运用利率、存款准备金率、贷款等手段来控制信贷和货币的供给，以求达到“宏观管住、微观搞活、稳中求活”的效果，在制止“信贷膨胀”、“经济过热”，促进经济结构调整的过程中，初步培育了运用货币政策调节经济的能力。

（四）逐步强化和完善现代中央银行制度（1993 年至今）

1993 年，按照国务院《关于金融体制改革的决定》，中国人民银行进一步强化金融调控、金融监管和金融服务职责，划转政策性业务和商业银行业务。

1995 年 3 月 18 日，全国人民代表大会通过《中华人民共和国中国人民银行法》，首次以国家立法的形式确立了中国人民银行作为中央银行的地位，标志着中央银行体制走向了法制化、规范化的轨道，是中央银行制度建设的重要里程碑。

1998 年，按照中央金融工作会议的部署，改革人民银行管理体制，撤销省级分行，设立跨省区分行；同时，成立人民银行系统党委，对党的关系实行垂直领导，干部垂直管理。

2003 年，按照党的十六届二中全会审议通过的《关于深化行政管理体制和机构改革的意见》和十届人大一次会议批准的国务院机构改革方案，将中国人民银行对银行、金融资产管理公司、信托投资公司及其他存款类金融机构的监管职能分离出来，与中央金融工委的相关职能进行整合，成立中国银行业监督管理委员会。同年9月，中央机构编制委员会正式批准人民银行的“三定”调整意见。12月27日，十届全国人民代表大会常务委员会第六次会议审议通过了《中华人民共和国中国人民银行法(修正案)》。

调整金融监管职责后，人民银行新的职能正式表述为“制定和执行货币政策、维护金融稳定、提供金融服务”。同时，明确界定了中国人民银行的职能：“中国人民银行为国务院组成部门，是中华人民共和国的中央银行，是在国务院领导下制定和执行货币政策、维护金融稳定、提供金融服务的宏观调控部门。”这种职能的变化集中表现为“一个强化、一个转换和两个增加”。

“一个强化”，即强化与制定和执行货币政策有关的职能。人民银行要大力提高制定和执行货币政策的水平，灵活运用利率、汇率等各种货币政策工具实施宏观调控，加强对货币市场规则的研究和制定，加强对货币市场、外汇市场、黄金市场等金融市场的监督与监测，密切关注货币市场与房地产市场、证券市场、保险市场之间的关联渠道、有关政策和风险控制措施，疏通货币政策传导机制。

“一个转换”，即转换对金融业宏观调控和防范与化解系统性金融风险的方式。由过去主要是通过对金融机构的设立审批、业务审批、高级管理人员任职资格审查和监管指导等直接调控方式，转变为对金融业的整体风险、金融控股公司以及交叉性金融工具的风险进行监测和评估，防范和化解系统性金融风险，维护国家经济金融安全。

“两个增加”，即增加反洗钱和管理信贷征信业两项职能。今后将由人民银行组织协调全国的反洗钱工作，指导、部署金融业反洗钱工作，承担反洗钱的资金监测职责，参与有关的国际反洗钱合作。由人民银行管理信贷征信业，推动社会信用体系建设。

这些新的变化，进一步强化了人民银行作为我国的中央银行在实施金融宏观调控、保持币值稳定、促进经济可持续增长和防范化解系统性金融风险中的重要作用。随着社会主义市场经济体制的不断完善，中国人民银行作为中央银行在宏观调控体系中的作用将更加突出。面对更加艰巨的任务和更加重大的责任，中央银行在履行新的职责过程中，视野要更广、思路要更宽、立足点要更高，特别是要大力强化与制定和执行货币政策有关的职能，不仅要加强对货币市场、外汇市场、黄金市场等金融市场的规范、监督与监测，还要从金融市场体系有机关联的角度，密切关注其他各类金融市场的运行情况和风险状况，综合、灵活运用利率、汇率等各种货币政策工具实施金融宏观调控。要从维护国家经济金融安全、实现和维护国家利益的高度，研究、规划关系到我国整个金融业改革、发展、稳定方面的重大战略问题。目前，我国经济市场化程度越来越高，货币政策决策面临的环境日趋复杂，金融业长期积累的金融风险仍然较重，改革与重组任务十分艰巨。在此情况下，中央银行更要善于准确把握影响经济金融发展全局的因素，注意研究新情况、开发新工具、探索新方法、解决新问题，并创造性地开展工作，努力做到识大局、讲宏观、懂技术、胆识兼备，充分发挥中央银行在宏观调控中的突出作用。

【练习与思考】

1. 中国人民银行的职责有哪些？
2. 中国人民银行反洗钱工作的内容有哪些？
3. 简单叙述中国人民银行发展的历史沿革。

第三节　中央银行的业务范围

一、中央银行的资产业务

中央银行的资产业务主要包括再贴现业务、再贷款业务、证券买卖业务以及国际储备业务。

（一）再贴现业务

1. 再贴现的概念

再贴现，即二次贴现，具体是指商业银行等金融机构资金紧缺时，可以将其因贴现获得的商业票据提交中央银行，申请中央银行对其进行再一次贴现的行为。当中央银行接受其贴现申请时，会从票面金额中扣除贴现利息，将剩余部分交予商业银行或其他金融机构。有关再贴现业务的规定，最初见于1833 年英国的《银行特许法》，1913 年美国的《联邦储备法》也将再贴现政策作为一项主要的货币政策工具。① 《商业汇票承兑、贴现与再贴现管理暂行办法》第 25 条第 1 款规定："再贴现的对象是在中国人民银行及其分支机构开

① 陈学彬主编：《中央银行概论》，高等教育出版社、上海社会科学院出版社 2000 年版，第 45 页。

立存款账户的商业银行、政策性银行及其分支机构。”

在我国,中央银行通过适时调整再贴现总量及利率、明确再贴现票据选择,达到吞吐基础货币和实施金融宏观调控的目的,同时发挥调整信贷结构的功能。

自1986年中国人民银行在上海等中心城市开始试办再贴现业务以来,再贴现业务经历了试点、推广到规范发展的过程。再贴现作为中央银行的重要货币政策工具,在完善货币政策传导机制、促进信贷结构调整、引导扩大中小企业融资、推动票据市场发展等方面发挥了重要作用。

1986年,针对当时经济运行中企业之间严重的贷款拖欠问题,中国人民银行下发了《中国人民银行再贴现试行办法》,决定在北京、上海等10个城市对专业银行试办再贴现业务。这是自中国人民银行独立行使中央银行职能以来,首次进行的再贴现实践。

通过对再贴现利率的调整,中央银行可以控制商业银行以及金融机构的融资成本,进而调节货币供给量。而且中央银行制定并对外公布的再贴现利率,具有一定的告示效应,可以影响人们未来行为的心理预期。但是,再贴现业务的调节力度要受到商业银行是否申请再贴现行为的影响,是一种被动的货币政策工具。

再贴现利息的计算公式如下:

再贴现利息 = 票面金额 × 日贴现率 × 贴现天数

再贴现金额 = 票面金额 - 再贴现利息

按照中国人民银行《商业汇票承兑、贴现与再贴现管理暂行办法》的规定,再贴现业务的最长期限不得超过4个月。

2. 再贴现业务的分类

(1)按照再贴现期限长短分类。按照再贴现期限长短不同,可以将再贴现业务分为长期再贴现业务和短期再贴现业务。

(2)按照再贴现利率高低分类。按照再贴现利率高低不同,可以将再贴现业务分为扶持型再贴现业务和抑制型再贴现业务。扶持型再贴现业务的再贴现利率低于市场利率水平,商业银行或金融机构可以通过该类再贴现业务降低融资成本;抑制型再贴现业务则恰恰相反。

3. 再贴现的操作体系

(1)中国人民银行总行设立再贴现窗口(以下简称再贴现窗口),受理、审查、审批各银行总行的再贴现申请,并经办有关的再贴现业务。

(2)中国人民银行各一级分行和计划单列城市分行设立授权再贴现窗口

（以下简称授权窗口），受理、审查并在总行下达的再贴现限额之内审批辖内银行及其分支机构的再贴现申请，经办有关的再贴现业务。

（3）授权窗口认为必要时可对辖内一部分二级分行实行再贴现转授权（以下简称转授权窗口），转授权窗口的权限由授权窗口规定。

（4）中国人民银行县级支行和未被转授权的二级分行，可受理、审查辖内银行及其分支机构的再贴现申请，并提出审批建议，在报经授权窗口或转授权窗口审批后，经办有关的再贴现业务。

（二）再贷款业务

1. 再贷款概念

再贷款，是中央银行作为贷款人向商业银行等金融机构或者政府提供的信用贷款或者质押贷款。再贷款是中央银行的主要资产业务，也是中央银行履行"银行的银行"以及"政府的银行"职能的手段之一。自 1984 年中国人民银行专门行使中央银行职能以来，再贷款一直是我国中央银行的重要货币政策工具。近年来，为适应金融宏观调控方式由直接调控转向间接调控，再贷款所占基础货币的比重逐步下降，结构和投向发生重要变化。新增再贷款主要用于促进信贷结构调整，引导扩大县域和"三农"信贷投放。

2011 年初，我国华北、黄淮等地降水持续偏少，山东、河南、河北、山西、安徽、江苏、陕西、甘肃等冬小麦主产区旱情严重。为贯彻落实国务院粮食生产电视电话会议精神和国务院常务会议对抗旱工作的安排部署，统筹做好受灾地区春耕备耕金融服务工作，加大对重点地区抗旱救灾的资金支持力度，中国人民银行下发《关于安排增加支农再贷款支持重点地区做好春耕抗旱金融服务工作的通知》（以下简称《通知》），对河南、山东、河北等受旱灾影响严重的 8 省安排增加支农再贷款额度 100 亿元。①

"质押贷款"，系指分行以商业银行持有的有价证券作质押而对其发放的短期再贷款。可作为质押贷款权利凭证的有价证券为：国库券、中国人民银行融资券、中国人民银行特种存款凭证、金融债券和银行承兑汇票。

2. 再贷款的分类

（1）按照贷款期限的长短分类。按照贷款期限长短可以将再贷款业务划分为短期贷款和长期贷款。其中，短期再贷款划分为 3 个月以内、20 天以内和 7 天以内三个期限档次；长期贷款则是期限超过 3 个月的贷款。但是，鉴于

① http://www.pbc.gov.cn.

中央银行对于其资产流动性的要求,中央银行一般不发放长期贷款。

(2)按照贷款对象的不同分类。按照贷款对象的不同可以将再贷款分为对商业银行的贷款、对金融机构的贷款、对政府的贷款和其他贷款。

3. 再贷款的流程

(1)贷款申请。借款人应填制《中国人民银行再贷款申请书》,并在加盖借款人的公章和法定代表人或单位负责人的签章后,提交当地中国人民银行开户行。

(2)贷款审查。对受理的短期再贷款申请,应进行审查;对单笔金额较大的贷款申请,应建立集体审批制度;中心支行对超过审批权限的贷款申请,应提出审查意见,报分行审批。

(3)贷款发放。对审查批准的短期再贷款申请,应与借款人签订借款合同;发放质押贷款时,还应同时签订质押担保合同;会计营业部门应凭借款合同、贷款额度通知书办理有关会计处理手续,发放质押贷款的,还应凭质押担保合同。

(4)贷款收回。借款人应当按照借款合同的规定,按时足额归还贷款本息。对逾期的短期再贷款,可从借款人准备金存款账户扣收贷款本息,并按照逾期贷款利率计收利息。质押贷款发生逾期,可依法处置作为贷款权利凭证的有价证券用于偿还贷款本息。

4. 再贷款的作用

通过对商业银行等金融机构以及政府提供贷款支持,可以满足借款人的流动性要求,解决其面临的资金困难,避免出现金融恐慌。而且,再贷款业务还是中央银行投放基础货币的渠道。

(三)证券买卖业务

1. 证券买卖业务的概念

证券买卖业务是指中央银行为了调控货币供给量和利率,在公开市场上买卖有价证券。19世纪初的英格兰银行是最早开始这一业务的。由于这一业务都是在公开的金融市场进行的,因此被称为“公开市场业务”。

相较于再贴现业务以及再贷款业务而言,中央银行对于公开市场业务操作的能动性更强,中央银行可以通过有价证券的买卖行为,控制流通中的货币供给量以及市场利率水平。即当中央银行买入有价证券时,会增加货币供给量,进而降低市场利率水平;相反,中央银行卖出有价证券时,会减少货币供给量,一定程度上使得市场利率水平上升。

2. 证券买卖业务的标的

中央银行进行公开市场业务操作时,买卖的标的主要是政府公债、国库券以及流行性和信用度都较高的有价证券。

需要注意的是,央行通过公开市场业务操作意欲达到控制货币供给量以及市场利率的目的,还需要有完善的金融市场作为支持。只有完善的证券交易市场,才能够顺利地进行证券买卖业务。

(四)国际储备业务

1. 国际储备的概念

国际储备,又称"官方储备",是一国政府所持有的,被用于弥补国际收支赤字、维持本币汇率等的国际普遍接受的一切资产。[①] 主要包括黄金、外汇、在国际货币基金组织的储备头寸和未动用的特别提款权等具有可得性、流动性以及普遍接受性的资产。国际储备主要通过国际收支盈余、中央银行为外汇干预时购入外汇、对外借款、购买黄金以及接受他国支付的特别提款权等方式取得。

2. 国际储备的作用

国际储备主要被用于弥补国际收支赤字、调节本币汇率水平、作为国家信用保证以及防范突发事件等方面。

二、中央银行的负债业务

中央银行的负债业务主要包括存款业务、货币发行业务、中央银行债券发行业务以及对外负债和资本业务。

(一)存款业务

中央银行的存款业务包括准备金存款、政府存款、外国存款等。

1. 准备金存款

存款准备金是指金融机构为保证客户提取存款和资金清算需要而准备的资金,金融机构按规定向中央银行缴纳的存款准备金占其存款总额的比例就是存款准备金率。存款准备金制度是在中央银行体制下建立起来的,美国最早以法律形式规定商业银行向中央银行缴存存款准备金。存款准备金制度的初始作用是保证存款的支付和清算,之后才逐渐演变成为货币政策工具,中央银行通过调整存款准备金率,影响金融机构的信贷资金供应能力,从而间接调

① 杨胜刚、姚小义主编:《国际金融》,高等教育出版社2005年版,第118页。

控货币供应量。①

但是,存款准备金政策一般被认为政策效用过于猛烈,不适合日常使用。

从 1998 年 3 月 21 日起,经国务院同意,中国人民银行决定对存款准备金制度进行改革,主要内容有:

(1)将原各金融机构在人民银行的“准备金存款”和“备付金存款”两个账户合并,称为“准备金存款”账户。

(2)法定存款准备金率从 13% 下调到 8%。准备金存款账户超额部分的总量及分布由各金融机构自行确定。

(3)对各金融机构法定存款准备金按法人统一考核。

(4)对各金融机构法定存款准备金按旬考核。

(5)金融机构按法人统一存入人民银行的准备金存款低于上旬末一般存款余额的 8%,人民银行对其不足部分按每日 6‰的利率处以罚息。金融机构分支机构在人民银行准备金存款账户出现透支,人民银行按有关规定予以处罚。金融机构不按时报送旬末一般存款余额表和按月报送月末日计表的,依据《商业银行法》第 78 条予以处罚。上述处罚可以并处。

(6)金融机构准备金存款利率由原来一般存款利率 7.56% 和备付金存款利率 7.02%(加权平均 7.35%)统一下调到 5.22%。

(7)调整金融机构一般存款范围。将金融机构代理人民银行财政性存款中的机关团体存款、财政预算外存款,划为金融机构的一般存款。金融机构按规定比例将一般存款的一部分作为法定存款准备金存入人民银行。

2. 政府存款

政府存款是中央银行执行经理国库职能时吸收的中央政府存款。其账户变动反映了其在发挥一部分“政府的银行”的功能。

3. 外国存款

外国存款是指一国为了国际贸易结算以及往来支付的便利,而在另一国中央银行的存款。

(二)货币发行业务

对于中央银行来讲,货币发行是其最为重要的负债业务。垄断货币发行是中央银行的重要标志之一。

中央银行主要通过再贴现、再贷款、公开市场操作、购买黄金以及外汇等

① http://www.pbc.gov.cn.

手段将货币注入流通领域,并通过这些手段在一定程度上控制流通中的货币量。

中央银行的货币发行可以分为经济发行和财政发行两种方式。经济发行的目的主要是适应国民经济的发展需求,而财政发行的目的主要是弥补国家的财政赤字。我国货币自发行以来,已发行五套人民币,形成纸币与金属币、普通纪念币与贵金属纪念币等多品种、多系列的货币体系。

三、中央银行的支付、清算业务

中央银行的支付、清算业务主要是因中央银行处于一国支付、清算体系的核心位置,为了保证金融机构之间债权债务清偿及资金转移目的的顺利实现,通过一定的方式和途径为各类金融机构提供支付、清算服务的业务总称。这一支付、清算体系是由提供支付、清算的中介机构和实现支付指令传送及资金清算的专业技术手段共同组成的,是中央银行向金融机构以及社会经济活动提供资金支付、清算服务的有机系统。这一系统由清算机构、支付系统、支付结算制度以及同业间清算制度与操作规则等部分组成。服务内容主要包括票据交换的清算、异地跨行清算、提供私营清算机构差额清算服务以及跨国支付服务等。

近年来,我国支付体系建设取得显著成就,在促进经济社会发展方面发挥了重要作用。支付体系服务主体多元化发展,形成包括中国人民银行、银行业金融机构和其他机构的组织格局。人民币银行结算账户管理体系不断完善,金融账户实名制稳步落实。非现金支付工具广泛应用,形成以票据和银行卡为主体,互联网支付、移动支付等电子支付为补充的工具系列。支付清算结算基础设施不断完善,形成以中国人民银行支付系统为骨干,银行业金融机构行内支付系统为主体,银行卡跨行交易清算系统、外汇结算系统等为重要组成部分的系统架构。支付体系监督管理机制初步形成,建立了支付清算结算法律法规制度框架,确立了“安全”和“高效”并重的监管目标,明确了监管范围和监管手段,风险防范能力不断增强。农村地区支付服务广度不断拓展,农村支付服务环境持续改善。跨境贸易人民币结算和投资有序开展,跨境人民币清算渠道初步形成。未来一段时期的主要任务是:(1)健全支付体系法律法规制度,夯实支付体系发展的法律基础;(2)扎实推进金融基础设施建设,构建安全高效的资金、证券结算系统网络;(3)鼓励非现金支付工具发展创新,推动非现金支付工具的普及应用;(4)优化账户服务和管理,增强社会诚信意识;(5)加强支付体系监督管理,维护支付体系安全稳定运行;(6)加强支付体系国际交流与合作。①

四、中央银行的其他业务

中央银行的其他业务主要是经理国库业务、会计业务、调查统计业务。关于经理国库业务和调查统计业务此处不再赘述。下面了解一下中央银行的会计业务。

会计业务是中央银行按照基本的会计制度而开展的各项监督、管理以及核算财务的业务。按照《中国人民银行基本会计制度》的规定,会计工作的主要任务是:组织会计核算,真实、完整、及时地记录和反映各项业务活动情况与财务收支状况;实施会计管理和会计监督,维护财产和资金的安全;开展会计分析,披露会计信息;提供金融会计服务,协调银行业的会计事务。

中国人民银行需要依据资金性质、业务特点和核算管理的要求设置会计科目。会计科目分为表内科目和表外科目。其中,表内科目包括资产类、负债类、资产负债共同类、所有者权益类、损益类;表外科目核算业务确已发生而尚未涉及资金增减,需要记载实物库存数量变化和备忘登记的事项。

【练习与思考】

1. 中央银行开展资产业务对金融市场的影响有哪些?
2. 中央银行垄断货币发行权的意义是什么?
3. 中央银行在支付结算体系中的作用是什么?

第四节　货币政策

一、货币政策目标

货币政策是中央银行为了实现一定的经济目标,利用各种货币政策工具调节和控制货币供给量,以达到影响宏观经济发展的方针和措施的总和。

(一)货币政策最终目标

一般认为,货币政策的最终目标有5个,即币值稳定(或物价稳定)、充分就业、经济增长、国际收支平衡以及金融稳定。

① http://www.pbc.gov.cn.

1. 币值稳定

币值稳定,也被称为物价稳定。所谓币值稳定,即指设法防止一般物价水平在短时期内出现急剧不稳定的波动,维持本币币值的稳定,防止出现通货膨胀或者通货紧缩的现象。

(1)通货膨胀。通货膨胀是纸币制度下特有的经济现象,是指因货币供给大于货币需求而引起的货币贬值、一般物价水平的持续上涨。通常用通货膨胀率来衡量通货膨胀水平。

通货膨胀率 =(当期价格水平 - 上期价格水平)÷上期价格水平 ×100%

具体衡量物价水平是否出现剧烈波动的指标有三个:国民生产总值平减指数、消费物价指数以及批发物价指数。

一般认为,通货膨胀除了会对国民经济、就业产生明显的影响外,还会影响到财富和收入的再分配。

(2)通货紧缩。通货紧缩是与通货膨胀相反的一种经济现象,是物价水平普遍持续下降的经济现象。这种现象的出现会影响到货币的购买力,严重的通货紧缩还会导致银行业的危机。

2. 充分就业

凯恩斯的代表作《就业、利息和货币通论》将充分就业定义为:充分就业就是在某一工资水平下,所有愿意接受这种工资的人都能得到工作。可见,充分就业并不是失业率为零的状态,并不包括摩擦性失业、季节性失业以及机构性失业等自然失业在内。因此,如果一定时期内的失业率水平小于等于自然失业率水平,皆可以界定为实现了充分就业。影响充分就业实现的因素主要有人口因素、经济因素、技术因素、制度因素和心理因素等。

3. 经济增长

经济增长主要是指人力以及物质资本的不断增长。经济水平的不断提高,是一国居民生活质量不断提高的保障。尤其是对于经济发展水平相对落后的发展中国家而言,经济发展水平的提高尤为重要。衡量一个国家或地区经济发展水平的主要指标即是 GDP、GNP 以及经济增长率。

4. 国际收支平衡

持续的国际收支逆差会造成资本外流、外汇储备下降以及本币的贬值,而国际收支的顺差会导致本币货币供给量的增多,进而加剧通货膨胀水平。除此之外,国际收支的不平衡还会造成国与国之间的贸易摩擦。因此,货币政策的最终目标之一就是要避免由国际收支不平衡带来的不利影响,实现国际收支平衡。当然,国际收支平衡乃是一种理想状态,而国际收支不平衡才是国际交往的常态。但是,一国的货币政策仍要以纠正过度的国际收支不平衡作为主要目标之一。

5. 金融稳定

维持金融稳定是避免爆发经济危机的前提。东南亚金融危机以及美国金融危机让我们看到了维持金融稳定的重要性。

具体而言,金融稳定包括利率稳定、外汇市场稳定以及金融市场稳定。

以上简单了解了货币政策的5个最终目标。需要强调的是,这5个最终目标是一个矛盾统一体。

(二)货币政策中介目标

1. 中介目标的选择标准

(1)可测性。可测性要求货币政策的中介目标便于中央银行迅速获取这些指标的准确性数据,且便于对其进行观察和分析。

(2)可控性。可控性要求货币政策的中介目标必须便于中央银行的具体操作。

(3)相关性。相关性要求货币政策的中介目标必须与最终目标之间具有较强的相关性。

(4)抗干扰性。抗干扰性要求货币政策中介目标能够较准确地反映货币政策的效果,较少地受到其他外来因素的干扰。

2. 中介目标种类

(1)货币供给量

货币供给量充当中介目标的理论基础是货币数量论。中央银行对于货币供给量具有较强的操控力,而且货币供给量与货币政策意图的联系相对比较紧密。但是,因为货币层次划分问题,导致在货币供给量的测定上有一定的困难,而且,中央银行并不能绝对地对货币供给量指标进行控制。

(2)利率

中央银行对于利率这一货币政策中介目标的控制力较强,且利率水平的变化能够很好地把中央银行的货币政策意图传递给各个金融机构。除此之外,利率指标还能很好地反映出货币与信用之间的关系。但是,中央银行能够强力控制的利率只是名义利率而非实际利率,实际利率要受到很多其他因素的影响。

(3)贷款量

贷款量作为货币政策中介目标主要适用于一国市场经济或者金融市场发育程度较低的时期,因为在金融市场发育较为成熟时,贷款可以通过除了银行之外的很多其他渠道获得，因此，中央银行对其控制力就相对较弱。

(4)汇率

我国实行以市场供求为基础、参考一篮子货币进行调节、有管理的浮动汇率制度。具体包括三个方面的内容：一是以市场供求为基础的汇率浮动，发挥汇率的价格信号作用；二是根据经常项目，主要是贸易平衡状况动态调节汇率浮动幅度，发挥"有管理"的优势；三是参考一篮子货币，即从一篮子货币的角度看汇率，不片面地关注人民币与某个单一货币的双边汇率。[①]

(三)货币政策目标之间的关系

货币政策中介目标与最终目标之间具有一种内在的联系，这种联系因货币政策工具的使用而发生。简单地讲，中央银行希望利用货币政策工具实现货币政策的最终目标，但是，往往是货币政策工具的使用并不能直接作用于货币政策的最终目标，而是先会对其他一些金融变量产生影响，这些金融变量的变化引起相关主体行为的变化，通过货币政策机制的传导实现货币政策的最终目标。参见图2-1。

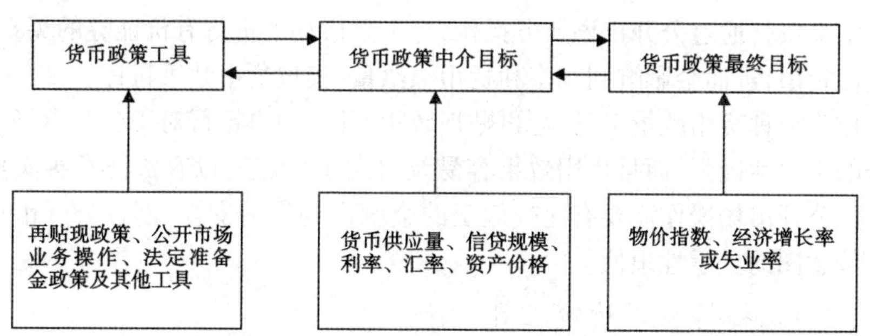

图2-1　货币政策调控的系统结构[②]

二、货币政策工具

(一)一般性货币政策工具

1. 法定存款准备金率

存款准备金是指金融机构为保证客户提取存款和资金清算需要而准备的资金，金融机构按规定向中央银行缴纳的存款准备金占其存款总额的比例就是存款准备金率。存款准备金制度是在中央银行体制下建立起来的，美国是

---

① http://www.pbc.gov.cn.

② 何运信：《我国货币政策中介目标研究》(2004年博士学位论文)，湖南大学，第12页。

世界上最早以法律形式规定商业银行向中央银行缴纳存款准备金的国家。

存款准备金制度的初始作用是保证存款的支付和清算,之后才逐渐演变成为货币政策工具。中央银行通过调整存款准备金率,影响金融机构的信贷资金供应能力,从而间接调控货币供应量。[①]

但是,法定存款准备金率的作用威力较大,不适宜作为日常性的货币政策工具使用,因此并不是中央银行的主要货币政策工具。

2. 再贴现政策

再贴现政策是中央银行充当金融机构最后贷款人角色时采用的政策,通过对金融机构再贴现政策的调整,中央银行可以控制货币供应量、信贷规模与信贷结构。但是,再贴现政策这一货币政策工具的效应还要依靠金融机构的贴现申请行为,如果金融机构采取其他方式解决流动性障碍,再贴现政策则不会发挥预想的作用。另外,当再贴现利率和市场利率之间存在利差时,还会导致货币供给量的大幅波动。

3. 公开市场业务操作

中央银行通过公开市场业务操作,在金融市场上进行有价证券的买卖,控制基础货币,进而会影响到利率和货币供给量,实现货币政策目标。

作为一种货币政策工具,与再贴现政策不同,中央银行对于公开市场业务操作的主动性极强,而且作用效果容易及时纠正,但是,以有价证券买卖作为手段的公开市场操作需要有比较健全的金融市场作为支撑,而且公开市场操作政策意图的告示性很低。

(二)选择性货币政策工具

选择性货币政策工具主要有消费信用控制、证券市场信用控制、不动产信用控制以及优惠利率等手段。其中,消费信用控制、证券市场信用控制以及不动产信用控制主要是通过对贷款量的控制来实现货币政策意图,而优惠利率则是通过引导投资方向的手段来实现对于国民经济结构的调整。

三、货币政策传导机制

货币政策传导机制是指中央银行利用各种货币政策工具,对相关的经济变量进行调整和影响,并通过一定的渠道实现货币政策目标这一过程。

最早对货币政策传导机制进行研究的理论可以追溯到 18 世纪的货币数

① http://www.pbc.gov.cn.

量论。而从金融机构的资产和负债角度看,货币渠道观和信贷渠道观是目前货币政策传导渠道理论中两种最主要的观点。[①] 其中,货币渠道观主要由利率传导渠道理论、资产价格传导渠道理论、汇率传导渠道理论构成。以下简单介绍利率传导机制和货币供给量传导机制。汇率传导机制和信贷传导机制的基本原理与利率传导机制和货币供给量传导机制一致。

(一)利率传导机制

利率传导理论是较早出现的货币政策传导机制理论,是其他货币政策传导机制理论的基础。该理论认为利率是货币政策传导机制中的核心要素,当货币供应量发生变化时,公众流动性偏好的变化会影响到利率水平,而利率水平的变化会影响到消费和支出水平的变化,消费和支出水平的变化又会影响总产出水平发生相应的变化。这一过程,简单列示如下:

货币供应量增加→利率水平下降→投资增加→社会总产出增加

但是,货币供应量增加到一定量时,利率水平的变化会因遭遇到"流动性陷阱"的制约而失效。而且,当货币供应量增加致使利率水平下降并促进社会总产出增加时,充分就业的实现还会导致物价水平因继续增加货币供给量而上升。

(二)货币供给量传导机制

货币供给量传导机制是20世纪60年代由货币数量理论的提出者弗里德曼发展的。该理论认为在货币传导机制中真正起作用的并不是利率,而是货币供给量。当货币供给量增加时,货币需求不变,因此,人们手持货币数量会超过实际需求量,支出水平提升,社会生产随之增加,总产出的增加又会促进名义收入的增加。在这样的一个循环中,增加的货币供给量被相应增加的货币需求量吸收,利率水平并不发生明显的变化。

四、2011年第三季度中国货币政策大事记[②]

7月1日,中国人民银行货币政策委员会召开2011年第二季度例会。

7月7日,中国人民银行决定上调金融机构人民币存贷款基准利率。其中,一年期存款基准利率上调0.25个百分点,由3.25%提高到3.50%;一年期贷款基准利率上调0.25个百分点,由6.31%提高到6.56%;其他各档次存

---

① 刘金叶:《中国货币政策的传导机制及作用效应研究》(2010年博士学位论文),吉林大学,第10页。

② http://www.pbc.gov.cn.

贷款基准利率及个人住房公积金贷款利率相应调整。

7月14日，中国人民银行向全国人大财经委员会汇报2011年上半年货币政策执行情况。

7月15日，中国人民银行发布《关于开展涉农信贷政策导向效果评估的通知》（银发〔2011〕181号），明确从2011年开始，中国人民银行分支机构对县域金融机构开展涉农信贷政策导向效果评估，促进金融机构更好地服务“三农”，着力提高涉农信贷政策导向效果。

7月22日，中国人民银行发布《关于开展中小企业信贷政策导向效果评估的通知》（银发〔2011〕185号），明确从2011年开始，中国人民银行分支机构对省级及省级以下金融机构开展中小企业信贷政策导向效果评估，促进金融机构进一步改进和提升对中小企业的综合金融服务水平，提高中小企业信贷政策导向效果。

8月4日，中国人民银行、中国银行业监督管理委员会联合印发《关于认真做好公共租赁住房等保障性安居工程金融服务工作的通知》（银发〔2011〕193号），明确和重申公共租赁住房等保障性安居工程信贷支持政策，要求银行业金融机构在加强管理、防范风险的基础上，加大对保障性安居工程建设的信贷支持。

8月12日，中国人民银行发布《2011年第二季度中国货币政策执行报告》。

8月22日，中国人民银行会同五部委发布《关于扩大跨境贸易人民币结算地区的通知》（银发〔2011〕203号），将跨境贸易人民币结算境内地域范围扩大至全国。

9月14日，为便利俄罗斯莫斯科银行货币交易所人民币对卢布交易的开展，中国人民银行发布《关于俄罗斯莫斯科银行间货币交易所人民币对卢布交易人民币清算有关问题的通知》（银发〔2011〕222号），允许在莫斯科银行间货币交易所开展人民币对卢布交易的俄罗斯商业银行在中国境内商业银行开立人民币特殊账户，专门用于人民币对卢布交易产生的人民币资金清算。

9月28日，中国人民银行货币政策委员会召开2011年第三季度例会。

【练习与思考】

1. 货币政策最终目标之间的矛盾与统一是如何体现的？
2. 货币政策工具的作用机制是什么？
3. 货币政策中间目标设置的原因何在？

第三章　商业银行法

第一节　商业银行法概述

一、商业银行法概述

(一)商业银行

1. 商业银行的概念

商业银行是以盈利为目,以吸收公众存款、发放贷款以及办理结算为主要业务的企业法人。我国《商业银行法》第2条对商业银行的界定是:"商业银行是指依照本法和《中华人民共和国公司法》设立的吸收公众存款、发放贷款、办理结算等业务的企业法人。"

由商业银行的概念可知,商业银行属于企业法人,并非事业单位或者机关、团体,其经营活动要在遵循各项法律规范的基础上,按照市场规律进行运作,自主经营,自负盈亏。另外,与政策性银行不同的是,商业银行并不承担政策性经营任务。

需要注意的是,虽然我国对这类主体称为"商业银行",但是该名称并不是世界范围内的统称。例如,商业银行在日本称为"地方银行"或者"城市银行",在英国称为"存款银行"。

2. 商业银行的性质

商业银行的性质可以概括为:商业银行是特殊的从事金融业务的企业法人。

(1)商业银行是企业。商业银行作为企业法人,与其他法人主体一样,自主经营、自负盈亏,利润最大化或者股东利益最大化乃是其最终的经营目标。

（2）商业银行是特殊的企业。商业银行的特殊之处在于它是以金融资产和负债作为经营对象，与一般企业存在着资金借贷关系。不仅如此，国家对于商业银行的监管明显严于一般的工商企业。

（3）商业银行是特殊的金融机构。商业银行虽然是金融机构，但是其自身有区别于其他金融机构的独特之处：首先，商业银行不同于中央银行和政策性银行，商业银行是以盈利为经营目标的；其次，商业银行不同于证券公司、保险公司等，商业银行有着更为广泛的经营范围。

3. 商业银行的经营原则

虽然商业银行属于企业法人，但是作为主要经营存贷款以及结算业务的金融机构，商业银行的经营与一般的企业法人有着明显的不同。其日常经营要遵循三个原则，即安全性原则、流动性原则以及盈利性原则。例如，《商业银行法》第4条规定："商业银行以安全性、流动性、效益性为经营原则，实行自主经营，自担风险，自负盈亏，自我约束。商业银行依法开展业务，不受任何单位和个人的干涉。商业银行以其全部法人财产独立承担民事责任。"

（1）安全性原则

商业银行的营业资产有相当一部分是各项存款，是对存款人的负债。因此，商业银行在经营过程中不可以如同其他企业一样承担过多的经营风险，商业银行必须在经营过程中采取各种手段规避经营风险，有效地将各项资产的损失降到最低。

衡量商业银行安全性的指标主要有资本充足率指标以及股东贷款比例。

①资本充足率

资本充足率＝（核心资本平均余额＋附属资本平均余额）÷Σ（资产×风险权数）

该指标主要考察银行资产的抗风险能力，一般情况下该比例越大，商业银行资产安全性越好。

②股东贷款比例

股东贷款比例＝对股东贷款期末平均余额÷该股东已缴纳股金总额

该指标与商业银行安全性成反比，比例过大，意味着商业银行的安全性过低。

除了资本充足率与股东贷款比例之外，备付金比例、资产流动性比例和拆借资金比例等指标，也是在对商业银行进行安全性评价时经常用到的指标。

（2）流动性原则

商业银行作为金融市场的主体之一，对于金融市场乃至一国政治、经济的发展都有着十分重要的作用。商业银行一旦发生流动性危机，就会在整个金融市场产生多米诺骨牌效应，引发大规模的金融危机。因此，各个国家以及商业银行本身都非常重视流动性风险管理。

衡量商业银行流动性的指标通常有流动资产比率、贷款占总资产比率、存贷比率以及热钱比率等。

①流动资产比率

流动资产比率＝流动性资产÷总资产×100%

流动性资产通常是指期限不超过一年、变现能力强的资产，主要包括现金、同业存款以及国债等。流动资产比率越高，商业银行的流动性就越强。

②贷款占总资产比率

贷款占总资产比率＝贷款总额÷总资产×100%

该指标反映的是商业银行贷款规模对于流动性影响大小的指标。贷款是商业银行主要的资产业务之一，是商业银行重要的利润来源，但是，贷款的变现能力通常较差，因此，该指标数额越大，则商业银行的流动性越低。

③存贷比率

存贷比率＝贷款总额÷存款总额×100%

存贷比率是贷款对存款的占比。该指标越高，商业银行的流动性越差。

④热钱比率

热钱比率＝货币市场资产÷货币市场负债×100%

货币市场中的热钱包括现金、短期政府证券、欧洲货币存款、联邦资金贷款等。货币市场的热钱具有迅速变现的特性，因此，热钱比率越高，商业银行的流动性越强。

(3)盈利性原则

商业银行是企业法人，并非政策性银行或者事业单位，本身并不承载过多的社会责任或者政策性任务，因此，商业银行在经营过程中以盈利性作为经营的基本原则之一。

衡量商业银行盈利性的指标主要有净资产收益率、总资产收益率以及成本收入比。

①净资产收益率

净资产收益率＝净利润÷平均净资产×100%

净资产收益率反映的是商业银行单位净资产的盈利能力，通常情况下，商业银行的净资产收益率越高，商业银行的经营效益越好。

②总资产收益率

总资产收益率＝净利润÷平均总资产×100%

总资产收益率反映的是商业银行资产的利润创造能力，一般情况下，商业银行的总资产收益率越高，商业银行的经营效益就越好。

③成本收入比

成本收入比 = 营业费用 ÷ 营业收入 ×100%

成本收入比反映的是创造单位营业收入所支出的营业费用水平。这一指标与商业银行的经营效益成反比。也就是说，成本收入比越低，商业银行的经营效益越好。

（二）商业银行法

商业银行法有形式意义上的商业银行法以及实质意义上的商业银行法之分。形式意义上的商业银行法是指以“商业银行法”命名的法律规范，实质意义上的商业银行法则是各种对于商业银行进行规制的法律规范的总称。例如，我国的《商业银行法》、《公司法》、《中华人民共和国刑法》（以下简称《刑法》）等都属于实质意义上的商业银行法。

1. 形式意义上的商业银行法

我国形式意义上的商业银行法即指《商业银行法》，该法于 1995 年 5 月 10 日第八届全国人民代表大会常务委员会第十三次会议通过，并根据 2003 年 12 月 27 日第十届全国人民代表大会常务委员会第六次会议《关于修改〈中华人民共和国商业银行法〉的决定》修正。修正后的《商业银行法》共包括 9 章，内容分别是：

（1）第一章“总则”

总则部分共有 10 条，列示了《商业银行法》的立法目的以及商业银行的经营范围。《商业银行法》第 3 条规定，商业银行可以经营下列部分或者全部业务：吸收公众存款；发放短期、中期和长期贷款；办理国内外结算；办理票据承兑与贴现；发行金融债券；代理发行、代理兑付、承销政府债券；买卖政府债券、金融债券；从事同业拆借；买卖、代理买卖外汇；从事银行卡业务；提供信用证服务及担保；代理收付款项及代理保险业务；提供保管箱服务以及经国务院银行业监督管理机构批准的其他业务。经营范围由商业银行章程规定，报国务院银行业监督管理机构批准。商业银行经中国人民银行批准，可以经营结汇、售汇业务。

（2）第二章“商业银行的设立和组织机构”

第二章是有关商业银行的设立和组织机构的内容，共计 18 条，详细规定了商业银行设立的条件及程序。例如，《商业银行法》第 12 条规定，设立商业银行，应当具备下列条件：有符合《商业银行法》和《公司法》规定的章程；有符合《商业银行法》规定的注册资本最低限额；有具备任职专业知识和业务工作经验的董事、高级管理人员；有健全的组织机构和管理制度；有符合要求的营业场所、安全防范措施和与业务有关的其他设施。设立商业银行，还应当符合其他审慎性条件。

（3）第三章“对存款人的保护”

第三章是有关对存款人的保护的内容，共计 5 条。《商业银行法》第 29 条规定：“商业银行办理个人储蓄存款业务，应当遵循存款自愿、取款自由、存款有息、为存款人保密的原则。对个人储蓄存款，商业银行有权拒绝任何单位或者个人查询、冻结、扣划，但法律另有规定的除外。”而且商业银行应当保证存款本金和利息的支付，不得拖延、拒绝支付存款本金和利息。

（4）第四章“贷款和其他业务的基本规则”

贷款和其他业务的基本规则一章，共计 20 个法律条文。从商业银行发放贷款审查、贷款担保以及资产负债比例管理等多方面对于商业银行贷款业务的开展进行了规定。

（5）第五章“财务会计”

财务会计一章，共计 5 个法律条文。《商业银行法》第 54 条规定：“商业银行应当依照法律和国家统一的会计制度以及国务院银行业监督管理机构的有关规定，建立、健全本行的财务、会计制度。”《商业银行法》第 55 条规定：“商业银行应当按照国家有关规定，真实记录并全面反映其业务活动和财务状况，编制年度财务会计报告，及时向国务院银行业监督管理机构、中国人民银行和国务院财政部门报送。商业银行不得在法定的会计账册外另立会计账册。”《商业银行法》第 56 条规定：“商业银行应当于每一会计年度终了三个月内，按照国务院银行业监督管理机构的规定，公布其上一年度的经营业绩和审计报告。”《商业银行法》第 57 条规定：“商业银行应当按照国家有关规定，提取呆账准备金，冲销呆账。”《商业银行法》第 58 条规定：“商业银行的会计年度自公历 1 月 1 日起至 12 月 31 日止。”

（6）第六章“监督管理”

商业银行的监督管理，需要遵守以下规定：①商业银行应当按照有关规定，制定本行的业务规则，建立、健全本行的风险管理和内部控制制度；②商业银行应当建立、健全本行对存款、贷款、结算、呆账等各项情况的稽核、检查制度；③商业银行对分支机构应当进行经常性的稽核和检查监督；④商业银行应当按照规定向国务院银行业监督管理机构、中国人民银行报送资产负债表、利润表以及其他财务会计、统计报表和资料。

(7)第七章“接管和终止”

第七章共计9个法律条文,规定了商业银行已经或者可能发生信用危机,严重影响存款人的利益时,国务院银行业监督管理机构可以对该银行实行接管。当出现接管决定规定的期限届满或者国务院银行业监督管理机构决定的接管延期届满;接管期限届满前,该商业银行已恢复正常经营能力或者接管期限届满前,该商业银行被合并或者被依法宣告破产的情形,接管终止。

(8)第八章“法律责任”

第八章主要规定了商业银行的各项法律责任。例如,《商业银行法》第80条规定:“商业银行不按照规定向国务院银行业监督管理机构报送有关文件、资料的,由国务院银行业监督管理机构责令改正,逾期不改正的,处十万元以上三十万元以下罚款。商业银行不按照规定向中国人民银行报送有关文件、资料的,由中国人民银行责令改正,逾期不改正的,处十万元以上三十万元以下罚款。”

(9)第九章“附则”

第九章主要规定了《商业银行法》的适用范围及生效时间。

2. 实质意义上的商业银行法

实质意义上的商业银行法是以《商业银行法》为主要组成部分,除此之外还包括《公司法》、《刑法》,以及行政法规和部门规章。

(1)《商业银行法》

该法律的内容不再赘述。

(2)《公司法》

《公司法》主要就商业银行的组织形式以及公司治理结构等方面进行了比较详细的规定。

下面简单列示几点以供理解:①《商业银行法》第2条规定:“本法所称的商业银行是指依照本法和《中华人民共和国公司法》设立的吸收公众存款、发放贷款、办理结算等业务的企业法人。”②《商业银行法》第12条规定,设立商业银行要有符合《商业银行法》和《公司法》规定的章程。③《商业银行法》第17条第1款规定:“商业银行的组织形式、组织机构适用《中华人民共和国公司法》的规定。”④《商业银行法》第25条第1款规定:“商业银行的分立、合并,适用《中华人民共和国公司法》的规定。”

(3)《刑法》

《刑法》主要对于商业银行及其从业人员的金融犯罪问题进行了明确的规定。例如,《刑法》第186条规定:“银行或者其他金融机构的工作人员违反国家规定发放贷款,数额巨大或者造成重大损失的,处五年以下有期徒刑或者拘役,并处一万元以上十万元以下罚金;数额特别巨大或者造成特别重大损失的,处五年以上有期徒刑,并处二万元以上二十万元以下罚金。银行或者其他金融机构的工作人员违反国家规定,向关系人发放贷款的,依照前款的规定从重处罚。"第 187 条第 1 款规定:"银行或者其他金融机构的工作人员吸收客户资金不入账,数额巨大或者造成重大损失的,处五年以下有期徒刑或者拘役,并处二万元以上二十万元以下罚金;数额特别巨大或者造成特别重大损失的,处五年以上有期徒刑,并处五万元以上五十万元以下罚金。"

(4)行政法规

我国《立法法》第 57 条规定:"行政法规由国务院组织起草。国务院有关部门认为需要制定行政法规的,应当向国务院报请立项。"

例如,1997 年 1 月 14 日《国务院关于修改〈中华人民共和国外汇管理条例〉的决定》修订了《外汇管理条例》,该条例即属于行政法规范畴。该条例针对银行类金融机构的外汇管理进行了比较全面的规定。除此之外,国务院令第 324 号发布的《金融机构撤销条例》、国务院令第 280 号发布的《人民币管理条例》等行政法规都属于实质意义上的商业银行法范畴。

(5)部门规章

《立法法》第 71 条规定:"国务院各部、委员会、中国人民银行、审计署和具有行政管理职能的直属机构,可以根据法律和国务院的行政法规、决定、命令,在本部门的权限范围内,制定规章。部门规章规定的事项应当属于执行法律或者国务院的行政法规、决定、命令的事项。"

中国人民银行即属于《立法法》规定的有权发布部门规章的主体之一。中国人民银行作为"银行的银行",针对商业银行的经营管理以及风险防范发布过很多规章。例如,《同业拆借管理办法》(中国人民银行令〔2007〕第 3 号)即是根据《人民银行法》、《商业银行法》等法律规定而制定的,经 2007 年 6 月 8 日第 13 次行长办公会议通过,自 2007 年 8 月 6 日起施行。

二、商业银行的治理结构

商业银行主要采取有限责任公司和股份有限公司的形式设立。有限责任公司的股东以其认缴的出资额为限对公司承担责任;股份有限公司的股东以其认购的股份为限对公司承担责任。

中国邮政储蓄银行即属于有限责任公司性质的商业银行,中国银行则是股份制商业银行的代表。但是,无论是有限责任公司,还是股份有限公司,商业银行本身都需要以其全部财产对公司的债务承担责任。当然,有限责任公司和股份有限公司在公司治理结构上也存在着不同之处。

(一)有限责任公司的治理结构

1. 股东会

(1)股东会职权

股东会是由全体股东组成的权力机构,按照《公司法》第38条的规定,股东会的职权如下:①决定公司的经营方针和投资计划;②选举和更换非由职工代表担任的董事、监事,决定有关董事、监事的报酬事项;③审议批准董事会的报告;④审议批准监事会或者监事的报告;⑤审议批准公司的年度财务预算方案、决算方案;⑥审议批准公司的利润分配方案和弥补亏损方案;⑦对公司增加或者减少注册资本作出决议;⑧对发行公司债券作出决议;⑨对公司合并、分立、解散、清算或者变更公司形式作出决议;⑩修改公司章程;⑪公司章程规定的其他职权。

(2)股东会的召集

股东会会议分为定期会议和临时会议,会议由出资最多的股东召集和主持。其中,定期会议应当依照公司章程的规定按时召开,临时会议可以由代表1/10以上表决权的股东、1/3以上的董事、监事会或者不设监事会的公司的监事提议召开。公司设立董事会的,股东会会议由董事会召集,董事长主持;董事长不能履行职务或者不履行职务的,由副董事长主持;副董事长不能履行职务或者不履行职务的,由半数以上董事共同推举1名董事主持。

董事会或者执行董事不能履行或者不履行召集股东会会议职责的,由监事会或者不设监事会的公司的监事召集和主持;监事会或者监事不召集和主持的,代表1/10以上表决权的股东可以自行召集和主持。

召开股东会会议,应当于会议召开15日前通知全体股东;但是,公司章程另有规定或者全体股东另有约定的除外。且股东会应当对所议事项的决定作成会议记录,出席会议的股东应当在会议记录上签名。

除公司章程另有规定外,股东会会议由股东按照出资比例行使表决权,具体的议事方式和表决程序由公司章程规定。

2. 董事会

(1)董事会的构成

董事会是由董事组成的对内掌管公司事务、对外代表公司的经营决策机构。有限责任公司的董事会成员为3人至13人。两个以上的国有企业或者两个以上的其他国有投资主体投资设立的有限责任公司,其董事会成员中应当有公司职工代表;其他有限责任公司董事会成员中可以有公司职工代表。董事会中的职工代表由公司职工通过职工代表大会、职工大会或者其他形式民主选举产生。

董事会设董事长1人,可以设副董事长。董事长、副董事长的产生办法由公司章程规定。董事任期由公司章程规定,但每届任期不得超过3年。董事任期届满,连选可以连任。如董事任期届满未及时改选,或者董事在任期内辞职导致董事会成员低于法定人数的,在改选出的董事就任前,原董事仍应当依照法律、行政法规和公司章程的规定,履行董事职务。但是,依《商业银行法》第27条的规定,有下列情形之一的,不得担任商业银行的董事、高级管理人员:①因犯有贪污、贿赂、侵占财产、挪用财产罪或者破坏社会经济秩序罪,被判处刑罚,或者因犯罪被剥夺政治权利的;②担任因经营不善破产清算的公司、企业的董事或者厂长、经理,并对该公司、企业的破产负有个人责任的;③担任因违法被吊销营业执照的公司、企业的法定代表人,并负有个人责任的;④个人所负数额较大的债务到期未清偿的。

(2)董事会的职权

依据《公司法》第47条的规定,董事会行使下列职权:①召集股东会会议,并向股东会报告工作;②执行股东会的决议;③决定公司的经营计划和投资方案;④制订公司的年度财务预算方案、决算方案;⑤制订公司的利润分配方案和弥补亏损方案;⑥制订公司增加或者减少注册资本以及发行公司债券的方案;⑦制订公司合并、分立、解散或者变更公司形式的方案;⑧决定公司内部管理机构的设置;⑨决定聘任或者解聘公司经理及其报酬事项,并根据经理的提名决定聘任或解聘公司副经理、财务负责人及其报酬事项;⑩制定公司的基本管理制度以及公司章程规定的其他职权。

(3)董事会会议的召集

董事会会议由董事长召集和主持;董事长不能履行职务或者不履行职务的,由副董事长召集和主持;副董事长不能履行职务或者不履行职务的,由半数以上的董事共同推举1名董事召集和主持。董事会应当对所议事项的决定作成会议记录,出席会议的董事应当在会议记录上签名。董事会决议的表决,实行一人一票。

董事会的议事方式和表决程序,除《公司法》另有规定外,由公司章程规定。

3. 经理

有限责任公司可以设经理,由董事会决定聘任或者解聘。经理对董事会负责,行使下列职权:(1)主持公司的生产经营管理工作,组织实施董事会决议;(2)组织实施公司年度经营计划和投资方案;(3)拟订公司内部管理机构设置方案;(4)拟订公司的基本管理制度;(5)制定公司的具体规章;(6)提请聘任或者解聘公司副经理、财务负责人;(7)决定聘任或者解聘除应由董事会决定聘任或者解聘以外的负责管理人员;(8)董事会授予的其他职权。

(二)股份有限公司的治理结构

1. 股东大会

(1)股东大会的职权

股份有限公司股东大会的职权与有限责任公司股东大会的职权是一致的,此处恕不赘述。

(2)股东大会的召集

股东大会会议由董事会召集,董事长主持;董事长不能履行职务或者不履行职务的,由副董事长主持;副董事长不能履行职务或者不履行职务的,由半数以上董事共同推举1名董事主持。董事会不能履行或者不履行召集股东大会会议职责的,监事会应当及时召集和主持;监事会不召集和主持的,连续90日以上单独或者合计持有公司10%以上股份的股东可以自行召集和主持。

股东大会应当每年召开一次年会。但是,出现下列情形之一的,应当在两个月内召开临时股东大会:①董事人数不足《公司法》规定人数或者公司章程所定人数的2/3时;②公司未弥补的亏损达实收股本总额1/3时;③单独或者合计持有公司10%以上股份的股东请求时;④董事会认为必要时;⑤监事会提议召开时;⑥公司章程规定的其他情形。

召开股东大会会议,应当将会议召开的时间、地点和审议的事项于会议召开20日前通知各股东;临时股东大会应当于会议召开15日前通知各股东;发行无记名股票的,应当于会议召开30日前公告会议召开的时间、地点和审议事项。

单独或者合计持有公司3%以上股份的股东,可以在股东大会召开10日前提出临时提案并书面提交董事会;董事会应当在收到提案后2日内通知其他股东,并将该临时提案提交股东大会审议。临时提案的内容应当属于股东大会职权范围,并有明确议题和具体决议事项。股东大会不得对前两款通知中未列明的事项作出决议。

无记名股票持有人出席股东大会会议的,应当于会议召开5日前至股东大会闭会时将股票交存于公司。

股东大会作出决议,必须经出席会议的股东所持表决权过半数通过。但是,股东大会作出修改公司章程、增加或者减少注册资本的决议,以及公司合并、分立、解散或者变更公司形式的决议，必须经出席会议的股东所持表决权的2/3以上通过。

股东的投票权按照一股一投票权的原则进行对待。另外，股东大会选举董事、监事，可以依照公司章程的规定或者股东大会的决议，实行累积投票制。①

2. 董事会、经理

(1)董事会的职权

股份有限公司设董事会，其成员为5人至19人。董事会成员中可以有公司职工代表。职工代表由公司职工通过职工代表大会、职工大会或者其他形式民主选举产生。

董事会设董事长1人，可以设副董事长。董事长和副董事长由董事会以全体董事的过半数选举产生。董事会的成员任期以及具体职权与有限责任公司相同。

(2)董事会的召集

董事长召集和主持董事会会议，检查董事会决议的实施情况。副董事长协助董事长工作，董事长不能履行职务或者不履行职务的，由副董事长履行职务；副董事长不能履行职务或者不履行职务的，由半数以上董事共同推举1名董事履行职务。

董事会每年度至少召开两次会议，每次会议应当于会议召开10日前通知全体董事和监事。代表1/10以上表决权的股东、1/3以上董事或者监事会，可以提议召开董事会临时会议。董事长应当自接到提议后10日内，召集和主持董事会会议。

董事会会议应有过半数的董事出席方可举行。董事会决议的表决，实行一人一票。董事会作出决议，必须经全体董事的过半数通过。

特别需要注意的是，董事应当对董事会的决议承担责任。董事会的决议违反法律、行政法规或者公司章程、股东大会决议，致使公司遭受严重损失的，参与决议的董事对公司负赔偿责任。但经证明在表决时曾表明异议并记载于会议记录的，该董事可以免除责任。

(3)经理的职权

股份有限公司设经理，由董事会决定聘任或者解聘。股份有限公司的经

① 累积投票制，是指股东大会选举董事或者监事时，每一股份拥有与应选董事或者监事人数相同的表决权，股东拥有的表决权可以集中使用。

理可以由董事会成员兼任。

股份有限公司经理的职权同有限责任公司经理的职权相同。

3. 监事会

(1)监事会的职权

股份有限公司设监事会,其成员不得少于3人。监事会应当包括股东代表和适当比例的公司职工代表,其中职工代表的比例不得低于1/3,具体比例由公司章程规定。监事会中的职工代表由公司职工通过职工代表大会、职工大会或者其他形式民主选举产生。

监事会设主席1人,可以设副主席。监事会主席和副主席由全体监事过半数选举产生。监事会主席召集和主持监事会会议;监事会主席不能履行职务或者不履行职务的,由监事会副主席召集和主持监事会会议;监事会副主席不能履行职务或者不履行职务的,由半数以上监事共同推举一名监事召集和主持监事会会议。董事、高级管理人员不得兼任监事。

有限责任公司监事会的职权适用于股份有限公司监事会职权的各项具体规定。

(2)监事会的召集

监事会每6个月至少召开一次会议。监事可以提议召开临时监事会会议。监事会决议应当经半数以上监事通过。监事会应当对所议事项的决定作成会议记录,出席会议的监事应当在会议记录上签名。

(三)监事会

1. 监事会的构成

监事会是由全体监事组成的,对公司业务活动及会计事务等进行监督的机构,其成员不得少于3人。但是,股东人数较少或者规模较小的有限责任公司,可以设1至2名监事,不设监事会。

监事会应当包括股东代表和适当比例的公司职工代表,其中职工代表的比例不得低于1/3,具体比例由公司章程规定。监事会中的职工代表由公司职工通过职工代表大会、职工大会或者其他形式民主选举产生。

监事会设主席一人,由全体监事过半数选举产生。监事会主席召集和主持监事会会议;监事会主席不能履行职务或者不履行职务的,由半数以上监事共同推举1名监事召集和主持监事会会议。但是,董事、高级管理人员不得兼任监事。

2. 监事会的职权

监事会、不设监事会的公司的监事行使下列职权:(1)检查公司财务;

(2)对董事、高级管理人员执行公司职务的行为进行监督,对违反法律、行政法规、公司章程或者股东会决议的董事、高级管理人员提出罢免的建议;(3)当董事、高级管理人员的行为损害公司的利益时,要求董事、高级管理人员予以纠正;(4)提议召开临时股东会会议,在董事会不履行本法规定的召集和主持股东会会议职责时召集和主持股东会会议;(5)向股东会会议提出提案;(6)对董事、高级管理人员提起诉讼;(7)公司章程规定的其他职权。

3. 监事会的召集

监事会每年度至少召开一次会议,监事可以提议召开临时监事会会议。具体的议事方式和表决程序由公司章程规定。监事会决议应当经半数以上监事通过。

监事会应当对所议事项的决定作成会议记录,出席会议的监事应当在会议记录上签名。

(四)上市公司组织机构的特别规定

对于上市公司的组织机构,《公司法》还对其进行了几点特殊的规定,简要列示如下:(1)上市公司在一年内购买、出售重大资产或者担保金额超过公司资产总额30%的,应当由股东大会作出决议,并经出席会议的股东所持表决权的2/3以上通过;(2)上市公司设立独立董事,具体办法由国务院规定;(3)上市公司设董事会秘书,负责公司股东大会和董事会会议的筹备、文件保管以及公司股东资料的管理,办理信息披露事务等事宜;(4)上市公司董事与董事会会议决议事项所涉及的企业有关联关系的,不得对该项决议行使表决权,也不得代理其他董事行使表决权。该董事会会议由过半数的无关联关系董事出席即可举行,董事会会议所作决议须经无关联关系董事过半数通过。出席董事会的无关联关系董事人数不足3人的,应将该事项提交上市公司股东大会审议。

三、商业银行的业务范围

按照《商业银行法》的规定,商业银行的业务范围包括如下几个方面:

1. 吸收公众存款

公众存款是商业银行接受客户存入的货币款项,存款客户可以随时或者按照约定时间进行本金以及利息支取的一项信用业务。

存款是商业银行对于存款人的一种负债,占商业银行总负债的70%—80%,是商业银行信贷资金的重要来源。

按照不同的划分标准,可以将存款划分为很多不同的种类。例如,根据存款主体的不同,可以划分为单位存款和个人储蓄存款;根据存期的不同,又可以划分为定期存款和活期存款。

2. 发放短期、中期和长期贷款

贷款是商业银行按照国家规定的贷款利率水平将一定的货币资金贷放给商业银行客户即借款人,由借款人按照约定进行款项使用并按期归还本金以及利息的业务种类。贷款业务属于商业银行资产业务的范畴,贷款利息是商业银行利润的主要来源。规制商业银行贷款业务的规范性文件很多,其中既有法律、法规,也有部门规章,主要包括《民法通则》、《合同法》、《商业银行法》、《中国人民银行法》以及《贷款通则》等。其中,《贷款通则》是专门对商业银行贷款业务进行全面规制的部门规章。

依据贷款期限的不同,商业银行对外发放的贷款有短期贷款、中期贷款和长期贷款之分。短期贷款,系指贷款期限在 1 年以内(含 1 年)的贷款;中期贷款,系指贷款期限在 1 年以上(不含 1 年)5 年以下(含 5 年)的贷款;长期贷款,系指贷款期限在 5 年(不含 5 年)以上的贷款。

《贷款通则》第 12 条规定:“不能按期归还贷款的,借款人应当在贷款到期日之前,向贷款人申请贷款展期。是否展期由贷款人决定。申请保证贷款、抵押贷款、质押贷款展期的,还应当由保证人、抵押人、出质人出具同意的书面证明。已有约定的,按照约定执行。短期贷款展期期限累计不得超过原贷款期限;中期贷款展期期限累计不得超过原贷款期限的一半;长期贷款展期期限累计不得超过 3 年。国家另有规定者除外。借款人未申请展期或申请展期未得到批准,其贷款从到期日次日起,转入逾期贷款账户。”

3. 办理国内外结算

商业银行的支付结算业务是指商业银行通过为客户设置账户的形式,利用各种结算工具代替客户进行债权债务的清偿以及款项收付。从商业银行总体业务考察,商业银行的支付结算业务属于商业银行中间业务范畴。《支付结算办法》第 6 条规定:“银行是支付结算和资金清算的中介机构。未经中国人民银行批准的非银行金融机构和其他单位不得作为中介机构经营支付结算业务。”

4. 办理票据承兑与贴现

票据承兑,是指汇票付款人承诺在汇票到期日支付汇票金额的票据行为。

票据贴现,是持票人在汇票到期日前,为了取得资金以贴付一定利息形式将票据权利转让给金融机构的票据行为,是金融机构向持票人融通资金的一种方式。商业银行进行的票据贴现除了直接贴现之外,还包括转贴现和再贴现。所谓转贴现，是指原贴现人将已贴现而未到期的票据转让给其他银行、贴现公司或其他愿意垫付资金的人，按照汇票金额扣除一定利息后提前取得票款的资金融通行为。再贴现和转贴现的原理一致，只是再贴现的资金融通方是中央银行。

我国于1988年正式开始开展商业票据转贴现业务，2007年中国人民银行上海总部先后组织部分票据业务量较大的金融机构和票据专营机构制定了包括银行承兑汇票转贴现合同、银行承兑汇票回购合同、商业承兑汇票转贴现合同、商业承兑汇票回购合同等四个适用于金融机构商业汇票转贴现业务的系统化、完整化和规范化的交易合同文本体系。2008年11月，在上海市、江苏省和浙江省金融机构中进行了试点推广。在此基础上，中国人民银行已于2010年在全国推广商业汇票转贴现标准合同文本。①

5. 发行金融债券

发行金融债券是商业银行的一项负债业务。通过金融债券的发行，商业银行可以从社会公众手中筹措资金。我国于1985年开始发行金融债券，发行人主要是当时的四家国有商业银行。现今，发行金融债券已成为商业银行的主要负债业务之一。但是，未经中国人民银行核准，任何金融机构不得擅自发行金融债券。

按照《全国银行间债券市场金融债券发行管理办法》第7条的相关规定，商业银行发行金融债券应具备以下条件：(1)具有良好的公司治理机制；(2)核心资本充足率不低于4%；(3)最近3年连续盈利；(4)贷款损失准备计提充足；(5)风险监管指标符合监管机构的有关规定；(6)最近3年没有重大违法、违规行为；(7)中国人民银行要求的其他条件。

根据商业银行的申请，中国人民银行可以豁免以上所规定的个别条件。

6. 代理发行、代理兑付、承销政府债券

国债承销是国债承销商接受中央政府的委托代为发售国债的行为。一般发生在国债的间接发行场合，承销商应具有法定或中央政府认定的资格。由于国债的发行数量巨大，每期的发行时间有限。所以，通常由若干家承销商组成国债承销团来承销国债。申请成为承销团成员的申请人应当具备下列基本条件：(1)在中国境内依法成立的金融机构；(2)依法开展经营活动，近3年内在经营活动中没有重大违法记录，信誉良好；(3)财务稳健，资本充足率、偿付能力或者净资本状况等指标达到监管标准，具有较强的风险控制能力；(4)具

① http://www.pbc.gov.cn.

有负责国债业务的专职部门与健全的国债投资和风险管理制度；(5)信息化管理程度较高；(6)有能力且自愿履行规定的各项义务。

7. 买卖政府债券、金融债券

债券买卖包括债券回购和现券买卖两种。买卖经中国人民银行批准可用于在全国银行间债券市场进行交易的政府债券、中央银行债券和金融债券等记账式债券，需要遵守《全国银行间债券市场债券交易管理办法》的规定。

进行债券交易，应订立书面合同。合同应对交易日期、交易方向、债券品种、债券数量、交易价格或利率、账户与结算方式、交割金额和交割时间等要素作出明确约定，其书面合同应包括同业中心交易系统生成的成交单、电报、电传、传真、合同书和信件等。

8. 从事同业拆借

同业拆借，是指经中国人民银行批准进入全国银行间同业拆借市场(以下简称同业拆借市场)的金融机构之间，通过全国统一的同业拆借网络进行无担保的资金融通行为。按照《同业拆借管理办法》第7条的相关规定，商业银行申请进入同业拆借市场的金融机构应当具备以下条件：(1)在中华人民共和国境内依法设立；(2)有健全的同业拆借交易组织机构、风险管理制度和内部控制制度；(3)有专门从事同业拆借交易的人员；(4)主要监管指标符合中国人民银行和有关监管部门的规定；(5)最近2年未因违法、违规行为受到中国人民银行和有关监管部门处罚；(6)最近2年未出现资不抵债情况；(7)中国人民银行规定的其他条件。

同业拆借交易以询价方式进行，自主谈判、逐笔成交，利率由交易双方自行商定。拆借合同当事人之间的合同应包括以下内容：(1)同业拆借交易双方的名称、住所及法定代表人的姓名；(2)同业拆借成交日期；(3)同业拆借交易金额；(4)同业拆借交易期限；(5)同业拆借利率、利率计算规则和利息支付规则；(6)违约责任；(7)中国人民银行要求载明的其他事项。

9. 买卖、代理买卖外汇

我国境内商业银行从事外汇买卖业务必须在外汇交易中心进行，而且必须经外汇管理局批准才可以经营外汇业务。

10. 从事银行卡业务

商业银行经中国人民银行批准，可以从事银行卡业务。商业银行开办银行卡业务应当具备下列条件：(1)开业3年以上，具有办理零售业务的良好业务基础；(2)符合中国人民银行颁布的资产负债比例管理监控指标，经营状况良好；(3)已就该项业务建立了科学完善的内部控制制度，有明确的内部授权审批程序;(4)合格的管理人员、技术人员和相应的管理机构;(5)安全、高效的计算机处理系统;(6)发行外币卡还须具备经营外汇业务的资格和相应的外汇业务经营管理水平;(7)中国人民银行规定的其他条件。

符合上述条件的商业银行,可向中国人民银行申请开办银行卡业务,并提交下列材料:(1)申请报告,论证必要性、可行性,进行市场预测;(2)银行卡章程或管理办法、卡样设计草案;(3)内部控制制度、风险防范措施;(4)由中国人民银行科技主管部门出具的有关系统安全性和技术标准合格的测试报告;(5)中国人民银行要求提供的其他材料。

银行卡按币种不同分为人民币卡、外币卡;按发行对象不同分为单位卡(商务卡)、个人卡;按信息载体不同分为磁条卡、芯片(IC)卡。发卡银行各类银行卡章程应载明下列事项:(1)卡的名称、种类、功能、用途;(2)卡的发行对象、申领条件、申领手续;(3)卡的使用范围(包括使用方面的限制)及使用方法;(4)卡的账户适用的利率,面向持卡人的收费项目及标准;(5)发卡银行、持卡人及其他有关当事人的权利、义务;(6)中国人民银行要求的其他事项。

11. 提供信用证服务及担保

信用证是指开证行依照申请人的申请开出的凭符合信用证条款的单据支付的付款承诺。经中国人民银行批准经营结算业务的商业银行总行以及经商业银行总行批准开办信用证结算业务的分支机构,可以办理信用证结算业务。未经批准的银行机构和城市信用合作社、农村信用合作社及其他非银行金融机构不得办理信用证结算业务。

12. 代理收付款业务及代理保险业务

代理收付款业务主要是商业银行开展的托收等业务。

经营保险代理业务的商业银行,其一级分行应当取得保险兼业代理资格。保险公司不得委托没有取得兼业代理资格的商业银行开展代理保险业务。

13. 提供保管箱服务

14. 经国务院银行业监督管理机构批准的其他业务。

四、商业银行的设立、变更、接管与终止

(一)商业银行的设立

商业银行虽然属于企业法人,但是鉴于商业银行的特殊性质,商业银行的设立较一般的工商企业更为严格,按照《商业银行法》的规定,设立商业银行,应当经国务院银行业监督管理机构审查批准。未经国务院银行业监督管理机构批准,任何单位和个人不得从事吸收公众存款等商业银行业务,任何单位不

得在名称中使用"银行"字样。

1. 设立条件

根据《商业银行法》第12条的规定,设立商业银行应具备下列条件:(1)有符合《商业银行法》和《公司法》规定的章程;(2)有符合《商业银行法》规定的注册资本最低限额;(3)有具备任职专业知识和业务工作经验的董事、高级管理人员;(4)有健全的组织机构和管理制度;(5)有符合要求的营业场所、安全防范措施和与业务有关的其他设施。

2. 注册资本要求

《商业银行法》对于商业银行的注册资本要求,按照拟设立商业银行的经营范围大小进行分别规定:(1)设立全国性商业银行的注册资本最低限额为10亿元人民币;(2)设立城市商业银行的注册资本最低限额为1亿元人民币,设立农村商业银行的注册资本最低限额为5千万元人民币。

另外,国务院银行业监督管理机构根据审慎监管的要求可以调整注册资本最低限额,但不得少于前款规定的限额。

3. 提交的文件

(1)审查前需提交的文件

设立商业银行,申请人应当向国务院银行业监督管理机构提交下列文件、资料:①申请书,申请书应当载明拟设立的商业银行的名称、所在地、注册资本、业务范围等;②可行性研究报告;③国务院银行业监督管理机构规定提交的其他文件、资料。

(2)申请批准后需提交的文件

设立商业银行的申请经审查符合《商业银行法》第14条规定的,申请人应当填写正式申请表,并提交下列文件、资料:①章程草案;②拟任职的董事、高级管理人员的资格证明;③法定验资机构出具的验资证明;④股东名册及其出资额、股份;⑤持有注册资本5%以上的股东的资信证明和有关资料;⑥经营方针和计划;⑦营业场所、安全防范措施和与业务有关的其他设施的资料;⑧国务院银行业监督管理机构规定的其他文件、资料。

经批准设立的商业银行,由国务院银行业监督管理机构颁发经营许可证,并凭该许可证向工商行政管理部门办理登记,领取营业执照。

4. 分支机构的设立

按照《商业银行法》第19条规定,商业银行根据业务需要可以在我国境内外设立分支机构。设立分支机构必须经国务院银行业监督管理机构审查批准。在我国境内的分支机构,不按行政区划设立。商业银行在我国境内设立分支机构,应当按照规定拨付与其经营规模相适应的营运资金额。拨付各分支机构营运资金额的总和,不得超过总行资本金总额的60%。

按照《商业银行法》第20条的规定,设立商业银行分支机构,申请人应当向国务院银行业监督管理机构提交下列文件、资料:(1)申请书,申请书应当载明拟设立的分支机构的名称、营运资金额、业务范围、总行及分支机构所在地等;(2)申请人最近2年的财务会计报告;(3)拟任职的高级管理人员的资格证明;(4)经营方针和计划;(5)营业场所、安全防范措施和与业务有关的其他设施的资料;(6)国务院银行业监督管理机构规定的其他文件、资料。

《商业银行法》第27条规定:"经批准设立的商业银行分支机构,由国务院银行业监督管理机构颁发经营许可证,并凭该许可证向工商行政管理部门办理登记,领取营业执照。"

(二)商业银行的变更

商业银行在经营管理的过程中,出现了特殊情况或者经股东会表决同意,可以就符合条件事项进行变更,但是如同商业银行的设立一样,其变更也需要得到监督管理机构的批准。

(三)商业银行的接管与终止

当企业不再具备市场生存能力时,可以通过解散、撤销或者破产清算的形式终结主体资格,从而退出市场。通常情况下,企业的解散、撤销或是破产清算并不需要由行政机关批准,可自主为之。商业银行属于例外。因为商业银行经营的稳定与否,不仅仅关涉商业银行股东及其员工的利益,还对社会公众乃至一国国民经济的发展有着十分深远的影响。因此,为维护更大范围的主体权益,当商业银行出现经营上的极度不稳定等情况时,并不能直接进入解散清算或者破产清算程序,而是要先对其进行接管,帮助商业银行恢复经营能力。在接管期间,被接管的商业银行要采取必要措施,以保护存款人的利益,恢复商业银行的正常经营能力,被接管的商业银行的债权债务关系并不因接管而发生变化。

1. 商业银行的接管

(1)商业银行接管的条件

《商业银行法》第64条第1款规定:"商业银行已经或者可能发生信用危机,严重影响存款人的利益时,国务院银行业监督管理机构可以对该银行实行接管。"

可见,《商业银行法》规定的商业银行被接管条件是:①已经或者可能发生信用危机;②严重影响存款人的利益。

需要注意的是,商业银行被接管的上述两个条件并不是选择性条件,而是需要同时具备。另外,对于已经或者可能发生信用危机的判断,也有着一套经济指标作为参考,而不是出自任何人的主观臆断。

(2)接管的实施

按照《商业银行法》第65条的规定,接管由国务院银行业监督管理机构决定,并组织实施。国务院银行业监督管理机构的接管决定应当载明下列内容:①被接管的商业银行名称;②接管理由;③接管组织;④接管期限。

接管自接管决定实施之日起开始。自接管开始之日起,由接管组织行使商业银行的经营管理权力。接管期限届满,国务院银行业监督管理机构可以决定延期,但接管期限最长不得超过2年。

(3)接管的终止

按照《商业银行法》第68条的规定,商业银行有下列情形之一的,接管终止:①接管决定规定的期限届满或者国务院银行业监督管理机构决定的接管延期届满;②接管期限届满前,该商业银行已恢复正常经营能力;③接管期限届满前,该商业银行被合并或者被依法宣告破产。

2. 商业银行的终止

商业银行主要因解散、撤销或者破产清算而终止。

(1)解散

商业银行因分立、合并或者出现公司章程规定的解散事由需要解散的,应当向国务院银行业监督管理机构提出申请,并附解散的理由与支付存款的本金和利息等债务清偿计划。经国务院银行业监督管理机构批准后解散。

按照《商业银行法》第69条第2款的规定,商业银行解散的,应当依法成立清算组进行清算,按照清偿计划及时偿还存款本金和利息等债务。国务院银行业监督管理机构监督清算过程。

(2)撤销

商业银行因吊销经营许可证被撤销的,国务院银行业监督管理机构应当依法及时组织成立清算组进行清算,按照清偿计划及时偿还存款本金和利息等债务。

(3)破产清算

商业银行不能支付到期债务,经国务院银行业监督管理机构同意,由人民法院依法宣告其破产。商业银行被宣告破产的,由人民法院组织国务院银行业监督管理机构等有关部门和有关人员成立清算组,进行清算。

在分配顺序上,按照《商业银行法》第71条第2款的规定,商业银行破产清算时,在支付清算费用、所欠职工工资和劳动保险费用后,应当优先支付个人储蓄存款的本金和利息。

五、商业银行的资本管理

(一)商业银行的资本

商业银行的资本是商业银行开展各项经营活动并预防各种风险的基础,同时还具有保护存款人权益以及维护金融稳定等多种功能。英格兰银行于1980年确认了资本的4个重要作用①:(1)作为损失的补充;(2)对潜在的存款者表明股东以自有资金承担风险的意愿;(3)提供无固定融资成本的资源;(4)作为对总的经营基础投入资金的合宜形式。

我国《商业银行资本充足率管理办法》规定,商业银行资本包括核心资本和附属资本。

1. 核心资本

核心资本包括实收资本或普通股、资本公积、盈余公积、未分配利润和少数股权。

2. 附属资本

附属资本包括重估储备、一般准备、优先股、可转换债券、混合资本债券和长期次级债务。需要注意的是,商业银行的附属资本不得超过核心资本的100%;计入附属资本的长期次级债务不得超过核心资本的50%。

另外,对计入所有者权益的可供出售债券公允价值正变动可计入附属资本,计入部分不得超过正变动的50%;公允价值负变动应全额从附属资本中扣减。商业银行计算资本充足率时,应将计入资本公积的可供出售债券的公允价值从核心资本中转入附属资本。

(二)商业银行资本管理

巴塞尔新资本协议(BASEL Ⅱ)对商业银行资本管理的定义是:银行从战略目标出发,对当前和未来资本需求进行分析,这是制订战略计划的重要组成部分。战略计划应清楚地阐明银行资本需求、预计资本支出、目标资本水平和外部资本来源。高级管理层和董事会应当把资本计划视为能否实现战略目标

① 庄毓敏主编:《商业银行业务与经营》,中国人民大学出版社2010年版,第23页。

的关键要素。[①]

我国《商业银行资本充足率管理办法》对于商业银行的资本管理提出了很多硬性的要求。

1. 资本充足率的概念

资本充足率,是指商业银行持有的符合《商业银行资本充足率管理办法》规定的资本与商业银行风险加权资产之间的比率。按照资本构成的不同,还可以计算商业银行的核心资本充足率。商业银行的核心资本充足率,是指商业银行持有的符合《商业银行资本充足率管理办法》规定的核心资本与商业银行风险加权资产之间的比率。

商业银行资本充足率的计算应建立在充分计提贷款损失准备等各项损失准备的基础之上,同时计算未并表的资本充足率和并表后的资本充足率。其中,资本充足率不得低于8%,核心资本充足率不得低于4%。

2. 资本充足率的计算

资本充足率的计算公式如下:

资本充足率=(资本-扣除项)÷(风险加权资产+12.5倍的市场风险资本)

核心资本充足率=(核心资本-核心资本扣除项)÷(风险加权资产+12.5倍的市场风险资本)

商业银行计算并表后的资本充足率时,应将以下机构纳入并表范围:

(1)商业银行拥有其过半数以上(不包括半数)权益性资本的被投资金融机构,包括:①商业银行直接拥有其过半数以上权益性资本的被投资金融机构;②商业银行的全资子公司拥有其过半数以上权益性资本的被投资金融机构;③商业银行与其全资子公司共同拥有其过半数以上权益性资本的被投资金融机构。

(2)商业银行不拥有其过半数以上的权益性资本,但与被投资金融机构之间有下列情况之一的,应将其纳入并表范围:①有过与其他投资者之间的协议,持有该机构半数以上的表决权;②根据章程或协议,有权控制该机构的财务和经营政策;③有权任免该机构董事会或类似权力机构的多数成员;④在该机构董事会或类似权力机构有半数以上投票权。

(3)可以不列入并表范围的机构包括:①已关闭或已宣告破产的金融机构;②因终止而进入清算程序的金融机构;③定在1年之内售出而短期持有其过半数以上权益性资本的金融机构;④所在国外汇管制及其他突发事件影响、

① 姜美华:《商业银行经济资本管理研究》(2010年博士学位论文),东北财经大学,第13页。

资金调度受到限制的境外附属金融机构。

(4)计算资本充足率时,应从资本中扣除以下项目:①商誉;②商业银行对未并表金融机构的资本投资;③商业银行对非自用不动产和企业的资本投资。

(5)计算核心资本充足率时,应从核心资本中扣除以下项目:①誉;②商业银行对未并表金融机构资本投资的50%;③商业银行对非自用不动产和企业资本投资的50%。

3. 资本充足率监管

(1)商业银行资本充足率管理

商业银行日常资本管理工作由董事会负责,未设立董事会的由行长负责。董事会或者行长承担本银行资本充足率管理的最终责任,负责确定资本充足率管理目标、审定风险承受能力、制定并监督实施资本规划。

商业银行的经理等高级经营管理人员负责资本充足率管理的实施工作,包括制定本银行资本充足率管理的规章制度,完善信用风险和市场风险的识别、计量和报告程序,定期评估资本充足率水平并建立相应的资本管理机制,加强对资本评估程序的检查和审计,确保各项监控措施的有效实施。

商业银行应向银监会报告未并表和并表后的资本充足率。并表后的资本充足率每半年报送一次,未并表的资本充足率每季度报送一次。如遇影响资本充足率的特别重大事项,应及时报告银监会。除此之外,商业银行在资本充足率管理方面还需承担信息披露的义务,信息披露时间为每个会计年度终了后的4个月内。因特殊原因不能按时披露的,应至少提前15个工作日向银监会申请延迟。信息披露的内容主要有以下5个方面:①风险管理目标和政策;②并表范围;③资本;④资本充足率;⑤信用风险和市场风险。

另外,对于涉及商业机密无法披露的项目,商业银行可披露项目的总体情况,并解释特殊项目无法披露的原因。

(2)银监会的资本充足率监管

银监会对商业银行资本充足率实行现场检查和非现场监控。检查内容主要包括:①商业银行资本充足率有关规章制度的制定和执行情况;②商业银行保持资本充足率的资本规划和执行情况,监控资本水平的能力和手段;③商业银行的信用风险和市场风险状况;④商业银行交易账户的设立、项目计价是否符合规定。

对资本充足的商业银行,银监会支持其稳健发展业务。为防止其资本充足率降到最低标准以下,银监会可以采取下列干预措施:①要求商业银行完善风险管理规章制度;②要求商业银行提高风险控制能力;③要求商业银行加强对资本充足率的分析及预测;④要求商业银行制订切实可行的资本维持计划,并限制商业银行介入部分高风险业务。

对资本不足的商业银行,银监会可以采取下列纠正措施:①下发监管意见书,监管意见书的内容包括对商业银行资本充足率现状的描述、将采取的纠正措施、各项措施的详细实施计划;②要求商业银行在接到银监会监管意见书的两个月内,制订切实可行的资本补充计划;③要求商业银行限制资产增长速度;④要求商业银行降低风险资产的规模;⑤要求商业银行限制固定资产购置;⑥严格审批或限制商业银行增设新机构、开办新业务。

对于采取上述纠正措施后商业银行逾期未改正的,或其行为已严重危及该商业银行稳健运行、损害存款人和其他客户合法权益的,根据商业银行风险程度及资本补充计划的实施情况,银监会有权依法采取限制商业银行分配红利和其他收入、责令商业银行停办除低风险业务以外的其他一切业务、停止批准商业银行增设机构和开办新业务等措施。

对资本严重不足的商业银行,银监会除采取上述纠正措施外,还可以采取以下纠正措施:①要求商业银行调整高级管理人员;②依法对商业银行实行接管或者促成机构重组,直至予以撤销。在处置此类商业银行时,银监会还将综合考虑外部因素,采取其他必要措施。

【练习与思考】

1. 商业银行的经营原则是什么?
2. 衡量商业银行流动性的指标有哪些?
3. 商业银行的主营业务有哪些?
4. 商业银行资本管理的重要意义在哪里?

第二节　商业银行存款法律制度

一、存款法律制度概述

(一)存款的概念

存款是商业银行以及依法可以经营存款业务的非银行金融机构接受客户的存入资金,存款人可以随时或者按照约定时间支取本金以及利息,该业务属于商业银行的负债业务,是商业银行重要的信贷资金来源。

在存款法律关系中，存款人与商业银行之间形成一种债权债务关系，存款人是债权人，商业银行是债务人。鉴于货币的特性，虽然存款人将款项存入商业银行后，货币的所有权和使用权都转归商业银行所有，但是存款人有权依照与商业银行之间的约定，随时或者在约定时间支取本金及利息。而商业银行承担的主要义务就是保证支取并支付利息。

(二)存款合同的法律特征

1. 合同主体的特殊性

存款人和商业银行之间的法律关系以双方当事人签订存款合同为基础。合同是平等主体的自然人、法人和其他组织实施的一种民事法律行为，合同主体只要具备相应的民事权利能力和民事行为能力即可。但是存款合同的主体却比较特殊，因为世界上大多数国家和地区对于存款业务都实行严格的特许经营制，即对于开展存款业务的主体有着严格的资格限制，只有经过批准有经营存款业务的商业银行和非银行金融机构才可以与存款人签订存款合同。我国《商业银行法》第 11 条第 2 款规定："未经国务院银行业监督管理机构批准，任何单位和个人不得从事吸收公众存款等商业银行业务，任何单位不得在名称中使用'银行'字样。"

2. 合同的格式性

格式性条款，是指当事人为了重复使用而预先拟定，并在订立合同时未与对方协商的条款。存款合同即是采用格式条款的合同，其具体的条款是由商业银行或存款类金融机构事先拟定并提供的，并不允许存款人与其协议变更。按照《合同法》的相关规定，采用格式条款订立合同的，提供格式条款的一方应当遵循公平原则确定与当事人之间的权利和义务，并采取合理的方式提请对方注意免除或者限制其责任的条款，按照对方的要求对该条款予以说明。对格式条款的理解发生争议的，应当按照通常理解予以解释。对格式条款有两种以上解释的，应当作出不利于提供格式条款一方的解释。格式条款和非格式条款不一致的，应当采用非格式条款。

3. 合同的实践性

合同的实践性是与诺成性相对应的一类特性。所谓诺成性合同，即只要当事人之间的意思表示达成一致，合同即宣告成立；而实践性合同，不仅需要当事人之间意思表示一致，而且还需要有标的物的实际交付。存款合同即属于典型的实践性合同，在当事人之间意思表示一致的前提下，还需要由存款人将其欲存款项交予商业银行，存款合同才能够成立。

(三)存款的分类

存款可以按照存款人的不同以及存款期限等标准进行分类,下面我们来简单了解一下采用上述标准划分的存款种类。

1. 单位存款和个人储蓄存款

单位存款和个人储蓄存款是按照存款人的不同对存款进行的分类,然而二者的区别绝不仅仅是存款主体的不同。

(1)单位存款

单位存款是指企业、事业单位、国家机关以及社会团体、部队等机构在银行或经营存款业务的非银行类金融机构的存款。该类存款的最大特点在于其具有强制性,上述主体除在规定范围内可以使用现金外,其他现金必须存入银行账户,接受开户银行的监督。开户单位之间的经济往来,除规定的范围可以使用现金外,应当通过开户银行进行转账结算。

根据《中华人民共和国现金管理暂行条例》第5条的规定,开户单位可以在下列范围内使用现金:①职工工资、津贴;②个人劳务报酬;③根据国家规定颁发给个人的科学技术、文化艺术、体育等各种奖金;④各种劳保、福利费用以及国家规定的对个人的其他支出;⑤向个人收购农副产品和其他物资的价款;⑥出差人员必须随身携带的差旅费;⑦结算起点以下的零星支出;⑧中国人民银行确定需要支付现金的其他支出。

(2)储蓄存款

储蓄存款是个人存款。其与单位存款之间的最大区别在于个人储蓄存款具有自愿性。

2. 活期存款和定期存款

活期存款和定期存款是按照存款期限的不同进行的分类。

(1)活期存款

活期存款是存款人可以随时支取的存款。

(2)定期存款

定期存款是存款人事先与商业银行或者经营存款业务的非银行类金融机构约定了存款期限以及支取方式的存款。定期储蓄存款方式有整存整取、零存整取、存本取息、整存零取四种。相较于活期存款而言,定期存款的利率水平较高。但是存款人提前支取定期存款时,会面临利息的损失。

二、储蓄存款制度

(一)储蓄存款概念

储蓄存款是指个人所有的、存入我国境内储蓄机构的人民币或外币存款。储蓄存款利率由中国人民银行统一拟定,报经国务院批准后公布或由国务院授权中国人民银行制定、公布,各储蓄机构必须挂牌公告并严格执行国家规定的统一利率标准,不得以任何形式自行变动。

(二)储蓄存款的种类

根据《关于执行〈储蓄管理条例〉的若干规定》第 15 条的规定,储蓄存款可以划分为以下几种:

1. 活期储蓄存款

活期储蓄存款 1 元起存,由储蓄机构发给存折,凭折存取,开户后可以随时存取。

2. 整存整取定期储蓄存款

整存整取定期储蓄存款一般 50 元起存,存期分 3 个月、半年、1 年、2 年、3 年和 5 年,本金 1 次存入,由储蓄机构发给存单,到期凭存单支取本息。

3. 零存整取定期储蓄存款

零存整取定期储蓄存款每月固定存额,一般 5 元起存,存期分 1 年、3 年、5 年,存款金额由储户自定,每月存入 1 次,中途如有漏存,应在次月补存,未补存者,到期支取时按实存金额和实际存期计算利息。

4. 存本取息定期储蓄存款

存本取息定期储蓄存款本金 1 次存入,一般5 000元起存,存期分 1 年、3 年、5 年,由储蓄机构发给存款凭证,到期一次支取本金,利息凭存单分期支取,可以 1 个月或几个月取息 1 次,由储户与储蓄机构协商确定。如到取息日未取息,以后可随时取息。如果储户需要提前支取本金,则要按定期存款提前支取的规定计算存期内利息,并扣回多支付的利息。

5. 整存零取定期储蓄存款

整存零取定期储蓄存款,是指本金 1 次存入,一般1 000元起存,存期分 1 年、3 年、5 年。由储蓄机构发给存单,凭存单分期支取本金,支取期分 1 个月、3 个月、半年 1 次,由储户与储蓄机构协商确定,利息于期满结清时支取。

6. 定活两便储蓄存款

定活两便储蓄存款由储蓄机构发给存单,一般 50 元起存,存单分记名、不记名两种，记名式可挂失，不记名式不可挂失。《储蓄管理条例》（以下简称《条例》）实施后存入的该项存款，计息一律按统一规定执行，即存期不限，存期不满3个月的，按天数计付活期利息；存期3个月以上（含3个月）不满半年的，整个存期按支取日定期整存整取3个月存款利率打6折计息；存期半年以上（含半年）不满1年的，整个存期按支取日定期整存整取半年期存款利率打6折计息；存期在1年以上（含1年）的，无论存期多长，整个存期一律按支取日定期整存整取1年期存款利率打6折计息。对《条例》实施前存入的该项存款，按原规定执行。

7. 华侨（人民币）定期储蓄

华侨、港澳台同胞由国外或港澳地区汇入或携入的外币、外汇（包括黄金、白银）售给中国人民银行和在各专业银行兑换所得人民币存储本存款。该存款为定期整存整取一种，存期分为1年、3年、5年，存款利息按规定的优惠利率计算。开户时凭“外汇兑换证明”或“侨汇证明书”在规定的时间内办理存储手续，储蓄机构发给存单。存款到期，凭存单支取存款，如存款人在存款时有加凭印鉴的约定，支取时还必须加凭印鉴。如提前支取，则按人民币整存整取定期储蓄规定处理。该种储蓄支取时只能支取人民币，不能支取外币，不能汇往港澳台地区或国外。存款到期后可以办理转期手续，支付的利息亦可加入本金一并存储。

储蓄机构在为储户开立定期存款账户时，可根据储户意愿，办理定期存款到期约定或自动转存业务。约定转存、自动转存的具体办法由经营储蓄的主管部门自行制定、公布。

（三）储蓄存款原则

在我国，对于居民个人的储蓄存款一向采取存款自愿、取款自由、存款有息和为储户保密的原则。

1. 存款自愿

任何单位和个人不得强迫居民个人向商业银行进行储蓄存款，也不得采取变相方式诱使居民个人向商业银行进行储蓄存款。

2. 取款自由

存款人可随时或按与商业银行之间的约定取款，商业银行不得借故推托。

3. 存款有息

在客户支取款项时，商业银行应按照国家规定的利息率水平向存款人支付利息。

4. 为储户保密

商业银行要为在接受储蓄存款时得知的客户信息保密，不得泄露或者不当使用。

三、单位存款制度

（一）单位存款的概念

按照《人民币单位存款管理办法》第 3 条的规定，单位存款是指企业、事业、机关、部队和社会团体等单位在金融机构办理的人民币存款，包括定期存款、活期存款、通知存款、协定存款及经中国人民银行批准的其他存款。由此可知，单位存款的主体是企业、事业、机关、部队和社会团体等单位，这是单位存款概念由来的关键因素。也正是因为单位存款主体与个人储蓄存款的不同，单位存款制度与储蓄存款制度也存在很多明显的差别。

（二）单位存款的分类

单位存款主要包括定期存款、活期存款、通知存款、协定存款及经中国人民银行批准的其他存款。

1. 定期存款

根据《人民币单位存款管理办法》的规定，单位定期存款的期限分 3 个月、半年、1 年三个档次。起存金额 1 万元，多存不限。存款时单位须提交开户申请书、营业执照正本等，并预留印鉴。印鉴应包括单位财务专用章、单位法定代表人章（或主要负责人印章）和财会人员章。由接受存款的金融机构给存款单位开出“单位定期存款开户证实书”，证实书仅对存款单位开户证实，不得作为质押的权利凭证。

存款单位支取定期存款只能以转账方式将存款转入其基本存款账户，不得将定期存款用于结算或从定期存款账户中提取现金。支取定期存款时，须出具证实书并提供预留印鉴，存款所在金融机构审核无误后为其办理支取手续，同时收回证实书。单位定期存款可以全部或部分提前支取，但只能提前支取一次。全部提前支取的，按支取日挂牌公告的活期存款利率计息；部分提前支取的，提前支取的部分按支取日挂牌公告的活期存款利率计息，其余部分如不低于起存金额由金融机构按原存期开具新的证实书，按原存款开户日挂牌公告的同档次定期存款利率计息；不足起存金额则予以清户。

单位定期存款到期不取，逾期部分按支取日挂牌公告的活期存款利率计付利息。

2. 活期存款

单位活期存款按结息日挂牌公告的活期存款利率计息,遇利率调整不分段计息。

3. 通知存款

通知存款,是指存款人在存入款项时不约定存期,支取时需提前通知金融机构,约定支取存款日期和金额方能支取的存款。通知存款不论实际存期多长,按存款人提前通知的期限长短划分为一天通知存款和七天通知存款两种。其中,一天通知存款必须提前1天通知约定支取存款,七天通知存款必须提前7天通知约定支取存款。单位通知存款的最低起存金额为50万元。最低支取金额为10万元。存款人需一次性存入,但是可以一次或分次支取。

通知存款存入时,存款人自由选择通知存款(一天通知存款或七天通知存款),但存单或存款凭证上不注明存期和利率,金融机构按支取日挂牌公告的相应利率水平和实际存期计息,利随本清。但是,当通知存款遇以下情况时,按活期存款利率计息:(1)实际存期不足通知期限的,按活期存款利率计息;(2)未提前通知而支取的,支取部分按活期存款利率计息;(3)已办理通知手续而提前支取或逾期支取的,支取部分按活期存款利率计息;(4)支取金额不足或超过约定金额的,不足或超过部分按活期存款利率计息;(5)支取金额不足最低支取金额的,按活期存款利率计息。

通知存款如已办理通知手续而不支取或在通知期限内取消通知的,通知期限内不计息。通知存款部分支取,留存部分高于最低起存金额的,须重新填写通知存款单或凭证,从原开户日计算存期;留存部分低于起存金额的予以清户,按清户日挂牌公告的活期存款利率计息,或根据存款人意愿转为其他存款。

4. 协定存款

协定存款依经中国人民银行批准开办协定存款的金融机构之协定存款章程办理。协定存款利率由中国人民银行确定并公布。

(三)对单位存款的限制

对单位存款的各项限制,主要规定在《人民币单位存款管理办法》中。其中,主要有以下两点限制:(1)财政拨款、预算内资金及银行贷款不得作为单位定期存款存入金融机构;(2)任何单位和个人不得将公款以个人名义转为储蓄存款;任何个人不得将私款以单位名义存入金融机构;任何单位不得将个人或其他单位的款项以本单位名义存入金融机构。

【练习与思考】

1. 商业银行储蓄存款有哪些种类?
2. 商业银行与存款客户之间的法律关系如何?

第三节　商业银行贷款法律制度

一、贷款法律制度概述

(一)贷款的概念

贷款是银行或其他金融机构按一定利率和必须归还等条件出借货币资金的一种信用活动。是银行资产业务的重要种类,也是商业银行主要的利润来源。

(二)贷款的种类

按照《贷款通则》的规定,贷款主要有以下几种:

1. 自营贷款、委托贷款和特定贷款

(1)自营贷款

自营贷款,系指贷款人以合法方式筹集资金自主发放的贷款,其风险由贷款人承担,并由贷款人收回本金和利息。

(2)委托贷款

委托贷款,系指由政府部门、企事业单位及个人等委托人提供资金,由贷款人(即受托人)根据委托人确定的贷款对象、用途、金额期限、利率等代为发放、监督使用并协助收回的贷款。贷款人(受托人)只收取手续费,不承担贷款风险。

(3)特定贷款

特定贷款,系指经国务院批准并对贷款可能造成的损失采取相应补救措施后责成国有独资商业银行发放的贷款。

2. 短期贷款、中期贷款和长期贷款

(1)短期贷款

短期贷款,系指贷款期限在1年以内(含1年)的贷款。

(2)中期贷款

中期贷款,系指贷款期限在1年以上(不含1年)5年以下(含5年)的贷款。

(3)长期贷款

长期贷款,系指贷款期限在5年(不含5年)以上的贷款。

3. 信用贷款、担保贷款和票据贴现

(1)信用贷款

信用贷款,系指以借款人的信誉发放的贷款。

(2)担保贷款

担保贷款,系指保证贷款、抵押贷款、质押贷款。

①保证贷款,系指按《担保法》规定的保证方式以第三人承诺在借款人不能偿还贷款时,按约定承担一般保证责任或者连带责任而发放的贷款。

②抵押贷款,系指按《担保法》规定的抵押方式以借款人或第三人的财产作为抵押物发放的贷款。

③质押贷款,系指按《担保法》规定的质押方式以借款人或第三人的动产或权利作为质物发放的贷款。

(3)票据贴现

票据贴现,系指贷款人以购买借款人未到期商业票据的方式发放的贷款。

4. 个人住房贷款和个人汽车贷款

住房贷款和汽车贷款属于消费贷款,二者的区别在于借款人使用款项购置的标的不同。

(1)个人住房贷款

《个人住房贷款管理办法》第2条规定:"个人住房贷款是指贷款人向借款人发放的用于购买自用普通住房的贷款。贷款人发放个人住房贷款时,借款人必须提供担保。借款人到期不能偿还贷款本息的,贷款人有权依法处理其抵押物或质物,或由保证人承担偿还本息的连带责任。"目前,国内商业银行开展的个人住房贷款的最长期限不超过30年。借款人须同时具备以下条件:①有城镇常住户口或有效居留身份;②有稳定的职业和收入,信用良好,有偿还贷款本息的能力;③具有购买住房的合同或协议;④不享受购房补贴的以不低于所购住房全部价款的30%作为购房的首期付款,享受购房补贴的以个人承担部分的30%作为购房的首期付款;⑤有贷款人认可的资产作为抵押或质押,或有足够代偿能力的单位或个人作为保证人;⑥贷款人规定的其他条件。

(2)个人汽车贷款

个人汽车贷款,系指贷款人向个人借款人发放的用于购买汽车的贷款。借款人申请个人汽车贷款,应当同时符合以下条件:①是中华人民共和国公民,或在中华人民共和国境内连续居住1年以上(含1年)的港、澳、台居民及外国人;②具有有效身份证明、固定和详细住址且具有完全民事行为能力;③具有稳定的合法收入或足够偿还贷款本息的个人合法资产;④个人信用良好;⑤能够支付《汽车贷款管理办法》规定的首期付款;⑥贷款人要求的其他条件。

商业银行在发放个人汽车贷款时,还需要综合考虑以下因素以确定贷款金额、期限、利率和还本付息方式等贷款条件:①贷款人对借款人的资信评级情况;②贷款担保情况;③所购汽车的性能及用途;④汽车行业发展和汽车市场供求情况。

二、贷款法律关系

(一)贷款法律关系的概念

贷款法律关系是贷款合同当事人之间因资金借贷合同而形成的权利义务关系。虽然当事人之间存在着资金的借贷关系,借款人需要利用来自贷款人的资金开展生产经营等活动,但是当事人之间的地位是平等的,当事人之间的权利义务关系并不因资金的走向而有所不同。《贷款通则》第4条规定:"借款人与贷款人的借贷活动应当遵循平等、自愿、公平和诚实信用的原则。"

(二)贷款法律关系的构成

同其他法律关系一样,贷款法律关系也是由贷款法律关系的主体、贷款法律关系的客体以及贷款法律关系的内容这三个要素构成的。

1. 贷款法律关系的主体

贷款法律关系的主体包括借款人和贷款人。

(1)借款人

借款人是向商业银行融入资金的自然人、法人以及其他组织。其中,自然人必须具备完全民事行为能力。具体而言,借款人应当是经工商行政管理机关(或主管机关)核准登记的企(事)业法人、个体工商户或具有中华人民共和国国籍的具有完全民事行为能力的自然人。

借款人申请贷款,应当具备产品有市场、生产经营有效益、不挤占挪用信贷资金、恪守信用等基本条件,并且应当符合以下要求:①有按期还本付息的能力,原应付贷款利息和到期贷款已清偿;没有清偿的,已经做了贷款人认可的偿还计划;②除自然人和不需要经工商部门核准登记的事业法人外,应当经过工商部门办理年检手续;③已开立基本账户或一般存款账户;④除国务院规定外,有限责任公司和股份有限公司对外股本权益性投资累计额未超过其净资产总额的50%;⑤借款人的资产负债率符合贷款人的要求;⑥申请中期、长期贷款的,新建项目的企业法人所有者权益与项目所需总投资的比例不低于国家规定的投资项目的资本金比例。

(2)贷款人

贷款人是依法设立的经营贷款业务的金融机构,本章仅指在我国境内设立的中资商业银行。而且贷款人必须经中国人民银行的批准经营贷款业务,持有中国人民银行颁发的金融机构法人许可证或金融机构营业许可证,并经工商行政管理部门核准登记。

2. 贷款法律关系的客体

贷款法律关系的客体,是指借款人和贷款人权利义务所指向的对象。具体而言,贷款法律关系的客体是货币,包括本币和外币。

3. 贷款法律关系的内容

贷款法律关系的内容,是指借款人和贷款人各自的权利义务。

(1)贷款人的权利和义务

贷款人的权利。在贷款法律关系中,贷款人的权利主要有以下几点:第一,有权要求借款人提供与借款有关的资料;第二,有权根据借款人的条件,决定贷与不贷、贷款金额、期限和利率等;第三,有权了解借款人的生产经营活动和财务活动;第四,有权依合同约定从借款人账户上划收贷款本金和利息;第五,借款人未能履行借款合同规定义务的,贷款人有权依合同约定要求借款人提前归还贷款或停止支付借款人尚未使用的贷款;第六,在贷款将受或已受损失时,可依据合同规定采取使贷款免受损失的措施。

贷款人的义务。贷款人的义务主要有以下几点:第一,应当公布所经营的贷款的种类、期限和利率,并向借款人提供咨询。第二,应当公开贷款审查的资信内容和发放贷款的条件。第三,贷款人应当审议借款人的借款申请,并及时答复贷与不贷。短期贷款答复时间不得超过 1 个月,中期、长期贷款答复时间不得超过 6 个月;国家另有规定者除外。第四,应当对借款人的债务、财务、生产、经营情况保密,但对依法查询者除外。

对贷款人的限制。在贷款法律关系中,贷款人受到以下几点限制:第一,贷款的发放必须严格执行《商业银行法》中关于资产负债比例管理的有关规定[①],不得向关系人发放信用贷款,向关系人发放担保贷款的条件不得优于其

① 资本充足率不得低于 8%;贷款余额与存款余额的比例不得超过 75%;流动性资产余额与流动性负债余额的比例不得低于 25%;对同一借款人的贷款余额与商业银行资本余额的比例不得超过 10%。

他借款人同类贷款条件的规定。第二,借款人有下列情形之一者,不得对其发放贷款:①借款人不具备相应的资格和条件的;②生产、经营或投资国家明文禁止的产品、项目的;③违反国家外汇管理规定的;④建设项目按国家规定应当报有关部门批准而未取得批准文件的;⑤生产经营或投资项目未取得环境保护部门许可的;⑥在实行承包、租赁、联营、合并(兼并)、合作、分立、产权有偿转让、股份制改造等体制变更过程中,未清偿原有贷款债务、落实原有贷款债务或提供相应担保的;⑦有其他严重违法经营行为的。第三,未经中国人民银行批准,不得对自然人发放外币币种的贷款。第四,自营贷款和特定贷款,除按中国人民银行规定计收利息之外,不得收取其他任何费用;委托贷款,除按中国人民银行规定计收手续费之外,不得收取其他任何费用。第五,不得给委托人垫付资金,国家另有规定的除外。第六,严格控制信用贷款,积极推广担保贷款。

(2)借款人的权利和义务

借款人的权利。在贷款法律关系中,借款人的权利主要有以下几点:第一,可以自主向主办银行或者其他银行的经办机构申请贷款并依条件取得贷款;第二,有权按合同约定提取和使用全部贷款;第三,有权拒绝借款合同以外的附加条件;第四,有权向贷款人的上级和中国人民银行反映、举报有关情况;第五,在征得贷款人同意后,有权向第三人转让债务。

借款人的义务。在贷款法律关系中,借款人的义务主要有以下几点:第一,应当如实提供贷款人要求的资料(法律规定不能提供者除外),应当向贷款人如实提供所有开户行、账号及存贷款余额情况,配合贷款人的调查、审查和检查;第二,应当接受贷款人对其使用信贷资金情况和有关生产经营、财务活动的监督;第三,应当按借款合同约定用途使用贷款;第四,应当按借款合同约定及时清偿贷款本息;第五,将债务全部或部分转让给第三人的,应当取得贷款人的同意;第六,有危及贷款人债权安全情况时,应当及时通知贷款人,同时采取保全措施。

对借款人的限制。在贷款法律关系中,借款人受到以下几点限制:第一,不得在一个贷款人同一辖区内的两个或两个以上同级分支机构取得贷款;第二,不得向贷款人提供虚假的或者隐瞒重要事实的资产负债表、损益表等;第三,不得用贷款从事股本权益性投资,国家另有规定的除外;第四,不得用贷款在有价证券、期货等方面从事投机经营;第五,除依法取得经营房地产资格的借款人以外,不得用贷款经营房地产业务;依法取得经营房地产资格的借款人,不得用贷款从事房地产投机;第六,不得套取贷款用于借贷牟取非法收入;

第七，不得违反国家外汇管理规定使用外币贷款；第八，不得采取欺诈手段骗取贷款。

三、贷款流程

借款人与贷款人之间借款合同的签订，需要遵循一定的流程，所需程序如下。

1. 贷款申请

借款人需要贷款，应当向主办银行或者其他银行的经办机构直接申请，填写包括借款金额、借款用途、偿还能力及还款方式等主要内容的《借款申请书》并提供以下资料：(1)借款人及保证人基本情况；(2)财政部门或会计（审计）事务所核准的上年度财务报告，以及申请借款前一期的财务报告；(3)原有不合理占用的贷款的纠正情况；(4)抵押物、质物清单和有处分权人的同意抵押、质押的证明及保证人拟同意保证的有关证明文件；(5)项目建议书和可行性报告；(6)贷款人认为需要提供的其他有关资料。

例如，中国建设银行在发放个人住房贷款之前，要求申请人提供以下资料：(1)身份证件复印件（居民身份证、户口簿、军官证、在中国大陆有居留权的境外国外自然人的护照、探亲证、返乡证等居留证件或其他身份证件）；(2)贷款行认可的借款人偿还能力证明资料；(3)合法有效的购买（建造、大修）住房合同、协议及相关批准文件；(4)借款人用于购买（建造、大修）住房的自筹资金的有关证明；(5)房屋销（预）售许可证或楼盘的房地产权证（现房）复印件；(6)贷款银行规定的其他文件和资料。

2. 对借款人进行信用等级评估

贷款人应独立或者委托专门的评估机构根据借款人的素质、经济实力、资金结构、履约情况、经营效益和发展前景等因素，评定借款人的信用等级。

3. 贷款调查

贷款人受理借款人申请后，应当对借款人的信用等级以及借款的合法性、安全性、盈利性等情况进行调查，核实抵押物、质物、保证人等情况，测定贷款的风险度，而且贷款人对大额借款人要建立驻厂信贷员制度。

4. 贷款审批

贷款人应当建立审贷分离、分级审批的贷款管理制度。审查人员应当对调查人员提供的资料进行核实、评定，复测贷款风险度，提出意见，按规定权限报批。贷款人应当根据业务量大小、管理水平和贷款风险度确定各级分支机构的审批权限，超过审批权限的贷款，应当报上级审批。各级分支机构应当根据贷款种类、借款人的信用等级和抵押物、质物、保证人等情况确定每一笔贷款的风险度。

5. 签订借款合同

贷款应当由贷款人与借款人签订借款合同。借款合同应当约定借款种类,借款用途、金额、利率,借款期限,还款方式,借、贷双方的权利、义务,违约责任和双方认为需要约定的其他事项。

保证贷款应当由保证人与贷款人签订保证合同,或保证人在借款合同上载明与贷款人协商一致的保证条款,加盖保证人的法人公章,并由保证人的法定代表人或其授权代理人签署姓名。抵押贷款、质押贷款应当由抵押人、出质人与贷款人签订抵押合同、质押合同,需要办理登记的,应依法办理登记。

6. 贷款发放

贷款人要按借款合同规定按期发放贷款。贷款人不按合同约定按期发放贷款的,应偿付违约金;借款人不按合同约定用款的,应偿付违约金。

7. 贷后检查

贷款发放后,贷款人应当对借款人执行借款合同情况及借款人的经营情况进行追踪调查和检查。

8. 贷款归还

借款人应当按照借款合同规定,按时足额归还贷款本息。贷款人在短期贷款到期 1 个星期之前、中长期贷款到期 1 个月之前,应当向借款人发送还本付息通知单;借款人应当及时筹备资金,按时还本付息。贷款人对逾期的贷款要及时发出催收通知单,做好逾期贷款本息的催收工作。贷款人对不能按借款合同约定期限归还的贷款,应当按规定加罚利息;对不能归还或者不能落实还本付息事宜的,应当督促归还或者依法起诉。借款人提前归还贷款,应当与贷款人协商。

四、信贷政策简介①

信贷政策是宏观经济政策的重要组成部分,是中国人民银行根据国家宏观调控和产业政策的要求,对金融机构信贷总量与投向实施引导、调控和监督,促使信贷投向不断优化,实现信贷资金优化配置并促进经济结构调整的重要手段。制定和实施信贷政策是中国人民银行的重要职责。

我国社会主义市场经济正处在初级阶段,间接融资居于主导地位,经济运行中有总量问题,但突出的是经济结构性问题。我国区域经济发展不平衡、金

① http://www.pbc.gov.cn.

融市场不够发达、利率没有市场化、单纯依靠财政政策调整经济结构受财力限制较大,信贷政策发挥作用是经济发展的内在要求,而且在相当长的时期内将会一直存在。金融宏观调控必须努力发挥好信贷政策的作用,加强信贷政策与产业政策、就业政策和金融监管政策的有机协调配合,努力实现总量平衡和结构优化。

目前,我国的信贷政策大致包含4个方面的内容:一是与货币信贷总量扩张有关,政策措施影响货币乘数和货币流动性。比如,规定汽车和住房消费信贷的首付款比例、证券质押贷款比例等等。二是配合国家产业政策,通过贷款贴息等多种手段,引导信贷资金向国家政策需要鼓励和扶持的地区及行业流动,以扶持这些地区和行业的经济发展。三是限制性的信贷政策。通过"窗口指导"或引导商业银行通过调整授信额度、信贷风险评级和风险溢价等方式,限制信贷资金向某些产业、行业及地区过度投放,体现扶优限劣原则。四是制定信贷法律法规,引导、规范和促进金融创新,防范信贷风险。

信贷政策和货币政策相辅相成,相互促进。两者既有区别,又有联系。通常认为,货币政策主要着眼于调控总量,通过运用利率、汇率、公开市场操作等工具,借助市场平台调节货币供应量和信贷总规模,促进社会总供求大体平衡,从而保持币值稳定;信贷政策主要着眼于解决经济结构问题,通过引导信贷投向、调整信贷结构,促进产业结构调整和区域经济协调发展。从调控手段看,货币政策调控工具更市场化一些;而信贷政策的贯彻实施,不仅要依靠经济手段和法律手段,必要时还须借助行政性手段和调控措施。在我国,目前在间接融资占绝对比重的融资格局下,信贷资金的结构配置和使用效率很大程度上决定着全社会的资金配置结构和运行效率。信贷政策的实施效果,极大地影响着货币政策的有效性。信贷政策的有效实施,对于疏通货币政策传导渠道、发展和完善信贷市场、提高货币政策效果发挥着积极的促进作用。

1998年以前,中国人民银行对各金融机构的信贷总量和信贷结构实施贷款规模管理,信贷政策主要是通过中国人民银行向各金融机构分配贷款规模来实现的。信贷政策的贯彻实施依托于金融监管,带有明显的行政干预色彩。近年来,随着社会主义市场经济的不断发展,中国人民银行的信贷政策正在从过去主要依托行政干预逐步向市场化的调控方式转变。依法履行中央银行信贷政策职责、进一步完善金融宏观调控机制、不断改进信贷政策实施方式、提高信贷政策调控效果,还需要在实践中继续探索完善。

【练习与思考】

1. 贷款人的权利和义务有哪些？
2. 简述商业银行的贷款流程。

第四节　商业银行中间业务

一、中间业务概述

（一）中间业务的概念

商业银行中间业务，是指不构成商业银行表内资产、表内负债，形成银行非利息收入的业务。商业银行开展中间业务并不运用或并不直接运用自己的资金，其中间业务的收入主要来源于手续费收入。

（二）开展中间业务的条件

作为非传统的商业银行业务种类，商业银行中间业务的开展需要满足一定的前提条件。商业银行申请开办中间业务，应符合以下要求：(1)符合金融市场发展的客观需要；(2)不损害客户的经济利益；(3)有利于完善银行的服务功能，有利于提高银行的盈利能力；(4)制定了相应的业务规章制度和操作规程；(5)具备合格的管理人员和业务人员；(6)具备适合开展业务的支持系统；(7)中国人民银行要求的其他条件。

中国人民银行受理商业银行开办中间业务的申报材料后，对适用审批制的业务品种，应在30个工作日内发出正式批复文件。对适用备案制的业务品种，中国人民银行监管部门应在受理申报材料后的15个工作日内以备案通知书的形式答复申请银行。

另外，中国人民银行根据商业银行开办中间业务的风险和复杂程度，分别实施审批制和备案制。适用审批制的业务主要为形成或有资产、有负债的中间业务，以及与证券、保险业务相关的部分中间业务；适用备案制的业务主要为不形成或有资产、有负债的中间业务。

1. 审批制

适用审批制的中间业务品种包括：(1)票据承兑；(2)开出信用证；(3)担保类业务，包括备用信用证业务；(4)贷款承诺；(5)金融衍生业务；(6)各类投资基金托管；(7)各类基金的注册登记、认购、申购和赎回业务；(8)代理证券业务；

(9)代理保险业务;(10)中国人民银行确定的适用审批制的其他业务品种。

2. 备案制

适用备案制的中间业务品种包括:(1)各类汇兑业务;(2)出口托收及进口代收;(3)代理发行、承销、兑付政府债券;(4)代收代付业务,包括代发工资、代理社会保障基金发放、代理各项公用事业收费(如代收水电费);(5)委托贷款业务;(6)代理政策性银行、外国政府和国际金融机构贷款业务;(7)代理资金清算;(8)代理其他银行银行卡的收单业务,包括代理外卡业务;(9)各类代理销售业务,包括代售旅行支票业务;(10)各类见证业务,包括存款证明业务;(11)信息咨询业务,主要包括资信调查、企业信用等级评估、资产评估业务、金融信息咨询;(12)企业、个人财务顾问业务;(13)企业投融资顾问业务,包括融资顾问、国际银团贷款安排;(14)保管箱业务;(15)中国人民银行确定的适用备案制的其他业务品种。

二、中间业务的种类

按照《商业银行中间业务暂行规定》统计,商业银行中间业务可分为以下9大类。

(一)支付结算类中间业务

支付结算类中间业务,是指由商业银行为客户办理因债权债务关系引起的与货币支付、资金划拨有关的收费业务,主要以国内外结算业务为主。

1. 结算工具

结算业务借助的主要结算工具包括银行汇票、商业汇票、银行本票和支票。

(1)银行汇票是出票银行签发的、由其在见票时按照实际结算金额无条件支付给收款人或者持票人票面金额的票据。

(2)商业汇票是出票人签发的、委托付款人在指定日期无条件支付确定的金额给收款人或持票人的票据。商业汇票分银行承兑汇票和商业承兑汇票。

(3)银行本票是银行签发的、承诺自己在见票时无条件支付确定的金额给收款人或者持票人的票据。

(4)支票是出票人签发的、委托办理支票存款业务的银行在见票时无条件支付确定的金额给收款人或持票人的票据。

2. 结算方式

支付结算类中间业务的结算方式主要包括同城结算和异地结算。

(1)汇款业务是由付款人委托银行将款项汇给外地某收款人的一种结算

业务。汇款结算分为电汇、信汇和票汇三种形式。

(2)托收业务是债权人或售货人为向外地债务人或购货人收取款项而对其开出汇票,并委托银行代为收取相应款项的一种结算方式。

(3)信用证业务是由银行根据申请人的要求和指示,向受益人开具的载有一定金额、在一定期限内凭规定的单据在指定地点付款的书面保证文件。信用证被广泛地应用于国际贸易的实践中,国际贸易的交易主体利用信用证形式下的银行信用,促成了交易的达成。

3. 其他支付结算业务

其他支付结算业务包括利用现代支付系统实现的资金划拨、清算,利用银行内外部网络实现的转账等业务。

(二)银行卡业务

银行卡是由经授权的金融机构(主要指商业银行)向社会发行的具有消费信用、转账结算、存取现金等全部或部分功能的信用支付工具。银行卡业务的分类方式一般包括以下几类:(1)依据清偿方式,银行卡业务可分为贷记卡业务、准贷记卡业务和借记卡业务。其中,借记卡可以进一步分为转账卡、专用卡和储值卡。(2)依据结算的币种不同,银行卡可分为人民币卡业务和外币卡业务。(3)按使用对象的不同,银行卡可以分为单位卡和个人卡。(4)按载体材料的不同,银行卡可以分为磁性卡和智能卡(IC 卡)。(5)按使用对象的信誉等级不同,银行卡可分为金卡和普通卡。(6)按流通范围不同,银行卡还可分为国际卡和地区卡。(7)其他分类方式,包括商业银行与营利性机构/非营利性机构合作发行的联名卡/认同卡,以及信用卡和借记卡业务。

(三)代理类中间业务

代理类中间业务指商业银行接受客户委托,代为办理客户指定的经纪事务、提供金融服务并收取一定费用的业务,包括代理政策性银行业务、代理中国人民银行业务、代理商业银行业务、代收代付业务、代理证券业务、代理保险业务、代理其他银行银行卡收单业务等。

1. 代理政策性银行业务

代理政策性银行业务是指商业银行接受政策性银行的委托,代为办理政策性银行因服务功能和网点设置等方面的限制而无法办理的业务,包括代理贷款项目管理等。

2. 代理中国人民银行业务

代理中国人民银行业务是指根据政策、法规的规定应由中央银行承担,但由于机构设置、专业优势等方面的原因,由中央银行指定或委托商业银行承担的业务,主要包括财政性存款代理业务、国库代理业务、发行库代理业务、金银代理业务。

3. 代理商业银行业务

代理商业银行业务是指商业银行之间相互代理的业务,例如,为委托行办理支票托收等业务。

4. 代收代付业务

代收代付业务是指商业银行利用自身的结算便利,接受客户的委托代为办理指定款项收付事宜的业务,例如,代理各项公用事业收费、代理行政事业性收费和财政性收费、代发工资、代扣住房按揭消费贷款还款等。

5. 代理证券业务

代理证券业务是指银行接受委托办理的代理发行、兑付、买卖各类有价证券的业务,包括接受委托代办债券还本付息、代发股票红利、代理证券资金清算等业务。有价证券主要包括国债、公司债券、金融债券、股票等。

6. 代理保险业务

代理保险业务是指商业银行接受保险公司的委托,代其办理保险业务。商业银行代理保险业务,可以与保险公司签订代理协议,代保险公司承接有关的保险业务。代理保险业务一般包括代售保单业务和代付保险金业务。

7. 其他代理业务

其他代理业务包括代理财政委托业务、代理其他银行发放银行卡收单业务等。

(四)担保类中间业务

担保类中间业务是指商业银行为客户债务清偿能力提供担保,承担客户违约风险的业务。担保类中间业务主要包括银行承兑汇票、备用信用证、各类保函业务等。

1. 银行承兑汇票

银行承兑汇票是由收款人或付款人(或承兑申请人)签发,并由承兑申请人向开户银行申请,经银行审查同意承兑的商业汇票。商业银行对于远期汇票的承兑,加强了汇票的可接受性和流通性。商业银行也因其对远期汇票作出的承兑行为而成为了汇票的主债务人,承担汇票的付款责任。

2. 备用信用证

备用信用证是开证行应借款人的要求,以放款人作为信用证的受益人而开具的一种特殊信用证,以保证在借款人破产或不能及时履行义务的情况下,由开证行向受益人及时支付本利的一种银行信用形式。

3. 各类保函业务

各类保函业务包括投标保函、承包保函以及借款保函等。

保函又称保证书，是指银行应申请人的请求，向第三方开具的一种书面信用担保凭证。开证银行保证在申请人未能按双方协议履行责任或义务时，由开证行代其履行一定金额、一定期限范围内的某种支付责任或经济赔偿责任。

（五）承诺类中间业务

承诺类中间业务是指商业银行在未来某一日期按照事前约定的条件向客户提供约定信用的业务，承诺类中间业务主要指贷款承诺，包括可撤销承诺和不可撤销承诺两种。

（六）交易类中间业务

交易类中间业务是指商业银行为满足客户保值或自身风险管理等方面的需要，利用各种金融工具进行的资金交易活动，主要以金融衍生业务为代表。

1. 远期合约

远期合约是指交易双方约定在未来某个特定的时间以约定价格买卖约定数量的资产的合约种类，具体包括远期利率合约和远期外汇合约。

2. 金融期货

金融期货是指以金融工具或金融指标为标的的期货合约。

3. 互换

互换是指交易双方基于自己的比较利益，对各自的现金流量进行交换，一般分为利率互换和货币互换。

4. 期权

期权是指期权的买方支付给卖方一笔权利金，获得一种权利，可于期权的存续期内或到期日当天以执行价格与期权卖方进行约定数量的特定标的的交易。按交易标的的不同，期权可分为股票指数期权、外汇期权、利率期权、期货期权、债券期权等。

（七）基金托管业务

基金托管业务是指有托管资格的商业银行接受基金管理公司的委托，安全保管所托管基金的全部资产，为所托管的基金办理清算款项划拨、会计核算、基金估值、监督管理人投资运作。基金托管业务包括封闭式证券投资基金托管业务、开放式证券投资基金托管业务和其他基金的托管业务。

（八）咨询顾问类业务

咨询顾问类业务是指商业银行依靠自身在信息、人才、信誉等方面的优势，收集和整理有关信息，并通过对这些信息以及银行和客户资金运动的记录与分析，形成系统的资料和方案，提供给客户以满足其业务经营管理或发展需要的服务活动。

1. 企业信息咨询业务

企业信息咨询业务包括项目评估、企业信用等级评估、验证企业注册资金、资信证明、企业管理咨询等。

2. 资产管理顾问业务

资产管理顾问业务是指为机构投资者或个人投资者提供全面的资产管理服务，包括投资组合建议、投资分析、税务服务、信息提供、风险控制等。

3. 财务顾问业务

财务顾问业务包括大型建设项目财务顾问业务和企业并购顾问业务。

大型建设项目财务顾问业务是指商业银行为大型建设项目的融资结构、融资安排提出专业性方案。

企业并购顾问业务是指商业银行为企业的兼并和收购提供财务顾问业务，银行不仅参与企业兼并和收购的过程，而且作为企业的持续发展顾问参与公司的结构调整、资本充实和重新核定、破产和困境公司的重组等策划与操作过程。

4. 现金管理业务

现金管理业务是指商业银行协助企业科学合理地管理现金账户头寸与活期存款余额，以达到提高资金流动性和使用效益的目的。

（九）其他类中间业务

包括保管箱业务以及其他不能归入以上8类的业务。

表3-1为商业银行中间业务分类表，此表有助于理解商业银行中间业务的分类。

表3-1　商业银行中间业务分类①

分类根据	类　型	注　释
按中间业务的功能	结算性中间业务	商业银行为客户办理因债权债务关系所形成的、与货币收付相关的业务
	担保性中间业务	商业银行向客户出售信用、或为客户承担风险所形成的相关业务
	融资性中间业务	商业银行向客户提供的传统信贷以外的其他融资服务所引起的有关业务
	管理性中间业务	商业银行结算客户委托、利用自身经营管理上的职能及其优势为客户提供各种服务引起的有关业务
	衍生金融工具类中间业务	商业银行从事与衍生金融工具有关的各种交易所引起的有关业务
	其他中间业务	除上述以外的各种中间业务,大多属于纯粹的服务性业务
按银行在开展中间业务中的身份	委托性业务	商业银行在接受客户委托后,以银行本身的名义进行业务的各种中间业务
	代理性业务	商业银行在接受客户委托后,以客户的名义进行业务的各种中间业务
	自营性业务	商业银行自己直接主动参与的各类中间业务

① 胡静:《我国商业银行中间业务定价机制与风险控制研究》(2010年博士学位论文),武汉理工大学,第17页。

续表

分类根据	类　型	注　释
按是否与信用活动有关	信用性中间业务	所有与信用业务有关的中间业务
	非信用性中间业务	与信用业务没有关系的中间业务
按银行在从事中间业务时的位置	中介性业务	商业银行在开展业务时要同时处理、协调多个对象的关系的中间业务
	非中介性业务	商业银行在开展业务时，只需处理单一对象的关系的中间业务
按服务对象	对外服务性中间业务	为了满足客户需要的中间业务。绝大多数中间业务属于这类业务。银行开展这类业务以盈利为目的，因而在管理上必须有足够的灵活性
	自我服务性业务	为满足银行自身经营需要的中间业务。开展这类业务不能单纯考虑盈利，以银行经营需要为目的

【练习与思考】

1. 中间业务对于商业银行的意义何在？
2. 商业银行中间业务主要有哪些种类？
3. 商业银行中间业务与存款、贷款业务有何区别？

第五节　银行卡法律制度

一、银行卡概述

（一）银行卡的概念

银行卡是指由商业银行向社会公众发行的具有消费信用、转账结算、存取现金等全部或部分功能的支付工具。

银行卡的出现和推广极大地便利了人们的生活，促进了商品经济的快速发展。尤其是具有透支功能的信用卡的出现，使得人们可以提高当期消费水平，对于生活水准的提高意义重大。但是，在商业银行开展银行卡业务的过程中，出现了来自银行卡申请人以及发卡银行的一系列风险，商业银行不得不加强风险管理意识、构建完善的银行卡风险防范系统以防范日益凸显的银行卡风险。

（二）银行卡的分类

1. 信用卡和借记卡

信用卡和借记卡是以银行卡是否能提供信用透支功能为划分标准的。

（1）信用卡

信用卡，是指商业银行向个人和单位发行的信用支付工具。信用卡具有转账结算、存取现金、消费信用等功能。

信用卡按使用对象分为单位卡和个人卡；按信誉等级分为金卡和普通卡；按币种分为人民币卡和外币卡；按载体材料分为磁条卡和智能卡（又称 IC卡）；按是否向发卡银行交存备用金和有无免息期分为贷记卡和准贷记卡。

按照《信用卡业务管理办法》第 27 条的规定，商业银行开办信用卡业务，必须具备以下条件：①符合《商业银行法》和中国人民银行补充规定的资产负债比例监控指标；②相应的内部管理机构；③合格的管理人员和技术人员；④健全的管理制度和安全制度；⑤必要的电信设备和营业场所；⑥中国人民银行规定的其他条件。

（2）借记卡

借记卡是不具有透支功能的银行卡。持卡人必须在该卡的存储额度内进行提现或者消费。

2. 单位卡和个人卡

单位卡和个人卡是以发卡对象的不同为划分依据的。

（1）单位卡

申请开设单位卡的单位应在我国境内的金融机构开立基本存款账户，并凭中国人民银行核发的开户许可证申领单位卡。

单位人民币卡账户的资金一律从其基本存款账户转账存入，不得存取现金，不得将销货收入存入单位卡账户。单位外币卡账户的资金应从单位的外汇账户转账存入，不得在境内存取外币现钞。

（2）个人卡

个人人民币卡账户的资金以其持有的现金存入或以其工资性款项、属于个人的合法的劳务报酬、投资回报等收入转账存入。个人外币卡账户的资金以其个人持有的外币现钞存入或从其外汇账户(含外钞账户)转账存入。该账户的转账及存款均按国家外汇管理局《个人外汇管理办法》办理。个人外币卡在境内提取外币现钞时,应按照我国个人外汇管理制度办理。

3. 国际卡、国内卡和地区卡

按使用范围的不同,银行卡可分为国际卡、国内卡和地区卡。

国际卡是可以跨越国境使用的银行卡,而国内卡和地区卡的使用范围则被限定在一国的国内或者特定区域内。

4. 主卡和附属卡

按持卡人的从属关系,银行卡可分为主卡和附属卡。主卡和附属卡共用一个额度。个人卡的主卡申请人可为其家人或朋友申领附属卡,单位卡的主卡申请人也可为单位其他员工办理附属卡。

办理附属卡的条件和可申领附属卡的张数由各发卡银行自行规定。附属卡的有效期限与主卡相同,其所有交易款项均计入主卡账户,主卡持卡人对其附属卡产生的交易负责。主卡持卡人有权要求注销或止付其附属卡。

5. 人民币卡、外币卡和双币卡

按清算币种的不同,银行卡可分为人民币卡、外币卡和双币卡。人民币卡是指持卡人与发卡银行以人民币作为清算货币的银行卡,一般在我国境内使用。外币卡是指持卡人与发卡银行以可自由兑换的外币作为清算货币的银行卡,可国际通用,常见的外币卡有美元卡和港元卡等。双币卡的清算货币有两种:当持卡人在国内使用时,用人民币清算;当持卡人在境外使用时,用可自由兑换的外币进行清算。

6. 磁条卡、IC 卡和复合金融卡

按卡片信息存储方式的不同,银行卡可分为磁条卡、IC 卡和复合金融卡。

二、银行卡业务

(一)开办银行卡业务的条件

按照《银行卡业务管理办法》第 13 条的规定,商业银行开办银行卡业务应具备以下条件:(1)开业 3 年以上,具有办理零售业务的良好业务基础;(2)符合中国人民银行颁布的资产负债比例管理监控指标,经营状况良好;(3)已就该项业务建立了科学完善的内部控制制度,有明确的内部授权审批程序;(4)合格的管理人员和技术人员,相应的管理机构;(5)安全、高效的计算机处理系统;(6)发行外币卡还须具备经营外汇业务的资格和相应的外汇业务经营管理水平;(7)中国人民银行规定的其他条件。

(二)银行卡业务开办申请

按照《银行卡业务管理办法》第 14 条的规定,符合条件的商业银行可向中国人民银行申请开办银行卡业务,并提交下列材料:(1)申请报告:论证必要性、可行性,进行市场预测;(2)银行卡章程或管理办法、卡样设计草案;(3)内部控制制度、风险防范措施;(4)由中国人民银行科技主管部门出具的有关系统安全性和技术标准合格的测试报告;(5)中国人民银行要求提供的其他材料。

(三)开展银行卡业务的规定

1. 细化银行卡章程

发卡银行的各类银行卡章程应载明下列事项:(1)卡的名称、种类、功能、用途;(2)卡的发行对象、申领条件、申领手续;(3)卡的使用范围(包括使用方面的限制)及使用方法;(4)卡的账户适用的利率,面向持卡人的收费项目及标准;(5)发卡银行、持卡人及其他有关当事人的权利、义务;(6)中国人民银行要求的其他事项。

2. 银行卡的管理和审批

(1)商业银行开办各类银行卡业务,应当按照中国人民银行有关加强内部控制和授权授信管理的规定,分别制定统一的章程或业务管理办法,报中国人民银行总行审批。

商业银行总行不在北京的,应当先向中国人民银行当地中心支行申报,经审查同意后,由中国人民银行分行转报中国人民银行总行审批。

(2)已开办信用卡或转账卡业务的商业银行可向中国人民银行申请发行联名/认同卡、专用卡、储值卡;已开办人民币信用卡业务的商业银行可向中国人民银行申请发行外币信用卡。

(3)商业银行发行全国使用的联名卡、IC 卡、储值卡,应当报中国人民银行总行审批。

(4)商业银行分支机构办理经中国人民银行总行批准的银行卡业务,应当持中国人民银行批准文件和其总行授权文件向中国人民银行当地分行备案。

商业银行分支机构发行区域使用的专用卡、联名卡,应当持商业银行总行的授权文件、联名双方的协议书报中国人民银行当地中心支行备案。

三、银行卡风险管理

银行卡的出现与发展大大便利了人们的生活，人们出行不再需要携带大量的现金，通过银行卡可以轻松地实现消费、缴费以及转账交易等目的，甚至可以在资金不足时利用银行卡的透支功能实现当期消费。截至2009年第二季度末，全国发卡量近20亿张。其中，信用卡发卡量1.63亿张，银行卡特约商户135万家，POS机211万台，ATM机19万台，银行卡渗透率首次突破30%。[①] 随着银行卡业务的进一步发展，商业银行已经加大了对银行卡业务的管理力度，银行卡制度日益成熟。但是无论是对于商业银行，还是对于持卡人来讲，在申领以及使用银行卡的过程中仍然面临很多的风险。

（一）银行卡业务风险

1. 客户的信用风险

商业银行所面临的客户信用风险主要表现为以下两个方面：

（1）骗领银行卡风险。骗领银行卡风险，是指银行卡的申请人在申领银行卡的过程中提供虚假资料或者劣质抵押品，在发卡银行审核中蒙混过关，成功地从发卡银行处获得银行卡。这样就为发卡银行追偿款的顺利实现埋下了隐患，而以此手段获得银行卡的主体，往往会利用银行卡进行恶意透支，进而造成商业银行的经济损失。

（2）恶意透支风险。《刑法》中的恶意透支，是指持卡人以非法占有为目的，超过规定限额或者规定期限透支，并且经发卡银行催收后仍不归还的行为。《最高人民法院、最高人民检察院关于办理妨害信用卡管理刑事案件具体应用法律若干问题的解释》第6条将恶意透支进一步解释为："持卡人以非法占有为目的，超过规定限额或者规定期限透支，并且经发卡银行两次催收后超过3个月仍不归还的，应当认定为刑法第一百九十六条规定的'恶意透支'。"恶意透支直接造成了银行的经济损失，是发卡银行重点防范的风险种类之一。

从上述法律条文可知，构成"恶意透支"需要以非法占有为目的，因此，有以下情形之一的，应当认定为"以非法占有为目的"：第一，明知没有还款能力而大量透支，无法归还的；第二，肆意挥霍透支的资金，无法归还的；第三，透支后逃匿、改变联系方式，逃避银行催收的；第四，抽逃、转移资金，隐匿财产，逃

---

① 欧阳卫民：《进一步加强银行卡风险管理促进银行卡产业又好又快发展》，载《中国信用卡》2009年第11期。

避还款的;第五,使用透支的资金进行违法犯罪活动的;第六,其他非法占有资金、拒不归还的行为。

另外,需要注意的是,恶意透支数额的不同,对其具体的处理办法也是不同的。恶意透支数额在1万元以上不满10万元的,应当认定为“数额较大”;数额在10万元以上不满100万元的,应当认定为“数额巨大”;数额在100万元以上的,应当认定为“数额特别巨大”。

2. 内部管理风险

发卡银行面临的另外一个比较突出的风险就是发卡银行内部管理风险。例如,银行内部管理人员为了完成发卡任务,对于申请人信用审核不到位、对于申请人提供的资料不进行全面细致的审核、随意审批信用额度,甚至内外勾结骗领银行卡。

(二)银行卡风险管理

1. 加强资信审查

(1)发卡前的资信调查

发卡银行在向申请人发放信用卡之前,应该认真审查信用卡申请人的资信状况,根据申请人的资信状况确定有效担保及担保方式。

(2)发卡后的资信复查

发卡银行应当对信用卡持卡人的资信状况进行定期复查,并根据资信状况的变化调整其信用额度。

2. 建立健全内部管理制度

商业银行对于银行卡风险的防范,需要重点从遵守监管部门的规定以及完善内部管理制度上着手。当然,整个社会的信用体系建设与完善,也是非常重要的一个环节。

(1)建立授权审批制度

发卡银行应当建立授权审批制度,明确不同级别内部工作人员的授权权限和授权限额。

(2)加强止付名单的管理

发卡银行应当加强对止付名单的管理,及时接收和发送止付名单。

(3)严禁垫付资金

通过借记卡办理的各项代理业务,发卡银行不得为持卡人或委托单位垫付资金。

3. 完善风险指标监控体系建设

发卡银行应当遵守下列信用卡业务风险控制指标:(1)同一持卡人单笔

透支发生额个人卡不得超过2万元(含等值外币),单位卡不得超过5万元(含等值外币)。(2)同一账户月透支余额个人卡不得超过5万元(含等值外币),单位卡不得超过发卡银行对该单位综合授信额度的3%。无综合授信额度可参照的单位,其月透支余额不得超过10万元(含等值外币)。(3)外币卡的透支额度不得超过持卡人保证金(含储蓄存单质押金额)的80%。(4)从《银行卡业务管理办法》施行之日起新发生的180天(含180天)以上的月均透支余额不得超过月均总透支余额的15%。(5)准贷记卡的透支期限最长为60天,贷记卡的首月最低还款额不得低于其当月透支余额的10%。

4. 建立透支款追偿制度并防止信用卡诈骗

发卡银行应该从以下几个方面注意防止信用卡诈骗:(1)扣减持卡人保证金,依法处理抵押物和质物;(2)向保证人追索透支款项;(3)通过司法机关的诉讼程序进行追偿。

【练习与思考】

1. 商业银行开办银行卡业务需要满足什么条件?
2. 如何防范银行卡风险?

第四章　政策性银行法

第一节　政策性银行法概述

一、政策性银行概述

（一）政策性银行的概念

政策性银行属于银行类金融机构，因此其业务范围和一般的商业银行类似，包括资产业务、负债业务以及中间业务等。但是，政策性银行在经营目的上又与商业银行有着明显的不同，政策性银行的经营目的带有明显的政策性指向。因此，政策性银行是指非以盈利为目的的专门经营政策性货币信用业务的银行类金融机构。政策性银行多由政府创立或出资参股，以保本微利为经营目的。政策性银行的业务领域也具有较强的专属性。

从历史来看，在历次金融危机和经济恢复过程中，各国政策性金融机构均为减缓金融危机的冲击、提振市场信心、恢复经济活力发挥了巨大作用，是政府恢复本国经济发展的主要推动力量。①

（二）政策性银行的产生与发展

20 世纪 30 年代以前，古典自由主义盛行，强调个人权利、私有财产，并主张自由放任的经济政策，认为政府存在的目的仅在于保护每个个体的自由。因此，作为国家干预经济手段的政策性银行并未普遍设立。直到 20 世纪 30

① 刘孝红，王志峰：《当前宏观经济背景下政策性银行的功能探析：基于国际比较的视角》，载《国际金融研究》2009 年第 5 期。

年代大危机的爆发,才引起了人们对古典自由主义的不满,于是凯恩斯主义进入到人们的视野之中,并随之产生了国家干预经济的现象。这就是政策性银行产生的经济背景。这一历史时期设立的政策性银行有法国国家市场金库以及美国联邦住房抵押贷款管理局等。

第二次世界大战结束后,政策性银行进入普遍设立时期。当然,这一时期仍是西方工业国家政策性银行的设立较为普遍。而到了21世纪,各个国家和地区的政策性银行又普遍进入了一个转型时期。

(三)政策性银行的性质与职能

1. 政策性银行的性质

(1)政策性银行的政策性

政策性特征是指政策性银行的运营要遵循国家各个时期的政策性目标,按照政府的政策性意图行事。例如,中国农业发展银行的主要职责是按照国家的法律、法规和方针、政策,以国家信用为基础筹集资金,承担国家规定的农业政策性金融业务,代理财政支农资金的拨付,为农业和农村经济发展服务。中国进出口银行的主要职责是扩大我国机电产品、成套设备和高新技术产品进出口,推动有比较优势的企业开展对外承包工程和境外投资,促进对外关系发展和国际经贸合作,提供金融服务。

(2)政策性银行的金融性

虽然政策性银行具有显著的政策性特征,业务运营要符合国家的产业政策,但是政策性银行却是以银行类金融机构的运作方式展开具体运营的。例如,中国进出口银行的业务主要有办理出口信贷和进口信贷;办理对外承包工程和境外投资贷款;办理中国政府对外优惠贷款;提供对外担保;转贷外国政府和金融机构提供的贷款;办理中国进出口银行贷款项下的国际、国内结算业务和企业存款业务;在境内外资本市场、货币市场筹集资金;办理国际银行间的贷款,组织或参加国际、国内银团贷款;从事人民币同业拆借和债券回购;从事自营外汇资金交易和经批准的代客外汇资金交易;办理与本行业务相关的资信调查、咨询、评估和鉴证业务以及经批准或受委托的其他业务。如此种种业务的开展,都和商业银行等金融机构的运作机制是一致的。

2. 政策性银行的职能

政策性银行如同商业银行一样,需要按照银行的机制进行日常运作,因此,政策性银行一样具有金融中介的职能。在间接融资的场合,充当融资中介的角色。鉴于政策性银行突出的政策性特性,且政策性银行并不吸收社会公众的活期存款,其资金主要是国家财政支持款项或者由政策性银行通过金融市场筹集的,因此,政策性银行并不具有如同商业银行一样的信用创造职能。但是政策性银行的运作对于社会公众具有较明显的政策性导向,能够吸引社会公众将资金投入到国家产业政策扶持发展的领域。而且政策性银行的信贷支持,还可以弥补商业银行信贷资金支持力度的不足。

二、政策性银行的治理结构

政策性银行的治理结构由股东会、监事会以及董事会组成。

(一)股东会

1. 股东会的职权

按照《公司法》第38条的规定,股东会是政策性银行的权力机构,依法行使下列权力:(1)决定公司的经营方针和投资计划;(2)选举和更换非由职工代表担任的董事、监事,决定有关董事、监事的报酬事项;(3)审议批准董事会的报告;(4)审议批准监事会或者监事的报告;(5)审议批准公司的年度财务预算方案、决算方案;(6)审议批准公司的利润分配方案和弥补亏损方案;(7)对公司增加或者减少注册资本作出决议;(8)对发行公司债券作出决议;(9)对公司合并、分立、解散、清算或者变更公司形式作出决议;(10)修改公司章程;(11)公司章程规定的其他职权。

2. 股东会的会议召集

股东会以会议的形式行使权力。按照《公司法》第101条的规定,股东大会应当每年召开一次年会。有下列情形之一的,应当在两个月内召开临时股东大会:(1)董事人数不足《公司法》规定人数或者公司章程所定人数的2/3时;(2)公司未弥补的亏损达实收股本总额1/3时;(3)单独或者合计持有公司10%以上股份的股东请求时;(4)董事会认为必要时;(5)监事会提议召开时;(6)公司章程规定的其他情形。

具体召集程序如下:

(1)股东大会会议由董事会召集,董事长主持;董事长不能履行职务或者不履行职务的,由副董事长主持;副董事长不能履行职务或者不履行职务的,由半数以上董事共同推举一名董事主持。董事会不能履行或者不履行召集股东大会会议职责的,监事会应当及时召集和主持;监事会不召集和主持的,连续90日以上单独或者合计持有公司10%以上股份的股东可以自行召集和主持。

(2)股东大会应于召开会议之前20日通知各股东,临时股东大会的通知时限为15天,若有发行无记名股票的情形,则应于30日前为上述通知。

(3)除公司持有的本公司股份外,一股具有一个表决权,但是股东大会选举董事、监事,可以依照公司章程的规定或者股东大会的决议,实行累积投票制。

(4)股东大会作出决议,必须经出席会议的股东所持表决权过半数通过。但是股东大会作出修改公司章程、增加或者减少注册资本的决议,以及公司合并、分立、解散或者变更公司形式的决议,必须经出席会议的股东所持表决权的2/3 以上通过。

(二)监事会

监事会是对公司业务活动及会计事务等进行监督的机构。按照《公司法》的规定,股份有限公司要设置监事会,监事会成员不得少于 3 人。

1. 监事会的职权

《公司法》规定的商业银行监事会行使下列职权:(1)检查公司财务;(2)对董事、高级管理人员执行公司职务的行为进行监督,对违反法律、行政法规、公司章程或者股东会决议的董事、高级管理人员提出罢免的建议;(3)当董事、高级管理人员的行为损害公司的利益时,要求董事、高级管理人员予以纠正;(4)提议召开临时股东会会议,在董事会不履行《公司法》规定的召集和主持股东会会议职责时召集和主持股东会会议;(5)向股东会会议提出提案;(6)依照《公司法》第 152 条的规定,对董事、高级管理人员提起诉讼;(7)公司章程规定的其他职权。

2. 监事会的召集

监事会每 6 个月至少召开一次会议。监事可以提议召开临时监事会会议。监事会主席召集和主持监事会会议;监事会主席不能履行职务或者不履行职务的,由监事会副主席召集和主持监事会会议;监事会副主席不能履行职务或者不履行职务的,由半数以上监事共同推举一名监事召集和主持监事会会议。

(三)董事会

董事会是对内掌管公司事务、对外代表公司的经营决策机构。股份有限公司的董事会成员为 5 人至 19 人。董事会设董事长 1 人,可以设副董事长。董事长和副董事长由董事会以全体董事的过半数选举产生。

1. 董事会的职权

按照《公司法》第 47 条的规定,董事会对股东会负责,行使下列职权:(1)召集股东会会议,并向股东会报告工作;(2)执行股东会的决议;(3)决定公司的经营计划和投资方案；(4)制定公司的年度财务预算方案、决算方案；(5)制定公司的利润分配方案和弥补亏损方案；(6)制定公司增加或者减少注册资本以及发行公司债券的方案；(7)制定公司合并、分立、解散或者变更公司形式的方案；(8)决定公司内部管理机构的设置；(9)决定聘任或者解聘公司经理及其报酬事项，并根据经理的提名决定聘任或者解聘公司副经理、财务负责人及其报酬事项；(10)制定公司的基本管理制度；(11)公司章程规定的其他职权。

2. 董事会的召集

董事会每年度至少召开两次会议，每次会议应当于会议召开10日前通知全体董事和监事。

代表1/10以上表决权的股东、1/3以上董事或者监事会，可以提议召开董事会临时会议。董事长应当自接到提议后10日内，召集和主持董事会会议。

（四）董事、监事、高级管理人员的资格和义务

鉴于股份有限公司股东人数众多，以及经营管理经验的欠缺等原因，股份有限公司的日常运营都是由董事、监事、高级管理人员具体操作的。因此，董事、监事以及高级管理人员，必须要满足一定的任职资格，而且要对股东承担诚实信用义务，不得在其执业过程中侵害公司和股东的合法权益。

1. 任职资格

我国《公司法》并未就任职资格的积极要件进行规定，而是从反面规定了不得担任公司的董事、监事、高级管理人员的几种情形：(1)无民事行为能力或者限制民事行为能力；(2)因贪污、贿赂、侵占财产、挪用财产或者破坏社会主义市场经济秩序被判处刑罚，执行期满未逾5年，或者因犯罪被剥夺政治权利，执行期满未逾5年；(3)担任破产清算的公司、企业的董事或者厂长、经理，对该公司、企业的破产负有个人责任的，自该公司、企业破产清算完结之日起未逾3年；(4)担任因违法被吊销营业执照、责令关闭的公司、企业的法定代表人，并负有个人责任的，自该公司、企业被吊销营业执照之日起未逾3年；(5)个人所负数额较大的债务到期未清偿。

如果公司选举出来的董事、监事以及高级经营管理者存在上述条件之一的，则该股份有限公司的该项选举是无效的。如果在其任职期间出现上述情况之一的，公司需要解除其职务。

2. 行为禁止

按照《公司法》第149条的规定，董事、高级管理人员不得有下列行为：(1)挪用公司资金；(2)将公司资金以其个人名义或者以其他个人名义开立账

户存储;(3)违反公司章程的规定,未经股东会、股东大会或者董事会同意,将公司资金借贷给他人或者以公司财产为他人提供担保;(4)违反公司章程的规定或者未经股东会、股东大会同意,与本公司订立合同或者进行交易;(5)未经股东会或者股东大会同意,利用职务便利为自己或者他人谋取属于公司的商业机会,自营或者为他人经营与所任职公司同类的业务;(6)接受他人与公司交易的佣金归为己有;(7)擅自披露公司秘密;(8)违反对公司忠实义务的其他行为。

【练习与思考】

1. 政策性银行产生的背景是什么?
2. 政策性银行的职能有哪些?
3. 简单叙述政策性银行的组织机构。

第二节　中国政策性银行概要

1993 年,国务院颁布并实施了《国务院关于金融体制改革的决定》,决定在我国成立政策性银行。该决定提到建立政策性银行的目的是实现政策性金融和商业性金融的分离,以解决国有专业银行身兼二任的问题;割断政策性贷款与基础货币的直接联系,确保中国人民银行调控基础货币的主动权。政策性银行要加强经营管理,坚持自担风险、保本经营、不与商业性金融机构竞争的原则,其业务受中国人民银行的监督。然而,随着我国经济发展状况的改变,在第三次金融工作会议上确定了政策性银行将“按照分类指导、一行一策的原则,推进银行改革”,坚持商业化的改革方向。2008 年 12 月 16 日,国家开发银行挂牌成立股份有限公司,标志着这一改革进程的开始。

一、国家开发银行(China Development Bank)

根据党的十四届三中全会精神,为了更有效地集中资金保证国家重点建设,缓解经济发展的“瓶颈”制约,增强国家对固定资产投资的宏观调控能力,进一步深化投融资体制改革,国务院决定组建国家开发银行。

国家开发银行是直属国务院领导的政策性金融机构,对由其安排投资的国家重点建设项目在资金总量和资金结构配置上负有宏观调控职责。国家开发银行的主要任务是:建立长期稳定的资金来源,筹集和引导社会资金用于国家重点建设,投资项目不留资金缺口,从资金来源上对固定资产投资总量及结构进行控制和调节，按照社会主义市场经济的原则，逐步建立投资约束和风险责任机制，提高投资效益，促进国民经济持续、快速、健康发展。[①]

（一）国家开发银行概况

国家开发银行成立于1994年3月17日，总部设在北京，注册资本500亿元人民币，是直属于国务院领导的政策性金融机构。其业务范围具体包括：

1. 规划业务

规划业务主要是指国家开发银行参与各时期的国家重点规划项目。例如，2010年国家开发银行支持的规划项目有海南国际旅游岛建设，大小兴安岭生态保护项目，援藏、援疆规划项目，并且深度参与省市县各级规划编制，村镇规划覆盖率达36%。

2. 信贷业务

信贷业务又具体分为人民币信贷业务和外币信贷业务。国家开发银行信贷业务的主旨是贯彻国家各个时期的宏观经济调控政策，加大对重点领域和薄弱环节的扶持力度。截至2010年末，国家开发银行本外币信贷余额达45 097亿元人民币。

3. 资金筹集业务

国家开发银行的资金筹集业务，主要通过发行人民币金融债券、香港人民币债券和外汇筹资等渠道进行。

4. 资金交易业务

国家开发银行的资金交易业务主要是指证券承销业务与公开市场业务。

5. 中间业务

截至2010年，国家开发银行已经形成6大类26个品种的中间业务格局，重点培育表外受托、财务顾问、资产证券化等特色产品。

6. 金融合作与创新

金融合作与创新主要是国家开发银行与银行、信托、保险以及社保基金的合作。

7. 子公司业务

子公司业务主要是指对下设子公司的经营进行日常的管理。

8. 资本管理

资本管理业务主要包括资本充足率管理、经济资本管理和账面资本管理

---

① 参见《国务院关于组建国家开发银行的通知》。

三个方面。

（二）国家开发银行的使命

国家开发银行主要开展中长期信贷与投资等金融业务，为国民经济中长期战略发展服务。

国家开发银行贯彻执行国家各个时期的宏观经济政策，筹集和引导社会资金，缓解经济社会发展的瓶颈制约强化薄弱环节，致力于以融资推动市场建设和规划先行。支持国家基础设施、基础产业、支柱产业以及战略性新兴产业等领域发展和国家的重点项目建设，促进区域协调发展；支持城镇化、中小企业、“三农”、教育、中低收入家庭住房、医疗卫生以及环境保护等瓶颈领域的发展；支持国家“走出去”战略，积极拓展国际合作业务。①

（三）国家开发银行的组织机构以及分行分布

1. 组织机构

国家开发银行是独立的法人，其组织机构由股东会、监事会以及董事会组成。具体职能部门包括：办公厅、研究院、政策研究室、规划局、业务发展局、市场与投资局、法律事务局、资金局、风险管理局、评审管理局、评审一局、评审二局、评审三局、信贷管理局、国际合作业务局、企业局、信息科技局、营运管理局、稽核评价局、人事局、监察局、机关服务局、离退休干部局。

2. 分支机构

国家开发银行有着十分广泛的分支机构分布，截至目前，其分支机构主要有：北京分行、大连分行、天津分行、吉林分行、河北分行、黑龙江分行、山西分行、上海分行、内蒙古分行、江苏分行、辽宁分行、浙江分行、安徽分行、宁波分行、福建分行、湖南分行、江西分行、广东分行、山东分行、深圳分行、河南分行、广西分行、湖北分行、海南分行、四川分行、重庆分行、贵州分行、宁夏分行、云南分行、青海分行、陕西分行、香港分行、新疆分行、甘肃分行、西藏代表处、青岛分行、厦门代表处、开罗代表处、莫斯科代表处、国开金融有限责任公司、国开证券有限责任公司、国银金融租赁有限公司、中非发展基金、达拉特国开村镇银行股份有限公司、镇赉国开村镇银行股份有限公司、龙口国开南山村镇银行股份有限公司、大冶国开村镇银行股份有限公司、平凉市泾川汇通村镇银行股份有限公司、宜城国开村镇银行有限责任公司、大通国开村镇银行有限责任公司、汨罗国开村镇银行股份有限公司。

---

① http://www.cdb.com.cn.

（四）国家开发银行的资金筹集及资金的运用和投向

1. 资金筹集

国家开发银行的年度投资总规模和资金筹措办法由国务院确定。其资金来源和具体筹措办法主要是①：

（1）国家预算安排的经营性建设基金。为了使国家重点建设资金有基本的保障，力争3年内把国家开发银行的经营性建设基金在现有的基础上翻一番。

（2）原"拨改贷"和经营性建设基金贷款回收的本息。

（3）财政贴息资金。对于基本建设和技术改造政策性项目贷款所需贴息资金，由国家财政专项列入年度预算。贴息办法由国家计委、国家经贸委、财政部、中国人民银行和国家开发银行商定。

（4）国家开发银行向金融机构发行金融债券。国家开发银行提出年度金融债券发行规模，由中国人民银行和国家计委根据国家确定的信贷计划和固定资产投资规模进行审定。金融债券利率和认购比例，由中国人民银行征求国家计委、国家经贸委和财政部的意见后确定，同时下达各金融机构。

（5）经国务院批准，国家开发银行可向社会发行一定数量的财政担保建设债券。

（6）向国外筹集资金。需要国家开发银行配置一定规模国内资金的外国政府贷款和国际金融组织长期优惠贷款项目，由财政部、中国人民银行、外经贸部等对外窗口单位，将相应的外国政府贷款和国际金融组织贷款按原贷款条件向国家开发银行统一转贷。根据国家利用外资计划，国家开发银行可以筹措国际商业贷款。经国家批准，国家开发银行可在国外发行债券。

（7）按国务院规定，6个国家专业投资公司安排用于固定资产投资项目的专项建设基金和专项资金，转由国家开发银行统筹安排使用，原定使用范围、内容和划定的比例不变。

（8）中国人民银行根据国家信贷计划，统一安排国家开发银行的重点建设资金来源，并予以保证。国家开发银行出现头寸短缺时，中国人民银行提供临时贷款。

2. 资金的运用和投向

（1）根据国家的发展规划、生产力布局和产业政策，国家开发银行配置资

---

① 参见《国务院关于组建国家开发银行的通知》。

金的对象是国家批准立项的基础设施、基础产业和支柱产业大中型基本建设、技术改造等政策性项目及其配套工程，主要包括：①制约经济发展的“瓶颈”项目；②直接关系增强综合国力的支柱产业中的重大项目；③重大高新技术在经济领域应用的项目；④跨地区的重大政策性项目；⑤其他政策性项目。国家开发银行承担和覆盖的政策性项目的具体行业和范围，由国家计委、国家经贸委、财政部和国家开发银行按照上述原则，并根据资金承受能力共同商定。

(2)国家开发银行根据国家投资计划的要求和本行各项资金来源的预计情况，编制年度资金来源和运用计划。国家开发银行根据国家计划分次向财政部请领经营性建设基金和财政贴息资金。

(3)在国家计委、国家经贸委确定的用于基础设施、基础产业和支柱产业大中型基本建设、技术改造等政策性项目及其配套工程的投资规模及贷款计划总量内，国家开发银行负责进行项目资金配置和贷款条件的评审。国家开发银行的资金运用，参照世界银行运行机制进行。贷款主要分为以下两大部分：

一是软贷款，即国家开发银行注册资本金的运用。国家开发银行在项目总体资金配置的基础上，将注册资本金以长期优惠的方式贷款(依照大亚湾核电站中国银行贷款提供资本金的模式)，主要按项目配股需要贷给国家控股公司和中央企业集团，由它们对项目进行参股、控股。

二是硬贷款，即国家开发银行借入资金的运用，包括在国内外发行的债券和利用的外资等。国家开发银行在项目总体资金配置的基础上，将借入资金直接贷给项目，到期收回本息。

(4)按照国家计委、国家经贸委的分工和基本建设、技术改造财政预算资金来源，国家开发银行原则上将上述资金分别安排到基本建设和技术改革项目上。

(5)国家开发银行的贷款利率，由中国人民银行征求国家计委、国家经贸委、财政部和国家开发银行的意见后确定。

二、中国农业发展银行(Agricultural Development Bank of China)

中国农业发展银行是根据党的十四届三中全会精神，为了完善农村金融服务体系，更好地贯彻落实国家产业政策和区域发展政策，促进农业和农村经济的健康发展，由国务院决定组建的。

中国农业发展银行是直属国务院领导的政策性金融机构。其主要任务是：按照国家的法律、法规和方针、政策，以国家信用为基础，筹集农业政策性信贷资金,承担国家规定的农业政策性金融业务,代理财政性支农资金的拨付,为农业和农村经济发展服务。[①] 但是中国农业发展银行是实行独立核算,自主、保本经营,企业化管理的独立法人。

(一)中国农业发展银行概况

中国农业发展银行于1994年11月挂牌成立,注册资本为200亿元人民币,是直属国务院领导的我国唯一的一家农业政策性银行。中国农业发展银行的主要职责是按照国家的法律、法规和方针、政策,以国家信用为基础,筹集资金,承担国家规定的农业政策性金融业务,代理财政支农资金的拨付,为农业和农村经济的发展服务。中国农业发展银行全系统共有30个省级分行、300多个二级分行和1 800多个营业机构,服务网络遍布除西藏自治区外的我国大陆地区。[②]

(二)中国农业发展银行的组织机构

中国农业发展银行实行行长负责制。行长为中国农业发展银行的法定代表人,负责全行工作,副行长协助行长工作。

行长主持行长会议,研究决定以下重大事项:(1)本行的业务方针、计划和重要规章制度;(2)行长的工作报告;(3)国家重点农业政策性贷款项目;(4)本行年度决算报告;(5)有关本行的其他重大事项。

中国农业发展银行设监事会。监事会由中国人民银行、国家计划委员会、国家经济贸易委员会、财政部、农业部、国内贸易部等有关部门选派的人员组成,报国务院批准。监事会设主席1人,由国务院任命。监事会的主要职责是:(1)监督中国农业发展银行执行国家方针、政策的情况;(2)检查中国农业发展银行的业务经营和财务状况;(3)查阅、审核中国农业发展银行的财务会计报告和其他财务会计资料;(4)监督、评价中国农业发展银行行长的工作,提出任免、奖惩建议。

不过,监事会不干预中国农业发展银行的具体业务。监事会每年举行两次会议,会议由监事会主席召集并主持。必要时可召开临时会议。监事会会议应有全体成员的2/3以上出席(包括委托代表出席)方可召开。决议事项须经全体监事会成员半数以上通过。

具体而言,中国农业发展银行的组织机构包括行长、副行长、办公室、研发

---

① 参见《国务院关于组建中国农业发展银行的通知》。

② http://www.adbc.com.cn.

室、资金计划部、客户一部、客户二部、客户三部、国际业务部、信贷管理部、财务会计部、风险管理部、内部审计部、信息技术部、宣传部、营运中心、人力资源部、监察室、党风巡视办、工会团委工作部、机关党委、总务部以及营业部。截至2008年12月31日,中国农业发展银行共有各级各类机构2 151个。其中,总行1个,总行营业部1个,省级分行30个,省级分行营业部30个,地(市)分行302个,地(市)分行营业部193个,县级支行1 594个(含县级办事处3个)。

(三)中国农业发展银行的省级分行

中国农业发展银行的省级分行包括:北京市分行、河南省分行、天津市分行、湖北省分行、河北省分行、湖南省分行、山西省分行、广东省分行、内蒙古自治区分行、广西壮族自治区分行、辽宁省分行、海南省分行、吉林省分行、重庆市分行、黑龙江省分行、四川省分行、上海市分行、贵州省分行、云南省分行、浙江省分行、陕西省分行、安徽省分行、甘肃省分行、福建省分行、青海省分行、江西省分行、宁夏回族自治区分行、山东省分行、新疆维吾尔自治区分行。

(四)中国农业发展银行的业务范围

按照《国务院关于组建中国农业发展银行的通知》的规定,中国农业发展银行经营和办理下列业务:(1)办理由国务院确定、中国人民银行安排资金并由财政部予以贴息的粮食、棉花、油料、猪肉、食糖等主要农副产品的国家专项储备贷款;(2)办理粮、棉、油、肉等农副产品的收购贷款及粮油调销、批发贷款;办理承担国家粮、油等产品政策性加工任务企业的贷款和棉麻系统棉花初加工企业的贷款;(3)办理国务院确定的扶贫贴息贷款、老少边穷地区发展经济贷款、贫困县县办工业贷款、农业综合开发贷款以及其他财政贴息的农业方面的贷款;(4)办理国家确定的小型农、林、牧、水利基本建设和技术改造贷款;(5)办理中央和省级政府的财政支农资金的代理拨付,为各级政府设立的粮食风险基金开立专户并代理拨付;(6)发行金融债券;(7)办理业务范围内开户企事业单位的存款;(8)办理开户企事业单位的结算;(9)境外筹资;(10)办理经国务院和中国人民银行批准的其他业务。

按照以上各项业务性质的不同,可以将中国农业发展银行的业务划分为资产业务、负债业务以及中间业务三大类。

1. 资产业务

中国农业发展银行的资产业务有:中央储备粮贷款业务、地方储备粮贷款业务、粮食调控贷款业务、粮食收购贷款业务、油料收购贷款业务、粮食调销贷款业务、粮食加工企业贷款业务、油脂加工企业贷款业务、粮油流转贷款业务、粮食合同收购贷款业务、粮食仓储设施贷款业务、棉花流转贷款业务、棉花调销贷款业务、储备棉贷款业务、棉花收购贷款业务、棉花预购贷款业务、棉花良种贷款业务、棉花企业技术设备改造贷款业务、商业储备贷款业务、国家储备糖贷款业务、农业生产资料贷款业务、农业产业化龙头企业贷款业务、农业小企业贷款业务、农业科技贷款业务、农村基础设施建设和农业综合开发贷款业务、农村流通体系建设贷款业务、同业拆出业务、债券买卖业务、债券逆回购业务、票据转贴现业务、票据逆回购业务。

2. 负债业务

中国农业发展银行的负债业务有:债券发行业务、企事业单位存款业务、财政存款业务、同业拆入业务、债券正回购业务以及票据正回购业务。

3. 中间业务

中国农业发展银行的中间业务有:国内支付结算业务、国际支付结算业务、代理类中间业务、担保类中间业务、咨询顾问类业务及其他中间业务。

(1)国内支付结算业务。国内支付结算业务包括:支票截留业务、银行汇票联机密押处理、支票圈存业务、支付密码集中校验系统、人民币结算账户服务、基本存款账户、一般存款账户、专用存款账户、汇兑、委托收款、托收承付、转账支票、银行本票、银行汇票、信用卡、企业网上银行、代理结算业务和临时存款账户。

(2)国际支付结算业务。国际支付结算业务包括:外汇汇入汇款业务、外汇汇出汇款业务、出口托收业务、进口代收业务、进口信用证业务、出口信用证业务、出口押汇、打包放款、出口贴现、减免保证金开证、进口押汇以及提货担保。

(3)代理类中间业务。代理类中间业务包括:代理保险、代收代付和委托贷款。

(4)担保类中间业务。担保类中间业务包括:银行承兑汇票业务和保函业务。

(五)中国农业发展银行的经营管理

中国农业发展银行实行统一计划、指标管理、统筹统还、专款专用的资金计划管理办法。其财务会计制度,要按照相关的企业财务、会计制度执行。

1. 中国农业发展银行以公历自然年度为会计年度;每年向财政部报送年度财务决算。

2. 中国农业发展银行基本财务报表为资产负债表和损益表,每年定期公布并由注册会计师和审计事务所出具审计报告。

3. 中国农业发展银行负责农业政策性贷款的审批、发放、管理、监督和检查。中国农业发展银行可采取委托代理的方式办理业务。

4. 中国农业发展银行对接受其他部门委托发放的低息贷款,按委托协议办理。

三、中国进出口银行(The Export-Import Bank of China)

(一)中国进出口银行概况

中国进出口银行成立于1994年,是直属国务院领导的、政府全资拥有的国家银行,其国际信用评级与国家主权评级一致。中国进出口银行总部设在北京。截至2010年年末,在国内设有18家营业性分支机构;在境外设有东南非代表处、巴黎代表处和圣彼得堡代表处;与500多家银行建立了代理行关系。

中国进出口银行的主要职责是为扩大我国机电产品、成套设备和高新技术产品进出口,推动有比较优势的企业开展对外承包工程和境外投资,促进对外关系发展和为国际经贸合作提供金融服务。[①]

(二)中国进出口银行的组织机构

1. 董事会

董事会是中国进出口银行的最高决策机构,对国务院负责。董事会由董事长1人、副董事长2人、董事若干人组成。正、副董事长由国务院任命,董事由有关部门提名,报国务院批准。董事会的职责主要是:(1)根据国家产业政策和外贸政策,审定本行的中长期发展规划、经营方针和年度计划;(2)听取和审定行长的工作报告,监督本行的财务会计和国有资产的保值增值工作;(3)审查通过本行的财务预算、决算方案以及税后利润分配方案;(4)讨论决定提供出口信贷的国别政策及担保、信贷风险等重大决策;(5)审定银行内部机构的设立、撤销和职能的变动;(6)审定重要的财务管理等规章制度;(7)审议重要的人事管理规章制度及其他重大事项。

2. 行长

中国进出口银行设行长1人,副行长若干人。行长、副行长由国务院任命。其他人事任免,按有关规定和程序办理。行长负责主持银行的全面经营

① http://www.eximbank.gov.cn.

管理工作,副行长按照分工协助行长工作。行长的职责主要是:(1)负责本行的全面经营管理工作;(2)组织实施董事会决议;(3)定期向董事会报告工作;(4)组织制订本行的发展规划、经营方针和年度经营计划;(5)组织制定本行的财务预算、决算方案以及税后利润分配方案;(6)组织拟订本行的人事管理、财务管理等规章制度;(7)组织拟订本行的机构设立、撤销和职能方案;(8)董事会授予的其他职责。

3. 总行各部室

办公室、人力资源部、监察室、经济研究部、业务开发与创新部、公司业务部、交通运输融资部、特别融资账户部、优惠贷款部、转贷部、计划财务部、资金营运部、风险管理部、评估审查部、内控合规部、稽核评价部、会计管理部、法律事务部、国际业务部、信息技术部、软件开发部、党团工作部、工会以及行政部。

4. 营业性分支机构

北京分行、上海分行、深圳分行、大连分行、江苏省分行、成都分行、青岛分行、浙江省分行、湖南省分行、重庆分行、陕西省分行、黑龙江省分行、广东省分行、湖北省分行、云南省分行、宁波分行、福建省分行、安徽省分行以及新疆维吾尔自治区分行。

5. 海外代表处

截至目前,海外代表处有3个,分别是东南非代表处、圣彼得堡代表处和巴黎代表处。

(三)中国进出口银行业务范围

中国进出口银行业务范围主要包括:办理出口信贷和进口信贷;办理对外承包工程和境外投资贷款;办理中国政府对外优惠贷款;提供对外担保;转贷外国政府和金融机构提供的贷款;办理本行贷款项下的国际、国内结算业务和企业存款业务;在境内外资本市场、货币市场筹集资金;办理国际银行间的贷款,组织或参加国际、国内银团贷款;从事人民币同业拆借和债券回购;从事自营外汇资金交易和经批准的代客外汇资金交易;办理与本行业务相关的资信调查、咨询、评估和鉴证业务;经批准或受委托的其他业务。

【练习与思考】

1. 国家开发银行的业务范围有哪些?
2. 中国农业发展银行的主要任务是什么?
3. 中国进出口银行的业务范围有哪些?

第五章 证券法

第一节 证券法概述

一、证券与证券市场

(一)证券

1. 证券的内涵

证券是指以特定的专用纸单或者电子记录,借助于文字、图形或电子技术,记载并代表特定权利的书面凭证。[①] 可见,证券乃是体现特定权利的载体。一般情况下,这一载体本身没有价值,有价值的乃是其承载的权利。但是,证券对外所彰显的权利种类非常多,并非都是经济性的权利。因此,对证券承载权利的"价值"要作广义的理解。

2. 证券的种类

从证券的内涵可知,证券的种类十分丰富。下面简单介绍几种常见的证券种类:

(1)金券

金券,又称为金额券,是指于票面上载明一定的金额并为特殊目的而使用的证券。邮票以及印花都是该类金融证券的典型代表。此类证券通常由国家主管部门或其授权部门依法制作,因此,在证券形式以及票面记载内容上都有标准化的规定。另外,此类证券多为特殊目的而使用,证券权利的行使必须以

---

① 范健、王建文:《证券法》,法律出版社 2010 年版,第 2 页。

持有票据作为前提条件。一般情况下，丧失对该类证券的占有，即意味着权利的灭失。

（2）资格证券

资格证券，又称为免责证券。资格证券就是能够证明证券持有人或者证券票面记载的相关主体具有行使某种权利资格的证券。例如，飞机票、存单等。通常情况下，此类证券的持有人即被推定为权利人，但是，资格证券的丧失并不必然导致证券权利的灭失。证券权利人在证券丢失或者损毁之后，仍有一定的补救方法。例如，存款单丢失的时候，可以采取挂失等方式避免权利的灭失。

（3）有价证券

有价证券是表明一定财产权利的证券。其“价”即为权利人的财产之“价值”。此类证券本身并没有价值，其价值完全在于证券所承载的财产权利上。债券、汇票等票据即为有价证券的典型代表。有价证券权利的行使需要权利人持有证券。但是与资格证券不同的是，如果权利人丧失了对于证券的占有，权利人采取的弥补手段将是十分繁杂的。例如，《中华人民共和国票据法》（以下简称《票据法》）第 15 条规定：“票据丧失，失票人可以及时通知票据的付款人挂失止付，但是，未记载付款人或者无法确定付款人及其代理付款人的票据除外。收到挂失止付通知的付款人，应当暂停支付。失票人应当在通知挂失止付后三日内，也可以在票据丧失后，依法向人民法院申请公示催告，或者向人民法院提起诉讼。”在人民法院作出除权判决后，才能够使得其权利得以维护。

有价证券有着十分丰富的种类，下面简单介绍一下有价证券的基本类型。

①记名证券和无记名证券。记名证券和无记名证券是以有价证券票面上是否记载权利人为标准划分的，在票面上明确记载权利人的即为记名证券，若无相关记载则为无记名证券。

记名证券必须由票面上记载的权利人、权利人的代理人或者权利人背书转让后的受让人行使证券权利。

无记名证券，在其票面上并无收款人等权利主体的记载。无记名证券的权利人乃是持票人。

除此之外，记名证券的权利人在证券灭失后可以采取公示催告等手段保障权利的实现，而无记名证券的持有人则不能行使此等权利保障手段。

②商品证券和价值证券。商品证券和价值证券是按照证券代表权利性质的不同进行分类的。

商品证券指代表着一定商品请求权的有价证券。该类证券的权利主体可以凭此有价证券提取证券上记载的特定数量以及质量的商品，当然也可以将该证券转让。提单、仓单即是商品证券的代表。

价值证券则是指代表一定财产价值或权利的有价证券，价值证券又可以进一步划分为货币证券和资本证券。货币证券是指该证券可以作为支付和结算的手段，具有货币的职能；资本证券是资金需求者在获得资金供应者的资金融通之后，签发给资金供应者的证券，例如，股票与国债等。

③完全证券与不完全证券。完全证券和不完全证券是以证券权利与证券形式结合的程度为划分标准的。

完全证券是指证券权利的设定、行使以及转移等行为都必须与证券相伴始终的证券。完全证券的证券与证券权利的行使不可分离，票据即为完全证券的典型代表。而不完全证券在证券权利的设定与行使等方面并无此限制，资本证券是不完全证券的典型代表。

④设权证券与证权证券。设权证券与证权证券是按照有价证券在形式与权利设定之间的关系为标准划分的。

设权证券是指具有创设证券权利之功能的证券，证券权利的产生完全依靠证券的制作行为。例如，汇票、本票以及支票即为典型的设权证券。

证权证券则是指该类证券具有证明证券权利的作用。资本证券通常属于证权证券。

⑤要式证券和非要式证券。要式证券是指该证券的形式以及票面记载事项都必须严格遵守规定的有价证券，而非要式证券则在证券形式与记载内容上无此要求。例如，我国《票据法》第22条规定，汇票上必须记载表明“汇票”的字样、无条件支付的委托、确定的金额、付款人名称、收款人名称、出票日期、出票人签章等事项，无此记载的汇票是无效的。

非要式证券则是指票面记载内容并无强制性规定的证券。当事人可以就双方认可的事项记载于票面之上。

（二）证券市场

1. 证券市场的概念

证券市场的概念有广义和狭义之分：广义的证券市场是指股票与债券等有价证券发行和交易的场所，狭义的证券市场则是指证券交易所与证券发行和交易行为的辅助系统。作为直接融资市场，证券市场通过证券交易可以进行资金的引导，以达到合理配置资源、推动国民经济良性发展的目的。

证券市场既有有形市场，也有无形市场。例如，我国的上海证券交易所即为有形交易场所。

上海证券交易所（以下简称上证所）成立于1990年11月26日，同年12月19日开业，归中国证监会直接管理。秉承“法制、监管、自律、规范”的八字方针，上证所致力于创造透明、开放、安全、高效的市场环境，切实保护投资者的权益，其主要职能包括：提供证券交易的场所和设施；制定证券交易所的业务规则；接受上市申请，安排证券上市；组织、监督证券交易；对会员、上市公司进行监管；管理和公布市场信息。

上证所下设办公室、人事（组织）部、党办纪检办、交易管理部、发行上市部、公司管理部、会员部、债券业务部、国际发展部、基金业务部、市场监察部、法律部、投资者教育部、系统运行部、技术开发部、技术规划与服务部、信息中心、研究中心、财务部、稽核部、行政服务中心（保卫部）、北京中心等22个部门，以及两个子公司——上海证券通信有限责任公司、上证所信息网络有限公司，通过它们的合理分工和协调运作，有效地担当起证券市场组织者的角色。

上证所市场交易采用电子竞价的交易方式，所有上市交易证券的买卖均须通过电脑主机进行公开申报竞价，由主机按照价格优先、时间优先的原则自动撮合成交。上证所新一代交易系统峰值订单处理能力达到80 000笔/秒，系统日双边成交容量不低于1.2亿笔，相当于单市场1.2万亿元的日成交规模，并且具备平行扩展能力。

经过多年的持续发展，上海证券市场已成为我国内地首屈一指的证券市场，上市公司数、上市股票数、市价总值、流通市值、证券成交总额、股票成交金额和国债成交金额等各项指标均居首位。截至2010年年底，上证所拥有894家上市公司，上市股票数938个，股票市价总值179 007.24亿元。2010年股票筹资总额5 532.14亿元，位列全球第四。一大批国民经济支柱企业、重点企业、基础行业企业和高新科技企业通过上市，既筹集了发展资金，又转换了经营机制。[①]

2. 证券市场的分类

（1）证券发行市场与证券交易市场

证券发行市场与证券交易市场是以证券市场的不同功能进行分类的。

证券发行市场，是指相关主体从事证券发行的市场。证券发行市场为资金需求者提供了融资的平台，也为资金供应者提供了投资的渠道。证券发行市场把众多的社会闲散资金聚集起来转变成资本，集中体现了证券市场筹集

① http://www.sse.com.cn.

资金的功能。因为证券发行是证券发行人将某种证券首次出售给投资者，属于证券发行人和证券认购主体之间的第一次交易，所以证券发行市场也称为“一级市场”或“初级市场”。不过，证券发行市场通常不存在具体的市场形式和固定场所，而是一种无形市场。

与证券发行市场相对应，证券交易市场又被称为“次级市场”或者“二级市场”，具体是指对发行证券进行流通转让的场所。与证券发行市场不同，证券交易市场既可以是有形市场，也可以是无形市场。

(2)场内证券交易市场和场外证券交易市场

场内证券交易市场和场外证券交易市场是按照证券交易的组织形式不同进行分类的。

场内证券交易市场是由证券交易所组织的、有固定的交易场所和交易时间，集中进行证券交易的证券交易市场。场外证券交易市场则是指在证券交易所以外的场所进行证券交易的市场。场外证券交易市场包括柜台交易市场、第三市场以及第四市场。其中，柜台交易市场是场外交易市场的主要形式。世界范围内比较成熟的柜台交易市场有美国、日本以及我国台湾地区的场外交易市场。

(3)股票市场、债券市场、基金市场和金融衍生品市场

股票市场、债券市场、基金市场和金融衍生品市场是以证券市场中进行交易的证券种类的不同进行分类的。

①股票市场。股票市场是股票发行和交易的场所。随着金融衍生品的出现，在股票市场发行和交易的不仅包括股票，还包括衍生证券、认股权证以及股票指数等。我国的股票市场有 A 股市场和 B 股市场之分。股票市场作为直接融资场所，可以将社会的闲散资金组织起来，引导其流动到产业政策支持发展的领域以及国民经济效益较好的领域中去，为资金的供需双方提供交易的平台。

②债券市场。债券市场是债券发行与交易的场所，债券市场中发行和交易的债券种类主要有国债、金融债和企业债。这三类债券因发行主体的不同，其信用等级也不同。一般而言，国债的信用等级最高，金融债的信用等级次之，企业债的信用等级最低。因此，对于信用等级较低的债券，就需要以较高的债券利率作为吸引社会闲散资金的代价。

③基金市场。基金市场是指从事投资基金凭证发行与交易的证券市场。基金市场为基金的买卖双方提供了资金融通的平台，既实现了资金盈余方的专业理财目的，又满足了资金亏空方的融资需求。

④金融衍生品市场。金融衍生品市场是以金融衍生品作为交易标的的证券市场。金融衍生品是在传统金融产品的基础上衍生出的新型金融产品。随着金融衍生品市场的日渐成熟,其交易规模逐渐扩大。

3. 证券市场的功能

证券市场作为证券发行与交易的场所,在为资金需求者和资金供给者提供交易平台的同时,还有着很多显著的功能,主要有以下几个方面:

(1)融资功能

证券市场的首要功能是融资功能。证券发行人和投资者通过在证券市场上进行证券买卖行为,实现了证券发行人筹集资金的目的。证券发行人通过证券市场进行的融资行为要较其他方式更加迅速有效,可以大规模地进行资金的融通。正如马克思在其《资本论》中写道:“假如必须等待积累使某些单个资本增长到能够修建铁路的程度,那么恐怕直到今天世界上还没有铁路。但是,集中通过股份公司转瞬之间就把这件事完成了。”

(2)资源配置功能

证券市场是经济发展的风向标。通过证券价格以及汇率、利率等经济指标的变化,可以引导更多的证券投资人的资金流向经济效益更好的行业或者领域,从而实现资源配置的功能。

(3)信息传导功能

证券市场的信息传导功能是指证券市场各要素的变化会向投资者以及社会公众传达国家政治、经济等发展变化的信息,进而会对人们的行为预期产生明显的影响。

(4)投资风险分散功能

对于证券发行人而言,投资风险分散功能的实现,主要是证券发行人通过在证券市场上筹资,将其经营风险向投资人群体进行部分转移;而对于投资人而言,投资风险分散功能的实现主要是可以丰富其证券投资的品类,通过“不把鸡蛋放在一个篮子里”的投资策略来实现。

二、证券法的内涵

(一)证券法的概念

证券法有形式意义上的证券法和实质意义上的证券法之分。形式意义上的证券法是指直接以“证券法”或者“证券交易法”命名的法律规范,例如《证券法》,该法即是形式意义上的证券法。实质意义上的证券法则是指一切调整证券发行、交易等行为的法律规范的总称。例如,我国的《刑法》与《公司法》等即属于实质意义上的证券法范畴。

但是,并不是每个国家都存在形式意义上的证券法,有的国家就仅存实质意义上的证券法。例如,法国并没有专门以"证券法"或"证券交易法"命名的形式意义上的证券法,而仅存在有实质意义上的证券法,其实质意义上的证券法由《商事公司法》、《证券交易所法》等法律规范构成。

(二)证券法的特征

1. 证券法是包含大量公法规范的私法

证券法本属于商事特别法的范畴,属于较为典型的私法部门。随着金融市场以及商品经济的纵深发展,国家逐渐改变了对于证券法律关系与证券市场发展的放任主义态度,从而使得证券法中充斥着大量的公法规范。

例如,我国《证券法》第 24 条规定:"国务院证券监督管理机构或者国务院授权的部门应当自受理证券发行申请文件之日起三个月内,依照法定条件和法定程序作出予以核准或者不予核准的决定,发行人根据要求补充、修改发行申请文件的时间不计算在内;不予核准的,应当说明理由。"《证券法》第 25 条第 1 款规定:"证券发行申请经核准,发行人应当依照法律、行政法规的规定,在证券公开发行前,公告公开发行募集文件,并将该文件置备于指定场所供公众查阅。"除此之外,在有关证券发行、交易以及证券监管等方面还有很多公法性的法律条款。

2. 证券法的程序法色彩较为浓厚

程序法是与实体法相对应的,按照法律规定内容的不同而对法律进行的分类。简单地实体法是以规定权利为主的法律,而程序法则是规定权利行使程序的法律。当然,程序法和实体法之间并不是泾渭分明的,程序法与实体法之间存在着交叉,证券法即是兼有实体法律规范与程序法律规范的法律。但是,综观整个证券法,这一法律规范的程序性色彩要较商事领域的其他法律规范更加明显。例如,我国《证券法》在"证券发行"、"证券交易"以及"上市公司的收购"等章节中,存在着大量的程序法律规范。

3. 证券法主要为强制性法律规范

与强制性法律规范相对应的是任意性法律规范。任意性法律规范允许当事人自由选择适用的法律规范。而证券法则到处充满了强制性的法律规范,很多条款都采用了"应该"、"不得"等字样。例如,《证券法》第 11 条第 1 款规定:"发行人申请公开发行股票、可转换为股票的公司债券,依法采取承销方式的,或者公开发行法律、行政法规规定实行保荐制度的其他证券的,应当聘请具有保荐资格的机构担任保荐人。"《证券法》第 13 条规定:公司公开发行新股,应当符合下列条件:(1)具备健全且运行良好的组织机构;(2)具有持续盈利能力,财务状况良好;(3)最近 3 年财务会计文件无虚假记载,无其他重大违法行为;(4)经国务院批准的国务院证券监督管理机构规定的其他条件。

4. 证券法的技术性较强

任何一个法律部门都存在立法的技术,都是立法者立法智慧的结晶。但此处所指的技术性,是与伦理性相对应的一类证券法特性。证券法的技术性主要体现在证券法中有着大量的行为方式与行为规则等操作性较强的法律规范,而伦理规范相对较少。

三、证券法的渊源和体系

法学领域所提及的"法的渊源"乃特指法的效力来源,具体包括法律的创制方式以及外部表现形式两个方面。由于我国属于成文法国家,因此,证券法采取制定法的方式,由具有立法权限的部门创制。我国证券法的法律渊源是由宪法、法律、行政法规、地方性法规、自治法规、经济特区的规范文件以及国际条约和国际惯例组成的有机整体。

《证券法》于 1998 年 12 月 29 日第九届全国人民代表大会常务委员会第六次会议通过,并根据 2004 年 8 月 28 日第十届全国人民代表大会常务委员会第十一次会议《关于修改〈中华人民共和国证券法〉的决定》进行了修正,于 2005 年 10 月 27 日第十届全国人民代表大会常务委员会第十八次会议修订。

《证券法》共包括:第一章"总则",第二章"证券发行",第三章"证券交易",第四章"上市公司的收购",第五章"证券交易所",第六章"证券公司",第七章"证券登记结算机构",第八章"证券服务机构",第九章"证券业协会",第十章"证券监督管理机构",第十一章"法律责任",第十二章"附则";共计 240 个法律条文。

在我国境内,股票、公司债券和国务院依法认定的其他证券的发行和交易,以及政府债券、证券投资基金份额的上市交易,都适用《证券法》的规定。证券衍生品种发行、交易的管理办法,由国务院依照《证券法》的原则规定。

1. 第一章"总则"

第一章"总则",共有 9 个法律条文。就《证券法》的立法目的与具体适用范围进行了原则性的规定。例如,《证券法》第 1 条规定:为了规范证券发行和交易行为,保护投资者的合法权益,维护社会经济秩序和社会公共利益,促进社会主义市场经济的发展,制定《证券法》。《证券法》第 2 条第 1 款规定:在中华人民共和国境内,股票、公司债券和国务院依法认定的其他证券的发行和交易，适用《证券法》；《证券法》未规定的，适用《公司法》和其他法律、行政法规的规定。

2. 第二章“证券发行”

第二章“证券发行”，共计27个法律条文。该章对于证券发行的方式以及发行条件进行了明确的规定。例如，《证券法》第10条规定，有下列情形之一的，为公开发行：(1)向不特定对象发行证券的；(2)向特定对象发行证券累计超过200人的；(3)法律、行政法规规定的其他发行行为。《证券法》第16条规定，公开发行公司债券，应当符合下列条件：(1)股份有限公司的净资产不低于人民币3 000万元，有限责任公司的净资产不低于人民币6 000万元；(2)累计债券余额不超过公司净资产的40%；(3)最近3年平均可分配利润足以支付公司债券1年的利息；(4)筹集的资金投向符合国家产业政策；(5)债券的利率不超过国务院限定的利率水平；(6)国务院规定的其他条件。

3. 第三章“证券交易”

第三章“证券交易”，共计48个法律条文，就证券上市交易的条件等内容进行了规定。例如，《证券法》第50条规定：股份有限公司申请股票上市，应当符合下列条件：(1)股票经国务院证券监督管理机构核准已公开发行；(2)公司股本总额不少于人民币3 000万元；(3)公开发行的股份达到公司股份总数的25%以上；公司股本总额超过人民币4亿元的，公开发行股份的比例为10%以上；(4)公司最近3年无重大违法行为，财务会计报告无虚假记载。证券交易所可以规定高于前款规定的上市条件，并报国务院证券监督管理机构批准。

4. 第四章“上市公司的收购”

第四章“上市公司的收购”，共计17个法律条文。其中，《证券法》第86条规定：通过证券交易所的证券交易，投资者持有或者通过协议、其他安排与他人共同持有一个上市公司已发行的股份达到5%时，应当在该事实发生之日起3日内，向国务院证券监督管理机构、证券交易所作出书面报告，通知该上市公司，并予公告；在上述期限内，不得再行买卖该上市公司的股票。

投资者持有或者通过协议、其他安排与他人共同持有一个上市公司已发行的股份达到5%后，其所持该上市公司已发行的股份比例每增加或者减少5%，应当依照前款规定进行报告和公告。在报告期限内和作出报告、公告后2日内，不得再行买卖该上市公司的股票。

5. 第五章“证券交易所”

第五章“证券交易所”，共计20个法律条文，对证券交易所运营事项进行了规定。例如,《证券法》第 112 条规定:“证券公司根据投资者的委托,按照证券交易规则提出交易申报,参与证券交易所场内的集中交易,并根据成交结果承担相应的清算交收责任;证券登记结算机构根据成交结果,按照清算交收规则,与证券公司进行证券和资金的清算交收,并为证券公司客户办理证券的登记过户手续。”另外,《证券法》第 113 条规定:“证券交易所应当为组织公平的集中交易提供保障,公布证券交易即时行情,并按交易日制作证券市场行情表,予以公布。未经证券交易所许可,任何单位和个人不得发布证券交易即时行情。”

6. 第六章“证券公司”

第六章“证券公司”,就证券公司的设立和业务范围等事项作出了规定。例如,《证券法》第 124 条规定:“设立证券公司,应当具备下列条件:(一)有符合法律、行政法规规定的公司章程;(二)主要股东具有持续盈利能力,信誉良好,最近三年无重大违法违规记录,净资产不低于人民币二亿元;(三)有符合本法规定的注册资本;(四)董事、监事、高级管理人员具备任职资格,从业人员具有证券从业资格;(五)有完善的风险管理与内部控制制度;(六)有合格的经营场所和业务设施;(七)法律、行政法规规定的和经国务院批准的国务院证券监督管理机构规定的其他条件。”

《证券法》第 125 条规定:经国务院证券监督管理机构批准,证券公司可以经营下列部分或者全部业务:(一)证券经纪;(二)证券投资咨询;(三)与证券交易、证券投资活动有关的财务顾问;(四)证券承销与保荐;(五)证券自营;(六)证券资产管理;(七)其他证券业务。

7. 第七章“证券登记结算机构”

第七章“证券登记结算机构”,共计 14 个法律条文,对证券登记结算机构的设立与法律职能进行了规定。例如,《证券法》第 156 条规定:“设立证券登记结算机构,应当具备下列条件:(一)自有资金不少于人民币二亿元;(二)具有证券登记、存管和结算服务所必须的场所和设施;(三)主要管理人员和从业人员必须具有证券从业资格;(四)国务院证券监督管理机构规定的其他条件。证券登记结算机构的名称中应当标明证券登记结算字样。再如,《证券法》第 157 条规定:“证券登记结算机构履行下列职能:(一)证券账户、结算账户的设立;(二)证券的存管和过户;(三)证券持有人名册登记;(四)证券交易所上市证券交易的清算和交收;(五)受发行人的委托派发证券权益;(六)办理与上述业务有关的查询;(七)国务院证券监督管理机构批准的其他业务。”

8. 第八章“证券服务机构”

第八章证券服务机构，共计5个法律条文，对证券服务机构的设立与行为禁止等事项进行了规定。例如，《证券法》第171条规定：“投资咨询机构及其从业人员从事证券服务业务不得有下列行为：（一）代理委托人从事证券投资；（二）与委托人约定分享证券投资收益或者分担证券投资损失；（三）买卖本咨询机构提供服务的上市公司股票；（四）利用传播媒介或者通过其他方式提供、传播虚假或者误导投资者的信息；（五）法律、行政法规禁止的其他行为。有前款所列行为之一，给投资者造成损失的，依法承担赔偿责任。”

9. 第九章“证券业协会”

第九章“证券业协会”，共计4个法律条文，对证券业协会的性质和职责进行了界定。这一章规定证券业协会是证券业的自律性组织，是社会团体法人。证券公司应当加入证券业协会。证券业协会履行下列职责：(1)教育和组织会员遵守证券法律、行政法规；(2)依法维护会员的合法权益，向证券监督管理机构反映会员的建议和要求；(3)收集整理证券信息，为会员提供服务；(4)制定会员应遵守的规则，组织会员单位的从业人员的业务培训，开展会员间的业务交流；(5)对会员之间、会员与客户之间发生的证券业务纠纷进行调解；(6)组织会员就证券业的发展、运作及有关内容进行研究；(7)监督、检查会员行为，对违反法律、行政法规或者协会章程的，按照规定给予纪律处分；(8)证券业协会章程规定的其他职责。

10. 第十章“证券监督管理机构”

第十章“证券监督管理机构”，共计10个法律条文。《证券法》第180条规定：国务院证券监督管理机构依法履行职责，有权采取下列措施：(1)对证券发行人、上市公司、证券公司、证券投资基金管理公司、证券服务机构、证券交易所、证券登记结算机构进行现场检查；(2)进入涉嫌违法行为发生场所调查取证；(3)询问当事人和与被调查事件有关的单位和个人，要求其对与被调查事件有关的事项作出说明；(4)查阅、复制与被调查事件有关的财产权登记、通讯记录等资料；(5)查阅、复制当事人和与被调查事件有关的单位和个人的证券交易记录、登记过户记录、财务会计资料及其他相关文件和资料；对可能被转移、隐匿或者毁损的文件和资料，可以予以封存；(6)查询当事人和与被调查事件有关的单位和个人的资金账户、证券账户和银行账户；对有证据证明已经或者可能转移或者隐匿违法资金、证券等涉案财产或者隐匿、伪造、毁损重要证据的，经国务院证券监督管理机构主要负责人批准，可以冻结或者查封；(7)在调查操纵证券市场、内幕交易等重大证券违法行为时，经国务院证券监督管理机构主要负责人批准，可以限制被调查事件当事人的证券买卖，但限制的期限不得超过15个交易日；案情复杂的，可以延长15个交易日。

11. 第十一章"法律责任"

第十一章"法律责任"，共计48个法律条文，对违反证券法律规范行为的法律责任进行了详尽的规定。例如，《证券法》第188条规定：未经法定机关核准，擅自公开或者变相公开发行证券的，责令停止发行，退还所募资金并加算银行同期存款利息，处以非法所募资金金额1%以上5%以下的罚款；对擅自公开或者变相公开发行证券设立的公司，由依法履行监督管理职责的机构或者部门会同县级以上地方人民政府予以取缔。对直接负责的主管人员和其他直接责任人员给予警告，并处以3万元以上30万元以下的罚款。再如《证券法》第189条规定：发行人不符合发行条件，以欺骗手段骗取发行核准，尚未发行证券的，处以30万元以上60万元以下的罚款；已经发行证券的，处以非法所募资金金额1%以上5%以下的罚款。对直接负责的主管人员和其他直接责任人员处以3万元以上30万元以下的罚款。发行人的控股股东、实际控制人指使从事前款违法行为的，依照前款的规定处罚。

【练习与思考】

1. 什么是证券？证券的种类有哪些？
2. 证券市场的功能有哪些？
3. 证券法的法律渊源有哪些？

第二节　证券发行制度

一、证券发行概述

（一）证券发行的概念

证券发行的概念，在我国《证券法》中并无明确的规定。一般认为，证券发行是指证券发行人为了募集资金或者调整股权结构，依法向投资者以同一条件招募和出售证券的一系列行为。[①] 可见，证券发行并不是一种单一行为，而是由相关的系列行为组成的，具体包括证券发行前的募集行为与证券的交

① 范健、王建文：《证券法》，法律出版社2010年版，第69页。

付行为。在具体程序上分为公布招股说明书或者募集文件、投资者认购证券、发行人核定申购数量和发行人向投资者交付或划拨证券四个阶段。[①] 但是，我国《证券法》中的证券发行乃是针对证券募集而言的。当然，也有学者认为证券的发行是指发行人制作并向投资者交付证券的行为。[②] 不过在证券发行无纸化的场合，证券的交付体现为将投资者认购的证券记载于投资者的账户的行为。

另外，《证券法》第10条规定："公开发行证券，必须符合法律、行政法规规定的条件，并依法报经国务院证券监督管理机构或者国务院授权的部门核准；未经依法核准，任何单位和个人不得公开发行证券。"

(二)证券发行的种类

1. 按照发行证券种类的不同分类

按照发行证券种类的不同，可以将证券发行划分为股票发行、债券发行和基金发行。

(1)股票发行。股票发行是股份有限公司为了筹资或者进行股权结构的调整而依照法定程序向不特定多数的投资者出售股票的行为。可见，股票发行的目的即在于筹集资金或者通过股票发行来调整该股份有限公司的股权结构。

(2)债券发行。债券发行即发行人为了筹集资金而向社会公众发行债券的行为。按照发行主体的不同，又可以分为政府债券发行、金融债券发行以及公司(企业)债券发行。

(3)基金发行。基金发行是指基金发起人，抑或是基金管理人向社会公众发行基金债券的行为。

2. 按照发行对象的不同分类

按照发行对象的不同，证券发行可以划分为公募发行和私募发行，也可以称为公开发行和非公开发行。

(1)公募发行。公募发行又称公开发行，是指发行的对象为不特定的社会公众。发行的范围非常广泛。

按照《证券法》的规定，有下列情形之一的，为公开发行：①向不特定对象发行证券的；②向特定对象发行证券累计超过200人的；③法律、行政法规规定的其他发行行为。

---

① 郭俊秀、蒋进：《证券法》，厦门大学出版社2004年版，第23页。

② 叶林：《证券法》，中国人民大学出版社2008年版，第118页。

(2)私募发行。私募发行又称为非公开发行或者定向发行。与公募发行相对应,私募发行是指发行对象是少数的确定的投资者,发行范围相对狭小。按照《证券法》的规定,非公开发行证券,不得采用广告、公开劝诱和变相公开的方式。

3. 按照是否有中介机构的参与分类

按照是否有中介机构的参与,可以将证券发行划分为直接发行和间接发行。

(1)直接发行。直接发行是指发行人在证券发行的过程中,并不需要有中介机构代销或者包销,而是采取直接面向投资者的方式发行证券。

(2)间接发行。间接发行即指将证券委托给中介机构由其负责发行,并且由其办理相关手续并承担相关发行风险的证券发行方式。

4. 按照发行价格的不同分类

按照发行价格的不同,可以将证券发行划分为平价发行、溢价发行和折价发行。

(1)平价发行。平价发行是指发行价格与票面价格相等的证券发行方式。

(2)溢价发行。溢价发行是指发行价格高于票面价格的证券发行方式。

(3)折价发行。折价发行是指发行价格低于票面价格的证券发行方式。

我国《公司法》第128条规定:“股票发行价格可以按票面金额,也可以超过票面金额,但不得低于票面金额。”即在我国只承认平价发行和溢价发行,而不承认折价发行。

5. 按照发行目的的不同分类

按照发行目的的不同,可以将证券发行划分为设立发行和增资发行。需要注意的是,这种划分方法只适用于股票。

(1)设立发行。设立发行股票的目的在于通过股票的发行进行股份有限公司的创设。

(2)增资发行。增资发行股票的目的在于为已经成立的股份公司追加资本。

当然,除了上述的证券发行种类之外,还有初次发行与再次发行、议价发行与招标发行等证券发行方式。

二、股票发行

证券发行,涉及的主体范围非常广泛,因此,我国《公司法》和《证券法》等法律规范对于股票发行有着明确的条件与程序方面的规定。

(一)股票发行条件

股票发行的条件因股票发行的目的与阶段的不同而有所不同,下面分别进行介绍:

1. 设立发行并上市的情况

股票的设立发行可以采取发起设立和募集设立两种方式。其中,发起设立因仅向发起人发行股票,只要符合《公司法》规定的股份有限公司的设立条件即可,《证券法》对此并未加以规制,《证券法》中的设立发行仅指股份有限公司的募集设立。因此,按照《首次公开发行股票并上市管理办法》的规定,在我国境内首次公开发行股票并上市的,其股票发行需要满足以下条件:

(1)发行人的主体资格

①发行人应当是依法设立且合法存续的股份有限公司。

②发行人自股份有限公司成立后,持续经营时间应当在3年以上,但经国务院批准的除外。

③发行人的注册资本已足额缴纳,发起人或者股东用作出资的资产的财产权转移手续已办理完毕,发行人的主要资产不存在重大权属纠纷。

④发行人的生产经营符合法律、行政法规和公司章程的规定,符合国家产业政策。

⑤发行人最近3年内主营业务和董事、高级管理人员没有发生重大变化,实际控制人没有发生变更。

⑥发行人的股权清晰,控股股东和受控股股东、实际控制人支配的股东持有的发行人股份不存在重大权属纠纷。

(2)独立性要求

①发行人应当具有完整的业务体系和直接面向市场独立经营的能力。

②发行人的资产完整。生产型企业应当具备与生产经营有关的生产系统、辅助生产系统和配套设施,合法拥有与生产经营有关的土地、厂房、机器设备以及商标、专利、非专利技术的所有权或者使用权,具有独立的原料采购和产品销售系统;非生产型企业应当具备与经营有关的业务体系及相关资产。

③发行人的人员独立。发行人的总经理、副总经理、财务负责人和董事会秘书等高级管理人员不得在控股股东、实际控制人及其控制的其他企业中担任除董事、监事以外的其他职务,不得在控股股东、实际控制人及其控制的其他企业领薪;发行人的财务人员不得在控股股东、实际控制人及其控制的其他企业中兼职。

④发行人的财务独立。发行人应当建立独立的财务核算体系，能够独立作出财务决策，具有规范的财务会计制度和对分公司、子公司的财务管理制度；发行人不得与控股股东、实际控制人及其控制的其他企业共用银行账户。

⑤发行人的机构独立。发行人应当建立健全内部经营管理机构，独立行使经营管理职权，与控股股东、实际控制人及其控制的其他企业间不得有机构混同的情形。

⑥发行人的业务独立。发行人的业务应当独立于控股股东、实际控制人及其控制的其他企业，与控股股东、实际控制人及其控制的其他企业间不得有同业竞争或者显失公平的关联交易。

⑦发行人在独立性方面不得有其他严重缺陷。

(3)规范运行

①发行人已经依法建立健全股东大会、董事会、监事会、独立董事、董事会秘书制度，相关机构和人员能够依法履行职责。

②发行人的董事、监事和高级管理人员已经了解与股票发行上市有关的法律法规，知悉上市公司及其董事、监事和高级管理人员的法定义务和责任。

③发行人的董事、监事和高级管理人员符合法律、行政法规和规章规定的任职资格，且不得有下列情形：第一，被中国证监会采取证券市场禁入措施尚在禁入期的；第二，最近 36 个月内受到中国证监会行政处罚，或者最近 12 个月内受到证券交易所公开谴责；第三，因涉嫌犯罪被司法机关立案侦查或者涉嫌违法违规被中国证监会立案调查，尚未有明确结论意见。

④发行人的内部控制制度健全且被有效执行，能够合理保证财务报告的可靠性、生产经营的合法性、营运的效率与效果。

⑤发行人不得有下列情形：第一，最近 36 个月内未经法定机关核准，擅自公开或者变相公开发行过证券；或者有关违法行为虽然发生在 36 个月前，但目前仍处于持续状态；第二，最近 36 个月内违反工商、税收、土地、环保、海关以及其他法律、行政法规，受到行政处罚，且情节严重；第三，最近 36 个月内曾向中国证监会提出发行申请，但报送的发行申请文件有虚假记载、误导性陈述或重大遗漏；或者不符合发行条件以欺骗手段骗取发行核准；或者以不正当手段干扰中国证监会及其发行审核委员会审核工作；或者伪造、变造发行人或其董事、监事、高级管理人员的签字、盖章；第四，本次报送的发行申请文件有虚假记载、误导性陈述或者重大遗漏；第五，涉嫌犯罪被司法机关立案侦查，尚未有明确结论意见；第六，严重损害投资者合法权益和社会公共利益的其他情形。

⑥发行人的公司章程中已明确对外担保的审批权限和审议程序，不存在为控股股东、实际控制人及其控制的其他企业进行违规担保的情形。

⑦发行人有严格的资金管理制度，不得有资金被控股股东、实际控制人及其控制的其他企业以借款、代偿债务、代垫款项或者其他方式占用的情形。

(4)财务与会计制度健全

①发行人资产质量良好，资产负债结构合理，盈利能力较强，现金流量正常。

②发行人的内部控制在所有重大方面是有效的，并由注册会计师出具了无保留结论的内部控制鉴证报告。

③发行人会计基础工作规范，财务报表的编制符合企业会计准则和相关会计制度的规定，在所有重大方面公允地反映了发行人的财务状况、经营成果和现金流量，并由注册会计师出具了无保留意见的审计报告。

④发行人编制财务报表应以实际发生的交易或者事项为依据；在进行会计确认、计量和报告时应当保持应有的谨慎；对相同或者相似的经济业务，应选用一致的会计政策，不得随意变更。

⑤发行人应完整披露关联方关系并按重要性原则恰当披露关联交易。关联交易价格公允，不存在通过关联交易操纵利润的情形。

⑥发行人应当符合下列条件：第一，最近 3 个会计年度净利润均为正数且累计超过人民币 3 000 万元，净利润以扣除非经常性损益前后较低者为计算依据；第二，最近 3 个会计年度经营活动产生的现金流量净额累计超过人民币 5 000 万元；或者最近 3 个会计年度营业收入累计超过人民币 3 亿元；第三，发行前股本总额不少于人民币 3 000 万元；第四，最近一期末无形资产（扣除土地使用权、水面养殖权和采矿权等后）占净资产的比例不高于 20%；第五，最近一期末不存在未弥补亏损。

⑦发行人依法纳税，各项税收优惠符合相关法律法规的规定。发行人的经营成果对税收优惠不存在严重依赖。

⑧发行人不存在重大偿债风险，不存在影响持续经营的担保、诉讼以及仲裁等重大或有事项。

⑨发行人申报文件中不得有下列情形：第一，故意遗漏或虚构交易、事项或者其他重要信息；第二，滥用会计政策或者会计估计；第三，操纵、伪造或篡改编制财务报表所依据的会计记录或者相关凭证。

⑩发行人不得有下列影响持续盈利能力的情形：第一，发行人的经营模式、产品或服务的品种结构已经或者将发生重大变化，并对发行人的持续盈利

能力构成重大不利影响；第二，发行人的行业地位或发行人所处行业的经营环境已经或者将发生重大变化，并对发行人的持续盈利能力构成重大不利影响；第三，发行人最近1个会计年度的营业收入或净利润对关联方或者存在重大不确定性的客户存在重大依赖；第四，发行人最近1个会计年度的净利润主要来自合并财务报表范围以外的投资收益；第五，发行人在用的商标、专利、专有技术以及特许经营权等重要资产或技术的取得或者使用存在重大不利变化的风险；第六，其他可能对发行人持续盈利能力构成重大不利影响的情形。

2. 非公开发行股票的条件

非公开发行股票，是指上市公司采用非公开的方式，向特定对象发行股票的行为。非公开发行股票的特定对象应当符合下列规定：(1)特定对象符合股东大会决议规定的条件；(2)发行对象不超过10名；(3)发行对象为境外战略投资者的，应当经国务院相关部门事先批准。

上市公司非公开发行股票，应当符合下列规定：(1)发行价格不低于定价基准日前20个交易日公司股票均价的90%；(2)本次发行的股份自发行结束之日起，12个月内不得转让；控股股东、实际控制人及其控制的企业认购的股份，36个月内不得转让；(3)募集资金使用符合《上市公司证券发行管理办法》第10条的规定；(4)本次发行将导致上市公司控制权发生变化的，还应当符合中国证监会的其他规定。

上市公司存在下列情形之一的，不得非公开发行股票：(1)本次发行申请文件有虚假记载、误导性陈述或重大遗漏；(2)上市公司的权益被控股股东或实际控制人严重损害且尚未消除；(3)上市公司及其附属公司违规对外提供担保且尚未解除；(4)现任董事、高级管理人员最近36个月内受到过中国证监会的行政处罚，或者最近12个月内受到过证券交易所公开谴责；(5)上市公司或其现任董事、高级管理人员因涉嫌犯罪正被司法机关立案侦查，或涉嫌违法违规正被中国证监会立案调查；(6)最近1年及1期财务报表被注册会计师出具保留意见、否定意见或无法表示意见的审计报告。保留意见、否定意见或无法表示意见所涉及事项的重大影响已经消除或者本次发行涉及重大重组的除外；(7)严重损害投资者合法权益和社会公共利益的其他情形。

3. 上市公司公开发行证券的一般性条件

依照《上市公司证券发行管理办法》的规定，上市公司公开发行股票、可转换公司债券以及证券监督管理委员会认可的其他证券，需要满足以下条件：

(1)公司的组织机构健全、运行良好

①公司章程合法有效，股东大会、董事会、监事会和独立董事制度健全，能

够依法有效履行职责。

②公司内部控制制度健全,能够有效保证公司运行的效率、合法合规性和财务报告的可靠性;内部控制制度的完整性、合理性、有效性不存在重大缺陷。

③现任董事、监事和高级管理人员具备任职资格,能够忠实和勤勉地履行职务,不存在违反《公司法》第148条、第149条规定的行为,且最近36个月内未受到过中国证监会的行政处罚,最近12个月内未受到过证券交易所的公开谴责。

④上市公司与控股股东或实际控制人的人员、资产、财务分开,机构、业务独立,能够自主经营管理。

⑤最近12个月内不存在违规对外提供担保的行为。

(2)公司的盈利能力具有可持续性

①最近3个会计年度连续盈利。扣除非经常性损益后的净利润与扣除前的净利润相比,以低者作为计算依据。

②业务和盈利来源相对稳定,不存在严重依赖于控股股东、实际控制人的情形。

③现有主营业务或投资方向能够可持续发展,经营模式和投资计划稳健,主要产品或服务的市场前景良好,行业经营环境和市场需求不存在现实或可预见的重大不利变化。

④高级管理人员和核心技术人员稳定,最近12个月内未发生重大不利变化。

⑤公司重要资产、核心技术或其他重大权益的取得合法,能够持续使用,不存在现实或可预见的重大不利变化。

⑥不存在可能严重影响公司持续经营的担保、诉讼、仲裁或其他重大事项。

⑦最近24个月内曾公开发行证券的,不存在发行当年营业利润比上年下降50%以上的情形。

(3)上市公司的财务状况良好

①会计基础工作规范,严格遵循国家统一会计制度的规定。

②最近3年及一期财务报表未被注册会计师出具保留意见、否定意见或无法表示意见的审计报告;被注册会计师出具带强调事项段的无保留意见审计报告的,所涉及的事项对发行人无重大不利影响或者在发行前重大不利影响已经消除。

③资产质量良好。不良资产不足以对公司财务状况造成重大不利影响。

④经营成果真实，现金流量正常。营业收入和成本费用的确认严格遵循国家有关企业会计准则的规定，最近3年资产减值准备计提充分合理，不存在操纵经营业绩的情形。

⑤最近3年以现金或股票方式累计分配的利润不少于最近3年实现的年均可分配利润的20%。

(4)上市公司募集资金的数额和使用应当符合规定

①募集资金数额不超过项目需要量。

②募集资金用途符合国家产业政策和有关环境保护、土地管理等法律和行政法规的规定。

③除金融类企业外，本次募集资金使用项目不得为持有交易性金融资产和可供出售的金融资产、借予他人、委托理财等财务性投资，不得直接或间接投资于以买卖有价证券为主要业务的公司。

④投资项目实施后，不会与控股股东或实际控制人产生同业竞争或影响公司生产经营的独立性。

⑤建立募集资金专项存储制度，募集资金必须存放于公司董事会决定的专项账户。

(5)上市公司不存在不得公开发行证券的情形

以下情形不得公开发行证券：①本次发行申请文件有虚假记载、误导性陈述或重大遗漏；②擅自改变前次公开发行证券募集资金的用途而未作纠正；③上市公司最近12个月内受到过证券交易所的公开谴责；④上市公司及其控股股东或实际控制人最近12个月内存在未履行向投资者作出的公开承诺的行为；⑤上市公司或其现任董事、高级管理人员因涉嫌犯罪被司法机关立案侦查或涉嫌违法违规被中国证监会立案调查；⑥严重损害投资者的合法权益和社会公共利益的其他情形。

(二)股票发行的程序

按照《股票发行与交易管理暂行条例》的规定，申请公开发行股票，按照下列程序办理：

1. 申请人聘请会计师事务所、资产评估机构、律师事务所等专业性机构，对其资信、资产、财务状况进行审定、评估和就有关事项出具法律意见书后，按照隶属关系，分别向省、自治区、直辖市、计划单列市人民政府或者中央企业主管部门提出公开发行股票的申请。

2. 在国家下达的发行规模内，地方政府对地方企业的发行申请进行审批，中央企业主管部门在与申请人所在地地方政府协商后对中央企业的发行申请进行审批;地方政府、中央企业主管部门应当自收到发行申请之日起 30 个工作日内作出审批决定,并抄报证券监督管理委员会。

3. 被批准的发行申请送证监会复审;证监会应当自收到复审申请之日起 20 个工作日内出具复审意见书,并将复审意见书抄报证券监督管理委员会;经证监会复审同意的,申请人应当向证券交易所上市委员会提出申请;经上市委员会同意接受上市,方可发行股票。

4. 向地方政府或者中央企业主管部门报送下列文件:(1)申请报告;(2)发起人会议或者股东大会同意公开发行股票的决议;(3)批准设立股份有限公司的文件;(4)工商行政管理部门颁发的股份有限公司营业执照或者股份有限公司筹建登记证明;(5)公司章程或者公司章程草案;(6)招股说明书①;(7)资金运用的可行性报告;需要国家提供资金或者其他条件为固定资产投资项目,还应当提供国家有关部门同意固定资产投资立项的批准文件;(8)经会计师事务所审计的公司近 3 年或者成立以来的财务报告和由 2 名以上注册会计师及其所在事务所签字、盖章的审计报告;(9)经 2 名以上律师及其所在事务所就有关事项签字、盖章的法律意见书;(10)经 2 名以上专业评估人员及其所在机构签字、盖章的资产评估报告,经 2 名以上注册会计师及其所在事务所签字、盖章的验资报告,涉及国家资产的,还应当提供国家资产管理部门出具的明确文件;(11)股票发行承销方案和承销协议;(12)地方政府或者中央企业主管部门要求报送的其他文件。

5. 申请送证监会复审时,还应当报送下列文件:(1)地方政府或者中央企业主管部门批准发行申请的文件;(2)证监会要求报送的其他文件。

---

① 招股说明书应当按照证监会规定的格式制作,并载明下列事项:(一)公司的名称、住所;(二)发起人、发行人简况;(三)筹资的目的;(四)公司现有股本总额,本次发行的股票种类、总额,每股的面值、售价,发行前的每股净资产值和发行结束后每股预期净资产值,发行费用和佣金;(五)初次发行的发起人认购股本的情况、股权结构及验资证明;(六)承销机构的名称、承销方式与承销数量;(七)发行的对象、时间、地点及股票认购和股款缴纳的方式;(八)所筹资金的运用计划及收益、风险预测;(九)公司近期发展规划和经注册会计师审核并出具审核意见的公司下一年的盈利预测文件;(十)重要的合同;(十一)涉及公司的重大诉讼事项;(十二)公司董事、监事名单及其简历;(十三)近3年或者成立以来的生产经营状况和有关业务发展的基本情况;(十四)经会计师事务所审计的公司近 3 年或者成立以来的财务报告和由 2 名以上注册会计师及其所在事务所签字、盖章的审计报告;(十五)增资发行的公司前次公开发行股票所筹资金的运用情况;(十六)证监会要求载明的其他事项。

三、公司债券的发行

（一）公司债券发行条件

1. 普通公司债券的发行条件

对于普通公司债券的发行条件，主要由《证券法》以及《公司债券发行试点办法》规定。因此，按照《证券法》以及《公司债券发行试点办法》的相关规定，公司债券的发行应该符合以下条件：(1)股份有限公司的净资产不低于人民币 3 000 万元，有限责任公司的净资产不低于人民币 6 000 万元；(2)累计债券余额不超过公司净资产的 40%；(3)最近 3 年平均可分配利润足以支付公司债券 1 年的利息；(4)筹集的资金投向符合国家产业政策；(5)债券的利率不超过国务院限定的利率水平；(6)公司的生产经营符合法律、行政法规和公司章程的规定，符合国家产业政策；(7)公司内部控制制度健全，内部控制制度的完整性、合理性、有效性不存在重大缺陷；(8)经资信评级机构评级，债券信用级别良好；(9)公司最近 1 期末经审计的净资产额应符合法律、行政法规和中国证监会的有关规定；(10)最近 3 个会计年度实现的年均可分配利润不少于公司债券 1 年的利息；(11)本次发行后累计公司债券余额不超过最近 1 期末净资产额的 40%，金融类公司的累计公司债券余额按金融企业的有关规定计算；(12)国务院规定的其他条件。

按照《公司债券发行试点办法》第 8 条的规定，存在下列情形之一的，不得发行公司债券：(1)最近 36 个月内公司财务会计文件存在虚假记载，或公司存在其他重大违法行为；(2)本次发行申请文件存在虚假记载、误导性陈述或者重大遗漏；(3)对已发行的公司债券或者其他债务有违约或者迟延支付本息的事实，仍处于继续状态；(4)严重损害投资者合法权益和社会公共利益的其他情形。

另外，按照《证券法》第 18 条的规定，有下列情形之一的，不得再次公开发行公司债券：(1)前一次公开发行的公司债券尚未募足；(2)对已公开发行的公司债券或者其他债务有违约或者延迟支付本息的事实，仍处于继续状态；(3)违反本法规定，改变公开发行公司债券所募资金的用途。

2. 可转换公司债券的发行条件

可转换公司债券，是指发行公司依法发行、在一定期间内依据约定的条件可以转换成股份的公司债券。对于可转换公司债券的发行，《证券法》规定该种债券的发行除了需要符合一般债券发行的条件外，还需要满足股份有限公司公开发行股票的条件（这两项的具体规定以上章节均已介绍过，不再赘述)。

另外,《上市公司证券发行管理办法》规定的公司可转换债券发行条件是:(1)满足上市公开发行证券的一般性条件。(2)最近3个会计年度加权平均净资产收益率平均不低于6%。扣除非经常性损益后的净利润与扣除前的净利润相比,以低者作为加权平均净资产收益率的计算依据。(3)本次发行后累计公司债券余额不超过最近1期末净资产额的40%。(4)最近3个会计年度实现的年均可分配利润不少于公司债券1年的利息。

(二)公司债券发行程序

1. 普通公司债券的发行程序

(1)董事会决议

上市公司申请发行证券,董事会应当依法就下列事项作出决议,并提请股东大会批准:本次证券发行的方案;本次募集资金使用的可行性报告;前次募集资金使用的报告以及其他必须明确的事项。

(2)股东会决议

发行人的股东会,需要就下列事项作出决议:发行债券的数量;向公司股东配售的安排;债券期限;募集资金的用途;决议的有效期;对董事会的授权事项以及其他需要明确的事项。

(3)保荐人保荐

按照《证券法》的规定,发行公司债券应当由保荐人保荐,保荐人应当按照中国证监会的有关规定编制和报送募集说明书和发行申请文件。

(4)报送文件

公司在拟发行公司债券之前,必须依照《证券法》的规定进行下列文件资料的报送,而且发行人依法申请核准发行证券报送的申请文件的格式、报送方式,都要遵循核准机构或者部门的规定,并保证申请文件的真实性、准确性和完整性。为证券发行出具有关文件的证券服务机构和人员,必须严格履行法定职责,保证其出具文件的真实性、准确性和完整性。需要报送文件资料包括:①公司营业执照;②公司章程;③公司债券募集办法;④资产评估报告和验资报告;⑤国务院授权的部门或者国务院证券监督管理机构规定的其他文件。

证监会在收到发行公司的上述申请文件之后,需要依照下列程序审核发行证券的申请:①收到申请文件后,5个工作日内决定是否受理;②中国证监会受理后,对申请文件进行初审;③发行审核委员会审核申请文件;④中国证监会作出核准或者不予核准的决定。

需要注意的是,证券发行申请未获核准的上市公司,自中国证监会作出不予核准的决定之日起6个月后，可再次提出证券发行申请。

2. 可转换公司债券的发行程序

可转换公司债券的发行程序与普通公司债券的发行程序大致相同，在此不再重复。

【练习与思考】

1. 证券发行的意义是什么？
2. 上市公司发行股票的条件有哪些？
3. 普通公司债券的发行程序有哪些？

第三节　证券承销及保荐制度

一、证券承销制度

（一）证券承销的概念

证券承销，是相对于直接发行证券的一种间接的证券发行方式，具体是指证券经营机构按照与证券发行人之间签订的协议，向证券的投资人销售、促成销售或者代为销售拟发行证券的行为。承销人会因承销行为向证券发行人收取一定比例的承销费用。按照我国相关法律的规定，公开发行证券均须采取承销方式发行。

在我国，证券承销经营机构是具有证券承销资格的证券公司。证券承销商在证券发行人和投资人之间架起了一座资金流动的桥梁，更好地实现证券市场的资金融通功能。

（二）证券承销的方式

证券承销的方式有代销和包销两种，证券发行人可以和证券承销人在协议中自由约定。

1. 证券代销

《证券法》对证券代销的界定是：证券代销是指证券公司代发行人发售证券，在承销期结束时，将未售出的证券全部退还给发行人的承销方式。

可见，证券代销的风险完全由证券发行人一人承担。在代销过程中，承销商不垫付资金，对于承销结束后剩余的证券并不负有任何责任，而且股票发行采用代销方式的，如果代销期限届满，向投资者出售的股票数量未达到拟公开发行股票数量70%的,为发行失败。代销方式发行股票失败后,主承销商应当协助发行人按照发行价格并加算银行同期存款利息返还给股票认购人。因此,代销方式的证券承销通常用于公司债券的发行之中,但是,按照《证券发行与承销管理办法》第39条的规定,上市公司非公开发行股票未采用自行销售方式或者上市公司配股的,应当采用代销方式。

2. 证券包销

证券包销是指证券公司将发行人的证券按照协议全部购入,或者在承销期结束时将售后剩余证券全部自行购入的承销方式。采取证券包销方式销售证券时,证券发行人和承销商需要以协议的方式商定证券发行的底价,当对社会公众募集额度达不到预定发行数额的时候,承销商需要将剩余部分的证券全部认购下来。可见,证券包销的风险主要由承销商承担,因此,这种证券承销方式被很多的发行人所采用。

实践中的证券包销又具体分为全额包销、余额包销以及定额包销三种。但是,我国《证券法》仅认可全额包销和余额包销两种方式。

(1)全额包销

全额包销是指承销商以自有资金一次性地全额购入发行人发行证券的全部,然后以自己的名义向投资者出售其所购证券的承销方式。这种承销方式风险完全由承销商负担,证券发行人融资目的的实现较为顺畅,但是,鉴于承销商承担的风险程度较高,因此,相较于其他承销方式而言,全额包销的承销费用很高,这也就意味着证券发行人的发行成本相对较高。

(2)余额包销

余额包销也被称为"助销",是指承销商以自有资金对约定承销期满后的剩余债券进行一次性购买的证券承销方式。在余额包销中,承销商在承销期内需要竭尽全力销售证券;在承销期结束后,发行人此次发行证券还有剩余时,承销商再向发行人进行买入并与其办理结算手续。与全额包销的承销方式一样,证券发行的风险也是由承销商负担的,不同的是,在全额包销中对承销人的资金水平要求较高,而在余额包销中对承销人的资金水平要求较低。

(3)定额包销

定额包销是指证券承销商以自有资金购买发行人发行证券的一定份额,其余部分证券则由证券承销商以代销的方式进行销售。与全额包销和余额包销方式相比较,定额包销中证券销售的风险由发行人和承销商共同承担,二者之间风险负担的比例由承销商购买证券的比例所决定。因此,定额包销的承销费用相对较低。

(4)承销团承销

承销团承销又被称为“联合承销”,指证券的承销行为是由两个或两个以上的承销商共同完成的。相较于单一承销商的证券承销而言,证券销售的风险可以在数个承销商之间进行分散,降低了承销商的风险水平。

通常来讲,是否选择承销团承销乃是由证券发行人的意愿所决定的,但是,为了保障证券销售行为的顺利进行,我国《证券法》第32条规定:“向不特定对象发行的证券票面总值超过人民币五千万元的,应当由承销团承销。承销团应当由主承销和参与承销的证券公司组成。”

二、保荐制度

(一)保荐制度的概念

保荐制度又称保荐人制度,是指由具有保荐资格的保荐人负责公开发行和上市证券的推荐与辅导,并对其所推荐的发行人披露的信息质量和所作承诺依法进行审核并承担信用担保责任,以督导发行人规范运作的制度。①

(二)保荐制度的基本内容

1. 需要聘用保荐人的情形

按照《证券发行上市保荐业务管理办法》的规定,发行人应当就下列事项聘请具有保荐机构资格的证券公司履行保荐职责:(1)首次公开发行股票并上市;(2)上市公司发行新股、可转换公司债券;(3)中国证券监督管理委员会认定的其他情形。

2. 保荐人资格

(1)未经中国证监会核准,任何机构和个人不得从事保荐业务。保荐人应当是具有资质的证券公司,且必须满足以下条件:①注册资本不低于人民币1亿元,净资本不低于人民币5 000万元;②具有完善的公司治理和内部控制制度,风险控制指标符合相关规定;③保荐业务部门具有健全的业务规程、内部风险评估和控制系统,内部机构设置合理,具备相应的研究能力、销售能力等后台支持;④具有良好的保荐业务团队且专业结构合理,从业人员不少于35人,其中最近3年从事保荐相关业务的人员不少于20人;⑤符合保荐代表人资格条件的从业人员不少于4人;⑥最近3年内未因重大违法违规行为受到行政处罚;⑦中国证监会规定的其他条件。

① 范健、王建文:《证券法》,法律出版社2010年版,第23页。

(2)保荐机构及及其保荐代表人应当遵守法律、行政法规和中国证监会的相关规定,恪守业务规则和行业规范,诚实守信,勤勉尽责,尽职推荐发行人证券发行上市,持续督导发行人履行规范运作、信守承诺、信息披露等义务。

(3)保荐机构其保荐代表人不得通过从事保荐业务谋取任何不正当利益。

(4)保荐代表人应当遵守职业道德准则,珍视和维护保荐代表人职业声誉,保持应有的职业谨慎,保持和提高专业胜任能力。

(5)保荐代表人应当维护发行人的合法利益,对从事保荐业务过程中获知的发行人信息保密。保荐代表人应当恪守独立履行职责的原则,不因迎合发行人或者满足发行人的不当要求而丧失客观、公正的立场,不得唆使、协助或者参与发行人及证券服务机构实施非法的或者具有欺诈性的行为。

(6)保荐代表人及其配偶不得以任何名义或者方式持有发行人的股份。

(7)同次发行的证券,其发行保荐和上市保荐应当由同一保荐机构承担。保荐机构依法对发行人申请文件、证券发行募集文件进行核查,向中国证监会、证券交易所出具保荐意见。保荐机构应当保证出具的文件真实、准确、完整。

(8)证券发行规模达到一定数量的,可以采用联合保荐,但参与联合保荐的保荐机构不得超过2家。

3. 保荐人职责

(1)发行人证券上市后,保荐机构应当持续督导发行人履行规范运作、信守承诺、信息披露等义务。

(2)保荐机构推荐发行人证券发行上市,应当遵循诚实守信、勤勉尽责的原则,按照中国证监会对保荐机构尽职调查工作的要求,对发行人进行全面调查,充分了解发行人的经营状况及其面临的风险和问题。

(3)保荐机构在推荐发行人首次公开发行股票并上市前,应当对发行人进行辅导,对发行人的董事、监事和高级管理人员、持有5%以上股份的股东和实际控制人(或者其法定代表人)进行系统的法规知识、证券市场知识培训,使其全面掌握发行上市、规范运作等方面的有关法律法规和规则,知悉信息披露与履行承诺等方面的责任和义务,树立进入证券市场的诚信意识、自律意识和法制意识。

(4)保荐机构辅导工作完成后,应由发行人所在地的中国证监会派出机构进行辅导验收。

(5)保荐机构应当与发行人签订保荐协议,明确双方的权利和义务,按照行业规范协商确定履行保荐职责的相关费用。

(6)保荐协议签订后,保荐机构应在5个工作日内报发行人所在地的中国证监会派出机构备案。

(7)保荐机构应当确信发行人符合法律、行政法规和中国证监会的有关规定,方可推荐其证券发行上市,保荐机构决定推荐发行人证券发行上市的,可以根据发行人的委托组织编制申请文件并出具推荐文件。

(8)对发行人申请文件、证券发行募集文件中有证券服务机构及其签字人员出具专业意见的内容,保荐机构应当结合尽职调查过程中获得的信息对其进行审慎核查,对发行人提供的资料和披露的内容进行独立判断。保荐机构所作的判断与证券服务机构的专业意见存在重大差异的,应当对有关事项进行调查、复核,并可聘请其他证券服务机构提供专业服务。

(9)对发行人申请文件、证券发行募集文件中无证券服务机构及其签字人员专业意见支持的内容,保荐机构应当获得充分的尽职调查证据,在对各种证据进行综合分析的基础上,对发行人提供的资料和披露的内容进行独立判断,并有充分理由确信所作的判断与发行人申请文件、证券发行募集文件的内容不存在实质性差异。

(10)保荐机构推荐发行人发行证券,应当向中国证监会提交发行保荐书、保荐代表人专项授权书以及中国证监会要求的其他与保荐业务有关的文件。

(11)保荐机构推荐发行人证券上市,应当向证券交易所提交上市保荐书以及证券交易所要求的其他与保荐业务有关的文件,并报中国证监会备案。

(12)在发行保荐书和上市保荐书中,保荐机构应当就下列事项作出承诺:①有充分理由确信发行人符合法律法规及中国证监会有关证券发行上市的相关规定;②有充分理由确信发行人申请文件和信息披露资料不存在虚假记载、误导性陈述或者重大遗漏;③有充分理由确信发行人及其董事在申请文件和信息披露资料中表达意见的依据充分合理;④有充分理由确信申请文件和信息披露资料与证券服务机构发表的意见不存在实质性差异;⑤保证所指定的保荐代表人及本保荐机构的相关人员已勤勉尽责,对发行人申请文件和信息披露资料进行了尽职调查、审慎核查;⑥保证保荐书、与履行保荐职责有关的其他文件不存在虚假记载、误导性陈述或者重大遗漏;⑦保证对发行人提供的专业服务和出具的专业意见符合法律、行政法规、中国证监会的规定和行业规范;⑧自愿接受中国证监会依照《证券发行上市保荐业务管理办法》采取的监管措施;⑨中国证监会规定的其他事项。

(13)保荐机构提交发行保荐书后,应当配合中国证监会的审核并承担下列工作:①组织发行人及证券服务机构对中国证监会的意见进行答复;②按照中国证监会的要求对涉及本次证券发行上市的特定事项进行尽职调查或者核查;③指定保荐代表人与中国证监会职能部门进行专业沟通,保荐代表人在发行审核委员会会议上接受委员质询;④中国证监会规定的其他工作。

(14)保荐机构应当针对发行人的具体情况,确定证券发行上市后持续督导的内容,督导发行人履行有关上市公司规范运作、信守承诺和信息披露等义务,审阅信息披露文件及向中国证监会、证券交易所提交的其他文件并承担下列工作:①督导发行人有效执行并完善防止控股股东、实际控制人、其他关联方违规占用发行人资源的制度;②督导发行人有效执行并完善防止其董事、监事、高级管理人员利用职务之便损害发行人利益的内控制度;③督导发行人有效执行并完善保障关联交易公允性和合规性的制度,并对关联交易发表意见;④持续关注发行人募集资金的专户存储、投资项目的实施等承诺事项;⑤持续关注发行人为他人提供担保等事项,并发表意见;⑥中国证监会、证券交易所规定及保荐协议约定的其他工作。

(15)首次公开发行股票并上市的,持续督导的期间为证券上市当年剩余时间及其后两个完整会计年度;上市公司发行新股、可转换公司债券的,持续督导的期间为证券上市当年剩余时间及其后1个完整会计年度。持续督导的期间自证券上市之日起计算。

(16)持续督导期届满,如有尚未完结的保荐工作,保荐机构应当继续完成。保荐机构在履行保荐职责期间未勤勉尽责的,其责任不因持续督导期届满而免除或者终止。

【练习与思考】

1. 股票发行的条件是什么?
2. 可转换债券的发行需要满足哪些条件?
3. 如何理解保荐人制度?

第四节　证券交易制度

一、证券交易概述

(一)证券交易概念

证券交易,简单地理解就是交易证券的行为,具体是指证券的所有者在法定的交易场所,按照特定的交易规则对其所有的证券向其他投资人进行转让的行为。由于证券是一种特殊财产,因此,其转让需要在特定的场所并依特定的规则进行,各个国家和地区的证券法律规范都对证券交易有着明确具体的规定。例如,我国《证券法》第三章"证券交易"就对证券交易的证券种类、交易场所以及交易规则等事项有着具体的规定。

(二)证券交易类型

随着证券市场以及证券交易行为的纵深发展,证券交易的类型呈现出日益多样化的态势。目前,证券市场中的证券交易已经突破了以往的现货交易模式,除了证券现货交易以外,还有期货交易、期权交易以及信用交易等多种形式。

1. 现货交易

现货交易是指证券买卖双方在达成交易之后,需要在短时间内结清证券和价款的证券交易方式。

在早期的现货交易中,证券和价款的结清需要自交易达成后立即进行,即所谓的"一手交券,一手交钱"。然而,现在的证券现货交易的交割却并不一定要即时结清,交易达成和券款结清之间可以有一定的时间间隔,但是,通常不超过20天。因此,如今的现货交易的交割期可以是当日交割、次日交割,也可以是例行交割。

(1)当日交割。当日交割即"T+0"方式,也就是在成交当日进行交割。

(2)次日交割。次日交割即"T+1"方式,需要在成交后的下一个营业日进行交割;如果成交次日为法定休息日,则顺延至下一个营业日。

(3)例行交割。例行交割是按照证券交易所的规定,于规定的期间内,完成交割手续的证券交割方式。

2. 期货交易

证券期货交易是指证券的买卖双方在成交时约定,于未来的某一时间进行清算的证券交易方式,其交割期限通常为15—90天。在期货交易中,双方买卖的是一种标准化合约,这个标准化合约由期货交易所统一制定,合约的内容即是在未来某一时间按照成交时的约定进行券款结清。

但是,实际交割日期的证券现货价格会与交易达成时的价格有所不同,如果遇到价格上涨,则会使买方获益;反之亦然。可见,对于买卖双方而言要承担未来交割所带来的风险,这一点与证券的现货交易有着明显的不同。

我国1998年的《证券法》并未承认证券的期货交易方式,直到2005年,才在《证券法》第42条中默许了期货交易方式的合法性。《证券法》第42条规定:“证券交易以现货和国务院规定的其他方式进行交易。”

3. 期权交易

期权交易是指买卖双方为了获得由证券价格波动所带来的利益而约定在一定时间内,以特定价格买入或卖出指定证券的交易。实际上,期权交易的买方通过期权交易合同,以支付一定数额的权利金的方式获得了一种在未来时间以特定价格买入或卖出特定数量证券的选择权。当期权交易的买方决定行使权利时,卖方有义务向其购入或出售特定价格以及特定数量的证券。当然,期权交易的买方也可以以放弃已交付的权利金为代价放弃行使权利。因此,证券的期权交易又可以分为买进期权和卖出期权两种形式。

(1)买进期权。买进期权又称为“看涨期权”,是指期权的买方拥有在期权合约有效期内按执行价格买进一定数量证券的权利。期权的买方之所以与卖方达成买进期权交易,主要在于买方对未来市场行情的看好。

(2)卖出期权。卖出期权又称为“看跌期权”,是指期权的买方拥有在期权合约有效期内按执行价格卖出一定数量证券的权利。但是,期权的买方并不负担必须卖出的义务;与买进期权相反,卖出期权的买方主要是预期未来证券价格将会下跌。

4. 信用交易

信用交易,通常指的是融资融券交易,即由券商对投资者的融资融券以及金融机构对于券商进行的融资融券行为构成。《证券公司监督管理条例》第48条规定:“本条例所称融资融券业务,是指在证券交易所或者国务院批准的其他证券交易场所进行的证券交易中,证券公司向客户出借资金供其买入证券或者出借证券供其卖出,并由客户交存相应担保物的经营活动。”按照《证券公司监督管理条例》第49条的规定,证券公司经营融资融券业务,应当具备下列条件:(1)证券公司治理结构健全,内部控制有效;(2)风险控制指标符合规定,财务状况、合规状况良好;(3)有经营融资融券业务所需的专业人员、技术条件、资金和证券;(4)有完善的融资融券业务管理制度和实施方案;(5)国务院证券监督管理机构规定的其他条件。

二、证券交易方式

证券交易方式主要有集中竞价、协议转让、大宗交易以及裁判转让四种形式。

(一)集中竞价

在集中竞价交易方式下,证券公司将投资者买卖指令按照时间顺序向证券交易所主机进行输入,通过竞价方式撮合成交,并最终确定证券的交易价格。集中竞价又可以进一步分为集合竞价和连续竞价两种方式。

1. 集合竞价

按照我国上海证券交易所以及深圳证券交易所的规则,在集合竞价方式下,每日9:15—9:25为集合竞价时间,在这段时间内只接受交易申报而不达成交易。在正式开盘之前,证券交易所主机会对所有交易指令进行集中处理,并产生当日的开盘价。

2. 连续竞价

连续竞价与集中竞价不同,它是一种逐笔申报并连续撮合的竞价方式。连续竞价是在集中竞价结束后,证券交易所的交易方式。

(二)协议转让

协议转让是非流通股的转让方式。非流通股是不能通过竞价交易方式转让的,非流通股的转让只能采取买卖双方协议的方式进行,当然转让的价格也是双方协商的结果。

(三)大宗交易

大宗交易是指股票交易满足一定数额或规模时所采取的交易方式。按照《上海证券交易所交易规则》的规定,在上海证券交易所进行的证券买卖符合以下条件的,可以采用大宗交易方式:

1. A股单笔买卖申报数量应当不低于50万股,或者交易金额不低于300万元人民币。

2. B股单笔买卖申报数量应当不低于50万股,或者交易金额不低于30万美元。

3. 基金大宗交易的单笔买卖申报数量应当不低于300万份,或者交易金额不低于300万元。

4. 国债及债券回购大宗交易的单笔买卖申报数量应当不低于1万手，或者交易金额不低于1 000万元。

5. 其他债券单笔买卖申报数量应当不低于1 000手，或者交易金额不低于100万元。

（四）裁判转让

裁判转让是指依人民法院的裁判而引致的股票转让方式。

三、证券交易的限制

对于证券交易进行限制的法律规范主要有《证券法》和《公司法》，具体的限制主要体现在主体限制、期限限制以及行为限制三个方面。

（一）主体限制

《证券法》第43条规定："证券交易所、证券公司和证券登记结算机构的从业人员、证券监督管理机构的工作人员以及法律、行政法规禁止参与股票交易的其他人员，在任期或者法定限期内，不得直接或者以化名、借他人名义持有、买卖股票，也不得收受他人赠送的股票。任何人在成为前款所列人员时，其原已持有的股票，必须依法转让。"依此规定，证券法律规范对于证券交易的主体限制体现在以下两个方面：

1. 主体限制

依据《证券法》的规定，下列人员不得从事证券交易：

（1）证券交易所、证券公司和证券登记结算机构的从业人员。

（2）证券监督管理机构的工作人员以及法律、行政法规禁止参与股票交易的其他人员。

2. 行为类型

《证券法》除了对主体身份进行限制外，还对下述人员的行为进行限制：

（1）禁止直接或间接持有、买卖股票。

（2）禁止身份转换后继续直接或间接持有、买卖股票。

需要注意的是，《证券法》仅仅限制上述人员对于股票的直接或者间接持有、买卖行为，并未限制其进行公司债券以及其他证券的买卖或者持有行为。当然，公司可转换债券除外。而且，当上述人员特定身份丧失一定时间以后，该类限制自然解除。

（二）期限限制

证券交易的期限限制并不是对证券交易主体进行限制，而是限制其进行相应证券交易的期间。《证券法》第 38 条规定："依法发行的股票、公司债券及其他证券，法律对其转让期限有限制性规定的，在限定的期限内不得买卖。"而《证券法》并未就期限限制的具体内容进行规定，这方面的内容出现在《公司法》中。

1. 对公司发起人的限制

《公司法》第 142 条第 1 款规定："发起人持有的本公司股份，自公司成立之日起一年内不得转让。公司公开发行股份前已发行的股份，自公司股票在证券交易所上市交易之日起一年内不得转让。"对于发起人的股票交易行为进行限制是因为发起人会因为公司的有效成立而在身份上转换为公司的股东，而且多是大股东甚至是控股股东，对于公司的运营方向以及政策方针有着十分强大的影响力，因此，为了避免发起人在公司成立后利用其优势地位侵夺其他股东的合法利益，需要对其行为进行期限上的限制。

2. 对董事、经理以及高级管理人员的限制

《公司法》第 142 条第 2 款规定："公司董事、监事、高级管理人员应当向公司申报所持有的本公司的股份及其变动情况，在任职期间每年转让的股份不得超过其所持有本公司股份总数的百分之二十五；所持本公司股份自公司股票上市交易之日起一年内不得转让。上述人员离职后半年内，不得转让其所持有的本公司股份。公司章程可以对公司董事、监事、高级管理人员转让其所持有的本公司股份作出其他限制性规定。"

从《公司法》的上述规定中可知，对于公司董事、监事、高级管理人员股票交易行为进行规制的除了《公司法》以外，还有公司章程。不过，公司章程的限制不得与《公司法》相冲突。

对于公司董事、监事、高级管理人员进行相应的限制，主要是因为上述人员因其职务原因而熟知公司经营管理的重要信息，因此，对其进行相应的规制实属必要。

（三）行为限制

《证券法》对于证券交易中的行为禁止内容相对较多，主要包括以下几个方面：

1. 禁止内幕交易

证券交易内幕信息的知情人和非法获取内幕信息的人，不得利用内幕信息从事证券交易活动。证券交易内幕信息的知情人和非法获取内幕信息的人，在内幕信息公开前，不得买卖该公司的证券或者泄露该信息，或者建议他人买卖该证券。内幕交易行为给投资者造成损失的，行为人应当依法承担赔

偿责任。

证券交易内幕信息的知情人包括:(1)发行人的董事、监事、高级管理人员;(2)持有公司5%以上股份的股东及其董事、监事、高级管理人员,公司的实际控制人及其董事、监事、高级管理人员;(3)发行人控股的公司及其董事、监事、高级管理人员;(4)由于所任公司职务可以获取公司有关内幕信息的人员;(5)证券监督管理机构工作人员以及由于法定职责对证券的发行、交易进行管理的其他人员;(6)保荐人、承销的证券公司、证券交易所、证券登记结算机构、证券服务机构的有关人员;(7)国务院证券监督管理机构规定的其他人员。

下列信息皆属内幕信息:(1)《证券法》所列重大事件;(2)公司分配股利或者增资的计划;(3)公司股权结构的重大变化;(4)公司债务担保的重大变更;(5)公司营业用主要资产的抵押、出售或者报废一次超过该资产的30%;(6)公司的董事、监事、高级管理人员的行为可能依法承担重大损害赔偿责任;(7)上市公司收购的有关方案;(8)国务院证券监督管理机构认定的对证券交易价格有显著影响的其他重要信息。

2. 禁止操纵证券市场

(1)单独或者通过合谋,集中资金优势、持股优势或者利用信息优势联合或者连续买卖,操纵证券交易价格或者证券交易量。

(2)与他人串通,以事先约定的时间、价格和方式相互进行证券交易,影响证券交易价格或者证券交易量。

(3)在自己实际控制的账户之间进行证券交易,影响证券交易价格或者证券交易量。

(4)以其他手段操纵证券市场。

操纵证券市场行为给投资者造成损失的,行为人应当依法承担赔偿责任。

3. 禁止扰乱市场

(1)禁止国家工作人员、传播媒介从业人员和有关人员编造、传播虚假信息,扰乱证券市场。

(2)禁止证券交易所、证券公司、证券登记结算机构、证券服务机构及其从业人员、证券业协会、证券监督管理机构及其工作人员,在证券交易活动中作出虚假陈述或者信息误导。

各种传播媒介传播证券市场信息必须真实、客观,禁止误导。

4. 禁止损害客户利益

按照《证券法》第79条的规定,禁止证券公司及其从业人员从事下列损害客户利益的欺诈行为:(1)违背客户的委托为其买卖证券;(2)不在规定时间内向客户提供交易的书面确认文件;(3)挪用客户所委托买卖的证券或者客户账户上的资金;(4)未经客户的委托,擅自为客户买卖证券,或者假借客户的名义买卖证券;(5)为牟取佣金收入,诱使客户进行不必要的证券买卖;(6)利用传播媒介或者通过其他方式提供、传播虚假或者误导投资者的信息;(7)其他违背客户真实意思表示,损害客户利益的行为。

欺诈客户行为给客户造成损失的,行为人应当依法承担赔偿责任。

5. 其他禁止行为

(1)禁止法人非法利用他人账户从事证券交易;禁止法人出借自己或者他人的证券账户。

(2)依法拓宽资金入市渠道,禁止资金违规流入股市。

(3)禁止任何人挪用公款买卖证券。

【练习与思考】

1. 证券交易的类型有哪些?
2. 证券交易的方式有哪几种?
3. 证券交易的限制体现在哪几个方面?

第五节 信息披露制度

一、信息披露制度概述

(一)信息披露的概念

信息披露,又被称为信息公开,是指为了保护证券投资者的合法权益,证券发行人与上市公司在证券发行以及交易等环节,依法将相关信息真实地、准确地、完整地向监管部门报告,不得有虚假记载、误导性陈述或者重大遗漏,并向公众投资者予以公开的制度。

信息披露制度肇始于英国,在美国得到进一步发展与完善。1844 年英国《公司法》首先确立了信息披露制度,之后,美国 1933、1934 年分别在《证券法》和《证券交易法》中进一步确立了信息披露制度,奠定了信息披露制度在证券交易中的核心地位。我国《证券法》也建立了一整套的信息披露制度,例如,《证券法》在第三章第三节“持续信息公开”部分,针对发行人、上市公司的信息披露有明确的规定。其中,《证券法》第 63 条规定:“发行人、上市公司依法披露的信息,必须真实、准确、完整,不得有虚假记载、误导性陈述或者重大遗漏。"《证券法》第64条规定:"经国务院证券监督管理机构核准依法公开发行股票,或者经国务院授权的部门核准依法公开发行公司债券,应当公告招股说明书、公司债券募集办法。依法公开发行新股或者公司债券的,还应当公告财务会计报告。"

另外,《首次公开发行股票并上市管理办法》、《上市公司信息披露管理办法》以及《上市公司证券发行管理办法》等部门规章都专门对于信息披露问题加以明确规定。

(二)信息披露的重要意义

美国的 Louis D. Brandeis 在其颇具影响力的著作 *Other People's Money and How the Bankers Use It* 中曾经提道:"公开原则被推崇为医治社会和企业弊病的良药。犹如太阳,是最佳的消毒剂;犹如电灯,是最有效的警察。"[①]因此,证券交易环节的信息披露对于净化市场环境、维护投资人的合法权益并促进金融市场,乃至整个国民经济的发展都有着十分重要的意义。

二、发行信息披露的事项

(一)招股说明书

按照《证券法》、《首次公开发行股票并上市管理办法》以及《上市公司证券发行管理办法》的规定,首次公开发行股票并上市的股票发行人应当按照中国证监会的有关规定编制和披露招股说明书。

编制和披露招股说明书应符合下列要求:

1. 招股说明书内容与格式须符合证券监督管理部门的要求。[②]

2. 对于没有规定的事项,只要是对投资者作出投资决策有重大影响的信息,均应当在招股说明书中予以披露。

3. 发行人及其全体董事、监事和高级管理人员应当在招股说明书上签字、盖章,保证招股说明书的内容真实、准确、完整。

4. 保荐人及其保荐代表人应当对招股说明书的真实性、准确性、完整性进行核查,并在核查意见上签字、盖章。

5. 招股说明书中引用的财务报表在其最近1期截止日后6个月内有效。

---

① 孟翔:《证券信息披露标准比较研究》(2009年博士学位论文),中国政法大学,第19页。

② 即须符合《公开发行证券的公司信息披露内容与格式准则第1号——招股说明书》的相关规定。

特别情况下发行人可申请适当延长，但至多不超过1个月。财务报表应当以年度末、半年度末或者季度末为截止日。

6. 招股说明书的有效期为6个月，自中国证监会核准发行申请前招股说明书最后一次签署之日起计算。

7. 申请公开发行股票并上市的文件被受理后、发行审核委员会审核前，发行人应当将招股说明书（申报稿）在中国证监会网站预先披露。发行人可以将招股说明书（申报稿）刊登于其企业网站，但披露内容应当完全一致，且不得早于在中国证监会网站的披露时间，预先披露的招股说明书（申报稿）不是发行人发行股票的正式文件，不能含有价格信息，发行人不得据此发行股票。

8. 发行人应当在预先披露的招股说明书（申报稿）的显要位置声明："本公司的发行申请尚未得到中国证监会核准。本招股说明书（申报稿）不具有据以发行股票的法律效力，仅供预先披露之用。投资者应当以正式公告的招股说明书全文作为作出投资决定的依据。"

9. 发行人应当在发行前将招股说明书摘要刊登于至少一种中国证监会指定的报刊，同时将招股说明书全文刊登于中国证监会指定的网站，并将招股说明书全文置备于发行人住所、拟上市证券交易所、保荐人、主承销商和其他承销机构的住所，以备公众查阅。

10. 保荐人出具的发行保荐书、证券服务机构出具的有关文件应当作为招股说明书的备查文件，在中国证监会指定的网站上披露，并置备于发行人住所、拟上市证券交易所、保荐人、主承销商和其他承销机构的住所，以备公众查阅。

11. 发行人可以将招股说明书摘要、招股说明书全文、有关备查文件刊登于其他报刊和网站，但披露内容应当完全一致，且不得早于在中国证监会指定报刊和网站的披露时间。

（二）公司债券募集办法

按照《证券法》以及《公司债券发行试点办法》等的规定，公司发行债券，需要对外披露公司债券募集办法。

1. 公司全体董事、监事、高级管理人员应当在债券募集说明书上签字，保证不存在虚假记载、误导性陈述或者重大遗漏，并声明承担个别和连带的法律责任。

2. 保荐人应当对债券募集说明书的内容进行尽职调查，由相关责任人签字，确认不存在虚假记载、误导性陈述或者重大遗漏，并声明承担相应的法律责任。

3. 债券募集说明书所引用的审计报告、资产评估报告、资信评级报告，应当由有资格的证券服务机构出具，并由至少2名有从业资格的人员签署。

4. 债券募集说明书所引用的法律意见书，应当由律师事务所出具，并由至少2名经办律师签署。

5. 债券募集说明书自最后签署之日起6个月内有效。

债券募集说明书不得使用超过有效期的资产评估报告或者资信评级报告。

（三）财务会计报告

信息披露的另外一个重要文件即是公司的财务会计报告，财务会计报告的披露能够使投资人充分了解发行人的财务状况，进而决定其是否进行投资以及投资计划的制订。

三、持续信息披露

（一）年度报告

1. 年度报告的内容

按照《证券法》第66条的规定，上市公司和公司债券上市交易的公司，应当在每一会计年度结束之日起4个月内，向国务院证券监督管理机构和证券交易所报送记载以下内容的年度报告，并予公告：(1)公司概况；(2)公司财务会计报告和经营情况；(3)董事、监事、高级管理人员简介及其持股情况；(4)已发行的股票、公司债券情况，包括持有公司股份最多的前十名股东的名单和持股数额；(5)公司的实际控制人；(6)国务院证券监督管理机构规定的其他事项。

2. 年度报告的编制要求

按照《公开发行证券的公司信息披露内容与格式准则第2号——年度报告的内容与格式》的规定，年度报告的编制需要遵循以下规定：

(1)年度报告中引用的数字应当采用阿拉伯数字，有关货币金额除特别说明外，指人民币金额，并以元、千元、万元或百万元为单位。

(2)公司可根据有关规定或其他需求，编制年度报告外文译本，但应努力保证中外文文本的一致性，并在外文文本上注明："本报告分别以中、英（或日、法等）文编制，在对中外文文本的理解上发行歧义时，以中文文本为准。"

(3)年度报告印刷文本应采用质地良好的纸张印刷，幅面为209毫米×

295 毫米(相当于标准的 A4 纸规格)。年度报告封面应载明公司名称、“年度报告”字样、报告期年份,也可以载有公司的外文名称、徽章或其他标记、图案等。年度报告的目录应编排在显著位置。

(4)年度报告可以刊载宣传本公司的照片和图表,但不得刊登任何祝贺性、恭维性或推荐性的词句或题字,不得含有欺诈和误导的行为。

(二)中期报告

1. 中期报告的内容

按照《证券法》第 65 条的规定,上市公司和公司债券上市交易的公司,应当在每一会计年度的上半年结束之日起两个月内,向国务院证券监督管理机构和证券交易所报送记载以下内容的中期报告,并予公告:(1)公司财务会计报告和经营情况;(2)涉及公司的重大诉讼事项;(3)已发行的股票、公司债券变动情况;(4)提交股东大会审议的重要事项;(5)国务院证券监督管理机构规定的其他事项。

2. 中期报告的编制

《公开发行证券的公司信息披露内容与格式准则第 3 号——半年度报告的内容与格式》中,针对中期报告之一——半年度报告的编制进行了较为详尽的规定:

(1)半年度报告中的财务数据应当采用阿拉伯数字,有关货币金额除特别说明外,指人民币金额,并以元、千元或百万元为单位。

(2)半年度报告的封面应当载明公司法定名称、“半年度报告”字样和报告期间。半年度报告印刷文本应采用质地良好的纸张印制,幅面应为 209 毫米×295 毫米(相当于标准的 A4 纸规格)。

(三)临时报告

《证券法》第 67 条规定:发生可能对上市公司股票交易价格产生较大影响的重大事件,投资者尚未得知时,上市公司应当立即将有关该重大事件的情况向国务院证券监督管理机构和证券交易所报送临时报告,并予公告,说明事件的起因、目前的状态和可能产生的法律后果。

下列情况为前款所称重大事件:(1)公司的经营方针和经营范围的重大变化;(2)公司的重大投资行为和重大的购置财产的决定;(3)公司订立重要合同,可能对公司的资产、负债、权益和经营成果产生重要影响;(4)公司发生重大债务和未能清偿到期重大债务的违约情况;(5)公司发生重大亏损或者重大损失;(6)公司生产经营的外部条件发生的重大变化;(7)公司的董事、

1/3以上监事或者经理发生变动;(8)持有公司5%以上股份的股东或者实际控制人,其持有股份或者控制公司的情况发生较大变化;(9)公司减资、合并、分立、解散及申请破产的决定;(10)涉及公司的重大诉讼,股东大会、董事会决议被依法撤销或者宣告无效;(11)公司涉嫌犯罪被司法机关立案调查,公司董事、监事、高级管理人员涉嫌犯罪被司法机关采取强制措施;(12)国务院证券监督管理机构规定的其他事项。

四、违反信息披露义务的责任

具有信息披露义务的主体,违反证券法律规范的信息披露义务,即要承担相应的法律责任。

1. 保荐人出具有虚假记载、误导性陈述或者重大遗漏的保荐书,或者不履行其他法定职责的,责令改正,给予警告,没收业务收入,并处以业务收入1倍以上5倍以下的罚款;情节严重的,暂停或者撤销相关业务许可。对直接负责的主管人员和其他直接责任人员给予警告,并处以3万元以上30万元以下的罚款;情节严重的,撤销任职资格或者证券从业资格。

2. 发行人、上市公司或者其他信息披露义务人未按照规定披露信息,或者所披露的信息有虚假记载、误导性陈述或者重大遗漏的,责令改正,给予警告,并处以30万元以上60万元以下的罚款。对直接负责的主管人员和其他直接责任人员给予警告,并处以3万元以上30万元以下的罚款。

3. 发行人、上市公司或者其他信息披露义务人未按照规定报送有关报告,或者报送的报告有虚假记载、误导性陈述或者重大遗漏的,责令改正,给予警告,并处以30万元以上60万元以下的罚款。对直接负责的主管人员和其他直接责任人员给予警告,并处以3万元以上30万元以下的罚款。

【练习与思考】

1. 信息披露的重要意义是什么?
2. 信息披露的内容有哪些方面?

第六节　上市公司收购

一、上市公司收购概述

(一)上市公司收购的概念

对于上市公司收购的概念,在学界并没有一致性的结论。例如,有学者认为,"上市公司收购是指投资者依法购买上市公司一定比例的股份,以达到对其控股或者兼并目的的行为。"[①]还有的学者认为,"上市公司的收购包括以上市公司为目标的收购和由上市公司发起的收购",而"一般所谓上市公司收购是指以上市公司为目标的收购"[②]。也有人认为:"区分上市公司收购与一般的股票交易,并不是看投资者已经持有的股份的数量,而是要看投资者持股的目的,如果投资者持股的目的是取得上市公司经营权以控制该上市公司,那么不论该投资者持有该公司股票的数量多少都属于上市公司的收购;如果投资者仅仅是为了投资获取收益而取得上市公司股票的行为则不属于上市公司收购的行为。"[③]

在法律法规上,我国2005年的《证券法》并未对上市公司收购给出概念性的界定,该法仅在第85条规定:"投资者可以采取要约收购、协议收购及其他合法方式收购上市公司。"另外,2002年9月28日中国证监会发布的《上市公司收购管理办法》(该法已废止)对"上市公司收购"的定义是:"本办法所称上市公司收购,是指收购人通过在证券交易所的股份转让活动持有一个上市公司的股份达到一定比例、通过证券交易所股份转让活动以外的其他合法途径控制一个上市公司的股份达到一定程度,导致其获得或者可能获得对该公司的实际控制权的行为。"但是,2008年修订的《上市公司收购管理办法》中却删除了这一条款,不过该法第5条第1款规定:"收购人可以通过取得股份的方式成为一个上市公司的控股股东,可以通过投资关系、协议、其他安排的途径成为一个上市公司的实际控制人,也可以同时采取上述方式和途径取得上市公司控制权。"

本书对于上市公司的概念,采用2002年9月28日中国证券监督管理委

---

① 郭俊秀、蒋进:《证券法》,厦门大学出版社2004年版,第78页。

② 范健、王建文:《证券法》,法律出版社2010年版,第200页。

③ 陈忠谦:《上市公司收购若干法律问题》(2004年博士学位论文),中国政法大学,第15页。

员会发布的《上市公司收购管理办法》对"上市公司收购"的定义，即上市公司收购，是指收购人通过在证券交易所的股份转让活动持有一个上市公司的股份达到一定比例，通过证券交易所股份转让活动以外的其他合法途径控制一个上市公司的股份达到一定程度，导致其获得或者可能获得对该公司的实际控制权的行为。

（二）上市公司收购的法律特征

上市公司收购具有以下法律特征：

1. 上市公司收购以上市公司已公开发行的股份为收购对象

上市公司收购并非以整个上市公司作为收购的对象，而是以目标公司对外发行的股份作为收购对象。因股份所具有的法律意义，只要以其作为目标即可实现收购的目的。

2. 上市公司收购的目的是为了获得被收购公司的控制权

收购人购买目标公司已发行的股份，并不是为了赚取证券买卖的差价，其最直接的目的乃是要获得目标公司的控制权。

《上市公司收购管理办法》(2006)第84条对此进行了规定。有下列情形之一的，拥有上市公司的控制权：(1)投资者为上市公司持股50%以上的控股股东；(2)投资者可以实际支配上市公司股份表决权超过30%；(3)投资者通过实际支配上市公司股份表决权能够决定公司董事会半数以上成员选任；(4)投资者依其可实际支配的上市公司股份表决权足以对公司股东大会的决议产生重大影响；(5)中国证监会认定的其他情形。

3. 收购的方式有要约收购、协议收购和间接收购

收购人对于目标公司的收购，主要有要约收购、协议收购和间接收购三种方式，收购人在法律允许的框架内可以自由选择。

4. 收购人为投资者以及一致行动人

依照《上市公司收购管理办法》(2006)第83条第1款的规定：一致行动，是指投资者通过协议、其他安排与其他投资者共同扩大其所能够支配的一个上市公司股份表决权数量的行为或者事实。

在上市公司的收购及相关股份权益变动活动中有一致行动情形的投资者，互为一致行动人。如无相反证据，投资者有下列情形之一的，为一致行动人：(1)投资者之间有股权控制关系；(2)投资者受同一主体控制；(3)投资者的董事、监事或者高级管理人员中的主要成员，同时在另一个投资者担任董事、监事或者高级管理人员；(4)投资者参股另一投资者，可以对参股公司的重大决策产生重大影响；(5)银行以外的其他法人、组织和自然人为投资者取

得相关股份提供融资安排；(6)投资者之间存在合伙、合作、联营等其他经济利益关系；(7)持有投资者30%以上股份的自然人，与投资者持有同一上市公司股份；(8)在投资者任职的董事、监事及高级管理人员，与投资者持有同一上市公司股份；(9)持有投资者30%以上股份的自然人和在投资者任职的董事、监事及高级管理人员，其父母、配偶、子女及其配偶、配偶的父母、兄弟姐妹及其配偶、配偶的兄弟姐妹及其配偶等亲属，与投资者持有同一上市公司股份；(10)在上市公司任职的董事、监事、高级管理人员及其前项所述亲属同时持有本公司股份的，或者与其自己或者其前项所述亲属直接或者间接控制的企业同时持有本公司股份；(11)上市公司董事、监事、高级管理人员和员工与其所控制或者委托的法人或者其他组织持有本公司股份；(12)投资者之间具有其他关联关系。

一致行动人应当合并计算其所持有的股份。投资者计算其所持有的股份，应当包括登记在其名下的股份，也包括登记在其一致行动人名下的股份。

投资者认为其与他人不应被视为一致行动人的，可以向中国证监会提供相反证据。

（三）上市公司收购的条件

1. 严格遵守信息披露义务

上市公司收购涉及目标公司控制权的转移，为了保护各相关主体的合法权益，必须使相关主体承担信息披露义务。依照《上市公司收购管理办法》(2006)第3条第2款的规定，上市公司的收购及相关股份权益变动活动中的信息披露义务人，应当充分披露其在上市公司中的权益及变动情况，依法严格履行报告、公告和其他法定义务。在相关信息披露前，负有保密义务。

信息披露义务人报告、公告的信息必须真实、准确、完整，不得有虚假记载、误导性陈述或者重大遗漏。

按照《上市公司收购管理办法》(2006)第17条的规定，投资者及其一致行动人拥有权益的股份达到或者超过一个上市公司已发行股份的20%但未超过30%的，应当编制详式权益变动报告书，除须披露前条规定的信息外，还应当披露以下内容：(1)投资者及其一致行动人的控股股东、实际控制人及其股权控制关系结构图；(2)取得相关股份的价格、所需资金额、资金来源，或者其他支付安排；(3)投资者、一致行动人及其控股股东、实际控制人所从事的业务与上市公司的业务是否存在同业竞争或者潜在的同业竞争，是否存在持续关联交易；存在同业竞争或者持续关联交易的，是否已作出相应的安排，确保投资者、一致行动人及其关联方与上市公司之间避免同业竞争以及保持上市公司的独立性;(4)未来12个月内对上市公司资产、业务、人员、组织结构、公司章程等进行调整的后续计划;(5)前24个月内投资者及其一致行动人与上市公司之间的重大交易;(6)不存在《上市公司收购管理办法》第6条规定的情形;(7)能够按照规定提供相关文件。

2. 不得损害目标公司及其股东的合法权益

《上市公司收购管理办法》(2006)第6条规定,上市公司的收购行为要充分保护被收购公司及其股东的合法权益,有下列情形之一的,不得收购上市公司:(1)收购人负有数额较大债务,到期未清偿,且处于持续状态;(2)收购人最近3年有重大违法行为或者涉嫌有重大违法行为;(3)收购人最近3年有严重的证券市场失信行为;(4)收购人为自然人的,存在《公司法》第147条规定情形;(5)法律、行政法规规定以及中国证监会认定的不得收购上市公司的其他情形。

另外,《上市公司收购管理办法》(2006)第7条第2款规定:"被收购公司的控股股东、实际控制人及其关联方有损害被收购公司及其他股东合法权益的,上述控股股东、实际控制人在转让被收购公司控制权之前,应当主动消除损害;未能消除损害的,应当就其出让相关股份所得收入用于消除全部损害做出安排,对不足以消除损害的部分应当提供充分有效的履约担保或安排,并依照公司章程取得被收购公司股东大会的批准。"

3. 按规定聘任财务顾问

《上市公司收购管理办法》(2006)第9条规定:"收购人进行上市公司的收购,应当聘请在中国注册的具有从事财务顾问业务资格的专业机构担任财务顾问。收购人未按照本办法规定聘请财务顾问的,不得收购上市公司。财务顾问应当勤勉尽责,遵守行业规范和职业道德,保持独立性,保证其所制作、出具文件的真实性、准确性和完整性。财务顾问认为收购人利用上市公司的收购损害被收购公司及其股东合法权益的,应当拒绝为收购人提供财务顾问服务。"

财务顾问应当履行以下职责:

(1)对收购人的相关情况进行尽职调查。

(2)应收购人的要求向收购人提供专业化服务,全面评估被收购公司的财务和经营状况,帮助收购人分析收购所涉及的法律、财务、经营风险,就收购方案所涉及的收购价格、收购方式、支付安排等事项提出对策建议,并指导收购人按照规定的内容与格式制作申报文件。

(3)对收购人进行证券市场规范化运作的辅导,使收购人的董事、监事和高级管理人员熟悉有关法律、行政法规和中国证监会的规定,充分了解其应当承担的义务和责任，督促其依法履行报告、公告和其他法定义务。

(4)对收购人是否符合《上市公司收购管理办法》的规定及申报文件内容的真实性、准确性、完整性进行充分核查和验证，对收购事项客观、公正地发表专业意见。

(5)接受收购人委托，向中国证监会报送申报材料，根据中国证监会的审核意见，组织、协调收购人及其他专业机构予以答复。

(6)与收购人签订协议，在收购完成后 12 个月内，持续督导收购人遵守法律、行政法规、中国证监会的规定、证券交易所规则、上市公司章程，依法行使股东权利，切实履行承诺或者相关约定。

收购人聘请的财务顾问就本次收购出具的财务顾问报告，应当对以下事项进行说明和分析，并逐项发表明确意见：

(1)收购人编制的上市公司收购报告书或者要约收购报告书所披露的内容是否真实、准确、完整。

(2)本次收购的目的。

(3)收购人是否提供所有必备证明文件，根据对收购人及其控股股东、实际控制人的实力、从事的主要业务、持续经营状况、财务状况和诚信情况的核查，说明收购人是否具备主体资格，是否具备收购的经济实力，是否具备规范运作上市公司的管理能力，是否需要承担其他附加义务以及是否具备履行相关义务的能力，是否存在不良诚信记录。

(4)对收购人进行证券市场规范化运作辅导的情况，其董事、监事和高级管理人员是否已经熟悉有关法律、行政法规和中国证监会的规定，充分了解应承担的义务和责任，督促其依法履行报告、公告和其他法定义务的情况。

(5)收购人的股权控制结构及其控股股东、实际控制人支配收购人的方式。

(6)收购人的收购资金来源及其合法性，是否存在利用本次收购的股份向银行等金融机构质押取得融资的情形。

(7)涉及收购人以证券支付收购价款的，应当说明有关该证券发行人的信息披露是否真实、准确、完整以及该证券交易的便捷性等情况。

(8)收购人是否已经履行了必要的授权和批准程序。

(9)是否已对收购过渡期间保持上市公司稳定经营作出安排，该安排是否符合有关规定。

(10)对收购人提出的后续计划进行分析，收购人所从事的业务与上市公司从事的业务存在同业竞争、关联交易的，对收购人解决与上市公司同业竞争等利益冲突以及保持上市公司经营独立性的方案进行分析，说明本次收购对上市公司经营独立性和持续发展可能产生的影响。

(11)在收购标的上是否设定其他权利，是否在收购价款之外还作出其他补偿安排。

(12)收购人及其关联方与被收购公司之间是否存在业务往来，收购人与被收购公司的董事、监事、高级管理人员是否就其未来任职安排达成某种协议或者默契。

(13)上市公司原控股股东、实际控制人及其关联方是否存在未清偿对公司的负债、未解除公司为其负债提供的担保或者损害公司利益的其他情形；存在该等情形的，是否已提出切实可行的解决方案。

(14)涉及收购人拟提出豁免申请的，应当说明本次收购是否属于可以得到豁免的情形，收购人是否作出承诺及是否具备履行相关承诺的实力。

4. 接受中国证监会的监管

上市公司收购行为不仅对于收购公司以及被收购公司有着十分重大的影响，而且对于证券市场等的影响也十分明显。因此，必须接受来自相关部门的监督管理。《上市公司收购管理办法》(2006)第10条第2款规定："中国证监会设立由专业人员和有关专家组成的专门委员会。专门委员会可以根据中国证监会职能部门的请求，就是否构成上市公司的收购、是否有不得收购上市公司的情形以及其他相关事宜提供咨询意见。中国证监会依法做出决定。"

二、上市公司收购的形式

我国《证券法》与《上市公司收购管理办法》认可的上市公司收购形式有要约收购、协议收购以及间接收购三种。《上市公司管理办法》的第三章至第五章也就此进行了比较详细的规定。

(一)要约收购

要约收购是指收购人向目标公司的股东发出要约，收购目标公司一定数量的股权，从而达到控制该公司的目的。当收购人通过证券交易所的证券交易，持有一个上市公司的股份达到该公司已发行股份的30%时，继续增持该股份的，应当采取要约方式进行，向目标公司发出全面收购要约或者部分收购要约，其预定收购的股份比例均不得低于该上市公司已发行股份的5%。

采取要约收购方式进行上市公司收购的，需要满足以下条件：

1. 编制收购报告

收购人应当编制要约收购报告书，并聘请财务顾问向中国证监会、证券交易所提交书面报告,抄报派出机构,通知被收购公司,同时对要约收购报告书摘要作出提示性公告。收购人对收购要约条件作出重大变更的,被收购公司董事会应当在3个工作日内提交董事会及独立财务顾问,就要约条件的变更情况出具补充意见,并予以报告、公告。

要约收购报告书,应当载明下列事项:(1)收购人的姓名、住所;收购人为法人的,其名称、注册地及法定代表人,与其控股股东、实际控制人之间的股权控制关系结构图;(2)收购人关于收购的决定及收购目的,是否拟在未来12个月内继续增持;(3)上市公司的名称、收购股份的种类;(4)预定收购股份的数量和比例;(5)收购价格;(6)收购所需资金额、资金来源及资金保证,或者其他支付安排;(7)收购要约约定的条件;(8)收购期限;(9)报送收购报告书时持有被收购公司的股份数量、比例;(10)本次收购对上市公司的影响分析,包括收购人及其关联方所从事的业务与上市公司的业务是否存在同业竞争或者潜在的同业竞争,是否存在持续关联交易;存在同业竞争或者持续关联交易的,收购人是否已作出相应的安排,确保收购人及其关联方与上市公司之间避免同业竞争以及保持上市公司的独立性;(11)未来12个月内对上市公司资产、业务、人员、组织结构、公司章程等进行调整的后续计划;(12)前24个月内收购人及其关联方与上市公司之间的重大交易;(13)前6个月内通过证券交易所的证券交易买卖被收购公司股票的情况;(14)中国证监会要求披露的其他内容。

收购人向中国证监会报送要约收购报告书后,在公告要约收购报告书之前,拟自行取消收购计划的,应当向中国证监会提出取消收购计划的申请及原因说明,并予以公告;自公告之日起12个月内,该收购人不得再次对同一上市公司进行收购。

2. 收购条件的变更

要约收购报告书披露的基本事实发生重大变化的,收购人应当在该重大变化发生之日起两个工作日内,向中国证监会作出书面报告,同时抄报派出机构,抄送证券交易所,通知被收购公司,并予以公告。

收购人对收购要约条件作出重大变更的,被收购公司董事会应当在3个工作日内提交董事会及独立财务顾问就要约条件的变更情况出具补充意见,并予以报告、公告。但是,需要注意的是,收购要约期限届满前15日内,收购人不得变更收购要约,出现竞争要约的除外。

3. 收购价格的限制

收购人进行要约收购的,对同一种类股票的要约价格,不得低于要约收购提示性公告日前6个月内收购人取得该种股票所支付的最高价格。

要约价格低于提示性公告日前30个交易日该种股票的每日加权平均价格的算术平均值的,收购人聘请的财务顾问应当就该种股票前6个月的交易情况进行分析,说明是否存在股价被操纵、收购人是否有未披露的一致行动人、收购人前6个月取得公司股份是否存在其他支付安排、要约价格的合理性等。

(二)协议收购

协议收购是指收购者通过与目标公司高管或股东进行协商并达成协议,按协议约定的收购条件、收购价格、收购期限及其他约定事项,收购目标公司股份的收购方式。收购人进行协议收购时,需要满足以下条件:

1. 提交必要的文件资料

收购人进行上市公司的收购,应当向中国证监会提交以下文件:

(1)中国公民的身份证明,或者在中国境内登记注册的法人、其他组织的证明文件。

(2)基于收购人的实力和从业经验对上市公司后续发展计划可行性的说明,收购人拟修改公司章程、改选公司董事会、改变或者调整公司主营业务的,还应当补充其具备规范运作上市公司的管理能力的说明。

(3)收购人及其关联方与被收购公司存在同业竞争、关联交易的,应提供避免同业竞争等利益冲突、保持被收购公司经营独立性的说明。

(4)收购人为法人或者其他组织的,其控股股东、实际控制人最近2年未变更的说明。

(5)收购人及其控股股东或实际控制人的核心企业和核心业务、关联企业及主营业务的说明;收购人或其实际控制人为两个或两个以上的上市公司控股股东或实际控制人的,还应当提供其持股5%以上的上市公司以及银行、信托公司、证券公司、保险公司等其他金融机构的情况说明。

(6)财务顾问关于收购人最近3年的诚信记录、收购资金来源合法性、收购人具备履行相关承诺的能力以及相关信息披露内容真实性、准确性、完整性的核查意见;收购人成立未满3年的,财务顾问还应当提供其控股股东或者实际控制人最近3年诚信记录的核查意见。

境外法人或者境外其他组织进行上市公司收购的,还应当提交以下文件:

(1)财务顾问出具的收购人符合对上市公司进行战略投资的条件、具有收购上市公司的能力的核查意见。

(2)收购人接受我国司法、仲裁管辖的声明。

2. 收购人行为限制

以协议方式进行上市公司收购的，自签订收购协议起至相关股份完成过户的期间为上市公司收购过渡期。在过渡期内，收购人不得通过控股股东提议改选上市公司董事会，确有充分理由改选董事会的，来自收购人的董事不得超过董事会成员的1/3；被收购公司不得为收购人及其关联方提供担保；被收购公司不得公开发行股份募集资金，不得进行重大购买、出售资产及重大投资行为或者与收购人及其关联方进行其他关联交易，但收购人为挽救陷入危机或者面临严重财务困难的上市公司的情形除外。

（三）间接收购

间接收购是指收购人虽非上市公司股东，但通过投资关系、协议、其他安排导致其拥有权益的股份达到或者超过一个上市公司已发行股份的50%未超过30%的行为，或者超过30%的而按照继续收购取得股份的行为。收购人拥有权益的股份超过该公司已发行股份的30%的，应当向该公司所有股东发出全面要约；收购人预计无法在事实发生之日起30日内发出全面要约的，应当在前述30日内促使其控制的股东将所持有的上市公司股份减持至30%或者30%以下，并自减持之日起两个工作日内予以公告；其后收购人或者其控制的股东拟继续增持的，应当采取要约方式；拟依据申请豁免的，应当按照《上市公司收购管理办法》的规定办理。

三、上市公司收购的持续监督

《上市公司收购管理办法》第八章规定了持续监督的具体内容。上市公司收购完成后，证券监督管理机构仍要对原收购人和被收购的上市公司进行持续性的监督，避免收购人和被收购的上市公司利用上市公司收购侵害被收购公司及其股东的合法权益，以确保上市公司收购的合法性以及证券市场的良性运转。对于上市公司收购完成后的持续性监督，主要有以下几个方面的内容：

1. 在上市公司收购行为完成后12个月内，收购人聘请的财务顾问应当在每季度前3日内就上一季度对上市公司影响较大的投资、购买或者出售资产、关联交易、主营业务调整以及董事、监事、高级管理人员的更换、职工安置、收购人履行承诺等情况向派出机构报告。

收购人注册地与上市公司注册地不同的，还应当将前述情况的报告同时抄报收购人所在地的派出机构。

2. 派出机构根据审慎监管原则，通过与承办上市公司审计业务的会计师事务所谈话、检查财务顾问持续督导责任的落实、定期或者不定期的现场检查等方式,在收购完成后对收购人和上市公司进行监督检查。

派出机构发现实际情况与收购人披露的内容存在重大差异的,对收购人及上市公司予以重点关注,可以责令收购人延长财务顾问的持续督导期,并依法进行查处。

在持续督导期间,财务顾问与收购人解除合同的,收购人应当另行聘请其他财务顾问机构履行持续督导职责。

3. 在上市公司收购中,收购人持有的被收购公司的股份,在收购完成后12个月内不得转让。

【练习与思考】

1. 上市公司收购的目的是什么?如何界定上市公司收购?
2. 上市公司收购的方式有哪些?
3. 对上市公司收购监管的目的何在?

第七节　证券业法

一、证券公司概述

(一)证券公司的概念

证券公司,又被称为"证券商"或者"券商",是按照《公司法》与《证券法》等相关法律规范规定的条件,经证券监督管理机构批准设立,经营证券业务的法人。我国的证券公司分为有限责任公司和股份有限公司两种。

我国的第一家证券公司是1987年9月由中国人民银行创办的深圳证券公司。至今我国证券公司的发展经历了初创期(1987年至1989年)、快速发展期(1990年至1995年)以及竞争加剧期(1996年至今),证券市场结构逐渐完善,证券公司的经营日渐规范。根据证券业协会发布的数据,截至2006年,我国已有证券公司113家。但是,在证券公司成立之初,除了少部分证券经营机构是以"证券公司"名义独立开展证券经营业务之外,大部分证券经营机构都隶属于信托公司或者银行,而且证券公司的创办相对混乱,存在着个别省市地方政府未经批准擅自设立证券公司的行为。因此,为了规范证券公司的经营以及净化市场环境,中国人民银行先后出台了《关于设立证券公司或类似金融机构须经中国人民银行审批的通知》、《证券公司管理暂行办法》、《跨地区证券交易管理暂行办法》等规范性文件。

（二）证券公司的种类

各个国家对于证券公司的分类各不相同。例如美国，其证券公司的种类多达 11 种，具体包括综合经纪商、佣金经纪商、场内经纪商、折扣经纪商、媒介经纪商、债券经纪商、专业会员、零数自营商、注册交易商、做市商以及投资证券商。日本的证券商则包括普通会员、仲立会员和特别会员三种。我国《证券法》第 123 条规定："本法所称证券公司是指依照《中华人民共和国公司法》和本法规定设立的经营证券业务的有限责任公司或者股份有限公司。"可见，我国《证券法》承认的证券公司包括股份有限公司和有限责任公司两类。而中国证券业协会在其2006 年发布的《关于从事相关创新活动证券公司评审暂行办法》中对于证券公司的措辞分别是"综合类证券公司"和"经纪类证券公司"。下面简单加以介绍。

1. 股份有限公司和有限责任公司

（1）股份有限公司

设立股份有限公司，应当有 2 人以上 200 人以下的发起人。其中，须有半数以上的发起人在我国境内有住所，公司注册资本的最低限额为人民币 500 万元。

申请设立股份有限公司，应当具备下列条件：①发起人符合法定人数；②发起人认购和募集的股本达到法定资本最低限额；③股份发行、筹办事项符合法律规定；④发起人制定公司章程，采用募集方式设立的经创立大会通过；⑤有公司名称，建立符合股份有限公司要求的组织机构；⑥有公司住所。

（2）有限责任公司

有限责任公司由 50 个以下的股东出资设立，公司注册资本的最低限额为人民币 3 万元。申请设立有限责任公司，应当具备下列条件：①股东符合法定人数；②股东出资达到法定资本最低限额；③股东共同制定公司章程；④有公司名称，建立符合有限责任公司要求的组织机构；⑤有公司住所。

2. 综合类证券公司和经纪类证券公司

（1）综合类证券公司

综合类证券公司是经证券监管机构核准经营证券经纪业务、证券自营业务、证券承销业务以及其他证券业务的法人。

（2）经纪类证券公司

经纪类证券公司是经证券监管机构批准的专营证券经纪业务的证券公司。

二、证券公司的设立与变更

(一)证券公司的设立

按照《证券法》与《证券公司监督管理条例》的规定,设立证券公司应该符合以下几项条件,并经国务院证券监督管理机构批准:(1)有符合法律、行政法规规定的公司章程;(2)主要股东具有持续盈利能力,信誉良好,最近3年无重大违法违规记录,净资产不低于人民币2亿元;(3)有符合《证券法》规定的注册资本①;(4)董事、监事、高级管理人员具备任职资格,从业人员具有证券从业资格;(5)有完善的风险管理与内部控制制度;(6)有合格的经营场所和业务设施;(7)法律、行政法规规定的和经国务院批准的国务院证券监督管理机构规定的其他条件。

证券公司的股东应当用货币或者证券公司经营必需的非货币财产出资。证券公司股东的非货币财产出资总额不得超过证券公司注册资本的30%。证券公司股东的出资,应当经具有证券、期货相关业务资格的会计师事务所验资并出具证明;出资中的非货币财产,应当经具有证券相关业务资格的资产评估机构评估。在证券公司经营过程中,证券公司的债权人将其债权转为证券公司股权的,不受上述出资形式的限制;有下列情形之一的单位或者个人,不得成为持有证券公司5%以上股权的股东、实际控制人:(1)因故意犯罪被判处刑罚,刑罚执行完毕未逾3年;(2)净资产低于实收资本的50%,或有负债达到净资产的50%;(3)不能清偿到期债务;(4)国务院证券监督管理机构认定的其他情形。

证券公司的其他股东应当符合国务院证券监督管理机构的相关要求。

证券公司应当有3名以上在证券业担任高级管理人员满2年的高级管理人员。证券公司设立时,其业务范围应当与其财务状况、内部控制制度、合规

---

① 证券公司经营证券经纪、证券投资咨询以及与证券交易、证券投资活动有关的财务顾问业务的,注册资本最低限额为人民币5 000万元;经营证券承销与保荐、证券自营、证券资产管理以及其他证券业务之一的,注册资本最低限额为人民币1亿元;经营证券承销与保荐、证券自营、证券资产管理以及其他证券业务中两项以上的,注册资本最低限额为人民币5亿元。证券公司的注册资本应当是实缴资本。有《中华人民共和国公司法》第147条规定的情形或者下列情形之一的,不得担任证券公司的董事、监事、高级管理人员:(1)违法行为或者违纪行为被解除职务的证券交易所、证券登记结算机构的负责人或者证券公司的董事、监事、高级管理人员,自被解除职务之日起未逾5年;(2)因违法行为或者违纪行为被撤销资格的律师、注册会计师或者投资咨询机构、财务顾问机构、资信评级机构、资产评估机构、验证机构的专业人员,自被撤销资格之日起未逾5年。

制度和人力资源状况相适应；证券公司在经营过程中，经其申请，国务院证券监督管理机构可以根据其财务状况、内部控制水平、合规程度、高级管理人员业务管理能力、专业人员数量，对其业务范围进行调整。

（二）证券公司的变更

证券公司有效成立之后，可以对其注册资本、业务范围、公司形式或者公司章程中的重要条款，以及境内分支机构的营业场所等事项进行变更，但是，必须经国务院证券监督管理机构批准。

公司章程中的重要条款，是指规定下列事项的条款：(1)证券公司的名称、住所；(2)证券公司的组织机构及其产生办法、职权、议事规则；(3)证券公司对外投资、对外提供担保的类型、金额和内部审批程序；(4)证券公司的解散事由与清算办法；(5)国务院证券监督管理机构要求证券公司章程规定的其他事项。

（三）证券公司的组织机构

证券公司的组织机构要遵循《公司法》的一般性规定，除此之外，还要遵守《证券法》与《证券公司监督管理条例》的特殊规定。《公司法》对于公司组织机构的内容不再赘述，下面了解一下《证券法》对其的特殊规定。

1. 董事会设置

(1)董事会可以设独立董事。独立董事不得在本证券公司担任董事外的职务，不得与本证券公司存在可能妨碍其作出独立、客观判断的关系。

(2)董事会中设置各委员会。证券公司经营证券经纪业务、证券资产管理业务、融资融券业务和证券承销与保荐业务中两种以上业务的，其董事会应当设薪酬与提名委员会、审计委员会和风险控制委员会，行使公司章程规定的职权。

(3)设置董事会秘书。董事会秘书负责股东会和董事会会议的筹备、文件的保管以及股东资料的管理，按照规定或者根据国务院证券监督管理机构、股东等有关单位或者个人的要求，依法提供有关资料，办理信息报送或者信息披露事项。董事会秘书为证券公司高级管理人员。

2. 合规负责人

(1)证券公司设合规负责人，对证券公司经营管理行为的合法合规性进行审查、监督或者检查。合规负责人为证券公司高级管理人员，由董事会决定聘任并应当经国务院证券监督管理机构认可。合规负责人不得在证券公司兼任负责经营管理的职务。

(2)合规负责人发现违法违规行为，应当向公司章程规定的机构报告，同时按照规定向国务院证券监督管理机构或者有关自律组织报告。

(3)证券公司解聘合规负责人，应当有正当理由，并自解聘之日起3个工作日内将解聘的事实和理由书面报告国务院证券监督管理机构。

三、证券公司的业务

按照《证券法》的规定，证券公司经国务院证券监督管理机构批准，可以经营下列部分或者全部业务：(1)证券经纪；(2)证券投资咨询；(3)与证券交易、证券投资活动有关的财务顾问；(4)证券承销与保荐；(5)证券自营；(6)证券资产管理；(7)其他证券业务。

证券公司的自营业务必须以自己的名义进行，不得假借他人名义或者以个人名义进行。下面具体来了解一下证券公司的业务种类。

(一)证券经纪业务

证券经纪业务，是指证券公司接受客户的委托，代理客户进行证券买卖并收取相应佣金的业务种类。我国《证券法》第111条规定："投资者应当与证券公司签订证券交易委托协议，并在证券公司开立证券交易账户，以书面、电话以及其他方式，委托该证券公司代其买卖证券。"《证券法》第112条规定："证券公司根据投资者的委托，按照证券交易规则提出交易申报，参与证券交易所场内的集中交易，并根据成交结果承担相应的清算交收责任；证券登记结算机构根据成交结果，按照清算交收规则，与证券公司进行证券和资金的清算交收，并为证券公司客户办理证券的登记过户手续。"证券公司办理经纪业务，应当置备统一制定的证券买卖委托书，供委托人使用。采取其他委托方式的，必须作出委托记录。客户的证券买卖委托，不论是否成交，其委托记录应当按照规定的期限，保存于证券公司。但是，证券公司办理经纪业务，不得接受客户的全权委托而决定证券买卖、选择证券种类、决定买卖数量或者买卖价格。

证券经纪业务主要是因为证券集中交易制度而形成的。在证券集中交易规则下，所有投资者并不都能进入证券交易所进行交易，一般投资者只能通过具有会员资格或交易席位的证券公司来促成证券交易。

按照《证券法》与《证券公司监督管理条例》的规定，证券公司开展证券经纪业务，需要遵循以下规定：

(1)证券公司从事证券经纪业务，应当对客户账户内的资金、证券是否充足进行审查。客户账户内的资金不足的，不得接受其买入委托；客户证券账户内的证券不足的,不得接受其卖出委托。

(2)证券公司从事证券经纪业务,可以委托证券公司以外的人员作为证券经纪人,代理其进行客户招揽、客户服务等活动。证券经纪人应当具有证券从业资格。

(3)证券公司应当与接受委托的证券经纪人签订委托合同,颁发证券经纪人证书,明确对证券经纪人的授权范围,并对证券经纪人的执业行为进行监督。

(4)证券公司向客户收取证券交易费用,应当符合国家有关规定,并将收费项目、收费标准在营业场所的显著位置予以公示。

证券经纪人需要遵循以下几点规定:

(1)证券经纪人应当在证券公司的授权范围内从事业务,并应当向客户出示证券经纪人证书。

(2)证券经纪人应当遵守证券公司从业人员的管理规定,其在证券公司授权范围内的行为,由证券公司依法承担相应的法律责任;超出授权范围的行为,证券经纪人应当依法承担相应的法律责任。

(3)证券经纪人只能接受一家证券公司的委托,进行客户招揽、客户服务等活动。

(4)证券经纪人不得为客户办理证券认购、交易等事项。

(二)证券自营业务

证券自营业务是指证券公司利用自有资金并且以自己的名义在证券市场进行的证券买卖业务,证券自营业务的利润来自买卖证券的差价。证券公司的自营业务必须使用自有资金或依法筹集的资金。证券公司不得将其自营账户借给他人使用。而且,证券公司自营业务账户应当与经纪业务账户相分离。

按照《证券公司监督管理条例》的规定,证券公司开展证券自营业务,需要遵守以下几点规定:(1)证券公司从事证券自营业务,限于买卖依法公开发行的股票、债券、权证、证券投资基金或者国务院证券监督管理机构认可的其他证券;(2)证券公司从事证券自营业务,应当使用实名证券自营账户;(3)证券公司的证券自营账户,应当自开户之日起3个交易日内报证券交易所备案;(4)证券公司从事证券自营业务,自营证券总值与公司净资本的比例、持有一种证券的价值与公司净资本的比例、持有一种证券的数量与该证券发行总量的比例等风险控制指标,应当符合国务院证券监督管理机构的规定。

证券公司从事证券自营业务,不得有下列行为:(1)违反规定购买本证券公司控股股东或者与本证券公司有其他重大利害关系的发行人发行的证券;

(2)违反规定委托他人代为买卖证券;(3)利用内幕信息买卖证券或者操纵证券市场;(4)法律、行政法规或者国务院证券监督管理机构禁止的其他行为。

(三)证券承销业务

此部分内容请参阅“证券承销方式”部分内容。

(四)资产管理业务

资产管理业务是证券公司接受客户的委托,按照与委托人之间签订的合同,以客户资产为标的,利用证券公司专业的理财知识,对客户提供一系列的投资管理服务。证券公司从事证券资产管理业务,应当与客户签订证券资产管理合同,约定投资范围、投资比例、管理期限及管理费用等事项。《证券公司监督管理条例》第45条第1款规定:“证券公司可以依照《证券法》和本条例的规定,从事接受客户的委托、使用客户资产进行投资的证券资产管理业务。投资所产生的收益由客户享有,损失由客户承担,证券公司可以按照约定收取管理费用。”

1. 开展资产管理业务的条件

按照《证券公司客户资产管理业务试行办法》的规定,证券公司可以开展的资产管理业务包括:(1)为单一客户办理定向资产管理业务;(2)为多个客户办理集合资产管理业务;(3)为客户办理特定目的的专项资产管理业务。

但是,按照《证券公司客户资产管理业务试行办法》第17条的规定,证券公司从事客户资产管理业务,必须符合以下条件:(1)经中国证监会核定为综合类证券公司;(2)净资本不低于人民币2亿元,且符合中国证监会关于综合类证券公司各项风险监控指标的规定;(3)客户资产管理业务人员具有证券从业资格,无不良行为记录,其中具有3年以上证券自营、资产管理或者证券投资基金管理从业经历的人员不少于5人;(4)具有良好的法人治理结构、完备的内部控制和风险管理制度,并得到有效执行;(5)最近1年未受到过行政处罚或者刑事处罚;(6)中国证监会规定的其他条件。

2. 业务限制

按照《证券公司监督管理条例》第46条的规定,证券公司从事证券资产管理业务,不得有下列行为:(1)向客户作出保证其资产本金不受损失或者保证其取得最低收益的承诺;(2)接受一个客户的单笔委托资产价值,低于国务院证券监督管理机构规定的最低限额;(3)使用客户资产进行不必要的证券交易;(4)在证券自营账户与证券资产管理账户之间或者不同的证券资产管理账户之间进行交易,且无充分证据证明已依法实现有效隔离;(5)法律、行政法规或者国务院证券监督管理机构禁止的其他行为。

（五）融资融券业务

融资融券业务，是指在证券交易所或者国务院批准的其他证券交易场所进行的证券交易中，证券公司向客户出借资金供其买入证券或者出借证券供其卖出，并由客户交存相应担保物的经营活动。

1. 开展融资融券业务的条件

按照《证券公司监督管理条例》第 49 条的规定，证券公司经营融资融券业务，应当具备下列条件：(1)证券公司治理结构健全，内部控制有效；(2)风险控制指标符合规定，财务状况、合规状况良好；(3)有经营融资融券业务所需的专业人员、技术条件、资金和证券；(4)有完善的融资融券业务管理制度和实施方案；(5)国务院证券监督管理机构规定的其他条件。

2. 经营规则

(1)证券公司从事融资融券业务，应当与客户签订融资融券合同，并按照国务院证券监督管理机构的规定，以证券公司的名义在证券登记结算机构开立客户证券担保账户，在指定的商业银行开立客户资金担保账户。客户资金担保账户内的资金应当参照《证券公司监督管理条例》的规定进行管理。

(2)在以证券公司名义开立的客户证券担保账户和客户资金担保账户内，应当为每一位客户单独开立授信账户。

(3)证券公司向客户融资，应当使用自有资金或者依法筹集的资金；向客户融券，应当使用自有证券或者依法取得处分权的证券。

(4)证券公司向客户融资融券时，客户应当交存一定比例的保证金。保证金可以用证券充抵。

(5)客户交存的保证金以及通过融资融券交易买入的全部证券和卖出证券所得的全部资金，均为对证券公司的担保物，应当存入证券公司客户证券担保账户或者客户资金担保账户并记入该客户授信账户。

(6)客户证券担保账户内的证券和客户资金担保账户内的资金为信托财产。证券公司不得违背受托义务侵占客户担保账户内的证券或者资金。除《证券公司监督管理条例》第 54 条规定的情形或者证券公司和客户依法另有约定的情形外，证券公司不得动用客户担保账户内的证券或者资金。

(7)证券公司应当逐日计算客户担保物价值与其债务的比例。当该比例低于规定的最低维持担保比例时，证券公司应当通知客户在一定的期限内补交差额。客户未能按期交足差额，或者到期未偿还融资融券债务的，证券公司应当立即按照约定处分其担保物。

(8)证券公司可以向客户融出的证券和融出资金、可以买入证券的种类、可充抵保证金的有价证券的种类和折算率、融资融券的期限、最低维持担保比例和补交差额的期限,由证券交易所规定。

(9)证券公司从事融资融券业务,自有资金或者证券不足的,可以向证券金融公司借入。证券金融公司的设立和解散由国务院决定。

【练习与思考】

1. 证券公司的业务范围有哪些?
2. 综合类证券公司和经纪类证券公司的区别是什么?

第八节　证券业监管

一、证券业监管的概念

20世纪30年代以前,以亚当·斯密为代表的古典经济学理论认为政府在市场经济中仅仅需要扮演一个“守夜人”的角色,无须对市场进行干预,市场中有一只“看不见的手”,这只“看不见的手”会对市场秩序进行自发的调节。在这一理论的指导下,早期的证券监管以自律为主。但是,监管的缺失导致了市场秩序混乱等事件频繁发生,甚至造成金融危机的频发。金融危机的爆发使得一国政府不能再对金融市场的发展坐视不理。例如,英国政府为避免“南海泡沫”事件的再次发生,防止证券过度投机,于1720年颁布了《泡沫法》,此法的颁布标志着国家对证券市场正式开始实施监管。以此为开端,各个国家和地区陆续建立与完善了证券监管制度。

所谓证券监管,即证券监督管理机构以矫正和改善证券市场内在的问题为目的,对于证券市场的各类主体及其行为进行监督管理的一系列行为的总称。可见,证券监管是由专门的监管机构负责的。目前,我国已经形成了以证券监督管理委员会为主,由中国人民银行、财政部、国家发展与改革委员会、相关部委以及证监会各派出机构共同组成的监管体系,各组成部门分工负责,共同负责证券市场的监管工作。

二、证券监管机构的职责和监管措施

(一)监管机构职责

按照《证券法》第179条的规定,证券监管机构的职责如下:1. 依法制定有关证券市场监督管理的规章、规则,并依法行使审批或者核准权;2. 依法对证券的发行、上市、交易、登记、存管、结算进行监督管理;3. 依法对证券发行人、上市公司、证券公司、证券投资基金管理公司、证券服务机构、证券交易所、证券登记结算机构的证券业务活动进行监督管理;4. 依法制定从事证券业务人员的资格标准和行为准则,并监督实施;5. 依法监督检查证券发行、上市和交易的信息公开情况;6. 依法对证券业协会的活动进行指导和监督;7. 依法对违反证券市场监督管理法律、行政法规的行为进行查处;8. 法律、行政法规规定的其他职责。

(二)监管手段

证券监督管理机构主要采用以下手段对证券市场进行监督与管理:

1. 对证券发行人、上市公司、证券公司、证券投资基金管理公司、证券服务机构、证券交易所、证券登记结算机构进行现场检查。

2. 进入涉嫌违法行为发生场所调查取证。

3. 询问当事人和与被调查事件有关的单位及个人,要求其对与被调查事件有关的事项作出说明。

4. 查阅、复制与被调查事件有关的财产权登记、通讯记录等资料。

5. 查阅、复制当事人和与被调查事件有关的单位及个人的证券交易记录、登记过户记录、财务会计资料及其他相关文件和资料;对可能被转移、隐匿或者毁损的文件和资料,可以予以封存。

6. 查询当事人和与被调查事件有关的单位及个人的资金账户、证券账户和银行账户;对有证据证明已经或者可能转移或者隐匿的违法资金、证券等涉案财产或者隐匿、伪造、毁损重要证据的,经国务院证券监督管理机构主要负责人批准,可以冻结或者查封。

7. 在调查操纵证券市场、内幕交易等重大证券违法行为时,经国务院证券监督管理机构主要负责人批准,可以限制被调查事件当事人的证券买卖,但限制的期限不得超过15个交易日;案情复杂的,可以延长15个交易日。

(三)监管机构的职责

按照《证券法》的相关规定,监管机构的主要职责如下:

1. 国务院证券监督管理机构依法履行职责,进行监督检查或者调查,其监督检查、调查的人员不得少于2人,并应当出示合法证件和监督检查、调查通知书。监督检查、调查的人员少于2人或者未出示合法证件和监督检查、调查通知书的,被检查、调查的单位有权拒绝。

2. 工作人员必须忠于职守,依法办事,公正廉洁,不得利用职务便利牟取不正当利益,不得泄露所知悉的有关单位和个人的商业秘密。

3. 国务院证券监督管理机构依法履行职责,被检查、调查的单位和个人应当配合,如实提供有关文件和资料,不得拒绝、阻碍和隐瞒。

4. 国务院证券监督管理机构依法制定的规章、规则和监督管理工作制度,以及依据调查结果对证券违法行为作出的处罚决定应当公开。

5. 国务院证券监督管理机构应当与国务院其他金融监督管理机构建立监督管理信息共享机制。国务院证券监督管理机构依法履行职责,进行监督检查或者调查时,有关部门应当予以配合。

6. 国务院证券监督管理机构依法履行职责,发现证券违法行为涉嫌犯罪的,应当将案件移送司法机关处理。

7. 国务院证券监督管理机构的人员不得在被监管的机构中任职。

【练习与思考】

1. 证券监管的意义何在?
2. 证券监管的手段有哪些?

第六章　保险法

第一节　保险法概述

一、保险的概念

保险,从其本质上讲是集合具有同类风险的众多单位或个人,以合理计算分担金的形式,实现对少数成员因该危险事故所致经济损失的补偿行为。《保险法》第 2 条对保险的界定是:“本法所称保险,是指投保人根据合同约定,向保险人支付保险费,保险人对于合同约定的可能发生的事故因其发生所造成的财产损失承担赔偿保险金责任,或者当被保险人死亡、伤残、疾病或者达到合同约定的年龄、期限等条件时承担给付保险金责任的商业保险行为。”从中我们可以分解出几个要素:

1. 我国《保险法》所指的保险属于一种合同行为。

2. 保险功能的实现需要由众多具有同类风险的单位或个人成立保险保障基金,每个单位或个人承担的分担金数额需要通过保险精算理论予以支持。

3. 保险人承担责任的前提是发生了合同约定的事项或者被保险人死亡、伤残、疾病或者达到合同约定的年龄、期限等条件。

4. 我国《保险法》只适用于商业保险行为,对于政策性保险并不适用。

二、保险的性质

关于保险的性质,学界并没有达成一致的共识。理论界有关保险性质的学说主要有损失说、非损失说以及二元说。

(一)损失说

损失说从保险的经济补偿功能出发,认为保险的基本性质在于补偿损失。该学说又包括损失赔偿说、损失分担说以及危险转嫁说。

1. 损失赔偿说

该学说认为保险是一种损失赔偿合同,其本质在于对因遭遇风险事故而产生损失的主体进行赔偿。德国学者马修斯说:"保险是约定当事人的一方,根据等价支付或者商定承担某标的物发生的危险,当该项危险发生时,负责赔偿对方损失的合同。"

该学说侧重保险的损失赔偿功能,但是,鉴于人身的不可估量性,"赔偿"并不能用于人身保险领域的部分险种,例如,意外伤害保险与死亡保险。因此,该学说对于保险性质的界定,在适用范围上相对狭小。

2. 损失分担说

该学说认为保险的性质在于将风险在众人之中进行适当的分散,由众多的投保人分担出险主体的损失。此学说的倡导者是德国的华格纳,他认为:"从经济意义上说,保险是把个别人由于未来特定的、偶然的、不可预测的事故在财产上所受的不利后果,由处于同一危险之中,但未遭遇事故的多数人予以分担以排除或减轻灾害的一种经济补偿制度。"

该学说仅仅以财产保险为考察对象,忽略了人身保险中保险金给付的特性。

3. 危险转嫁说

最早提出危险转嫁说的是美国学者魏兰脱,他认为:"保险是为了资本的不确定损失而积累资金的一种社会制度,它依靠把多数的个人危险转嫁给他人或团体进行。"

(二)非损失说

非损失说主要以技术说、欲望满足说、财产共同准备说、相互金融机关说为代表。

1. 技术说

主张技术说的学者费芳德认为:保险不能没有保险基金,在计算这种保险基金时,一定要使保险人实际支出的保险总额和全体被保险人交纳的净保险费总额相等,这种保险基金要通过特殊技术,保持保险费和保险价值的平衡。保险的特性就在于采用这种特殊技术,科学地建立保险基金。此外,这种技术不一定要按照统计学或者概率论等科学的方法计算,凭经验或推测也可以得出。

技术说,从保险的运作原理出发考察保险行为的本质,但是,只看到了保险的运作原理,并没有探究到实质层面的本质特性。

2. 欲望满足说

欲望满足说的倡导者之一威尔纳认为:“保险是处于同样经济不安定的情况下,许多企业经营单位把偶发的且能计算出来的财产上的欲望,根据互助原则予以保障的手段。”

3. 财产共同准备说

该学说认为,保险是为了安定经济生活,将众多的风险单位组织起来,根据大数法则积聚经济上的财富并作为共同的准备。因此,财产共同准备说的本质在于,保险是众多风险单位以共同财产对于风险的一种防范准备。通过集体的“财力”应对风险对单一主体所造成的影响。

4. 相互金融机关说

该学说的倡导者,日本的米谷隆三认为:保险费的积累在经济上是投保人的共同基金,保险的性质不在于财产的准备,而在于集体成员为相互融通资金而形成多数人的联系,集体组织内的成员互相为各自的资金融通机构,并且进一步强调保险是真正的金融机关。

(三)二元说

二元说是将财产保险和人身保险分别予以定性的学说。在二元说看来,人身保险和财产保险有着太多的不同。二元说主要以否定人身保险说和择一说为代表。

1. 否定人身保险说

该学说认为人身保险并不能够体现保险的基本性质,因此是一种和财产保险不相同的合同。

2. 择一说

该学说认为由于财产保险和人身保险不同,很难用一种性质对两种保险进行很好的概括。因此,只能对财产保险和人身保险的性质分别加以界定。

三、保险的功能

(一)分散风险

保险的基本功能之一在于将集中在某一主体身上的风险,通过直接摊派或者收取保险费的方法将风险平均分摊给所有的被保险人。参保的被保险人通过衡量保险费支出与其预期损失之间的关系,进而决定是否采用保险的方式进行风险处理。如果风险主体选择向保险公司投保,那么该主体可以以支付一部分保险费的形式换取对未来风险事故损失的保障,其支付的保险费远远小于其预期损失。这其中的差额部分,并不是由保险公司负责的,而是由其他同样参保的主体负责。因此,保险行为起到了将特定被保险人的风险在社会上予以分散的作用。

(二)损失补偿

保险人将收取的保险费用于某个或某几个出险主体的经济补偿,以使风险受体可以迅速地恢复生产和生活,这就是保险的损失补偿功能。当然,鉴于保险的风险补偿之特性,保险这一制度不允许相关主体通过保险行为超额获益,也就是说相关主体通过保险行为获得补偿是帮助其"恢复"原有的生产生活状态,而并不是投资获益。当然,随着保险产品中具有投资功能的险种的推出,保险也具有了投资的功能,但这并不是保险的基本功能。而且,具有投资功能的保险产品是和保险保障产品的营运账户相分离的。

(三)投资功能

投资功能是保险产品的派生功能,本质意义上的保险产品并不具有投资的功能。但是,随着金融市场竞争的加剧,保险公司为了能在金融市场中获得更大的收益,逐渐推出了具有投资功能的万能险、投连险等保险产品。需要强调的是,不管是哪一类具有投资功能的险种,都要以提供保险保障作为基础。

(四)其他功能

随着保险产品的不断创新,保险产品的附属功能也越来越多。例如,有的单位将保险产品作为对员工的福利,有的人将保险产品作为馈赠亲朋的礼物,甚至有些人以投保高额的人身保险作为身份的一种象征。但是无论如何,万变不离其宗,保险的基本功能仍是保险保障。

【练习与思考】

1. 有关保险性质的学说主要有哪些?主要区别是什么?
2. 如何理解保险的各项功能?

第二节　保险法的基本原则

保险法的基本原则有保险利益原则、最大诚信原则、近因原则以及损失补偿原则。这四类原则在保险理论与实践中发挥着不可估量的作用。

一、保险利益原则

保险利益发源于英国的海上保险实践,经由若干案例发展而逐步形成体系。

英国是历史上最早以立法的形式规定保险利益的国家。英国在1746年的《海上保险法》中明确规定被保险人对于保险标的应当具有保险利益,且保险利益的有无关系到合同的效力。随后,1774年英国通过了《人身保险法》,该法对人身保险的保险利益进行了规定。至此以后,各个国家和地区的保险法律规范都承认保险利益在保险合同订立过程中的重要意义。我国《保险法》第12条对保险利益的相关规定为:"人身保险的投保人在保险合同订立时,对被保险人应当具有保险利益。财产保险的被保险人在保险事故发生时,对保险标的应当具有保险利益。人身保险是以人的寿命和身体为保险标的的保险。财产保险是以财产及其有关利益为保险标的的保险。被保险人是指其财产或者人身受保险合同保障,享有保险金请求权的人。投保人可以为被保险人。保险利益是指投保人或者被保险人对保险标的具有的法律上承认的利益。"

(一)保险利益原则的含义

1. 保险利益的概念

保险利益,又称可保利益或者可得利益,是指投保人或被保险人对保险标的具有法律上承认的经济利益,这种经济利益因保险标的的完好、健在而存在,因保险标的的损毁、伤害而受损。简单地理解,保险利益就是投保人或者被保险人可以通过保险合同进行保障的利益。由于保险合同的履行是采取支付保险金的方式进行的,因此,可以通过保险合同进行保障的利益必须是经济利益,而不能是具有人身专属性的利益。例如,某单位的一辆吉普车,如果该车辆完好无损,则该单位可以对其进行正常的使用甚至是转让,此时该单位对于这辆车的利益(利害关系)并未受到影响,但是,若此车因为交通事故或者自然灾害而受损,势必影响到该单位对其进行正常的使用,也就是说该单位的利益会受到一定程度的影响。因此,该单位完全可以通过对该车投保来维护对于该车的这种利害关系。如果甲、乙二人是亲属关系,甲意欲以其与乙之间的亲属关系作为保险标的投保,由于亲属关系的维持不能以支付保险金的方式进行,导致合同不具有可履行性。所以,从合同可履行性角度来看,保险利益体现的是投保人或者被保险人与保险标的之间的一种合法的经济利益关系。

2. 保险利益的构成要件

综合考察投保人或被保险人对保险标的具有的利害关系可以发现，投保人或被保险人对保险标的所具有的利益种类多种多样，既有经济利益方面的关系，也有精神层面的关系。但是，并非任何的利益种类都可以成为保险利益。保险利益必须满足以下构成要件：

(1)保险利益必须是合法的利益。投保人或者被保险人对于保险标的具有的利益必须是得到法律承认的利益。违法行为所产生的利益不能成为保险利益，因此也不能得到保险合同的保障。例如，以抢劫、诈骗、贪污等手段获得的财产均属于非法财产，由此产生的"利益"不能构成保险利益，此等财产也不可以作为保险标的进行投保。

(2)保险利益必须是确定的利益。确定的利益范围相对广泛，既包括已经确定的利益，也包括能够确定的利益。已经确定的利益亦即现有利益，即当下就能够加以确定的利益，例如，房屋所有权、机动车辆所有权、机器设备使用权等。能够确定的利益则是指虽未现实享有，但是在客观上有很大几率可以实现的并非主观臆断的利益，亦即预期利益，例如，预期利润，对于生产企业来讲，就是属于能够实现的利益。需要注意的是，能够确定的利益一定是有相对较大实现概率的利益。

(3)保险利益必须是经济上的利益。保险利益必须是经济上的利益，是指投保人或被保险人的保险利益必须属于经济利益，且此等经济利益必须能够用货币加以衡量。因为保险合同是通过向被保险人或受益人支付一定数量货币的形式来弥补被保险人或受益人因保险事故所遭受到的损失，而被保险人或受益人的损失正是其保险利益受损的具体表现，若其不属于经济利益或者不能用货币加以衡量，就会为保险合同的履行带来阻碍。例如，张某因李某的诽谤致使其名誉受损，故而要求李某为其恢复名誉。虽然，名誉受损对于张某也是一种损失，但是由于此种利益具有特定的人身属性，并非经济利益且不能用货币加以衡量，保险合同主体之一的保险人不可能将其作为合同义务加以履行，导致保险合同的目的不能实现。因此，无法用货币衡量的利益不能作为保险利益投保。

(二)保险利益的功能

关于保险利益的功能在学术界流行着"二功能说"、"三功能说"以及"四功能说"。

"二功能说"认为保险利益的功能在于避免赌博，并在较低程度上消除造成被保险损失的诱因;“三功能说”则认为保险利益的基本功能在于避免赌博、防止道德危险发生以及确定损害补偿的额度;“四功能说”认为保险利益的功能在于避免赌博、防止道德危险发生、确定损害补偿的额度以及确定保险合同的标的。但是,无论是“二功能说”、“三功能说”,还是“四功能说”,保险利益的基本功能如下:

1. 防止道德危险的发生

保险的功能之一在于对被保险人的损失进行相应的补偿,以使被保险人能迅速地恢复生产和生活,保险作为一种损失补偿机制不允许被保险人通过保险超额获益,不允许被保险人不当得利。因此,如果投保人或被保险人对于保险标的具有保险利益,在发生保险事故时只能在保险利益范围内就实际损失获得保险金的支付,不会为了得到保险金而故意造成保险标的的损毁;相反,若投保人或被保险人对于保险标的不具有保险利益,则其就会为了获得保险金的支付而故意造成保险事故的发生,致使与自己没有利害关系的保险标的遭遇风险事故的侵袭,从而引致道德危险的激增。

2. 规定保险保障的最高限度

保险合同主体之一的保险人,需要在保险事故发生后向被保险人或者受益人进行保险金的支付,以补偿相关主体因为保险事故造成的保险利益损失。但是,在进行支付之前需要确定一下支付的额度,因此需要结合保险的经济补偿性质,以及投保人或被保险人参与保险行为的初衷,以投保人或被保险人对于保险标的具有的保险利益为限对其加以补偿,不能超越这个限度,否则会造成被保险人的超额获利。不仅违反保险的经济补偿性质,还会侵害其他投保人的合法权益。

需要强调的是,保险利益乃是投保人或被保险人获得保险保障的最高额度,具体的保险金支付额度还要参考标的物的损失程度进行确定。如果保险标的的损失额度小于保险利益,则保险金的支付要以损失额度为准。

3. 区别保险与赌博

保险利益原则的应用可以使有人类互助性质的保险行为与赌博区分开。因为,保险是由同样面临风险侵袭的众多投保人缴纳的保险费所组成的保险保障基金来对遭遇损失的被保险人进行补偿,并且只会对那些有保险利益损失的被保险人进行补偿,不会造成不劳而获的现象。而赌博行为却会滋生参赌人不劳而获的恶习。

(三)保险利益的作用范围

保险利益的作用范围是指保险利益原则是否一律适用于财产保险和人身

保险。当然，保险利益原则适用于具有补偿性质的财产保险，是各个国家的通行做法，但是，保险利益是否适用于人身保险，则在理论界与各国的立法环节中均存在分歧。例如，英美法系的多数国家均承认保险利益适用于人身保险，但是，新西兰和澳大利亚确属例外。而我国出于法制借鉴等原因，在其保险法中规定保险利益原则适用于人身保险。

（四）保险利益在财产保险与人身保险中的区别

由于财产保险和人身保险在诸如保险性质以及合同主体等方面存在着明显的区别，因而在保险合同的订立和履行过程中，保险利益原则的应用也不尽相同，具体区别如下：

1. 保险利益的来源不同

投保人或被保险人对于保险标的的利害关系在财产保险中主要体现为投保人或被保险人对保险标的拥有的各种权利。这些权利主要包括：

（1）所有权。财产所有权是指所有人依法对自己的财产享有占有、使用、收益和处分的权利。财产所有权由占有、使用、收益和处分四大权能组成，这四大权能既可以由同一主体行使，也可以和所有权主体分离由不同的主体行使。例如，对于一处房产，房屋的所有权主体可以自己同时享有这四大权能，对房屋进行占有、使用、收益乃至处分，也可以将占有或者使用、收益的权利转移给其他主体行使。

另外，按照权利主体的不同，所有权又可以分为全民所有权、集体所有权和公民个人财产所有权。但是，无论是哪一类所有权，权利主体对于其所有的财产都具有保险利益，均可将其所有的财产投保保险。需要强调的是，所有权的权利主体并非一概是单一主体，也可以是复数主体。当复数主体同时对某项财产具有所有权时，其各自的保险利益就要受到权利份额的限制。

（2）经营权、使用权。当财产的所有权主体将财产交予他人进行经营管理时，经营管理者就对该项财产拥有经营管理的权利，也因此产生了相应的利害关系。例如，全民所有制企业的财产归国家所有，但是，全民所有制企业对其拥有经营管理的权利，还同时享有经营国有资产产生的收益。当然，全民所有制企业必须对国有财产的安全性和完整性负责。因此，全民所有制企业因为对国有财产的经营管理而对国有财产产生了相应的利害关系。

（3）承运权、保管权。承运人或者保管人对其承运或者保管的财产具有保险利益，承运人的保险利益体现在承运人需要在其承担运送行为的过程中保障被运输财产的安全，并有权按照承运合同的规定收取相应的运费；而保管人对被保管财产拥有的保险利益主要是保管人要负责对财产进行妥善的保管并有权收取保管费。

(4)抵押权、留置权、质权。抵押权、留置权以及质权都是一种债的担保方式。在上述担保方式中,抵押权人、留置权人以及质权人是债权人,当债务人不能按照合同约定偿还债务,抵押权人、留置权人或者质权人有权处置抵押物、留置物或者质物以实现自己的债权。因此,抵押物、留置物或者质物的完好与否对于债权人权利能否最大限度地实现可谓意义重大。正因为如此,抵押权人、留置权人或者质权人就取得了担保财产的利害关系,拥有了保险利益。

但是,需要注意的是,在担保实践中,为了最大限度地保证被担保债权的实现,抵押物、留置物或者质物的价值都要高于债权数额,因此,抵押权人、留置权人或者质权人对于担保物的保险利益仅限于其合法拥有的债权数额,且随着债务人还款数量的增加,其对于担保物的保险利益逐渐递减。

相较于财产保险,人身保险的保险利益来源主要是被保险人和投保人之间的具有人身属性的各种利害关系。人身关系。主要是指投保人以自己的生命、身体和健康作为保险标的。因为任何人对于自己的生命、身体和健康都有着毋庸置疑的利害关系,因此具有保险利益。投保人可以为自己投保各类人身保险。亲属关系。亲属主要是指投保人的配偶、父母或者子女等家庭成员或者近亲属。因为按照法律规定,具有婚姻、血缘、抚养和赡养关系的家庭成员或者近亲属之间具有经济上的利害关系,也正因为如此,上述主体之间具有保险利益。债权债务关系。债权债务关系的主体是债权人和债务人,在这种关系中只能是债权人对于债务人享有保险利益。因为,对于无担保的一般债权来讲,债权人债权的实现有赖于债务人义务的履行,债权人并不能就债务人的财产行使支配权。因此,债务人的生存与健康状况对于债权人来讲至关重要。所以,债权人对于债务人具有保险利益,但是与其他人身保险不同的是:其他人身保险保险利益额度的确定并无限制,而债权人对于债务人的保险利益却要受到债权数额的限制,不能超越债权数额,且随着债务人还款数量的增加,债权人的保险利益数额相应缩减。雇佣关系。合法形成雇佣关系的雇主和雇员之间因为雇佣活动而拥有经济上的利害关系。也就是说,雇主对于雇员具有保险利益,雇主可以为雇员投保人身保险。需要注意的是,按照我国《保险法》的规定,投保人为与其有劳动关系的劳动者投保人身保险,不得指定被保险人及其近亲属以外的人为受益人。按照我国《保险法》的规定,即使投保人与被保险人之间并不存在上述的各种利害关系,但是,只要经过被保险人的同意,投保人即可以为其投保。二者之间也因为其中一个主体作出了同意的意思表示而具有了合法的保险利益。

2. 保险利益的时间效力不同

鉴于保险的经济补偿性质,在保险实践中应该充分践行"无损失即无保险"的理念。

保险实践中的损失可以分为预期损失和实际损失两大类别。预期损失是保险人和投保人签订保险合同时对于未来损失的一种预期,是参照保险标的的风险概率估计的,目的是为了确定保险合同的具体内容;而实际损失是保险标的出险时,按照现场勘察情况确定的损失。确定实际损失的目的是为保险金的支付确定依据。而从投保人签订保险合同的目的角度考察,实际损失的意义更为重大。因此,从理论上来讲,只要投保人或者被保险人在出险的时候对保险标的拥有保险利益即可。针对这一情形,美国新泽西州最高法院给出的观点较具代表性:"根据事实得出的结论是,保单签发的时候被保险人不具有可保利益,只要他在保险有效期内获得可保利益,且这种利益关系一直持续到损失发生时,这样的财产保险合同就不属于赌博性的保险合同。"然而,这一理论随着人身保险实践的发展而有所不同。早期英美国家判例所确立的规则是被保险人在保险事故发生时对于被保险人必须拥有保险利益,但是,这一规则却被 Dalby v . India and London Life Assurance Co. 这一判例所改变,法院认为只要投保人在投保时对于被保险人拥有保险利益即可。而英国《1906 年海上保险法》也明确规定:"虽然投保时被保险人无须对保险标的具有利益,但在保险标的灭损时,他必须对其具有利益。如果被保险人在灭损当时不具有利益,他不能在他知晓该灭损后,通过任何行为或选择而获取利益。"

英美法系国家的通行做法是,考虑到人身保险所具有的不同于财产保险的长期性和投资性等特有属性,对于人身保险中保险利益的要求是只要在投保时拥有就可以。但是,关于人身保险保险利益的存在时间问题,学者之间的观点并不一致。桂裕与梁宇贤等学者认为,人身保险的保险利益只需在投保时存在即可,而陈志川则认为人身保险的保险利益与财产保险适用相同的原理,即在出险时存在即可。主流观点认为人身保险的保险利益只需在投保时存在即可。

我国《保险法》在 2009 年修订之后,分别针对人身保险和财产保险进行了保险利益方面的不同规定:人身保险的投保人在保险合同订立时,对被保险人应当具有保险利益;财产保险的被保险人在保险事故发生时,对保险标的应当具有保险利益。

3. 确定保险利益价值的依据不同

保险利益是投保人或被保险人意欲通过保险合同予以保障的合法利益，因此，为了使合同具有可履行性，就需要确定保险利益的价值。但是，由于财产保险和人身保险的不同，人身保险和财产保险确定保险利益价值的依据也不一样。财产保险中保险利益价值的确定，参照保险标的物的价值。也就是说，在财产保险中，投保人或被保险人的保险利益价值以保险标的的价值为限。投保人只能依据保险标的的实际价值投保，以此确定适宜的保险金额，如果保险金额超过保险标的，超过部分无效。我国《保险法》第 55 条第 3 款规定："保险金额不得超过保险价值。超过保险价值的，超过部分无效，保险人应当退还相应的保险费。"

人身保险中保险标的的价值无法用货币方式进行计量，保险利益的确定没有一个明确的依据。因此，以保险利益为参照的保险金额的确定只能依据投保人或者被保险人的需要及其缴纳保费的能力进行确定。

结合上述有关保险利益的理论，通过分析下面这个简单的案例①，加强对保险利益原则的理解和应用。

2000 年，张某为自己的一辆桑塔纳轿车向保险公司投保了车辆损失险，保单载明："在保险合同有效期内，保险车辆转卖、转让、赠送他人，变更用途或者增加危险程度，被保险人应事先书面通知保险人并办理批改。"2001 年，随着车市的火爆，新车不断出现，张某有了换车的念头，恰好此时自己的朋友赵某想买一辆二手车，张某遂将自己的打算告诉赵某，赵某表示张某的桑塔纳轿车使用时间不长，车况较好，可以考虑购买，双方经过几次商谈，最终成交。2 月 23 日，赵某向张某支付了购车款，张某也将汽车钥匙交给赵某，让其先试开几日，然后再去车管部门办理过户手续。2 月 25 日，赵某开车时发生碰撞，车辆前桥变形，车辆损毁。事故发生后，赵某找到张某，希望能帮忙找个地方修车。此时，张某想到自己购买了车损险，遂向保险公司提出索赔。保险公司在了解了事情的经过之后认为，碰撞虽然属于车损险的责任范围，但是，张某已将车辆转卖他人，对于车辆失去了保险利益，张某未按保单要求通知保险公司并办理批改，保险合同已随之终止，对于张某的损失保险公司不应再承担责任。张某认为，虽然自己把车交给了赵某，但该车并未办理过户，不构成保单所说的"转卖"，自己仍是车主，发生损失后有权向保险公司主张赔偿。经过几次交涉，双方分别作出让步，最终以保险公司赔偿部分损失的方式达成和

① 郑美琴编著：《保险案例评析》，中国经济出版社 2004 年版，第 47 页。

解,了结了纠纷。

分析此案例,要注意以下几点:

1. 车辆未过户,是否构成保单中所说的“车辆转卖、转让、赠送他人,变更用途或者增加危险程度”?

2. 在保险利益原则中,为什么要用“保险”对于“利益”进行具体的限定?

二、最大诚信原则

(一)最大诚信原则的含义

最大诚信原则在保险领域又称为诚实信用原则,该原则是指保险合同的当事人应当以最大限度的诚信来行使自己的权利、履行义务,如果任意一方违背该原则,则要面临权利的缩减或者义务的加重。

因为保险合同具有射幸性,保险人承担的责任具有不确定性,因此,保险人在进行风险评估时就需要依靠投保人的如实告知以及以往的经营经验。如果投保人对有关标的物的风险状况告知有所隐瞒,甚至是故意作了虚假的告知,将导致保险人对于标的物风险的错误估计。这不仅侵害到了保险人的权益,也间接地损害了其他投保人的利益。因此,保险合同较一般合同更加重视诚实信用原则的应用,所以,在保险领域提到更多的是最大诚信原则。

保险领域的最大诚信原则,是由古罗马法的诚实信用原则演变而来的。古罗马法确立的诚实信用原则要求债务人依照内心的诚实信用观念为合同项下的给付义务。该原则有力地推动了以诚信为核心理念的交易行为的发展,因此又被学者称为合同领域的“帝王原则”,构成了维护市场交易公平的最高法则。该原则后经海上保险实践的发展而被赋予了更为独特的含义,并随着保险理论以及保险实践的进一步发展而日渐丰富,其内容已经不仅仅约束投保人,同样也约束着保险人。

最早以立法形式规定最大诚信原则的是英国的《1906 年海上保险法》,该法第 17 条规定:“海上保险契约是建立在最大信守诚实的基础上成立的契约,如果任何一方不遵守最大信守诚实,他方得宣告契约无效。”改革开放以后,我国在制定《保险法》时,明确将诚实信用原则纳入其中。我国《保险法》第 5 条规定:“保险活动当事人行使权利、履行义务应当遵循诚实信用原则。”

(二)最大诚信原则的主要内容

虽然我国《保险法》仅在第 5 条原则性地提到了诚实信用原则,但却有多条法律规范践行着该原则。具体来讲,该原则主要由保险合同成立前的诚实信用以及合同成立后的诚实信用构成。

1. 合同成立前的诚实信用

合同成立前的诚实信用主要表现为当事人的先契约义务,包括投保人的如实告知和保证、保险人的说明义务以及弃权与禁止抗辩等。

(1)投保人的如实告知。保险合同订立之前,需要投保人将有关保险标的风险状况向保险人作出最大程度的告知,保险人据此评估保险标的的风险状况以确定是否对其进行承保、在承保的基础上采取何等适宜的保险费率,进而确定保险合同的价格——保险费。因此,从理论上讲,投保人告知得越为详细具体,保险人制定的保险费率才能越为得当。但是,从投保人履行如实告知义务的客观能力以及提高合同效率的角度出发,并不要求投保人就一切风险因素均作出如实告知,投保人只要将影响保险标的风险状况变化的重要事实进行告知即可。这里的关键就是,何为重要事实?英国的《1906 年海上保险法》对此的表述是:“影响谨慎的保险人在确定收取保险费的数额和决定是否接受承保的每一项资料就认为是重要事实。”我国《保险法》对于重要事实的界定并没有给出明确的规定,但是,《保险法》第 16 条第 1 款、第 2 款规定:“订立保险合同,保险人就保险标的或者被保险人的有关情况提出询问的,投保人应当如实告知。投保人故意或者因重大过失未履行前款规定的如实告知义务,足以影响保险人决定是否同意承保或者提高保险费率的,保险人有权解除合同。”可见,我国《保险法》将一切影响到保险人决定是否同意承保或者提高保险费率的事实都作为重要事实来对待。

但是,有时有关标的物风险的重要事实并不为投保人所完全掌握,因此,这就涉及告知程度的问题。对于这一问题的处理,国际上的做法大致有两种,即无限告知主义和询问告知主义。

无限告知主义就是无论投保人客观上是否知晓一切有关标的物风险状况的重要事实,投保人都要向保险人如实陈述。这样的要求对投保人过于严苛,因为投保人由于主客观条件的限制,有时并不能完全了解有关标的物风险状况的所有影响因素,难免会由于客观条件的限制导致投保人违反如实告知义务。如果保险人以此为由拒绝对投保人进行承保或者提高保险费率,就会对保险合同的有效成立带来一定程度的阻滞。所以,一些保险实践与保险理论相对发达的国家目前已经放弃了无限告知主义,而采取了询问告知主义。

询问告知主义就是投保人如实告知的范围仅限于保险人进行询问的事项,其他事项无须告知。因为作为经营风险业务的保险人来讲,其丰富的经营经验足以判断影响标的物风险状况的因素种类,投保人按照保险人询问的项目进行如实告知义务更具有针对性。

需要注意的是，投保人如实告知义务的承担是动态持续的，不仅在合同成立时需要承担如实告知的义务，在合同成立后还要承担危险增加的通知义务，此点留待以后相应章节讲解。

(2)投保人的保证义务。投保人的保证义务并不是法定义务，而是属于与保险人的约定义务。因为保险标的时刻处于投保人或者被保险人的掌控之下，并不向保险人转移，所以，投保人或者被保险人的一举一动对于标的物风险状况都有着明显的影响。因此，保险人有时就需要通过与投保人约定其承担保证义务的方式来进行风险控制。

从保证内容的记载方式上分类，投保人的保证分为明示保证和默示保证。明示保证是指以文字或书面形式将保证内容记载于保险合同中，成为合同的一部分。例如，我国机动车辆保险条款"被保险人必须对保险车辆妥善使用、保管、保养，使之处于正常技术状态"。而默示保证即指保证内容并不记载于保险合同中，但是，投保人或者被保险人却必须保证做到。默示保证一般是国际惯例通行的准则，习惯上或者社会公认的被保险人应在保险实践中遵守的规则。默示保证在海上保险中运用得比较多，海上保险实践中的默示保证一般包括保证船舶适航、不绕航以及不非法航行。

另外，从保证事项的存在时间上分类，可以将保证分为确认保证和承诺保证。所谓确认保证就是投保人或被保险人对于现在或过去某种情况是否存在的一种确认，例如，被保险人对于过去从未住院的确认即属于确认保证；而承诺保证是投保人或者被保险人对将来某一事项的作为或不作为的保证，例如，被保险人承诺不躺在床上吸烟、保证增加厂房防盗设施等。

(3)保险人的说明义务。最初的最大诚信原则只约束投保人，随着保险实践的发展以及平等理念的进一步加深，最大诚信原则也成为了约束保险人的原则，该原则对于保险人的约束体现为保险人的说明义务。所谓说明义务，是指保险人有义务将保险合同的条款向投保人进行详尽的说明，尤其是免除对方权利和加重对方义务的条款。我国《保险法》第 17 条规定："订立保险合同，采用保险人提供的格式条款的，保险人向投保人提供的投保单应当附格式条款，保险人应当向投保人说明合同的内容。对保险合同中免除保险人责任的条款，保险人在订立合同时应当在投保单、保险单或者其他保险凭证上作出足以引起投保人注意的提示，并对该条款的内容以书面或者口头形式向投保人作出明确说明；未作提示或者明确说明的，该条款不产生效力。"

从本质上讲，保险合同属于买卖合同，作为销售保险产品的卖方——保险人——需要对其销售产品的质量进行说明,而由于保险产品这一商品有着较其他商品不同的特性,对于其产品质量的说明即体现在对保险条款的解释上。更为重要的是,保险合同条款通常是由保险人事先拟定并提供的且充满专业术语的格式条款,因此,需要保险人就保险合同内容向投保人进行详尽的说明。

(4)弃权与禁止抗辩。弃权与禁止抗辩,又称弃权与禁止反言。从字面意思上讲,弃权与禁止抗辩由“弃权”与“禁止抗辩”两部分组成,“弃权”是行为方式,“禁止抗辩”是“弃权”这一行为方式的结果。意思是说,行为人作出弃权的意思表示就要受其行为的约束,日后不得就其已经弃权的行为反悔。

弃权与禁止抗辩是约束保险人的一项义务。之所以给保险人增设这一义务,主要是因为平衡保险人和投保人之前的权利义务关系。虽然最大诚信原则是约束保险合同当事人双方的,但是,更多体现的是对投保人或被保险人的约束,保险人却在解除合同或者保险金给付方面有着更为广泛的抗辩机会,因此,为了更好地平衡双方的关系,各国保险法一般都有弃权与禁止抗辩的规定。

①弃权。弃权,就是放弃权利的意思。具体是指保险人对于因投保人或者被保险人违反如实告知义务或保证义务等而产生的抗辩权等权利的放弃。保险人的行为要产生弃权的效果,必须满足两个条件:一是要有弃权的意思表示,该意思表示可以是明示的,也可以是默示的;二是保险人明知其行为的行为效果。明示弃权不难理解,默示弃权在保险实践中的表现举例如下:保险合同有效期内,标的物风险增加,保险人原本有权解除合同或加收保费,但仍按原标准收取续期保费;被保险人违反防灾防损义务,保险人并不解除合同,反而指导其采取必要的防灾防损措施。

②禁止抗辩。禁止抗辩是保险人弃权的行为后果,是诚实信用的表现。也就是说,一旦保险人作出了放弃自己某种权利的意思表示,无论是明示的还是默示的,保险人都要受其意思表示的约束,不得反悔。但是,禁止抗辩义务的约束是要满足一定前提条件的,即保险人作出弃权行为必须基于其意识到有权可弃,才会产生相应的行为后果。

2. 合同成立后的诚实信用

依照诚实信用原则,保险合同的当事人在履行保险合同的过程中,应当尊重相对人的利益,尊重国家和社会的利益,积极主动地履行自己所承担的义务。因此,最大诚信原则对于双方当事人的约束,不仅仅体现在合同的订立阶段,还体现在合同成立之后的履行过程中。

合同履行过程中的诚实信用主要表现为投保人或被保险人的危险增加通知义务。因为风险具有不确定性以及发展性,合同成立之后的风险状况与合同订立时的风险状况有所不同,为了使保险合同当事人的权利义务建立在动态平衡的基础上,在风险状况发生变化的时候需要对合同的内容进行相应的修改以维持这种平衡,因此需要寻找到这样的平衡点。危险增加通知义务的创设,恰好能够在一定程度上实现上述目的。

我国《保险法》分别在第 49 条以及第 52 条具体规定了危险增加通知义务。《保险法》第 49 条第 3 款、第 4 款规定:"因保险标的转让导致危险程度显著增加的,保险人自收到前款规定的通知之日起三十日内,可以按照合同约定增加保险费或者解除合同。保险人解除合同的,应当将已收取的保险费,按照合同约定扣除自保险责任开始之日起至合同解除之日止应收的部分后,退还投保人。被保险人、受让人未履行本条第二款规定的通知义务的,因转让导致保险标的危险程度显著增加而发生的保险事故,保险人不承担赔偿保险金的责任。"《保险法》第 52 条的内容是:"在合同有效期内,保险标的的危险程度显著增加的,被保险人应当按照合同约定及时通知保险人,保险人可以按照合同约定增加保险费或者解除合同。保险人解除合同的,应当将已收取的保险费,按照合同约定扣除自保险责任开始之日起至合同解除之日止应收的部分后,退还投保人。被保险人未履行前款规定的通知义务的,因保险标的的危险程度显著增加而发生的保险事故,保险人不承担赔偿保险金的责任。"

针对危险增加通知义务需要注意以下几点:第一,危险增加通知义务的义务主体是被保险人;第二,我国《保险法》中危险增加通知义务仅适用于财产保险,不适用于人身保险;第三,此义务要求被保险人以书面或口头形式告知危险增加之状况;第四,保险人对于危险增加之情形可以增加保费或者解除保险合同;第五,违反危险增加通知义务将导致保险人不承担给付保险金的责任。

另外,有必要提及的是,风险除了具有客观性、损害性外,还具有发展性。也就是说,各种客观存在的具有损害性的风险并不是稳定不变的,它会随着各种条件的改变而发生变化。因此,为了彻底贯彻合同的平等原则,就需要针对保险合同中的风险变化进行全盘考虑,即不仅考虑危险增加时保险人权利的维护,还应考虑到危险程度降低时投保人(被保险人)的利益。然而,我国《保险法》只考虑到了问题的一个方面(只注重维护保险人的利益),忽视了本来就处于弱势一方的投保人(被保险人)的权益,缺少在危险程度降低时对投保人(被保险人)的权利保护。因此,如果在合同有效期间内标的物风险状况降低时,就应该赋予被保险人危险降低的通知"权利",使得被保险人有权要求保险人降低保险费率或者延长保险期间。

3. 合同履行完毕的诚实信用

最大诚信原则要求投保人或者被保险人以及保险人在保险合同签订及履行过程中履行各自的义务,维护对方的合法权益。但是,最大诚信原则的作用范围不止如此,该原则还约束着保险合同当事人在合同履行完毕之后的行为,我们将此时双方当事人的义务称为后合同义务。之所以创设这样的义务,主要是因为合同的缔结与履行在当事人之间产生一种特殊的信赖关系,因此,保险合同的当事人或者关系人都不得将订立以及履行合同过程中知晓的有关对方的秘密泄露给第三人或者利用其知悉的秘密为自己谋取利益。如若违反,给对方造成损失的,应当承担损害赔偿的责任。

(三)违反最大诚信原则的后果

保险合同当事人如果违反最大诚信原则下的各项义务,就要承担一定的后果以维护最大诚信原则对保险实践的约束。

1. 违反如实告知的法律后果

我国《保险法》第16条规定:"订立保险合同,保险人就保险标的或者被保险人的有关情况提出询问的,投保人应当如实告知。投保人故意或者因重大过失未履行前款规定的如实告知义务,足以影响保险人决定是否同意承保或者提高保险费率的,保险人有权解除合同。前款规定的合同解除权,自保险人知道有解除事由之日起,超过三十日不行使而消灭。自合同成立之日起超过二年的,保险人不得解除合同;发生保险事故的,保险人应当承担赔偿或者给付保险金的责任。

投保人故意不履行如实告知义务的,保险人对于合同解除前发生的保险事故,不承担赔偿或者给付保险金的责任,并不退还保险费。投保人因重大过失未履行如实告知义务,对保险事故的发生有严重影响的,保险人对于合同解除前发生的保险事故,不承担赔偿或者给付保险金的责任,但应当退还保险费。保险人在合同订立时已经知道投保人未如实告知的情况的,保险人不得解除合同;发生保险事故的,保险人应当承担赔偿或者给付保险金的责任。保险事故是指保险合同约定的保险责任范围内的事故。"

从我国《保险法》的上述条款中可以看出,如实告知义务的违反,要考察投保人或者被保险人的心理状态,只有出于故意或者重大过失才会导致承担不利后果,对于一般的过失不需要承担相应的后果。因此,如果投保人出于主观故意或者重大过失违反如实告知义务,保险人有权解除合同并对解除合同前发生的保险事故不承担保险责任。需要注意的是,只有投保人在故意或重大过失的心理状态下未如实告知的事项严重到足以影响保险人决定是否承保或者提高保险费率的，保险人才享有相应的权利。因此，即使投保人故意不如实告知，但是，其隐瞒的内容与标的物风险状况的关系微乎其微，甚至没有一点关系，保险人都不得行使解除保险合同或加收保费的权利。

2. 违反保证的法律后果

由于保证属于投保人的约定义务，而约定的事项通常都是较为重要的事项，因此，各国的保险法对此都有极为严格的要求，一旦投保人违反保证义务，就等于违约。无论过失大小，也不论是否给保险人造成实际损害，保险人均有权按照合同的约定行使自己的权利。

3. 违反危险增加通知义务的法律后果

违反危险增加通知义务将会导致保险人有权拒绝承担保险责任。但是，需要有两个前提：一是投保人未作危险增加的通知；二是标的物的出险是因为危险程度显著增加而发生的。二者是因果关系原理要求的，缺一不可。

4. 违反说明义务的法律后果

保险人违反说明义务的法律后果表现在保险合同条款的效力上，我国《保险法》第17条规定："订立保险合同，采用保险人提供的格式条款的，保险人向投保人提供的投保单应当附格式条款，保险人应当向投保人说明合同的内容。对保险合同中免除保险人责任的条款，保险人在订立合同时应当在投保单、保险单或者其他保险凭证上作出足以引起投保人注意的提示，并对该条款的内容以书面或者口头形式向投保人作出明确说明；未作提示或者明确说明的，该条款不产生效力。"

下面通过一个具体的案例，深入理解最大诚信原则。

2010年，某市居民孙某为自己所有并正在居住的一处房屋投保了家庭财产保险，保险期限为2010年1月1日至2010年12月31日。2010年5月3日，孙某的母亲病重，孙某需要长期到其母住所照顾母亲，便搬到母亲住所与其一同居住。同时将其投保的房屋出租给外来进城务工人员丁某，期限为1年，其间发生的水电费用均由丁某负责。但是，孙某并未将此情况告知保险公司。

2010年12月10日，因丁某未及时缴纳电费，电业局对其进行了停电处理。丁某在无电可用的情况下，使用其从老家带来的酒精炉做饭，由于室内昏暗，丁某操作不当引起火灾，致使该房屋损失严重。丁某将此情况及时通知了房主孙某。孙某得知该情况后，遂向保险公司报案，要求获得保险赔偿。保险公司以实际居住主体变更，标的物使用风险增加为由，拒绝承担保险责任。

结合最大诚信原则，思考以下问题：

1. 居住主体的变化，是否会造成标的物危险程度的增加？

2. 瞬间改变的风险状况是否需要进行告知？

三、近因原则

近因原则起源于海上保险实践，而今被广泛地应用于所有保险实践，是保险法的一项基本原则。该原则主要被应用于保险实践中的因果关系界定。因为当保险标的遭遇风险造成损害时，被保险人或受益人是否能够获得来自保险人的保险金支付，主要取决于造成风险事故的原因是否属于保险责任。如果造成事故发生的原因在保险人承保的责任范围内，保险人自然要承担相应的责任；如果造成保险标的损失的原因是保险责任范围之外的，保险人就无须承担保险金给付的责任。因此，在保险事故发生的时候就要通过一系列手段判断事故发生的原因是什么，该原因是否属于保险人承保责任范围之内。但是，鉴于因果关系的复杂性，原因与结果之间有时是一因一果的关系，有时还呈现出一因多果、多因一果等复杂的因果关系态势。对于复杂的因果关系，如何确定保险人承担责任与否或是需要承担多大的责任，就要应用到近因原则。

（一）近因原则的含义

近因原则中的“近”因，并非指时间上最为接近结果的原因，而是指造成损失结果的最直接、最能动有效的原因。英国学者约翰·T. 斯蒂尔将近因定义为：“近因是指引起一系列事件发生，由此出现某种后果的能动的、起决定作用的因素；在这一因素作用的过程中，没有来自新的独立渠道的能动力量的介入。”[①]如果该近因属于保险责任范围，保险人要承担相应的保险责任，否则无须承担保险责任。因此，保险实践中的近因原则主要由两部分构成：一是要判断造成保险事故的近因是什么；二是要判断近因是否属于保险人承保的责任范围。

关于“近因”最早明确的保险法学定义上的论述是1881年英国的“劳伦斯诉意外保险公司案（laurence V. Accidental Insurance CO. Ltd）”，在这一案件的判决中有以下的记载：我们必须考虑最近的原因，而不可能将损失的原因追溯至肇事者的出生，因为此人不出生就不会发生这一事件。这个判例法院从解决争端的角度出发，首次提出了“只考虑最近的原因”的原则，尽管这是相当朴素且简单的认识，但毕竟在保险人承保的损失和保险免责范围内的损失

① ［英］约翰·T. 斯蒂尔：《保险的原则与实务》，孟兴国等译，中国金融出版社1992年版，第40页。

之间划了一道分界线,即只与损失发生的"最近的原因"才属于保险责任,保险人才予以赔偿。[①]

(二)近因原则的应用

由近因原则的含义可知,近因原则的应用关系保险合同当事人的切身利益,因此,正确运用近因原则处理保险实践中遇到的相关问题至关重要。但是,在实践中,近因原则运用的复杂程度远远高于理论难度。正如美国学者普耳塞所描述的:近因是一个扑朔迷离的领域,对它的研究和分析仍然是一堆荆棘和一团乱麻,令人眼花缭乱。[②] 虽然如此,在保险理论与实践中,仍有一套确定近因并界定保险公司是否承担责任的方法。

1. 单一原因致损时的应用原则

我们假设 A 为事故发生的原因,Z 为损害结果。单一原因致损事件的逻辑链条为:

$$A \rightarrow Z$$

这时近因原则的运用比较简单,因为造成损害结果的原因只有一个,即 A。A 就是损害结果 Z 的近因,如果 A 属于保险责任范围内,则保险人承担相应的保险责任。

例如,韩某为自家财产投保了盗窃险,保险金额 5 万元,保险期限一年。假设该保单只承保盗窃一种风险,再无其他。在合同有效期内的某一天,韩某家被盗,损失达 2 万元。那么,造成韩某财产损失的原因非常明显,即盗窃。盗窃乃是其家庭财产损失的近因,而该原因又属于保险责任范围内的原因。因此,保险公司需要按照保险合同的约定向韩某承担保险责任。

2. 多种原因致损时的应用原则

多种原因致损,是指造成损害结果的原因有两个或者两个以上,具体包括多种原因同时发生、多种原因连续发生以及多种原因间断发生这三种主要情形。

(1)多种原因同时发生。我们假设 A、B、C 为事故发生的原因,Z 为损害结果。多种原因同时发生致损事件的逻辑链条为:

$$\begin{array}{lll} A & \searrow & \\ B & \rightarrow & Z \\ C & \nearrow & \end{array}$$

① 汤媛媛:《保险法近因原则研究》(2011 年博士学位论文),吉林大学,第 7 页。

② 尹田:《中国保险市场的法律调控》,社会科学文献出版社 2000 年版,第 133 页。

在这种逻辑关系中，A、B、C 三个事件都是导致 Z 结果发生的原因，且 A、B、C 同时发生，相互之间不具有引起与被引起的关系。此时可以将 A、B、C 看作引起 Z 结果的原因的组合，逻辑关系如下：

$$\begin{bmatrix} A \\ B \\ C \end{bmatrix} \rightarrow Z$$

$$= D \rightarrow Z$$

可以看出，造成损失结果 Z 的近因为 D，D 也就是 A、B、C 的组合。接下来就涉及保险人承担保险责任的问题。因为 D 是 A、B、C 的组合，所以判断 D 是否属于保险人的承保责任就相对复杂，要深入 D 的内部进行剖析。此时的判断原则为：如果 A、B、C 都属于保险责任，则保险公司承担保险责任；如果 A、B、C 都不属于保险责任，则保险公司不承担保险责任；如果 A、B、C 有的属于保险责任，有的不属于保险责任，就要看 A、B、C 是否能够进行分解：能够分解的话，保险人按照比例承担责任；如果不能进行分解，则保险公司可以不承担保险责任。

（2）多种原因连续发生。我们假设 A、B、C 为事故发生的原因，Z 为损害结果。多种原因连续发生致损事件的逻辑链条为：

$$A \rightarrow B \rightarrow C \rightarrow Z$$

在这种因果关系中，A、B、C 为 Z 发生的原因，且 A、B、C 之间具有引起与被引起的关系，即 A 是 B 发生的原因，B 为 A 的结果但也是 C 发生的原因。从近因的原理出发，造成 Z 结果最直接、最能动有效的原因是 A。因为没有 A 就不会出现 B 的结果，没有 B 自然也不会出现 C 的结果，进而不会有 Z 的发生。所以，在没有外来能动因素的影响下，多种原因连续发生致损的近因就是逻辑链条中的第一个原因。接下来就判断 A 是否属于保险责任，其应用同单一原因致损相同。

（3）多种原因间断发生。我们假设 A、B 为事故 Z 发生的原因，Z 为损害结果。多种原因间断发生致损事件的逻辑链条为：

$$A \neq B \rightarrow Z$$

上述逻辑链条表示的是：A 是 Z 发生的原因，但是，在发展的过程中，由于 B 的介入导致 A 与 Z 之间的逻辑关系断裂，B 成为 Z 发生的原因。在这种逻辑关系中，造成 Z 的最直接有效的原因是 B。如果 B 属于保险责任范围内，则保险人承担相应的保险责任，反之反是。

多种原因致损情况下，近因原则的应用相对复杂一些，下面用一个案例启发思考。

吴女士是一家企业的中层干部。2009 年,单位因经营不善而进行了裁员,吴女士也在裁员名单之中。吴女士的丈夫见吴女士整日闷闷不乐,就报名参加了旅行团组织的海南 7 日游,带吴女士出去散散心。出发前,夫妇二人通过旅行社各自购买了保险金额为 40 万元的旅游意外伤害保险。一切准备妥当,夫妇二人与其他团友一起在旅行社的安排下出发了。但是,在旅游途中,因旅行社安排的大巴司机疲劳驾驶,导致车辆与迎面开来的车相撞。吴女士因此身受重伤,紧急送到医院进行抢救。在抢救过程中,吴女士因突发心脏病抢救无效而死亡。得知妻子死亡的消息,吴女士的丈夫悲痛万分。料理完妻子的后事之后,吴女士的丈夫拿着保险单向保险公司申请保险金的给付。保险公司经过核实之后认为,吴女士是因为心脏病而死亡的,其死亡原因并不属于意外伤害,因此拒绝了吴女士丈夫的请求。

结合近因原则,思考以下问题:

1. 近因原则的“近”代表什么?

2. 该案中导致吴女士死亡的近因是什么?

四、损失补偿原则

损失补偿原则是适用于财产保险的一类重要原则,此原则之所以不适用于人身保险,是因为人身保险中的保险标的是人的生命、身体和健康,不具有可估量性,也就无所谓补偿。在保险实践中贯彻损失补偿原则,有利于贯彻合同必守原则,防止被保险人的不当得利,进而充分发挥保险的保障功能,防止道德风险的蔓延。

(一)损失补偿原则的含义

损失补偿原则,是指在保险合同有效成立之后,如果发生保险合同约定范围内的保险事故,被保险人有权按照合同的规定要求保险人向其支付保险金,但是,被保险人获得的保险金数额不得超过其实际损失。简单地讲,损失补偿原则由两方面内容构成:一是在风险事故发生后保险人要按照合同约定进行保险金的支付;二是被保险人获得的保险金不得超过其实际损失。被保险人获得的补偿不仅包括对于保险标的损失的赔偿,还包括保险事故发生后被保险人为防止或减少保险事故损失所支付的必要的且合理的费用。保险人对此项费用的赔偿在保险标的损失赔偿金额外另行计算,但是,最高不得超过保险金的数额。

(二)损失补偿原则的基本内容

1. 被保险人请求损失赔偿的条件

被保险人若要在标的物遭受风险事故并造成损失时按照合同约定获得保险赔偿,需要满足以下几点条件:

(1)被保险人对于保险标的具有保险利益。保险实践贯彻"无利益即无保险"与"无损失即无保险"的原则,为此,只有在保险事故发生时,被保险人对于保险标的具有合法的保险利益,才能向保险人申请支付保险金,对于在合同成立之初具有保险利益而出险时不具有保险利益的被保险人,无权申请保险金的赔付。

(2)被保险人遭受的损失在保险责任范围内。被保险人具有利害关系的保险标的因遭遇到风险事故而造成损失,只有造成损失发生的近因属于保险责任范围内的时候,被保险人才能够获得来自保险人的支付。

(3)被保险人遭受的损失可以用货币计量。损失补偿原则不仅是一个赔偿与否的作用原则,而且还是赔偿多少的规制原则。因此,根据损失补偿原则确定赔偿数额进而对被保险人进行赔偿时,被保险人的损失必须能够用货币进行计量,这样才能够使损失补偿原则得到实际贯彻。因此,被保险人因为保险标的物损失而受到的精神损害是无法得到赔偿的。例如,被保险人多年前的结婚礼服被盗,该礼服价值5 000元人民币。被保险人因具有纪念意义的财产被盗心情十分沮丧。但是,被保险人也只能就可以以货币进行计量的礼服的价值为限向保险公司申请保险金的赔付。

2. 保险人履行损失赔偿责任的限度

保险事故的发生给被保险人造成一系列的损失,包括标的物本身的损失、施救费用、诉讼费用等。但是,根据损失补偿原则,保险人无须对被保险人遭遇到的一切损失进行赔偿,赔偿是有一定的限度的。

(1)以实际损失为限。当投保财产遭受到保险责任范围内的损失时,保险人按照保险合同约定向被保险人承担赔偿责任,其范围不得超过被保险人的实际损失,否则会导致被保险人的不当得利。

假设被保险人的实际损失为 L,保险金为 P,保险赔款为 C,以实际损失为限的赔偿数额即:若 $L < P$,则 $C = L$。

例如,张某将其一辆价值 10 万元的某品牌轿车投保了机动车辆损失险,保险金额 10 万元。在保险合同有效期间内,该机动车辆出险,经保险公司现场勘察后核损数额为 5 万元,张某向保险公司提出索赔申请。此案中,虽然张某就其机动车辆投保了足额保险,但是保险事故并未造成标的物的全损,只是造成损失金额为5万元的部分损失,因此,保险公司只需要向张某支付5万元的保险金就足以弥补张某的损失。

(2)以保险利益为限。保险人对被保险人的赔偿以被保险人实际拥有的保险利益作为最高限额。例如,2009年年末,ABC纺织厂为扩大生产经营规模,以其价值500万元的纺织品仓库向XYZ银行进行一年期抵押贷款,贷款金额本息共计400万元,还款日为2010年12月31日。XYZ银行为了保障其债权的安全性,以该仓库为标的、以XYZ银行为被保险人向保险公司投保了火灾保险,保险金额为500万元,保险期限从2010年1月1日至2010年12月31日。2010年7月20日,纺织品仓库发生火灾(假设火灾原因属于保险责任范围),仓库全损。XYZ银行遂向保险公司申请500万元的保险金赔付。但是,保险公司只同意赔付400万元。

本案中,标的物价值为500万元,保险金额亦为500万元,且XYZ银行按照500万元的保险金额进行了保险费的支付。但是,由于XYZ银行对该抵押物的权益只有400万元,也就是说即使贷款到期ABC公司不能如约偿还XYZ银行的债权,XYZ银行将该仓库拍卖,也只能拿走其中的400万,多出部分仍属于ABC公司所有。因此,XYZ银行的保险利益也仅限于其贷款本息。保险公司对其进行保险金的支付也不会超过这个数额。

(3)以保险金额为限。当被保险人的保险利益或者实际损失大于保险金额的时候,保险人向被保险人支付的保险赔款数额以保险金为限。

我们假设被保险人的实际损失为L,保险金为P,保险赔款为C,如果$L>P$,则$C=P$;如果$L<P$,则$C=L$。

例如,宋某将其价值1万元的家庭财产投保了家庭财产保险,保险金额为8 000元,保险期限自2006年1月1日至2006年12月31日。2006年9月23日,宋某家遭遇盗窃损失,损失金额为9 000元。此案中,由于宋某投保的是不足额保险,保险金额小于标的物实际价值。因此,在进行保险金支付的时候就要以保险金额为限,即支付8 000元。

综上,保险人支付保险赔款时需要综合考察被保险人的实际损失、所拥有的保险利益及其投保的保险金额。但是,当实际损失、保险利益以及保险金额不一致时,就要考察损失补偿原则的作用机制以确定适宜的保险赔款。总之,既不能使保险人逃避保险责任,又不能使被保险人不当得利。

3. 损失赔偿的方式

在保险实践中,一旦标的物出险,保险公司不仅要确定赔与不赔的问题,还要计算出赔偿的数额。赔偿数额的计算要在贯彻损失补偿原则的前提下,结合保险合同的特性来进行。在具体实务中,采取的赔偿方式通常包括比例赔偿方式以及第一损失赔偿方式。

(1)比例赔偿方式。在不定值保险中,保险赔偿金要按照保险保障的程度进行计算,即以保险金额与标的物出险时的实际财产价值比例计算赔偿金额。其计算公式如下:

保险赔偿额 = 保险财产实际损失额 × 保障程度

保障程度 = 保险金额 ÷ 损失当时保险财产的实际价值

如果是定值保险,其计算公式如下:

保险赔偿额 = 保险财产实际损失额 × 保障程度

保障程度 = 保险金额 ÷ 投保时确定的保险财产价值

需要注意的是,保障程度≤1:即在足额保险中保障程度 = 1,在不足额保险中保障程度 <1,在超额保险中保障程度 = 1。因此,投保人若想获得更高的且有效的保险保障的话,就需要尽量将保障程度向数值“1”靠拢。当然,此时也要注意因保障程度增加而相应增加的保险费支出以及标的物全损的风险概率问题。

(2)第一损失赔偿方式。第一损失赔偿方式是衡量实际损失与保险金额大小以确定保险赔款数额的赔偿方式。

假设保险金额为 P,实际损失为 L,赔款为 C。按照第一损失赔偿方式,若 L≤P,则 C = L;若 L > P,则 C = P。

这种赔偿方式的计算理念是:保险人仅在被保险人投保范围内向其进行赔款支付(L≤P),超过时(L > P),超过部分视为未投保,是不予赔付的。

(三)损失补偿原则的应用特例

虽然损失补偿原则是规制财产保险的一项基本原则,但是在保险实践中,该原则仍有一定的应用特例。

1. 人身保险

人身保险的标的是具有不可估量性的人的生命、身体和健康,所以,人身保险中保险金额的确定,通常参考投保人的实际需要及其支付保险费的能力,由投保人按照保险人事先确定的保险金额的档次进行选择性确定。而且由于保险标的的不可估量性,在人身保险中也就不存在超额保险或者不定值保险的问题。当发生保险事故时,一般就按照事先确定的保险金额进行保险金的给付。如果被保险人死亡,则进行全部保险金的支付;如果被保险人伤残,就需要按照伤残比率乘以保险金来确定支付数额。

2. 定值保险

由于定值保险中标的物价值是在合同订立时确定的，因此，在标的物出险时就以该价值作为计算保险赔款的基础，并不再进行出险时标的物实际价值的确定。如此一来，就会出现因为出险时标的物实际价值下降而导致保险赔款超出被保险人实际损失数额的情况。

例如，张某和保险公司签订一定值保险合同，确定保险标的物价值 V_1 为50 000元人民币，保险金额 P 亦为50 000元人民币。出险时该标的物损失程度达 80%，而出险时该标的物的市场价值 V_2 为40 000元人民币。按照定值保险的约定，保险赔款 C 计算结果如下：

$$
\begin{aligned}
C &= V_1 \times 80\% \\
&= 50\,000 \times 80\% \\
&= 40\,000
\end{aligned}
$$

如果严格按照损失补偿原则计算，结果如下：

$$
\begin{aligned}
C &= V_2 \times 80\% \\
&= 40\,000 \times 80\% \\
&= 32\,000
\end{aligned}
$$

对比可知，$40\,000 - 32\,000 = 8\,000 > 0$。可见，定值保险会导致被保险人的不当得利。因此，为彻底贯彻财产保险的损失补偿原则、规避道德风险以及逆选择行为的出现，对于定值保险一般适用于市场价值波动不大的物品。

3. 重置保险

重置保险，是指以被保险人重置或重建保险标的所需的费用或成本确定保险金额的保险。因为保险的目的之一在于通过保险金的支付迅速恢复生产和生活。但是，由于标的物市场价值的波动、物价上涨以及投保人投保不足额保险等情况会导致被保险人获得的保险金不足以实现恢复生产和生活的目的。因此，有时被保险人为了满足对被保险财产进行重构或重建的需要，就与保险人协商签订重置价值保险以规避上述风险。一旦签订重置保险合同，当标的物出险时，无论出险时标的物实际价值多少，无论是否有残余物资，保险人均需按出险时标的物市场价格进行重置费用的支付。例如，甲、乙签订了一套价值 10 万元的机床设备的重置价值保险合同，出险时标的物全损，出险时该套设备市场价值 12 万元。因此，保险公司就需要向被保险人支付保险赔款 12 万元。这样明显违背了损失补偿原则，因此重置保险也是损失补偿原则的特例。

（四）损失补偿原则的派生原则

1. 代位追偿原则

（1）代位追偿的概念。代位追偿，是指在财产保险中，当保险人依照法律或者合同的约定，对被保险人因他人的侵权行为而造成的损失进行补偿之后，依法取得向对财产造成损失的侵权行为人进行追偿的权利或者取得被保险人对保险标的的所有权。之所以赋予保险人代位追偿的权利，主要是因为出于以下几点考虑：一是标的物出险时，保险人有义务按照合同的约定履行保险金给付责任；二是标的物的损失是由实施侵权行为的第三人造成的，第三人不能因为保险公司对标的物的损失进行补偿而被免责；三是之所以没有将此权利保留给被侵权行为人，是因为被保险人已经获得来自保险人的赔付，再保留此权利会造成其不当得利。

（2）代位追偿的内容。代位求偿的内容主要包括物上代位和权利代位。

①物上代位。物上代位是指保险标的遭受保险责任范围内的风险事故造成部分损失时，保险人在对被保险人进行全额赔付之后依法取得该标的物的所有权，即代位取得受损保险标的物的权利与义务。

物上代位通常产生于保险实践中对标的物作出的推定全损处理。所谓推定全损是指保险标的的损失尚未达到全损或完全灭失的程度，但是，随着事态的发展实际全损已经不可避免，或者损余物资对于被保险人已经无任何价值，或是对标的物的修复成本过高。但是，无论是何种原因导致的推定全损，都不同于实际全损，因此，当保险人按照实际全损进行保险金的支付之后，对于损余物资理应取得相应的所有权，避免被保险人额外获益。

需要特别注意的是，物上代位权并不是一项法定权利，而是出于被保险人与保险人协商的结果而产生的。因此，实现物上代位权就需要由被保险人向保险人提出委付申请并得到保险人的同意，具体而言，其实现条件包括如下几项：

第一，被保险人向保险人提出委付申请。《中华人民共和国海商法》（以下简称《海商法》）第 249 条规定："保险标的发生推定全损，被保险人要求保险人按照全部损失赔偿的，应当向保险人委付保险标的。保险人可以接受委付，也可以不接受委付，但是应当在合理的时间内将接受委付或者不接受委付的决定通知被保险人。委付不得附带任何条件。委付一经保险人接受，不得撤回。"因为物上代位所取得的权利和义务毕竟是源自被保险人的权利、义务的综合转让，因此，必须由被保险人向保险人提出申请并得到其同意。

第二，委付应该就保险标的的全部提出。该项条件是指委付必须针对不可分的保险标的的全部提出，而不能将一项不能分割的保险标的进行部分委付，否则的话，权利主体的复数性容易产生纠纷。

第三，委付不得附有条件。

第四，委付必须经过保险人的同意。委付必须经过保险人的同意，是因为这个行为转移的不仅仅是有关保险标的的权利，同时还伴随有义务，按照我国《合同法》的规定，这个行为发生相应的效果必须经过保险人的同意，而且委付毕竟是在标的物推定全损的情况下提出的。简单地讲，标的物即使没有全损而仍有损余物资，但是，该损余物资对被保险人已经没有任何的价值，那么对于保险人也可能会是相同的情况，因此保险人在接到被保险人提出的委付申请时，通常会综合考虑、权衡利弊。当保险人接到来自被保险人的委付申请时，保险人就应在合理的时间内将接受或不接受的决定通知给被保险人，如果超过合理的时间仍未发出此项通知，应视为保险人并不接受委付申请。另外，在保险人作出接受委付的意思表示之前，被保险人的委付申请可以撤销的；一旦保险人接受了委付申请，则双方都不可以撤销先前行为。

②权利代位。权利代位是指追偿权的代位。当保险标的因第三人的原因造成损害，在保险人向被保险人支付保险金之后取得向第三人进行追偿的权利。我国《保险法》第 60 条第 1 款规定："因第三者对保险标的的损害而造成保险事故的，保险人自向被保险人赔偿保险金之日起，在赔偿金额范围内代位行使被保险人对第三者请求赔偿的权利。"

对于代位追偿权的取得，各国的保险法中主要有自动取得和让与取得两种方式。自动取得就是当保险人向被保险人支付保险金之后，立刻自动取得对于第三人进行追偿的权利；而让与取得则是指保险人支付了保险金之后还需要取得来自被保险人的权利让与同意书，才能够取得对于第三人进行追偿的权利。无论是自动取得还是让与取得，代位求偿权的取得都必须满足以下条件：

第一，损害事故发生的原因以及受损的标的都属于保险责任范围。因为只有满足此条件，保险人才需要对被保险人承担保险金给付义务；否则，被保险人的损失只能向侵权行为人进行主张，自然不存在代位追偿的问题。

第二，保险事故是由第三人的行为造成的，并且第三人应依法对被保险人承担侵权损害赔偿责任。如果保险事故是由非人为原因造成的，在被保险人获得来自保险人的赔付之后，即使权利转移，但是由于不具有可行使权利的对象，因此也无所谓代位追偿的问题。

第三，保险人按照合同的规定向被保险人进行赔付之后，才能够取得该权利。因为代位追偿实际上是原本归属于被保险人的债权向保险人进行的转让，那么只有当被保险人取得让与的对价之后才会将其权利向他人进行转移。

这里有几个问题需要特别注意：

第一，保险人在行使代位追偿权时的权益范围。即被保险人向第三人行使代位追偿权的数额问题。我国《保险法》第60条第1款规定："因第三者对保险标的的损害而造成保险事故的，保险人自向被保险人赔偿保险金之日起，在赔偿金额范围内代位行使被保险人对第三者请求赔偿的权利。"因此，如果第三人应该承担的损害赔偿责任数额超过保险人向被保险人支付的保险金数额，超过部分仍归被保险人所有，此部分不向保险人转移。之所以对保险人代位求偿权的权利数额进行限制，主要是因为代位求偿权的设置目的是为了既要最大程度维护被保险人的合法权益，也要防止被保险人的双重获利，同时保险人也不能因此而获得额外的利益。

第二，要适当限制被保险人的行为。适用代位追偿权的大多是被保险人的财产遭遇到了来自第三人侵权行为的破坏而造成损失。因此，对于被保险人来讲，其维护自身权益的手段有两种：一种是向侵权行为人主张侵权损害赔偿；二是向保险人申请保险赔付。被保险人可以在两种权利之间进行选择以弥补自己的损失。在作出选择之前，被保险人会综合权衡权利实现的难易程度。一般来讲，被保险人通常会选择向保险人申请保险金支付。因此，为了避免被保险人的双重获利，就必须剥夺其在保险金数额范围内向第三人请求赔偿的权利，将该权利转移给保险人代位行使。当然，被保险人也会选择在向保险人申请赔付之前向第三人为免除其承担损害赔偿责任的意思表示，此时被保险人对第三人所为的意思表示将产生第三人免责的效果，也会影响到保险人代位追偿权的实现。而被保险人对于第三人所为的意思表示又是其行使权利的自由，如此一来就需要综合设计一项对被保险人权利滥用行为进行限制的制度。即当被保险人在向保险人申请赔付之前放弃对第三人的损害赔偿请求权的，不得再向保险人申请赔付；当被保险人在获得保险赔付之后放弃对第三人的损害赔偿请求权的，该放弃行为无效。我国《保险法》第61条就此方面对被保险人的行为进行了规制。我国《保险法》第61条条规定："保险事故发生后，保险人未赔偿保险金之前，被保险人放弃对第三者请求赔偿的权利的，保险人不承担赔偿保险金的责任。保险人向被保险人赔偿保险金后，被保险人未经保险人同意放弃对第三者请求赔偿的权利的，该行为无效。被保险人故意或者因重大过失致使保险人不能行使代位请求赔偿的权利的，保险人可以扣减或者要求返还相应的保险金。"但是需要强调的是，超过保险赔款的部分归属于被保险人自由处置。

第三,代位追偿只能向依法承担损害赔偿责任的第三人行使。无论是自然人还是法人,只有当其应向被保险人承担损害赔偿责任时,保险人才能向其代位行使损害赔偿请求权。因为按照《中华人民共和国侵权责任法》(以下简称《侵权责任法》)的规定,侵权行为人承担侵权责任方式有:停止侵害、排除妨碍、消除危险、返还财产、恢复原状、赔偿损失、赔礼道歉、消除影响、恢复名誉。这些责任方式中的停止侵害、排除妨碍、消除危险、返还财产、恢复原状、赔礼道歉、消除影响、恢复名誉的责任方式都具有人身指向性,不能代位行使。

第四,代位追偿的对象有限制。按照我国《保险法》第 62 条的规定,保险人不得对被保险人的家庭成员或者其组成人员行使代位请求赔偿的权利。之所以作出这样的规定,主要是因为被保险人的家庭成员或者其组成人员与被保险人属于家庭财产的共同所有权主体,如果可以对其家庭成员或者其组成人员不受限制地行使代位追偿权的话,无异于将支付给被保险人的保险金再度索要回去,违背了被保险人投保的初衷。

2. 重复保险分摊原则

(1)重复保险的概念。重复保险是投保人以同一保险标的、同一保险利益,同时向两个或两个以上保险人投保同一危险,保险金额总和超过保险标的的价值。重复保险的构成需要满足以下几点条件:

①同一保险标的以及同一保险利益。重复保险实际上是为了避免被保险人额外获益,当投保人将不同的保险标的分别投保,或者将同一保险标的以不同的保险利益种类进行投保时,自然不会获得超过其实际损失的保险赔偿金。例如,张某将自有机动车分别向 A、B 保险公司投保了盗窃险,此种行为即构成了重复保险。但是,如果张某将自有机动车分别向 A、B 保险公司投保了盗窃险和玻璃单独破碎险,则不构成重复保险。

②保险期间具有重合性。如果构成重复保险,则不仅仅需要满足同一保险标的和同一保险利益要件,还需要满足保险期间的重合性,否则的话也不构成重复保险。例如,张某将自有机动车分别向 A、B 保险公司投保了盗窃险,A 保险的合同有效期限是 2011 年 2 月 1 日至 2012 年 1 月 31 日,B 保险合同的合同有效期限是 2011 年 1 月 1 日至 2011 年 12 月 31 日。只有在 A、B 保险合同相重合的保险期间内,即 2011 年 2 月 1 日至 2011 年 12 月 31 日,张某的行为才构成重复保险。如果风险事故出现在 2011 年 1 月 1 日至 2011 年 1 月 31 日或者 2012 年 1 月 1 日至 2012 年 1 月 31 日均不构成重复保险。

③同一保险危险。重复保险的第三个构成要件是同一保险危险。只有如

此才会出现两个保险同时出险的情况。

④与数个保险人订立两个或两个以上的保险合同,且保险金额总和超过保险标的的价值。按照超额保险的处理办法,投保人无法在一个保险人处进行重复保险行为。因此,重复保险必须是向两个或两个以上的保险人分别投保订立了保险合同。除此之外,还必须是各个保险合同的保险金额总和超过保险标的物的价值。例如,张某自有机动车价值 20 万元,张某分别向 A、B 保险公司投保了盗窃险,A 保险合同的有效期限是 2011 年 2 月 1 日至 2012 年 1 月 31 日,保险金额为 15 万元,B 保险合同的有效期限是 2011 年 1 月 1 日至 2011 年 12 月 31 日,保险金额为 10 万元。

可以说,重复保险是投保人和被保险人规避损失补偿原则限制的一个手段。通过重复保险,被保险人可以获得的保险赔偿金要超过其保险利益或者实际损失。为了避免违背损失补偿原则,甚至违背保险基本理念行为的出现和蔓延,就需要采取一定的方式方法对这种重复保险行为进行一定的规制。但是,通过以上的例子可以发现,在重复保险下的单个保险合同不违反法律规定的,仍然是有效的保险合同。因此,重复保险的规制不能采取宣布某个保险合同无效的方式进行。目前,通行的做法就是在承认各个单个保险合同效力的前提下,采取重复保险的分摊原则来避免被保险人在重复保险下的超额获益。

(2)重复保险的分摊原则。重复保险的分摊原则主要有以下几种:

①比例责任分摊方式。该方式中各个保险人承担的保险责任是按照其所承保的保险金额占所有保险人承保保险金额总和的比例计算的。

其计算公式为:

$$\text{各保险人承担的赔款} = \text{损失金额} \times \frac{\text{该保险人承保的保险金额}}{\text{各保险人承保的保险金额总和}}$$

例如,张某自有机动车价值 20 万元,张某分别向 A、B、C 保险公司投保了车损险,A 保险合同的有效期限是 2011 年 2 月 1 日至 2012 年 1 月 31 日,保险金额为 15 万元;B 保险合同的有效期限是 2011 年 1 月 1 日至 2011 年 12 月 31 日,保险金额为 10 万元;C 保险合同的有效期限是 2011 年 4 月 1 日至 2012 年 3 月 31 日,保险金额为 15 万元。2011 年 6 月 1 日,张某机动车出险造成损失 5 万元。按照比例分摊方式计算 A、B、C 保险公司承担的保险责任分别如下:

$$A\text{ 保险公司承担的赔款} = 5 \times \frac{15}{15+10+15} = 1.875\text{ 万元}$$

$$B\text{ 保险公司承担的赔款} = 5 \times \frac{10}{15+10+15} = 1.250\text{ 万元}$$

$$C\text{ 保险公司承担的赔款} = 5 \times \frac{15}{15+10+15} = 1.875\text{ 万元}$$

②限额责任分摊方式。限额责任分摊方式是在没有重复保险的情况下，以各保险人依其承保的保险金额而应负的赔偿限额与各个保险人应承担赔偿限额总和的比例承担损失赔偿责任。

其计算公式为：

$$\text{各保险人承担的赔款} = \text{损失金额} \times \frac{\text{该保险人赔偿限额}}{\text{各保险人赔偿限额总和}}$$

例如，上例采用限额责任分摊方式，A、B、C 保险公司承担的保险责任分别是：

$$A\text{ 保险公司承担的赔款} = 5 \times \frac{5}{5+5+5} = 1.6667\text{ 万元}$$

$$B\text{ 保险公司承担的赔款} = 5 \times \frac{5}{5+5+5} = 1.6667\text{ 万元}$$

$$C\text{ 保险公司承担的赔款} = 5 \times \frac{5}{5+5+5} = 1.6667\text{ 万元}$$

③顺序责任分摊方式。顺序责任分摊方式，是按照重复保险中各保险公司保险合同签订的顺序来计算各个保险公司赔偿责任的一种分摊方式。

例如上例，假设 A、B、C 保险公司承保顺序为 A 最早，接下来是 B，最后是 C，则 A、B、C 保险公司承担的保险责任分别是：

A 保险公司承担的赔款 =5 万元

B 保险公司承担的赔款 =0 万元

C 保险公司承担的赔款 =0 万元

【练习与思考】

1. 保险利益原则的作用有哪些？

2. 为什么要附加给被保险人以如实告知义务？

3. 近因原则的作用机制是什么？

4. 为什么损失补偿原则对于人身保险并不适用？

5. 重复保险分摊原则是保险学中的基本原则之一，请阐述重复保险的概念以及重复保险分摊的三种方式。

第三节　保险合同法律制度

一、保险合同概述

(一)保险合同的概念

保险合同是投保人与保险人约定保险权利义务关系的协议。投保人按照合同的约定向保险人支付保险费,保险人则需按照合同的约定,当被保险人遭遇风险事故时向被保险人或者受益人支付保险金。

(二)保险合同的特征

1. 射幸性

保险合同区别于一般合同的特性之一即在于其具有明显的射幸性。“射幸”就是碰运气的意思。而保险合同的射幸性具体而言是指保险人履行合同的结果是建立在风险事件可能发生,也可能不发生的基础之上的。如果在合同的有效期间内,保险标的出险,则保险人须按照合同的规定承担保险金给付的责任;如果保险标的并未出险,保险人无须承担保险责任。但是,无论保险标的是否出险,投保保险均需按照合同的约定缴纳保险费。因此,投保人在投保时需要考虑标的物的预期损失,并将其与保险费用进行对比,进而作出理性的投保决定。

2. 双务性

合同有双务合同和单务合同之分。单务合同是指合同一方主体只有权利而不承担义务,相对方则与其相反;与此相对应,双务合同则是指合同的双方主体互相都享有权利并承担义务。之所以将保险合同界定为双务合同,是因为保险合同的主体——保险人和投保人,互享权利和义务。投保人负有缴纳保费的义务并享有获得保险赔款的权利;保险人享有收取保费的权利并负有在保险标的出险时对被保险人支付保险赔款的义务。保险合同的双务性较一般的双务合同有所区别,即从表面上看,无论风险事故是否发生,投保人均需要履行支付保险费的义务,但是,保险人却并不一定要承担给付保险金的责任。

3. 补偿性

补偿性是财产保险的特性之一。补偿性,是指财产保险合同中,当保险标的物遭遇到保险合同责任范围内的风险事故,造成被保险人损失时,保险人需要对被保险人履行保险赔款的支付,以使被保险人能够迅速地恢复原有的生产生活状态,但是,保险赔款的给付数额以弥补损失为最大限度,不得使被保险人通过保险超额获益。

4. 条件性

条件性是指在保险合同履行过程中,合同主体权利的实现要以一定的条件作为前提。例如,被保险人若想在标的物出险时获得保险赔款的权利,必须满足标的物出险原因在保险合同约定的责任范围内等条件。

5. 附和性

附和性主要是指保险合同的格式条款特性。保险合同的格式条款是由保险公司事先拟定并提供的,而投保人并不具有与保险人协商变更合同的格式条款的权利。投保人只能是接受合同的格式条款并签订保险合同,或者是拒绝投保。因此,为了更好地保护投保人的合法权益,当保险人在保险合同中使用格式条款时,需要将条款内容向投保人进行明确的说明,尤其是其中免除己方责任、排除对方权利的条款。而且,当合同主体对于格式条款的理解产生分歧时,需要作出对于格式条款提供方不利的解释。

二、保险合同的分类

(一)按照标的的不同分类

按照保险标的的不同,保险合同可以分为财产保险合同和人身保险合同。财产保险合同是以有形财产或者相关利益作为保险标的的保险,而人身保险则是以人的生命、身体或者健康作为保险标的的一类保险。由于保险标的的不同,财产保险和人身保险有着很多明显的区别,例如,合同的性质、保险金的确定等等。基于此等原因,在我国,人身保险业务和财产保险业务不能由一个保险公司兼营。但是,经营财产保险业务的保险公司经国务院保险监督管理机构批准,可以经营短期健康保险业务和意外伤害保险业务。

(二)按照保险价值确定方法的不同分类

按照保险价值确定方法的不同,保险合同可以分为定值保险合同、不定值保险合同以及定额保险合同。

定值保险合同和不定值保险合同都属于财产保险合同。定值保险合同是与不定值保险合同相对应的一类保险合同,具体是指保险合同的双方当事人在签订保险合同之时确定保险标的的价值,当标的物出险时即按照确定好的价值计算标的物损失金额;而不定值保险合同在订立合同时并不确定标的的物的价值,而是等到标的物出险时再进行价值的核定,进而确定损失。

定额保险合同不同于定值保险合同和不定值保险合同,它是专门针对人身保险合同而言的。定额保险合同是指在保险合同订立时,由保险人和投保人约定保险合同的保险金额,当被保险人发生保险责任范围内的风险事故时,保险人需要按照合同的约定对被保险人或者受益人进行保险金的给付。

(三)按照保险金与保险价值的关系分类

按照保险金与保险价值的关系,可以将保险合同分为足额保险合同、不足额保险合同和超额保险合同。足额保险合同是指保险金额等于保险价值的保险合同,对于被保险人而言该类合同的保障程度最高;保险金额小于保险价值的保险合同是不足额保险合同,这种保险合同的成立,主要是由于投保人对标的物预期损失的预估以及标的物市场价值变化等原因而形成的,按照我国《保险法》第 55 条第 4 款的规定:“保险金额低于保险价值的,除合同另有约定外,保险人按照保险金额与保险价值的比例承担赔偿保险金的责任。”超额保险合同即指保险金额大于保险价值的保险合同。我国《保险法》第 55 条第 3 款规定:“保险金额不得超过保险价值。超过保险价值的,超过部分无效,保险人应当退还相应的保险费。”

(四)按照危险转移的方式分类

按照危险转移的方式,可以将保险合同划分为原保险合同和再保险合同。

原保险合同是投保人直接与保险人订立的保险合同;再保险合同是原保险人与再保险人订立的保险合同,是原保险人转嫁原保险合同风险的一种处理手段。我国《保险法》第 28 条第 1 款规定:“保险人将其承担的保险业务,以分保形式部分转移给其他保险人的,为再保险。”但是,再保险接受人不得向原保险的投保人要求支付保险费。原保险的被保险人或者受益人不得向再保险接受人提出赔偿或者给付保险金的请求。再保险分出人不得以再保险接受人未履行再保险责任为由进行抗辩。

三、保险合同要素

保险合同要素包括保险合同的主体、保险合同的客体以及保险合同的内容。

(一)保险合同的主体

保险合同不同于一般的商品买卖合同,其主体相对较多。具体而言,保险合同涉及的主体包括保险合同的当事人以及保险合同的关系人。

1. 保险合同的当事人

保险合同的当事人是直接签订保险合同的主体,即投保人和保险人。

我国《保险法》第 10 条第 2 款规定:“投保人是指与保险人订立保险合同,并按照合同约定负有支付保险费义务的人。”作为投保人必须是具有完全民事行为能力的自然人或法人。无民事行为能力以及限制行为能力主体均不得与保险人订立保险合同,否则会因为主体资格问题导致保险合同无效。

我国《保险法》第 10 条第 3 款规定:“保险人是指与投保人订立保险合同,并按照合同约定承担赔偿或者给付保险金责任的保险公司。”非保险公司不得经营保险业务。

2. 保险合同的关系人

保险合同的关系人,是指虽不直接订立保险合同,但是却与保险合同的履行关系密切的主体。具体包括被保险人、受益人以及保单所有人。

(1)被保险人。被保险人是指其财产、相关利益或者生命、身体、健康受到保险合同保障的人,包括自然人和法人。我国《保险法》第 12 条第 5 款规定:“被保险人是指其财产或者人身受保险合同保障,享有保险金请求权的人。投保人可以为被保险人。”

被保险人是保险合同的被保障主体,对于被保险人并无民事行为能力方面的要求,完全民事行为能力人、限制民事行为能力人,甚至是无民事行为能力人均可以成为被保险人。

(2)受益人。受益人是人身保险合同中独有的概念,是指在保险事故发生后享有保险金支付请求权的主体。我国《保险法》第 18 条第 3 款规定:“受益人是指人身保险合同中由被保险人或者投保人指定的享有保险金请求权的人。投保人、被保险人可以为受益人。”与被保险人类似,完全民事行为能力人、限制民事行为能力人,甚至是无民事行为能力人均可以成为受益人。

(3)保单所有人。保单所有人主要适用于人身保险,具体是指保险合同成立之后,对于保险单拥有合法所有权的个人或者企业。一般来讲,被保险人与保单所有人为同一主体的情况较为普遍。该类主体通常享有变更受益人、领取退保金以及在保单现金价值内贷款等权利。但是,在我国《保险法》中并没有保单所有人的概念。

(二)保险合同的客体

保险合同的客体乃是保险合同主体权利义务所指向的对象。具体而言,是指保险利益。有关保险利益的具体内容,在保险法基本原则部分作以介绍,此处恕不赘述。

(三)保险合同的内容

在保险实践中,保险合同的内容主要是通过保险合同条款来加以体现的。虽然保险合同的条款都是由保险公司事先拟定并提供的,但是仍然要接受来自保险监督管理部门的监管。

按照我国《保险法》第18条的规定:保险合同应当包括下列事项:(1)保险人的名称和住所;(2)投保人、被保险人的姓名或者名称、住所,以及人身保险的受益人的姓名或者名称、住所;(3)保险标的;(4)保险责任和责任免除;(5)保险期间和保险责任开始时间;(6)保险金额;(7)保险费以及支付办法;(8)保险金赔偿或者给付办法;(9)违约责任和争议处理;(10)订立合同的年、月、日。投保人和保险人可以约定与保险有关的其他事项。

四、保险合同的履行

保险合同成立之后,保险合同的主体就要按照合同的约定各自履行自己的义务,以满足对方权利的实现。合同的履行即是指合同义务的履行。

(一)投保人的义务

投保人的义务主要包括交纳保险费、如实告知以及出险通知等。

1. 交纳保险费义务

我国《保险法》第14条规定:"保险合同成立后,投保人按照约定交付保险费,保险人按照约定的时间开始承担保险责任。"保险费的交纳通常以现金交纳为主,但是也可以采取票据或者保险人同意的其他方式。另外,按照交纳期数的不同,保险费的交纳可以分为趸交和分期交纳两种。趸交是指保险费的一次性缴纳,这种保险费的缴纳方式一般适用于财产保险中保险费的缴纳,对于人身保险而言,保险费的缴纳也可以采取趸交,但是对于投保人的财务压力相对较大。分期交纳,又可以具体分为年缴、半年缴、按月缴等合同当事人同意的方式。

另外,保险费可以由非投保人交纳。但是,在此种情况下,保险人不享有对于第三人的续期保险费交纳请求权。

保险费的形式主要以现金为主,当然也包括票据。如果投保人未按照合同的约定进行保险费的缴纳,保险人有权拒绝承担保险责任,甚至解除保险合同。

2. 如实告知义务

此部分内容详见"最大诚信原则"部分,恕不赘述。

3. 出险通知义务

保险标的出险后,投保人需要及时向保险人报案,如果投保人违反该义务将会导致保险人现场勘察不及时,进而影响到被保险人获得的赔款数额,甚至会导致保险人合同责任的免除。

当被保险人履行此项义务时,需要向保险公司提供单证号码以及身份证等基本信息,保险人在进行简单的登记核实之后会派出现场勘察人员进行具体的勘察工作,以核定保险责任以及保险事故的损失数额。

(二)保险人的义务

保险人的义务主要是在保险合同成立后,一旦发生保险合同约定范围内的责任事故,即需按照合同的约定进行保险金的支付。这是保险人最主要的义务。当然,保险人还会按照保险合同的约定对于保险人提供防灾防损建议、进行保险标的物日常养护等附加性的服务项目。

1. 确定保险责任

保险人保险金支付义务的履行要以被保险人的损失发生在合同约定范围内为前提条件。也就是说,保险人对于非保险标的损失、非责任范围内损失以及除外原因造成的标的物损失无须承担保险责任。而为了使得保险责任更加具体明确,在保险合同中通常列示有基本责任条款、附加责任条款以及除外责任条款。除外责任条款对于合同主体权利义务的影响十分明显,因此,保险人在与投保人签订保险合同的过程中,需要将除外责任条款向投保人进行特殊的说明,否则该条款对于投保人将不产生效力。

2. 保险金的支付

保险金的支付方式以现金支付为主,但是也有修理、更换以及重置等赔付方式存在。而且保险人对于被保险人或者受益人进行的支付中,除了保险金给付之外,还包括施救费用等。

五、保险合同的变更

保险合同的变更,是指有效成立的保险合同在合同存续期间发生的主体以及内容的改变。

(一)保险合同主体的变更

保险合同主体的变更既包括当事人的变更,也包括关系人的变更。但是,一般情况下,保险合同主体的变更主要是指投保人和被保险人乃至受益人的变更,而不包括保险人的变更。

1. 投保人的变更

投保人的变更主要发生在保单转让的场合。关于保险单的转让，主要有两种立法例：一种是保险人同意主义，一种是自由转让主义。

(1)保险人同意主义。该种立法例要求保险单的转让必须以取得保险人的同意作为生效的前提。因为在财产保险中，保单的转让是因保险标的的转让而发生的，保险标的的转让会引起标的物权利主体的变更。而保险标的的保有者的不同会对风险事故的发生有着比较明显的影响，因此，为了更好地核查风险，保险人通常都会要求在投保人将保险标的物转让之后，受让人若想继续受到保险合同的保障，则必须经保险人的确认同意。当保险人接到通知并再次核查风险之后，可以采取提高保险费率乃至解除保险合同的方法。

我国《保险法》就采用此种立法例。《保险法》第 49 条第 2 款至第 4 款规定："保险标的转让的，被保险人或者受让人应当及时通知保险人，但货物运输保险合同和另有约定的合同除外。因保险标的的转让导致危险程度显著增加的，保险人自收到前款规定的通知之日起三十日内，可以按照合同约定增加保险费或者解除合同。保险人解除合同的，应当将已收取的保险费，按照合同约定扣除自保险责任开始之日起至合同解除之日止应收的部分后，退还投保人。被保险人、受让人未履行本条第二款规定的通知义务的，因转让导致保险标的的危险程度显著增加而发生的保险事故，保险人不承担赔偿保险金的责任。"

(2)自由转让主义。此种立法例允许保单随着保险标的的转移而自动转让，并不需要取得保险人的同意，而只需将转让的事实通知保险人即可。货物运输保险合同即是如此。另外，人身保险中保单的转让并不伴随保险标的的转让，所以也无须保险人的同意，只需对其进行必要的通知即可。

2. 受益人的变更

我国《保险法》第 41 条规定："被保险人或者投保人可以变更受益人并书面通知保险人。保险人收到变更受益人的书面通知后，应当在保险单或者其他保险凭证上批注或者附贴批单。投保人变更受益人时须经被保险人同意。"

(二)保险合同内容的变更

保险合同内容的变更是指在不改变保险合同主体的情况下，保险合同条款的变更。例如，保险金额的变更、标的物数量以及存放地点的变更等等。在保险实践中，保险合同条款的变更以投保人向保险人提出请求为动因，且须经保险人的同意并办理保险单的批改。

六、保险合同争议处理

保险合同的争议通常是由于合同主体对于合同条款的理解存在分歧，或者是由于单方或双方的违约行为造成的。为了能够使得保险合同更加高效地得到履行、维护合同主体的合法权益，保险实践中存在着一套处理保险合同争议的手段。

（一）保险合同的解释原则

保险合同具有十分强烈的附和性特征，即保险合同通常是由保险人事先拟订并提供的，并未给投保人留有与其协商的余地。保险人在拟订保险条款时，通常会向其自身利益倾斜，而且鉴于保险合同的专业性，导致保险合同的一些条款并不为大众所理解，因此对于合同条款的理解产生分歧也是在所难免的。针对这些分歧，有以下几种合同解释原则可供使用：

1. 文义解释原则

文义解释原则就是按照合同条款中所使用文字的通常含义来进行条款的解读，它是进行保险合同条款解释的首要原则，只有当该原则无法采用时，才容许使用其他解释原则。例如，火灾、地震等都是有特定意指的，也就不容许作其他解释。

2. 意图解释原则

意图解释原则是在无法采取文义解释原则时所采取的合同条款解释原则，采取该原则需要深度探究合同主体签订保险合同的真实意图，在此基础上，对于那些文字使用不准确、语义混乱等无法用文义解释原则进行解释的条款予以澄清。

3. 有利于被保险人的解释原则

由于保险合同条款是保险人事先拟订并提供的，没有留给投保人与之进行协商的余地，因此，合同条款必然会向保险人自身利益倾斜。为了避免出现双方权利义务不平衡的状态，在对格式条款的理解产生争议时，就需要采取有利于被保险人的解释原则来调整这种不平衡的状态。

4. 批注优于正文、后加的批注优于先加的批注的解释原则

为了满足不同投保人的需要，有时保险人会在统一印制好的保险单上加批注，或者增减条款，或者进行修改。无论是以怎样的方式进行修改，都会使得修改后的条款效力优于未修改的条款。因此，当合同主体对于此类条款产生争议时，就需要采取批注优于正文、后加的批注优于先加的批注的解释原则。

5. 补充解释原则

补充解释原则主要是在合同内容存在漏洞而无法有效执行时使用的。由合同主体本着友好协商的原则,通过补充协议的达成解决纠纷。

(二)保险纠纷的解决方式

在保险实践中,保险纠纷的解决方式主要有协商、调解、仲裁和诉讼四种。

1. 协商

协商,是由合同纠纷主体商谈解决纠纷的一种不具有强制执行力的纠纷解决方式。协商虽然不具有法律上的强制执行力,但是容易保持合同主体之间的良好合作关系。

2. 调解

调解,是由合同非纠纷主体的第三方充当调解人,自愿进行协商,通过对纠纷主体的教育疏导,促成各方达成协议,解决纠纷的方式。充当调解人的可以是人民法院、人民调解委员会以及其他组织或个人。经人民法院和人民调解委员会调解达成的调解协议,具有法律效力。

3. 仲裁

仲裁是合同当事人根据订立的仲裁协议,自愿将其争议提交仲裁庭进行裁判,并受该裁判约束的一种制度。没有仲裁协议,一方申请仲裁的,仲裁委员会不予受理。根据《中华人民共和国仲裁法》(以下简称《仲裁法》)第 16 条第 2 款的规定,仲裁协议一般应包括以下内容:(1)请求仲裁的意思表示;(2)仲裁事项;(3)选定的仲裁委员会。同时,我国《仲裁法》第 17 条规定,有下列情形之一的,仲裁协议无效:(1)约定的仲裁事项超出法律规定的仲裁范围的;(2)无民事行为能力人或者限制民事行为能力人订立的仲裁协议;(3)一方采取胁迫手段,迫使对方订立仲裁协议的。

另外,按照《仲裁法》第 2 条的规定:"平等主体的公民、法人和其他组织之间发生的合同纠纷和其他财产权益纠纷,可以仲裁。"但是,婚姻、收养、监护、扶养、继承纠纷以及应当由行政机关处理的行政争议不得仲裁。同时按照《仲裁法》第 62 条的规定,当事人应当履行裁决。一方当事人不履行的,另一方当事人可以依照《民事诉讼法》的有关规定向人民法院申请执行。受申请的人民法院应当执行。

4. 诉讼

诉讼,是当事人将其纠纷提交人民法院予以解决的纠纷处理方式。该种纠纷处理机制的法律效力最强。

【练习与思考】

1. 保险合同属于实践合同还是诺成合同？为什么？
2. 保险合同的当事人与关系人之间的关系如何？
3. 如何理解保险合同的射幸性特征？
4. 财产保险合同与人身保险合同的主要区别在哪里？
5. 定值保险合同是否违背损失补偿原则？
6. 保险合同的双务性是如何体现出来的？

第四节　保险业法

一、保险公司

保险公司是经国务院保险监督管理机构批准经营保险业务的法人主体，自主经营，自负盈亏。保险公司可以采取有限责任公司或者股份有限公司的形式进行设立。由于保险公司经营范围的特殊性，保险公司的成立要较一般的商业企业更为严格。保险公司的成立要遵守《公司法》与《保险法》的规定。

（一）保险公司的设立

1. 保险公司的设立条件

保险公司的设立条件为：(1)主要股东具有持续盈利能力，信誉良好，最近3年内无重大违法违规记录，净资产不低于人民币2亿元；(2)有符合《保险法》和《公司法》规定的公司章程；(3)有符合《保险法》规定的注册资本①；(4)有具备任职专业知识和业务工作经验的董事、监事和高级管理人员；(5)有健全的组织机构和管理制度；(6)有符合要求的营业场所和与经营业务有关的其他设施；(7)法律、行政法规和国务院保险监督管理机构规定的其他条件。

2. 设立程序

《保险法》第70条规定了保险公司的设立条件，申请设立保险公司，应当向国务院保险监督管理机构提出书面申请，并提交下列材料：(1)设立申请

① 《保险法》第69条第1款、第2款规定："设立保险公司，其注册资本的最低限额为人民币二亿元。国务院保险监督管理机构根据保险公司的业务范围、经营规模，可以调整其注册资本的最低限额，但不得低于本条第一款规定的限额。"

书,申请书应当载明拟设立的保险公司的名称、注册资本、业务范围等;(2)可行性研究报告;(3)筹建方案;(4)投资人的营业执照或者其他背景资料,经会计师事务所审计的上一年度财务会计报告;(5)投资人认可的筹备组负责人和拟任董事长、经理名单及本人认可证明;(6)国务院保险监督管理机构规定的其他材料。

保监会应当对设立保险公司的申请进行审查,自受理之日起 6 个月内作出批准或者不批准筹建的决定,并书面通知申请人。决定不批准的,应当书面说明理由。

3. 筹建程序

当申请人获得保险监督管理机构的筹建批准之后,需要在 1 年的时间内完成具体的筹建工作,在筹建期间不得开展保险经营活动。经过完备的筹建工作之后,如果申请人符合保险公司的设立条件,可以向保险监督管理机构提出开业申请。保险监督管理机构在接到开业申请之后,需要在 60 日内作出是否予以批准的决定。

另外,如果保险人意欲在我国境内开设分支机构,需要向保险监督管理部门提出书面申请,并提交以下各项材料:(1)设立申请书;(2)拟设机构 3 年业务发展规划和市场分析材料;(3)拟任高级管理人员的简历及相关证明材料;(4)国务院保险监督管理机构规定的其他材料。

保险监督管理机构应当自受理之日起 60 日内作出批准或者不批准的决定。决定批准的,颁发分支机构经营保险业务许可证;决定不批准的,应当书面通知申请人并说明理由。但是,如果获准成立的保险公司及其分支机构自取得经营保险业务许可证之日起 6 个月内,无正当理由未向工商行政管理机关办理登记的,其经营保险业务许可证失效。

(二)保险公司的变更

《保险法》第 84 条规定,如果成立后的保险公司有下列情形之一的,应当经保险监督管理机构批准:(1)变更名称;(2)变更注册资本;(3)变更公司或者分支机构的营业场所;(4)撤销分支机构;(5)公司分立或者合并;(6)修改公司章程;(7)变更出资额占有限责任公司资本总额 5% 以上的股东,或者变更持有股份有限公司股份 5% 以上的股东;(8)国务院保险监督管理机构规定的其他情形。

(三)保险公司财务制度

保险公司应该建立完善的财务制度以确保经营的稳定性,具体包括:

1. 聘用经国务院保险监督管理机构认可的精算专业人员,建立精算报告制度。

2. 建立合规报告制度。

3. 按规定报送有关报告、报表、文件和资料,而且必须如实记录保险业务事项,不得有虚假记载、误导性陈述和重大遗漏。具体包括以下报告和文件:(1)偿付能力报告;(2)财务会计报告;(3)合规报告;(4)精算报告;(5)其他有关报告、报表、文件和资料。

4. 妥善保管业务经营活动的完整账簿、原始凭证和有关资料(自保险合同终止之日起计算,保险期间在1年以下的不得少于5年,保险期间超过1年的不得少于10年)。

5. 保险公司聘请或者解聘会计师事务所、资产评估机构、资信评级机构等中介服务机构,应当向保险监督管理机构报告;解聘会计师事务所、资产评估机构、资信评级机构等中介服务机构,应当说明理由。

二、保险公司经营原则

保险公司作为经营风险业务的特殊的金融机构,需要严格遵循保险法律法规以及保险监督管理机构确定的各项经营规则,具体包括明确经营范围、规范业务操作等等。

(一)明确经营范围

由于财产保险和人身保险在诸多方面存在明显的不同,因此,按照《保险法》的规定,财产保险公司和人身保险公司的业务有明确的界限,不能混同。但是,经营财产保险业务的保险公司,经保险监督管理机构批准后,可以经营短期的健康保险业务和意外伤害保险业务。

1. 人身保险公司的业务范围

人身保险公司的业务范围包括人寿保险、健康保险、意外伤害保险等保险业务。

人寿保险分为死亡保险、年金保险以及生死两全保险三个基本的大类。主要承保和人的生死有关的风险种类。

健康保险主要对被保险人发生的门诊、住院以及手术等相关费用提供保险保障。

意外伤害保险主要对被保险人在保险合同有效期间内遭遇的外来的、非本意的以及突发的意外伤害造成的人身伤害提供保险保障。

2. 财产保险公司的业务范围

财产保险公司的业务范围主要是经营各类财产保险业务,以及经保险监督管理机构批准经营的短期的健康保险业务和意外伤害保险业务。

财产保险业务包括家庭财产保险、企业财产保险以及责任保险等。

(二)按规定进行再保险业务

保险公司经营稳定与否会影响到社会的稳定,因此,保险公司在经营过程中必须谨慎地对待其所面临的各种经营风险。对于保险责任过高的保单需要按照《保险法》的规定办理强制再保险,即保险公司对每一危险单位,对一次保险事故可能造成的最大损失范围所承担的责任,不得超过其实有资本金加公积金总和的10%;超过的部分应当办理再保险。

当然,对于不符合强制再保险要求的保险业务,保险公司可以按照自身的风险管理制度,进行自愿的再保险处理。

(三)提取保证金

风险事故的发生具有时间、地点以及损失额度大小等方面的不确定性,所有保单在同一时间出险的概率是十分微小的。因此,保险人不必将收取的所有保险费均作为责任准备基金,而是可以根据以往的经营经验提取部分责任准备金应付未来的保险责任,其余部分则可以用作增值项目。但是,为了更加充分彻底地保障被保险人的合法权益,按照我国《保险法》的规定,保险公司应当按照其注册资本总额的20%提取保证金,存入国务院保险监督管理机构指定的银行,除公司清算时用于清偿债务外,不得动用。

(四)维持稳定的偿付能力

保险公司偿付能力是指保险公司偿还债务的能力。保险公司偿付能力的维持主要体现在以下几个方面:(1)保险公司应当具有与其风险和业务规模相适应的资本,确保偿付能力充足率不低于100%;(2)建立偿付能力管理制度,强化资本约束,保证公司偿付能力充足;(3)按规定提取各项责任准备金;(4)缴纳保险保障基金;(5)认可资产与认可负债的差额符合法律规定。

(五)稳健投资

按照稳健投资原则,保险公司的资金运用仅限于以下几种形式:

1. 银行存款

保险资金办理银行存款的,应当选择符合下列条件的商业银行作为存款银行:(1)资本充足率、净资产和拨备覆盖率等符合监管要求;(2)治理结构规范、内控体系健全、经营业绩良好;(3)最近3年未发生重大违法违规行为;

(4)连续3年信用评级在投资级别以上。

2. 买卖债券、股票、证券投资基金份额等有价证券

保险资金投资的债券,应当达到我国保监会认可的信用评级机构评定的且符合规定要求的信用级别,主要包括政府债券、金融债券、企业(公司)债券、非金融企业债务融资工具以及符合规定的其他债券。

保险资金投资的股票,主要包括公开发行并上市交易的股票和上市公司向特定对象非公开发行的股票。投资创业板上市公司股票和以外币认购及交易的股票由我国保监会另行规定。

保险资金投资证券投资基金的,其基金管理人应当符合下列条件:(1)公司治理良好,净资产连续3年保持在人民币1亿元以上;(2)依法履行合同,维护投资者的合法权益,最近3年没有不良记录;(3)建立有效的证券投资基金和特定客户资产管理业务之间的防火墙机制;(4)投资团队稳定,历史投资业绩良好,管理资产规模或者基金份额相对稳定。

3. 投资不动产

保险资金投资的不动产,是指土地、建筑物及其他附着于土地上的定着物。保险公司投资不动产,应当符合下列条件:(1)具有完善的公司治理、管理制度、决策流程和内控机制;(2)实行资产托管机制,资产运作规范透明;(3)资产管理部门拥有不少于8名具有不动产投资和相关经验的专业人员,其中具有5年以上相关经验的不少于3名,具有3年以上相关经验的不少于3名;(4)上一会计年度末偿付能力充足率不低于150%,且投资时上季度末偿付能力充足率不低于150%;(5)上一会计年度盈利,净资产不低于1亿元人民币;(6)具有与所投资不动产及不动产相关金融产品匹配的资金,且来源充足稳定;(7)最近3年未发生重大违法违规行为;(8)我国保监会规定的其他审慎性条件。

4. 国务院规定的其他资金运用形式

三、保险中介

保险中介是连接保险人与保险客户的桥梁。保险中介不仅可以提升保险公司的利润水平,也可以帮助广大投保人进行切合实际的保险规划。保险中介的存在大大提升了保险合同签订以及出险理赔的效率。目前,保险中介人主要有保险代理人、保险经纪人以及保险公估人。

(一)保险代理人

保险代理人是根据保险人的委托,向保险人收取佣金,并在保险人授权的

范围内代为办理保险业务的机构或者个人。保险代理人与保险人之间是一种委托代理的法律关系。

保险代理机构包括专门从事保险代理业务的保险专业代理机构和兼营保险代理业务的保险兼业代理机构。

1. 专业代理人

我国的保险专业代理人是以有限责任公司形式存在的专门代理保险业务的保险代理公司。按照《保险专业代理机构监管规定》第 6 条的规定，设立保险专业代理公司，应当具备下列条件：(1)股东、发起人信誉良好，最近 3 年无重大违法记录；(2)注册资本达到《公司法》和《保险专业代理机构监管规定》规定的最低限额①；(3)公司章程符合有关规定；(4)董事长、执行董事、高级管理人员符合本规定的任职资格条件；(5)具备健全的组织机构和管理制度；(6)有与业务规模相适应的固定住所；(7)有与开展业务相适应的业务、财务等计算机软硬件设施；(8)法律、行政法规和中国保监会规定的其他条件。

至于保险专业代理人的业务范围，按照《保险专业代理机构监管规定》第 29 条的规定，包括以下几项：(1)代理销售保险产品；(2)代理收取保险费；(3)代理相关保险业务的损失勘察和理赔；(4)中国保监会批准的其他业务。

2. 兼业代理人

兼业代理人是指受保险人的委托，在从事自身业务的同时指定专人为保险人代办保险业务的单位。作为兼业代理人必须符合下列条件：(1)具有所在单位法人授权书；(2)有专人从事保险代理业务；(3)有符合规定的营业场所。

相较于专业代理人而言，兼业代理人的业务范围较小，仅限于代理销售保险单和代理收取保险费。兼业代理人只能代理与本行业直接相关，且能为被保险人提供便利的保险业务。党政机关及其职能部门不得兼业从事保险代理业务。

3. 个人代理人

个人代理人是指根据保险人的委托，向保险人收取代理手续费，并在保险人授权的范围内代为办理保险业务的个人。其业务范围包括代理销售保险单以及代理收取保险费。但是，个人代理人不得办理企业的财产保险和团体人

---

① 保险专业代理公司的注册资本不得少于人民币 200 万元；经营区域不限于注册地所在省、自治区、直辖市的保险专业代理公司，其注册资本不得少于人民币1 000万元。保险专业代理公司的注册资本必须为实缴货币资本。

身保险业务。

从我国《保险法》对于保险代理人的界定可知,保险代理人是以保险人名义开展保险代理业务的主体,其开展保险活动的费用以及合理收益以保险人向其支付佣金的方式得以实现,但是要以保险合同的签订作为前提条件。因此,在保险实践中,普遍存在着保险代理人为了获得佣金收入而欺诈保险人以及投保人的现象。

(二)保险经纪人

《保险经纪人管理办法(试行)》对保险经纪人的界定是:保险经纪人是指基于投保人的利益,为投保人与保险人订立保险合同提供中介服务,并依法收取佣金的有限责任公司。在保险实践中,还存在再保险经纪人。再保险经纪人是指基于原保险人的利益,为原保险人与再保险人安排分出、分入业务提供中介服务,并依法收取佣金的有限责任公司或股份有限公司。

从保险经纪人的概念可知,在我国,保险经纪人只能采取公司的形式设立,并不存在个人经纪人主体。

1. 保险经纪人的设立条件

按照《保险经纪机构监管规定》第7条的规定,设立保险经纪公司,应当具备下列条件:(1)股东、发起人信誉良好,最近3年无重大违法记录;(2)注册资本达到《公司法》和《保险经纪机构监管规定》的最低限额①;(3)公司章程符合有关规定;(4)董事长、执行董事和高级管理人员符合本规定的任职资格条件;(5)具备健全的组织机构和管理制度;(6)有与业务规模相适应的固定住所;(7)有与开展业务相适应的业务、财务等计算机软硬件设施;(8)法律、行政法规和中国保监会规定的其他条件。

2. 保险经纪人的经营范围

保险经纪机构可以经营下列保险经纪业务:(1)为投保人拟订投保方案、选择保险公司以及办理投保手续;(2)协助被保险人或者受益人进行索赔;(3)再保险经纪业务;(4)为委托人提供防灾、防损或者风险评估、风险管理咨询服务;(5)中国保监会批准的其他业务。

3. 保险经纪人的执业禁止

保险经纪机构及其从业人员在开展经纪业务过程中,不得有下列欺骗投保人、被保险人、受益人或者保险公司的行为:(1)隐瞒或者虚构与保险合同

① 保险经纪公司的注册资本不得少于人民币1 000万元,且必须为实缴货币资本。

有关的重要情况;(2)误导性销售;(3)伪造、擅自变更保险合同,销售假保险单证或者为保险合同当事人提供虚假证明材料;(4)阻碍投保人履行如实告知义务或者诱导其不履行如实告知义务;(5)未取得投保人、被保险人的委托或者超出受托范围,擅自订立或者变更保险合同;(6)虚构保险经纪业务或者编造退保,套取佣金;(7)串通投保人、被保险人或者受益人,骗取保险金;(8)其他欺骗投保人、被保险人、受益人或者保险公司的行为。

(三)保险公估人

保险公估机构是指接受委托,专门从事保险标的或者保险事故评估、勘验、鉴定、估损理算等业务,并按约定收取报酬的机构。该类机构可以采取有限责任公司、股份有限公司或者合伙企业的形式设立。

1. 公估机构设立条件

《保险公估机构监管规定》第 8 条规定,设立保险公估机构,应当具备下列条件:(1)股东、发起人或者合伙人信誉良好,最近 3 年无重大违法记录;(2)注册资本或者出资达到法律、行政法规和本规定的最低限额①;(3)公司章程或者合伙协议符合有关规定;(4)董事长、执行董事和高级管理人员符合《保险公估机构监管规定》的任职资格条件;(5)具备健全的组织机构和管理制度;(6)有与业务规模相适应的固定住所;(7)有与开展业务相适应的业务、财务等计算机软硬件设施;(8)法律、行政法规和中国保监会规定的其他条件。

2. 保险公估人的业务范围

《保险公估机构监管规定》第 30 条规定,保险公估机构可以经营下列业务:(1)保险标的承保前和承保后的检验、估价及风险评估;(2)保险标的出险后的勘察、检验、估损理算及出险保险标的残值处理;(3)风险管理咨询;(4)中国保监会批准的其他业务。

3. 行为禁止

保险公估机构、保险公估分支机构及其从业人员在开展公估业务的过程中,不得有下列欺骗投保人、被保险人、受益人或者保险公司的行为:(1)向保险合同当事人出具虚假或者不公正的保险公估报告;(2)隐瞒或者虚构与保险合同有关的重要情况;(3)冒用其他机构名义或者允许其他机构以本机构名义执业;(4)从业人员冒用他人名义或者允许他人以本人名义执业,或者代

① 保险公估机构的注册资本或者出资不得少于人民币 200 万元,且必须为实缴货币资本。

他人签署保险公估报告;(5)串通投保人、被保险人或者受益人,骗取保险金;(6)通过编造未曾发生的保险事故或者故意夸大已经发生保险事故的损失程度等进行虚假理赔;(7)其他欺骗投保人、被保险人、受益人或者保险公司的行为。

四、保险业的监管

保险业的监管是金融监管的重要组成内容之一。具体是指保险监督管理部门依照法律或者授权,对于保险业以及保险市场进行监管行为的总称。通过此等监管维护保险消费者的合法权益,维持并促进保险市场的繁荣稳定与发展。

(一)保险监管模式

从世界范围考察,比较有代表性的监管方式有以下几种:

1. 监管与自律相结合模式

实行这种监管模式的典型代表是英国。1997 年之前的英国,实行议会立法、贸易工业部和行业自律相结合的监管模式。1997 年金融体制改革之后,英国成立了金融服务局,保险监管则具体以金融服务局监管与行业自律相结合的方式进行。

2. 双重监管模式

双重监管体制的代表国家是美国。美国实行联邦政府和州政府的双重监管。联邦政府以及州政府具有保险的立法权以及监管权,但是,保险公司的监管仍以州政府的监管为主。美国联邦保险局只负责联邦政府法定保险,各州保险局负责保险监管事务。联邦保险局和各州保险局之间是平行关系而非隶属关系。[①]

3. 混业监管模式

混业监管模式是指对各类金融机构的监管均由同一监管部门负责,不再按照金融机构的种类设置不同的监管机构。日本即是采取该种模式的国家之一。

4. 分业监管模式

分业监管模式是与混业监管模式相对应的一种金融监管模式,是指一国或地区针对其本国或本地区不同的金融部门设置其独有的监管机构,单独发

① 郭宏彬:《保险监管体制比较研究》,载《生产力研究》2006 年第 7 期。

挥金融监管职能。我国目前的金融监管模式即属于分业监管。

(二)我国的保险业监管

1. 保险费率的监管

保险费率是计算保险合同价格——保险费——的基础,关系到保险功能的发挥以及保险当事人权益的维护。因此,保险公司费率的制定必须受保险监督管理部门的监管。我国《保险法》第 136 条第 1 款规定:“关系社会公众利益的保险险种、依法实行强制保险的险种和新开发的人寿保险险种等的保险条款和保险费率,应当报国务院保险监督管理机构批准。国务院保险监督管理机构审批时,应当遵循保护社会公众利益和防止不正当竞争的原则。其他保险险种的保险条款和保险费率,应当报保险监督管理机构备案。”

2. 偿付能力的监管

偿付能力是考察保险公司经营稳定性最为关键的指标,理所当然是保险监管的重要项目之一。我国《保险法》第 138 条规定:“国务院保险监督管理机构应当建立健全保险公司偿付能力监管体系,对保险公司的偿付能力实施监控。”

按照《保险公司偿付能力管理规定》第 37 条的规定,中国保监会根据保险公司偿付能力状况将保险公司分为三类,实施分类监管:(1)不足类公司,指偿付能力充足率低于 100% 的保险公司;(2)充足 I 类公司,指偿付能力充足率在 100% 到 150% 之间的保险公司;(3)充足 II 类公司,指偿付能力充足率高于 150% 的保险公司。中国保监会不将保险公司的动态偿付能力测试结果作为实施监管措施的依据。

按照《保险公司偿付能力管理规定》第 38 条的规定,对于不足类公司,我国保监会应当区分不同情形,采取下列一项或者多项监管措施:(1)责令增加资本金或者限制向股东分红;(2)限制董事、高级管理人员的薪酬水平和在职消费水平;(3)限制商业性广告;(4)限制增设分支机构、业务范围,责令停止开展新业务、转让保险业务或者办理分出业务;(5)责令拍卖资产或者限制固定资产购置;(6)限制资金运用渠道;(7)调整负责人及有关管理人员;(8)接管;(9)中国保监会认为必要的其他监管措施。

3. 保险公司的接管与整顿

保险公司经营稳定与否会直接影响到社会发展的稳定性,因此,当保险公司出现经营上的风险,影响到正常经营的时候,保险监督管理机构会及时采取必要措施,减轻对社会造成的不利影响。

我国《保险法》第 145 条规定:保险公司有下列情形之一的,国务院保险监督管理机构可以对其实行接管:(1)公司的偿付能力严重不足的;(2)违反《保险法》规定,损害社会公共利益,可能严重危及或者已经严重危及公司的偿付能力的。被接管的保险公司的债权债务关系不因接管而变化。

接管期限届满,国务院保险监督管理机构可以决定延长接管期限,但接管期限最长不得超过2年。接管期限届满,被接管的保险公司已恢复正常经营能力的,由国务院保险监督管理机构决定终止接管,并予以公告。

【练习与思考】

1. 保险监管的必要性在哪里?
2. 保险监管的内容有哪些?
3. 如何理解保险公司偿付能力的内涵?

第七章　信托法

第一节　信托法概述

一、信托的起源

信托制度，起源于私有财产制，以私有财产制为发轫条件。关于信托的起源问题，主要有“大陆法说”与“英美法说”，理论界以“英美法说”为流行学说。其中，支持“大陆法说”的学者认为信托起源于罗马法上的“使用权”（usus）、“用益权”（ueusfructus）、“信任”（fiducia）或“信托遗赠”（fideicommissum），也有部分学者认为信托起源于古日耳曼法上的“受托人”（Salmann）概念，还有人认为信托起源于伊斯兰法上的“神祉信托”（Wakf）。[①]

最早的信托制度来自罗马法中的“信托遗赠”，因为按照当时罗马法的规定，只有罗马市民才具有用遗嘱安排财产以及遗赠的权利，不享有市民权的主体不能够进行上述行为，并不能享有订立遗嘱以及接受遗赠的权利。因此，为了规避这一法律规定，享有市民权的主体通过遗嘱将其财产委托给第三人，由第三人进行管理并将因此产生的收益交由没有权利接受遗赠的主体。罗马皇帝奥古斯特士首先在一些特例上认可了这种制度，继而设立了裁判官制度来专门处理这类诉讼，从而缓解了市民法关于财产继承的限制。因此，罗马法上的信托有时又可以称为裁判官信托。[②]

支持“英美法说”的学者认为信托起源于英国的“尤斯制”，该制度产生于

---

① 白玉璞：《信托受益人研究》（2008 年博士学位论文），吉林大学，第 28 页。

② 王礼平：《中外信托制度问题研究》（2003 年博士学位论文），东北财经大学，第 3 页。

13 世纪，是当时的教徒为了规避国王亨利三世颁布的《没收法》而在实践中创造出来的一种制度。因为在当时的英国，随着教会力量的逐渐壮大，教徒数量不断增加。众多的教徒不断向教会捐赠自己的土地，使得教会的力量日益壮大，进而加深了封建领主与教会之间的矛盾。到了 13 世纪晚期，国王亨利三世颁布了《没收法》以控制教会势力的扩张。该法规定未经国王允许而向教会捐赠的土地一律归国王所有。教徒们为了规避《没收法》的限制，不再将土地直接捐献给教会，而是将土地转让给第三人，并要求其为了教会的利益而进行土地的管理，将管理土地所产生的收益全部交付教会。如此一来，既规避了《没收法》的限制，又达到了捐赠相关利益于教会的目的。

因此，无论是"大陆法说"还是"英美法说"，通过考察信托的起源可以看出，信托制度的形成乃是规避法律的结果。同时也是法律制度对于人们实践的一种认可。

二、信托的概念

信托，从字面意思看，包括"信"与"托"两部分。"信"即信任的意思，"托"为托付的意思。简单地理解，信托就是相关主体基于对他人的信任而将自有财产或财产权利托付给他人进行管理的一种社会行为或者法律关系。但是，给信托加以精确的定义却不是十分容易的。"斯考特(Scott)认为，'几乎不可能去定义信托这样一个极具弹性的概念。即使有可能去精确地定义一个法律概念，那个概念也有可能不具有太大的实用价值。尽管从定义中推导出的行为规则是一个重要前提，但这个定义也有可能不能被正确使用。当从其它的地方也能推导出该规则时，就很有可能形成一个定义。但是，定义来自规则，而不是规则来自定义。给出一个法律定义的目的就是要让别人明白自己要说什么，而去说明一个概念的主要特征以便让别人对该概念由(有)所了解是有可能的。'"①

《牛津法律大辞典》对信托的解释为，"信托，持有并管理财产的一种协议。据此财产或法定权力的所有者(信托人)将财产和权力交给另一个人或几个人(受托人)，后者据此代表或为另一方(受益人)或为其他人、或为某一特定目的或为几个目的而持有财产和行使权力。信托之概念的本质在于法定所有权与受益所有权之间的分离"②。

---

① 冯守尊：《论信托的契约性》(博士学位论文)，对外经济贸易大学，第 28 页。

② 戴维：《牛津法律大辞典》，光明日报出版社 1988 年版，第 898 页。

《不列颠百科全书》中对信托的解释为,"信托一词是指一种法律关系;在此项关系中,一人拥有财产所有权,并负有受托人的义务,为另一人的利益而运用此项财产"。

理论界学者也根据自己的研究和理解给出了不同的信托定义,例如,Hayton 教授对信托的定义,"是一项衡平法义务,约束一个人(称为受托人)为了一些人(称为受益人)的利益处理他所控制的财产(称为信托财产),任何一位受益人都可以强制实施这项义务。受托人的任何行为或疏忽未得到设立信托的文件条款或者法律授权或豁免的,均构成违反信托"①。

各国的信托法律则根据本国的具体情况对"信托"加以界定。例如,《日本信托法》规定:"信托是指将财产权转移或为其他处分,使他人依照一定的目的管理或处分财产";《韩国信托法》规定:"信托是指设定信托人和接受信托人之间基于特别信任关系,委托人将特定财产转移或为其他处分给受托人,使受托人为一定人的利益或为特定的目的,管理或处分该财产的法律关系";《法国民法典》第 2011 条对"信托"的定义是:"信托是一种运作(opération):一个或者多个设立人向一个或者多个受托人转让其现有的或者未来的物、权利或担保,或者将现有的或未来的物、权利或担保作为一个整体一并转让,受托人将其与自有资产相分离,并按照特定目的为受益人的利益行事"②;我国《信托法》第 2 条规定:"本法所称信托,是指委托人基于对受托人的信任,将其财产权委托给受托人,由受托人按委托人的意愿以自己的名义,为受益人的利益或者特定目的,进行管理或者处分的行为。"

三、信托的本质

信托的本质在于将信托财产的权利主体和利益主体进行分割。即当信托成立,委托人将信托财产交由受托人时,信托财产的权利主体将由委托人转变为受托人,受托人根据信托合同管理和处分信托财产,由此产生的收益交由委托人指定的受益人或者用于委托人在信托合同中指定的目的。

但是,鉴于英美法系和大陆法系国家法律制度的不同,信托制度在各自法系中的基础也是不一样的。在英美法系中,信托制度以"双重所有权"为制度基础,即普通法上的所有权归属于受托人,而衡平法上的所有权则要归属于受益人。也就是说,受托人和受益人都是法律意义上的所有权主体。

---

① Underhill&Hayton, *Law of Trusts and Trustees*, 14ed. 1987, London Butterworths, P. 3.

② 李世刚:《论〈法国民法典〉对罗马法信托概念的引入》,载《中国社会科学》2009 年第 4 期。

而在大陆法系国家中，由于贯彻严格的"一物一权"主义，因此，不可能如英美法系国家一样在信托财产上创设双重的所有权，只能采取"单一所有权"作为其制度基础。但是，即使在"单一所有权"的背景下，关于信托财产的性质仍有债权说、他物权说、代理权说等学说。其中，债权说是日本、韩国和我国台湾地区的立法与主流学说所采取的观点。债权说认为在信托行为中，信托财产属于受托人所有，受益人仅享有请求受托人向其支付相应收益的债权请求权；他物权说认为信托财产的所有权归属于受托人，受益人享有的权利属于一种他物权；代理权说是部分德国学者所持的观点，该说认为信托财产的真正所有权归属于受益人所有，受托人只不过享有以自己名义开展信托行为的代理权。

四、信托的法律特征

作为一种诚信原则下的财产管理手段，信托具有十分明显的法律特征：

（一）委托人财产所有权的分离性

委托人财产所有权的分离包括二重移转，其中一"重"是指信托成立之后，委托人需将信托财产的所有权向受托人进行转移，使受托人取得信托财产的占有、处分以及管理的权能，这样受托人才可以以自己的名义开展信托行为；另外一"重"是指将信托财产所有权中的收益权向受益人进行转移。只有作出上述的分离，才能够从根本上实现信托的目的。因此，委托人财产所有权的分离是信托法律关系成立的基础。

（二）法律关系主体的复数性

信托法律关系的主体涉及委托人、受托人和受益人。其中，委托人是指通过信托将自己的财产或财产性权利转移给受托人管理或者处分，从而导致信托关系成立。在信托法律关系中，委托人享有知情权、信托方法调整权、解任权以及撤销权等权利。受托人则是指接受委托人的委托对信托财产进行管理或处分的、具有完全民事行为能力的自然人、法人，受托人享有报酬请求权等相应的权利。受益人是指对信托财产享有利益请求权的主体，也享有例如撤销权等一系列保障性的权利。

（三）信托财产的独立性

信托财产的独立性是指信托成立后，信托财产与委托人、受托人以及受益人的固有财产相分离。这一特性是信托目的充分实现的有力保障。

1. 信托财产与委托人财产相分离

信托一旦成立，受托人即需按照合同的约定对信托财产实施管理或处分行为，而为了保障受托人能够高效地开展信托行为，必须赋予受托人较高的独立性。所以，委托人需将信托财产转移给受托人所有，将信托财产与其固有财产相分离并处于委托人之债权人的追及范围之外。我国《信托法》第 15 条规定："信托财产与委托人未设立信托的其他财产相区别。设立信托后，委托人死亡或者依法解散、被依法撤销、被宣告破产时，委托人是唯一受益人的，信托终止，信托财产作为其遗产或者清算财产；委托人不是唯一受益人的，信托存续，信托财产不作为其遗产或者清算财产；但作为共同受益人的委托人死亡或者依法解散、被依法撤销、被宣告破产时，其信托受益权作为其遗产或者清算财产。"

2. 信托财产与受托人财产相分离

信托财产虽处于受托人的管理和处分之下，但是，信托行为所产生的收益却要归属于受益人所有。因此，受托人不得将信托财产与其固有财产相混淆，信托财产以及信托收益不得成为受托人之债权人的偿债保障，也不得进入破产清算程序或继承。

信托财产与受托人财产的分离，主要体现在《信托法》的第 16 条、第 18 条第 1 款、第 27 条至第 29 条中。《信托法》第 16 条规定："信托财产与属于受托人所有的财产（以下简称固有财产）相区别，不得归入受托人的固有财产或者成为固有财产的一部分。受托人死亡或者依法解散、被依法撤销、被宣告破产而终止，信托财产不属于其遗产或者清算财产。"《信托法》第 18 条第 1 款规定："受托人管理运用、处分信托财产所产生的债权，不得与其固有财产产生的债务相抵销。受托人管理运用、处分不同委托人的信托财产所产生的债权债务，不得相互抵消。"《信托法》第 27 条规定："受托人不得将信托财产转为其固有财产。受托人将信托财产转为其固有财产的，必须恢复该信托财产的原状；造成信托财产损失的，应当承担赔偿责任。"另外，《信托法》第 28 条规定："受托人不得将其固有财产与信托财产进行交易或者将不同委托人的信托财产进行相互交易，但信托文件另有规定或者经委托人或者受益人同意，并以公平的市场价格进行交易的除外。受托人违反前款规定，造成信托财产损失的，应当承担赔偿责任。"《信托法》第 29 条规定："受托人必须将信托财产与其固有财产分别管理、分别记账，并将不同委托人的信托财产分别管理、分别记账。"

3. 信托财产与受益人财产相分离

这一独立性体现在，虽然受益人享有来自信托财产的信托收益所有权，但是信托财产的名义所有权却归属于受托人所有,受益人并不享有信托财产的所有权。于是,就产生了信托财产与受益人固有财产相分离的特性。

(四)信托责任的有限性

信托责任的有限性这一特性是指受托人合同义务的履行不以产生信托收益为判断标准,只要受托人按照信托合同的约定对信托财产进行了管理和处分,即使没有产生信托收益,受托人也无须对信托行为的无效果承担责任。另外,信托责任的有限性还体现在责任的对外承担上,即如果在信托合同履行过程中,受托人对第三人侵权或违约,那么,受托人以信托财产为限对外承担责任,并不需要动用受托人或受益人的固有财产。

五、信托的分类

(一)按照信托成立的方式分类

按照信托成立的方式为标准,可以将信托划分为合同信托和遗嘱信托。合同信托是指委托人和受托人通过签订合同的方式来成立信托;而遗嘱信托则是指以委托人遗嘱形式成立的信托。我国《信托法》第 8 条规定:“设立信托,应当采取书面形式。书面形式包括信托合同、遗嘱或者法律、行政法规规定的其他书面文件等。采取信托合同形式设立信托的,信托合同签订时,信托成立。采取其他书面形式设立信托的,受托人承诺信托时,信托成立。”

(二)按照设立信托的目的分类

按照设立信托目的的不同,可以将信托分为公益信托和私益信托。

1. 公益信托

公益信托指具有公益性质的信托,该类信托的受益人一般都是社会福利机构。按照我国《信托法》第 60 条的规定,为了下列公共利益目的之一而设立的信托,属于公益信托:(1)救济贫困;(2)救助灾民;(3)扶助残疾人;(4)发展教育、科技、文化、艺术、体育事业;(5)发展医疗卫生事业;(6)发展环境保护事业,维护生态环境;(7)发展其他社会公益事业。

公益信托的设立和受托人的确定,应当经有关公益事业的管理机构(以下简称公益事业管理机构)批准。未经公益事业管理机构的批准,不得以公益信托的名义进行活动。另外,需要强调的是,公益信托的信托财产及其收益,不得用于非公益目的。《信托法》第 72 条规定:“公益信托终止,没有信托财产权利归属人或者信托财产权利归属人是不特定的社会公众的,经公益事业管理机构批准,受托人应当将信托财产用于与原公益目的相近似的目的,或者将信托财产转移给具有近似目的的公益组织或者其他公益信托。”

2. 私益信托

私益信托是指非以社会公益为信托目的的信托。正是因为信托目的具有非公益的性质，因此，私益信托在信托的成立以及受托人的选任等方面并没有严格的规定。

（三）按照信托收益是否归属于委托人的分类

按照信托收益是否归属于委托人可以将信托分为自益信托和他益信托。自益信托，由于委托人与受益人是同一主体，因此，可以规避受托人和受益人之间的权益纠纷；而他益信托，由于委托人和受益人并非同一主体，委托人和受益人之间利益取向不同，极有可能在信托方法调整权以及撤销权等权利的行使上产生纠纷。

1. 自益信托

自益信托，是指委托人同时又是受益人的信托。自益信托可以弥补委托人在财产增值保值方面能力和精力的不足，委托人可以将信托财产委托给自己信任的、有能力的受托人代为管理，以受益人身份坐享信托收益。

但是，因为自益信托中委托人和受益人为同一人，信托财产并不能独立于委托人的债权人。因此，当委托人死亡或者依法解散、被依法撤销、宣告破产时，委托人是唯一的受益人，信托终止，信托财产作为其遗产或者清算财产。

2. 他益信托

他益信托，是指委托人和受益人为不同主体的信托。在他益信托中，存在着相互独立的行为主体，即委托人、受托人和受益人。

《信托法》第20条规定：“委托人有权了解其信托财产的管理运用、处分及收支情况，并有权要求受托人作出说明。委托人有权查阅、抄录或者复制与其信托财产有关的信托账目以及处理信托事务的其他文件。”受托人应当遵守信托文件的规定，在管理信托财产时，必须恪尽职守，履行诚实、信用、谨慎、有效管理的义务，为受益人的最大利益处理信托事务。受益人有权要求受托人调整该信托财产的管理方法。

【练习与思考】

1. 结合信托的起源评析信托的本质。
2. 信托有哪些种类？
3. 信托财产独立性的重要意义是什么？
4. 信托的法律特征有哪些？

第二节 信托基本法

一、信托法律关系

信托法律关系是由信托法调整和保护的,在委托人、受益人和受托人之间形成的,以信托当事人的权利、义务为内容的法律关系的总和。与其他法律关系一样,信托法律关系由法律关系的主体、客体以及内容三要素构成。

(一)信托法律关系的主体

信托法律关系的主体是在信托法律关系中承担义务并享有权利的当事人,具体包括委托人、受托人和受益人。

委托人是发出委托意思表示的主体,该主体需要具有完全民事行为能力。委托人可以是一人,也可以是两人或两人以上。当委托人为两人以上时,可以作为共同委托人发出信托的意思表示。当然,共有财产主体之一也可以将自有份设立信托。

受托人是指接受委托人的委托对信托财产进行管理和处分的主体。受托人通常是基于委托人的信任而选定的,因此,无民事行为能力人或者禁治产人不得担任受托人,而且受托人还要受到诚实守信原则的约束。我国《信托法》第 25 条规定:"受托人应当遵守信托文件的规定,为受益人的最大利益处理信托事务。受托人管理信托财产,必须恪尽职守,履行诚实、信用、谨慎、有效管理的义务。"

受益人是由委托人指定享有信托受益权的自然人或法人。对于受益人并无民事行为能力要件的规定,也就是说无论是完全民事行为能力人、限制民事行为能力人或者无民事行为能力人都可以成为受益人。而且信托合同成立时,受益人既可以是已经确定的主体,也可以是待定主体。但是,如果合同成立时,受益人并未确定的话,就要在合同中指定信托管理人。信托管理人可以是按照委托人和受托人之间事先约定的契约指定的,也可以是法院根据利害关系人的要求选定的。

(二)信托法律关系的客体

法律关系的客体是法律关系主体权利义务所指向的对象。信托法律关系的客体具体表现为信托财产。我国《信托法》第 14 条规定:"受托人因承诺信托而取得的财产是信托财产。受托人因信托财产的管理运用、处分或者其他情形而取得的财产,也归入信托财产。法律、行政法规禁止流通的财产,不得作为信托财产。法律、行政法规限制流通的财产,依法经有关主管部门批准后,可以作为信托财产。”

在信托实践中,信托财产一般有货币、有价证券、动产以及不动产,当然也可以是商标权、专利权等无形财产或是相关财产性权利。例如,《日本信托法》规定货币、有价证券、房屋、渔业权等均可以成为信托财产。但是,无论是有形财产还是无形财产,都必须具有价值可计算以及可转让的法律特性。除此之外,信托财产还必须具有有限性,不允许设立无期限的信托。

(三)信托法律关系的内容

信托法律关系的内容是指体现在信托合同中的信托法律关系主体之间的权利义务关系。

1. 委托人的权利和义务

委托人是信托行为的发起者,其在信托法律关系中的权利主要有知情权、信托调整权、撤销权以及解任权等。

(1)知情权。委托人有权了解信托财产的管理运用、处分及收支情况,并有权要求受托人作出说明。委托人有权查阅、抄录或者复制与信托财产有关的信托账目以及处理信托事务的其他文件。

(2)信托调整权。因设立信托时未能预见的特别事由,致使信托财产的管理方法不利于实现信托目的或者不符合受益人的利益时,委托人有权要求受托人调整该信托财产的管理方法。

(3)撤销权。受托人违反信托目的处分信托财产,或者因违背管理职责处理信托事务不当,致使信托财产受到损失的,委托人有权申请人民法院撤销该处分行为,并有权要求受托人恢复信托财产的原状或者予以赔偿;该信托财产的受让人明知是违反信托目的而接受该财产的,应当予以返还或者予以赔偿。该种申请权,自委托人知道或者应当知道撤销原因之日起 1 年内不行使的,归于消灭。

(4)解任权。受托人违反信托目的处分信托财产或者管理运用、处分信托财产有重大过失的,委托人有权依照信托文件的规定解任受托人,或者申请人民法院解任受托人。

2. 受托人的权利和义务

受托人的权利和义务相对比较简单,其权利主要包括:要求委托人向其转移信托财产、以自己的名义对信托财产进行管理和处分、辞任权以及要求获得报酬的权利。

受托人的义务主要有以下几项：

(1)忠实义务。信托财产产生信托收益，很大程度上在于受托人对信托财产的适时管理和处分，因此，为了更好地实现信托目的以维护委托人以及受益人的利益，我国《信托法》第25条规定："受托人应当遵守信托文件的规定，为受益人的最大利益处理信托事务。受托人管理信托财产，必须恪尽职守，履行诚实、信用、谨慎、有效管理的义务。"

(2)不得享受信托收益。信托收益归属于受益人，受托人在管理和处分信托财产的过程中不得为自己谋利益；否则，受托人处理自身权益和受益人权益时就会面临冲突，进而会引发受托人侵害受益人权益的道德风险激增。因此，我国《信托法》第26条规定："受托人除依照本法规定取得报酬外，不得利用信托财产为自己谋取利益。受托人违反前款规定，利用信托财产为自己谋取利益的，所得利益归入信托财产。"

(3)将信托财产与自有财产分别管理。该项义务有两点要求：一是要求受托人不可以将信托财产转为自己的固有财产；二是要求受托人必须对信托财产单独记账管理。我国《信托法》第27条规定："受托人不得将信托财产转为其固有财产。受托人将信托财产转为其固有财产的，必须恢复该信托财产的原状；造成信托财产损失的，应当承担赔偿责任。"《信托法》第28条规定："受托人不得将其固有财产与信托财产进行交易或者将不同委托人的信托财产进行相互交易，但信托文件另有规定或者经委托人或者受益人同意，并以公平的市场价格进行交易的除外。受托人违反前款规定，造成信托财产损失的，应当承担赔偿责任。"《信托法》第29条规定："受托人必须将信托财产与其固有财产分别管理、分别记账，并将不同委托人的信托财产分别管理、分别记账。"

(4)亲自为信托事务。信托是基于委托人对受托人的信任而成立的，因此，只要没有迫不得已的事由，受托人必须亲自为信托事务，而不能托付他人处理。我国《信托法》第30条规定："受托人应当自己处理信托事务，但信托文件另有规定或者有不得已事由的，可以委托他人代为处理。受托人依法将信托事务委托他人代理的，应当对他人处理信托事务的行为承担责任。"

(5)记录及报告、保密义务。受托人在管理信托事务的过程中，需要完整记录有关信托收益状况并及时向委托人通报，以使得委托人可以及时地调整信托方法，维护自身权益。我国《信托法》第33条规定："受托人必须保存处理信托事务的完整记录。受托人应当每年定期将信托财产的管理运用、处分及收支情况，报告委托人和受益人。受托人对委托人、受益人以及处理信托事务的情况和资料负有依法保密的义务。”

《信托公司管理办法》第37条规定:“信托公司违反信托目的处分信托财产,或者因违背管理职责、处理信托事务不当致使信托财产受到损失的,在恢复信托财产的原状或者予以赔偿前,信托公司不得请求给付报酬。”

3. 受益人的权利和义务

受益人是由委托人指定,享有信托收益支付请求权的主体。在信托法律关系中,受益人主要享有权利,而无须承担相应的义务。

(1)放弃信托收益。因为受益人在信托中只享有权利,而不承担义务,因此,受益人可以自由放弃由委托人赋予的信托收益。但是,按照我国《信托法》的规定,当受益人放弃信托受益权时,被放弃的信托收益需要按照以下顺序处理:信托文件规定的人、其他受益人、委托人或者其继承人。

(2)偿债、转让及继承权。按照我国《信托法》的规定,受益人可以将其受益权用于偿还债务、转让或者依法继承。

(3)其他权利。受益人的其他项权利是与委托人重合的。具体包括:知情权、调整权、赔偿请求权和解任权。但是,我国《信托法》第49条规定:“受益人行使上述权利,与委托人意见不一致时,可以申请人民法院作出裁定。受托人有本法第二十二条第一款所列行为,共同受益人之一申请人民法院撤销该处分行为的,人民法院所作出的撤销裁定,对全体共同受益人有效。”

二、信托的设立、变更与终止

1. 信托的设立

大部分信托是通过当事人之间的法律行为设立的,属于民事法律行为的一种。因此,信托的设立必须满足民事法律行为的成立要件,即行为人具有相应的民事行为能力、意思表示真实并且不违反法律或者社会公共利益。当然,除此之外还必须满足《信托法》的特殊规定。

按照《信托公司管理办法》第32条的规定,信托合同应当载有以下内容:(1)信托目的;(2)委托人、受托人的姓名或者名称、住所;(3)受益人或者受益人范围;(4)信托财产的范围、种类及状况;(5)信托当事人的权利义务;(6)信托财产管理中风险的揭示和承担;(7)信托财产的管理方式和受托人的经营权限;(8)信托利益的计算,向受益人交付信托利益的形式、方法;(9)信托公司报酬的计算及支付;(10)信托财产税费的承担和其他费用的核算;(11)信托期限和信托的终止;(12)信托终止时信托财产的归属;(13)信托事务的报告;(14)信托当事人的违约责任及纠纷解决方式;(15)新受托人的选任方式;(16)信托当事人认为需要载明的其他事项。

除此之外,信托合同的设立还要满足以下要件:

(1)目的要合法。设立信托,不得通过信托合同掩盖非法目的,否则将导致信托合同的无效。我国《信托法》第6条规定:“设立信托,必须有合法的信托目的。”信托目的违反法律、行政法规或者损害社会公共利益,信托无效。例如,有时信托合同主体会利用信托合同侵害委托人之债权人的债权,所以,我国《信托法》第12条规定:“委托人设立信托损害其债权人利益的,债权人有权申请人民法院撤销该信托。人民法院依照前款规定撤销信托的,不影响善意受益人已经取得的信托利益。本条第一款规定的申请权,自债权人知道或者应当知道撤销原因之日起一年内不行使的,归于消灭。”

(2)信托财产要确定。信托合同生效后,受托人就要围绕信托财产展开一系列有关信托财产的管理和处分行为,因此,只有确定的信托财产才能够使受托人的行为具有明确的指向性。我国《信托法》第7条规定:“设立信托,必须有确定的信托财产,并且该信托财产必须是委托人合法所有的财产。本法所称财产包括合法的财产权利。”该条所提到的合法性,是指信托财产必须是可以流通的,而不是法律或行政法规禁止流通的财产或财产性权利,例如,土地所有权、人体器官及其制品等都不得作为信托财产。

另外,对于不能以货币进行计量的合法性权利也不能成为信托财产,例如隐私权、姓名权等。

(3)当事人意思表示真实。该项条件是信托有效成立的要件之一。如果在设立信托的过程中存在着诸如欺诈、胁迫、重大误解或是显失公平等意思表示不真实的情况,都将导致信托合同效力上的瑕疵。按照我国《民法通则》的规定,一方以欺诈、胁迫的手段或者乘人之危,使对方在违背真实意思的情况下所为的民事行为无效。而当事人的意思表示主要外化于信托合同的条款中。具体包括:信托目的,委托人,受托人的姓名或者名称、住所,受益人或者受益人范围,信托财产的范围、种类及状况,受益人取得信托利益的形式、方法,信托期限,信托财产的管理方法,受托人的报酬,新受托人的选任方式,信托终止事由等事项。

(4)采取法律规定的形式。在我国,信托的设立必须采取书面形式。具体包括以合同或者遗嘱形式设立信托。我国《信托法》第8条规定:“设立信托,应当采取书面形式。书面形式包括信托合同、遗嘱或者法律、行政法规规定的其他书面文件等。采取信托合同形式设立信托的,信托合同签订时,信托成立。采取其他书面形式设立信托的,受托人承诺信托时,信托成立。”

信托合同没有附加生效要件但满足了上述要件之后，即已生效。当信托合同生效后，当事人需要按照合同的约定履行各自的义务。例如，委托人需要将信托财产转移至受托人，受托人按照合同的约定对信托财产进行管理和处分。但是，由于我国实行一物一权原则，因此并不要求委托人将信托财产转移给受托人所有。因此，按照我国《信托法》的规定，信托成立后，委托人要将其财产权委托给受托人，由受托人按委托人的意愿以自己的名义，为受益人的利益或者特定目的，进行管理或者处分。

2. 信托的变更

信托合同一旦有效成立，合同主体就要按照合同条款履行合同。但是，信托合同并不是不可变更的。因此，为了提高信托财产的收益性，一旦法定事由或当事人约定的事由出现的时候，信托合同的主体可以进行变更合同。

合同的变更既包括合同条款的变更，例如，改变受托人报酬方式、缩减合同期限等，也包括合同主体的变更。按照我国《信托法》第 51 条的规定，设立信托后，受益人对委托人有重大侵权行为，或受益人对其他共同受益人有重大侵权行为，经受益人同意等情形的，委托人可以变更受益人或者处分受益人的信托受益权。

3. 信托的终止

按照《信托法》的规定，信托合同主体不得设立无限期的信托合同。因此，信托合同会因为合同到期等原因而终止。信托合同一旦终止，合同主体的权利义务即告结束，合同主体脱离信托合同的约束。合同结束后，合同主体对在合同的签订与履行过程中所知悉的对方隐私以及商业秘密等不得泄露或者加以不当利用。

信托合同终止的原因主要有以下几种：(1)因合同期限届满而终止；(2)因行使解除权而终止；(3)因信托目的已经实现或不能实现而终止；(4)信托的存续违反信托目的；(5)其他约定事由。

当信托合同终止时，信托财产归属于信托文件规定的人。信托文件未规定的，按下列顺序确定归属：受益人或者其继承人；委托人或者其继承人。信托财产的归属确定后，在该信托财产转移给权利归属人的过程中，信托视为存续，权利归属人视为受益人。信托终止后，受托人依照《信托法》的规定行使请求给付报酬、从信托财产中获得补偿的权利时，可以留置信托财产或者对信托财产的权利归属人提出请求。

信托终止的，受托人应当作出处理信托事务的清算报告。受益人或者信托财产的权利归属人对清算报告无异议的，受托人就清算报告所列事项解除责任。但受托人有不正当行为的除外。

下面通过两个案例,加深对信托法律制度的理解。

1. 孙某由于一心为事业奔波,直到40岁才结婚,并于42岁喜得贵子。为了能给孩子日后的生活多一份保障,孙某为其儿子设立了40万元的信托基金,以用于其子日后的教育和婚嫁。但是,由于其子尚未成年,因此信托收益暂由孙某管理。在信托合同成立7年之后的某个寒假,孙某一家外出旅游,在旅游途中孙某一家乘坐的大巴车发生交通事故,孙某不幸死亡。在为孙某料理完后事之后,孙某的继承人对于信托基金及其收益的归属产生了分歧。其中,孙某的父母认为上述款项应该按照遗产对待,由其合法继承人继承;而孙某的妻子则主张这部分款项仍归其子所有。

本案中,委托人的死亡是否影响到信托合同的效力?信托基金及其收益是否按照遗产对待?

2. 张某生有一男一女,均已成家。大儿子生活富足,衣食无忧;小女儿生活条件比较艰苦。为了改善女儿的生活状况,张某以自有财产50万元设立了信托基金,将其女儿指定为受益人。合同约定信托收益采取以月为单位的支付方式支付给张某的女儿。在合同成立后的第3年,张某的女儿想要开一家小吃店,急需一笔资金,于是就想要改变信托收益的支付方式,便找到信托公司要求变更合同。但是,张某坚决不同意其女儿的这种想法,父女二人针对信托合同条款的变更产生了纠纷。

本案中,受益人是否可以变更信托收益的支付方式?当受益人和委托人就合同变更产生纠纷时,如何处理?

【练习与思考】

1. 信托法律关系中,受托人的义务有哪些?
2. 当委托人和受益人的权利发生冲突时,如何协调?
3. 为什么设立信托需要采取书面形式?

第三节　公益信托

一、公益信托的概念

公益信托是指那些以社会公益为目的成立的信托。公益信托的目的通常是救济贫困,救助灾民,扶助残疾人,发展教育、科技、文化、艺术、体育事业,发展医疗卫生事业，发展环境保护事业，维护生态环境等。另外，公益信托的信托财产及其收益不得用于非公益目的。

例如，美国在其《信托法》中明确规定，公益信托的目的包括救济贫困、促进教育、倡导宗教、增进健康、政府或者市政目的以及其他有益于社会的目的等。日本的《信托法》则将公益信托的目的限定在须为祭祀、宗教、慈善、学术、技艺或其他公益目的。

公益信托的设立目的在于发展社会公益事业，而发展公益事业、提高社会福利本身就属于政府职能的重要组成部分。因此，从一定意义上来说，公益信托在客观上履行了政府的一些社会职能。[①]

二、公益信托的法律特征

公益信托与普通信托的最大不同在于公益信托是以“公益”为信托目的的，与一般的信托行为相比较，公益信托的法律特征如下：

1. 公益信托以社会公益为目的

公益信托的“公益性”乃是其最基本的法律特征，正是这一特征才使得公益信托明显区别于其他信托。

我国《信托法》将具有救济贫困，救助灾民，扶助残疾人，发展教育、科技、文化、艺术、体育事业，发展医疗卫生事业，发展环境保护事业，维护生态环境等目的的信托界定为公益信托。

《美国信托法重述》将公益信托概括为以下六类：救济贫穷、发展教育目的、发展宗教、增进健康、政府或社会目的以及其他有利于社会实现的目的。

2. 公益信托的要式性

公益信托涉及社会公益，因此，设立公益信托必须采取书面形式或者经过特定程序。英美法系的部分国家以及我国都在信托法律中要求公益信托行为的设立要采取书面形式。例如，我国《信托法》第62条规定：“公益信托的设立和确定其受托人，应当经有关公益事业的管理机构（以下简称公益事业管理机构）批准。未经公益事业管理机构的批准，不得以公益信托的名义进行活动。公益事业管理机构对于公益信托活动应当给予支持。”

3. 信托收益的税收优惠

公益信托的设立涉及社会公益目的的实现，因此，为了鼓励公益信托的发展，国家对公益信托中的信托财产及其相关收益实行税收减免等税收优惠。

---

① 刘继虎、李正旺：《公益信托税收激励制度之管见》，载《法制与社会》2007年第3期。

例如,《中华人民共和国企业所得税法实施条例》(以下简称《企业所得税法实施条例》)第 53 条第 1 款规定:"企业发生的公益性捐赠支出,不超过年度利润总额 12% 的部分,准予扣除。"《中华人民共和国公益事业捐赠法》(以下简称《公益事业捐赠法》)第 8 条第 1 款规定:"国家鼓励公益事业的发展,对公益性社会团体和公益性非营利的事业单位给予扶持和优待。"

按照《公益事业捐赠法》的规定,我国对于公益信托所实行的税收优惠政策具体包括:(1)公司和其他企业依照《公益事业捐赠法》的规定捐赠财产用于公益事业,依照法律、行政法规的规定享受企业所得税方面的优惠;(2)自然人和个体工商户依照本法的规定捐赠财产用于公益事业,依照法律、行政法规的规定享受个人所得税方面的优惠;(3)境外向公益性社会团体和公益性非营利的事业单位捐赠的用于公益事业的物资,依照法律、行政法规的规定减征或者免征进口关税和进口环节的增值税。

4. 公益信托的近似性原则

按照《信托法》的规定,当信托目的已经实现或者不能实现时,信托终止。但是,当公益信托的目的已经实现或者因各种原因不能实现时,公益信托却并非立即终止。尤其是当一项公益信托的目的已经实现或者不能实现,但是信托财产仍有剩余时,为有利于社会公益事业的发展,应该将剩余信托财产用于与初始公益信托目的相一致的或最大化相似的另一项公益事业上。这就是公益信托制度中的近似性原则。

近似性原则是起源于英美法系的一项原则,这一原则是一项关于如何使用公益性救助财物的原则。具体是指某一公益性救助财物所意欲实现的目的由于种种原因,已经无法实现或者不能完全实现时,如果该项财物仍有剩余,那么法院或慈善机构等相关主体即可以制订一个计划,将剩余财物用于与先前之公益信托目的相近似的活动中。我国《信托法》第 69 条规定:"公益信托成立后,发生设立信托时不能预见的情形,公益事业管理机构可以根据信托目的,变更信托文件中的有关条款。"《信托法》第 72 条规规定:"公益信托终止,没有信托财产权利归属人或者信托财产权利归属人是不特定的社会公众的,经公益事业管理机构批准,受托人应当将信托财产用于与原公益目的相近似的目的,或者将信托财产转移给具有近似目的的公益组织或者其他公益信托。"

近似性原则的应用,主要是因为公益信托的财产在实现公益信托之"公益性"目的的过程中,因遭遇到该项目已经提前实现或者不可能实现等种种因素的影响,使得该项公益信托终止时,信托财产仍有剩余。因此,为了不违背委托人的初衷,更好地实现社会公益,促进社会公益事业的发展。在此情况下,必须采用近似性原则,将剩余财物进行很好的处置。例如,《韩国信托法》规定,当公益信托之信托目的已经实现或者不能实现,信托财产没有归属权利人的时候,主管机关可以根据信托本意,为实现类似的目的而使信托继续。

三、公益信托的运作

银监会于2008年6月2日颁布了《关于鼓励信托公司开展公益信托业务支持灾后重建工作的通知》(以下简称《通知》),从业务监管角度为信托公司从事公益信托明确了方式及操作细则。

(一)选定受托人

因为公益信托关系到社会公共利益,所以受托人的选定十分关键。我国《信托法》第62条规定:"公益信托的设立和确定其受托人,应当经有关公益事业的管理机构(以下简称公益事业管理机构)批准。未经公益事业管理机构的批准,不得以公益信托的名义进行活动。公益事业管理机构对于公益信托活动应当给予支持。"公益信托的受托人未经公益事业管理机构的批准,不得辞任。公益信托的受托人违反信托义务或者无能力履行职责的,由公益事业管理机构变更受托人。

《信托法》第67条规定:"公益事业管理机构应当检查受托人处理公益信托事务的情况及财产状况。受托人应当至少每年一次作出信托事务处理情况及财产状况报告,经信托监察人认可后,报公益事业管理机构核准,并由受托人予以公告。"《通知》也规定,信托公司设立公益信托并担任受托人的,应当经有关公益事业管理机构批准。未经公益事业管理机构批准,信托公司不得以公益信托名义开展业务。

(二)设定监察人

为了充分保障公益信托目的的实现,我国《信托法》规定公益信托应当设置信托监察人。信托监察人由信托文件规定。信托文件未规定的,由公益事业管理机构指定。可见,公益信托的监察人主要采取委托人指定的方式设置,只有当信托文件没有指定时,才由相应的管理机构指定。这在很大程度上兼顾了委托人的权利自由性以及公益信托目的的实现的确保性。《信托法》第65条规定:"信托监察人有权以自己的名义,为维护受益人的利益,提起诉讼或者实施其他法律行为。"另外,公益信托监察人与信托公司不得有任何关联关系。

公益信托监察人具体行使以下职权：

1. 检查信托财产的运营情况

作为对公益信托进行监督的主体，监察人的主要职权之一就是对受托人运营信托财产的行为进行检查。我国《信托法》第 67 条第 2 款规定："受托人应当至少每年一次作出信托事务处理情况及财产状况报告，经信托监察人认可后，报公益事业管理机构核准，并由受托人予以公告。"检查人行使此项职权，主要是检查受托人的财产是否与信托财产发生了混同，是否将信托财产与其固有财产分别记账。

2. 建议变更受托人

当受托人不足以实现信托目的或者有损信托目的实现时，监察人有权向公益事业管理机构建议变更受托人。

3. 对相关法律文件的认可

根据《信托法》第 71 条的规定，公益信托终止的，受托人作出的处理信托事务的清算报告，应当经信托监察人认可后，报公益事业管理机构核准，并由受托人予以公告。

4. 赔偿请求权

监察人的赔偿请求权主要是在第三人侵害公益信托事业，造成了受益人的损害时行使的。我国《信托法》第 65 条规定："信托监察人有权以自己的名义，为维护受益人的利益，提起诉讼或者实施其他法律行为。"

信托监察人的设定主要是通过对公益信托行为的监督来确保公益信托目的的实现。除此之外，信托监察人的设定多是由委托人选定的，从而更能体现委托人设定公益信托的意思表示，还能更好地维护受益人的合法权益。但是，我国《信托法》对于信托监察人并无进一步具体的规定，例如，信托监察人的资格、具体权利义务等。这一制度的缺失使得监察人制度的可操作性不强。

（三）签订信托合同

1. 合同的内容

公益信托的委托人可以是自然人、机构或者依法成立的其他组织，交付的信托金额不受限制。按照《通知》的规定，信托公司设立公益信托，应当订立公益信托文件，并报中国银监会和公益事业管理机构备案。公益信托文件应当至少包括以下内容：(1)公益信托的名称；(2)受托人、信托监察人的姓名、名称及其住所；(3)公益信托目的；(4)公益信托存续期限；(5)公益信托财产管理或处分方法；(6)受益人范围及选定的程序和方法；(7)信息披露的内容和方式；(8)受托人管理费、信托监察人报酬的收取标准（受托人管理费和信托监察人报酬,每年度合计不得高于公益信托财产总额的8‰);(9)信托终止时信托财产的归属及交付方式。

2. 受托人的职责

合同成立后,信托公司担任公益信托受托人,应当履行下列职责:(1)依照公益信托文件管理信托财产;(2)对所管理的不同公益信托财产分别管理、分别记账;(3)按照公益信托文件约定公平选择受益人,并及时向受益人支付信托利益;(4)编制公益信托财务会计报告;(5)按照公益信托文件约定办理与公益信托财产管理业务活动有关的信息披露事项;(6)保存公益信托财产管理业务活动的记录、账册、报表和其他相关资料;(7)至少每半年作出公益信托事务处理情况及财产状况报告;(8)未经公益事业管理机构批准,不得辞任;(9)中国银监会和公益事业管理机构规定的其他职责。

3. 信托收益的处理

公益信托产生的收益要按照信托合同的约定用于公益事业,即使因信托目的不能实现等原因而终止该公益信托的,也要将剩余财物用于近似目的的公益事业中去。信托公司管理的公益信托财产及其收益,应当遵守以下规定:(1)全部用于公益事业;(2)不得用于非公益目的;(3)不得为自己或他人牟取私利;(4)只能投资于流动性好、变现能力强的国债、政策性金融债券及中国银监会允许投资的其他低风险金融产品。

(四)信托终止

公益信托通常都有一定的期限,因此,随着公益信托合同期限的终止以及出现了信托目的已经实现等情形时,公益信托会随之终止。在公益信托终止后,需要按照《信托法》的规定进行相关事项的处理。

按照《信托法》的规定,公益信托终止的,受托人应当于终止事由发生之日起15日内,将终止事由和终止日期报告公益事业管理机构。受托人作出的处理信托事务的清算报告,应当经信托监察人认可后,报公益事业管理机构核准,并由受托人予以公告。没有信托财产权利归属人或者信托财产权利归属人是不特定的社会公众的,经公益事业管理机构批准,受托人应当将信托财产用于与原公益目的相近似的目的,或者将信托财产转移给具有近似目的的公益组织或者其他公益信托。

【练习与思考】

1. 公益信托与私益信托的区别是什么?
2. 公益信托的"公益性"体现在什么地方?

3. 如何理解公益信托中的“近似性原则”？

第四节　信托业法

《信托公司管理办法》于2006年12月28日通过，并自2007年3月1日起施行，该法对于信托公司的设立、经营原则、经营范围以及监督管理等事项进行了全面的规定。

一、信托公司的设立

在我国境内设立信托公司，应该采取有限责任公司或股份有限公司的形式，而且应当经中国银行业监督管理委员会批准，并领取金融许可证。因此，除法律法规另有规定外，未经中国银行业监督管理委员会批准，任何单位和个人不得经营信托业务，任何经营单位不得在其名称中使用“信托公司”字样。

《信托公司管理办法》第10条规定：“信托公司注册资本最低限额为3亿元人民币或等值的可自由兑换货币，注册资本为实缴货币资本。申请经营企业年金基金、证券承销、资产证券化等业务，应当符合相关法律法规规定的最低注册资本要求。中国银行业监督管理委员会根据信托公司行业发展的需要，可以调整信托公司注册资本最低限额。”根据《信托公司管理办法》第11条的规定，未经中国银行业监督管理委员会批准，信托公司不得设立或变相设立分支机构且必须满足以下要件：(1)有符合《公司法》和中国银行业监督管理委员会规定的公司章程；(2)有具备中国银行业监督管理委员会规定的入股资格的股东；(3)具有本办法规定的最低限额的注册资本；(4)有具备中国银行业监督管理委员会规定任职资格的董事、高级管理人员和与其业务相适应的信托从业人员；(5)具有健全的组织机构、信托业务操作规程和风险控制制度；(6)有符合要求的营业场所、安全防范措施和与业务有关的其他设施；(7)中国银行业监督管理委员会规定的其他条件。

另外，按照《公司法》的规定，以有限责任公司形式设立信托公司的还必须满足以下条件：(1)股东符合法定人数；(2)股东出资达到法定资本最低限额；(3)股东共同制定公司章程；(4)有公司名称，建立符合有限责任公司要求的组织机构；(5)有公司住所。

以股份有限公司形式设立信托公司的需要满足以下条件：(1)发起人符合法定人数；(2)发起人认购和募集的股本达到法定资本最低限额；(3)股份发行、筹办事项符合法律规定；(4)发起人制定公司章程，采用募集方式设立的经创立大会通过；(5)有公司名称，建立符合股份有限公司要求的组织机构；(6)有公司住所。

二、信托公司的变更和解散

(一)信托公司的变更

信托公司有效设立之后，可以经中国银行业监督管理委员会批准进行如下项目的变更：(1)变更名称；(2)变更注册资本；(3)变更公司住所；(4)改变组织形式；(5)调整业务范围；(6)更换董事或高级管理人员；(7)变更股东或者调整股权结构，但持有上市公司流通股份未达到公司总股份5%的除外；(8)修改公司章程；(9)合并或者分立；(10)中国银行业监督管理委员会规定的其他情形。

需要注意的是，当信托公司合并或分立后，需要按照《信托公司管理办法》的规定，依法组织清算组进行清算。

(二)信托公司的解散

按照我国《公司法》的规定，当公司经营过程中出现了法定事由或者公司经营管理发生严重困难，继续存续会使股东利益受到重大损失，通过其他途径不能解决的，持有公司全部股东表决权10%以上的股东，可以请求人民法院解散公司。经中国银行业监督管理委员会批准后解散，并依法组织清算组进行清算。而导致公司解散的法定事由主要有：(1)公司章程规定的营业期限届满或者公司章程规定的其他解散事由出现；(2)股东会或者股东大会决议解散；(3)因公司合并或者分立需要解散；(4)依法被吊销营业执照、责令关闭或者被撤销；(5)人民法院依照《公司法》第183条的规定予以解散。①

三、信托公司经营范围

在我国境内依法设立信托公司，需要按照《信托公司管理办法》的规定，在允许的经营范围内开展信托业务。按照《信托公司管理办法》第16条的规定，信托公司可以申请经营下列部分或者全部本外币业务：(1)资金信托；(2)动产信托；(3)不动产信托；(4)有价证券信托；(5)其他财产或财产权信托；(6)作为投资基金或者基金管理公司的发起人从事投资基金业务；(7)经营企业资产的重组、购并及项目融资、公司理财、财务顾问等业务；(8)受托经

① 即股东行使解散请求权的情况。

营国务院有关部门批准的证券承销业务；(9)办理居间、咨询、资信调查等业务；(10)代保管及保管箱业务；(11)法律法规规定或中国银行业监督管理委员会批准的其他业务。

另外，信托公司可以根据市场的需要，按照信托目的、信托财产的种类或者对信托财产管理方式的不同设置信托业务品种。在管理运用或处分信托财产时，可以依照信托文件的约定，采取投资、出售、存放同业、买入返售、租赁、贷款等方式进行。中国银行业监督管理委员会另有规定的，从其规定。信托公司不得以卖出回购的方式管理运用信托财产。

需要注意的是，按照《信托公司管理办法》的相关规定，信托公司固有业务项下可以开展存放同业、拆放同业、贷款、租赁、投资等业务。投资业务限定为金融类公司股权投资、金融产品投资和自用固定资产投资。信托公司不得以固有财产进行实业投资，但中国银行业监督管理委员会另有规定的除外。信托公司不得开展除同业拆入业务以外的其他负债业务，且同业拆入余额不得超过其净资产的20%，中国银行业监督管理委员会另有规定的除外。信托公司可以开展对外担保业务，但对外担保余额不得超过其净资产的50%。

不仅如此，《信托公司管理办法》还规定：信托公司开展固有业务，不得有下列行为：(1)向关联方融出资金或转移财产；(2)为关联方提供担保；(3)以股东持有的本公司股权作为质押进行融资。

信托公司开展信托业务，不得有下列行为：(1)利用受托人地位谋取不当利益；(2)将信托财产挪用于非信托目的的用途；(3)承诺信托财产不受损失或者保证最低收益；(4)以信托财产提供担保；(5)法律法规和中国银行业监督管理委员会禁止的其他行为。

四、信托公司的经营原则

信托公司作为信托的受托人，其信托目的的实现至关重要。因此，各个国家的信托法律都对信托公司的经营原则进行了明确的规定。

(一)忠实、谨慎原则

信托公司经营的首要原则即是忠实、谨慎原则。我国《信托公司管理办法》第24条规定："信托公司管理运用或者处分信托财产，必须恪尽职守，履行诚实、信用、谨慎、有效管理的义务，维护受益人的最大利益。"如果违反该原则造成委托人或者受益人损害的，信托公司要依法承担损害赔偿责任。

(二)冲突回避原则

信托公司在经营的过程中，难免会出现已经开展的信托业务与委托人将要委托其开展的新的信托业务发生冲突的情况。因此,信托公司在处理信托业务时应当避免与委托人或者受益人之间的利益发生冲突,在利益冲突无法避免时,受托人应向委托人、受益人进行充分的信息披露,或拒绝从事该项业务。因此,即使存在利益冲突而需要回避的情形,只要完全知情的委托人或受益人表示同意或者未明确表示拒绝的,受托的信托公司仍可继续开展信托业务。

(三)信托业务的亲自处理

委托人对于信托公司的选任,通常是基于对信托公司实力以及信誉的信任。信托行为具有人身属性。因此,信托公司不得未经委托人或受托人的同意而将信托业务交由其他信托公司代理。《信托公司管理办法》第 26 条规定:"信托公司应当亲自处理信托事务。信托文件另有约定或有不得已事由时,可委托他人代为处理,但信托公司应尽足够的监督义务,并对他人处理信托事务的行为承担责任。"

五、信托公司监管

信托公司的监管主要以组织机构的设置、财务制度的完善以及对信托公司的业务监察为重点。

(一)组织机构设置的监管

按照《信托公司管理办法》第 43 条以及第 44 条的规定,信托公司应当建立以股东(大)会、董事会、监事会、高级管理层为主体的组织架构,明确各自的职责划分,保证相互之间独立运行、有效制衡,形成科学高效的决策、激励与约束机制。同时应当按照职责分离的原则设立相应的工作岗位,保证公司对风险能够做到事前防范、事中控制、事后监督和纠正,形成健全的内部约束机制和监督机制。

中国银行业监督管理委员会对信托公司的董事、高级管理人员实行任职资格审查制度。未经中国银行业监督管理委员会任职资格审查或者审查不合格的,不得任职。

信托公司对拟离任的董事、高级管理人员,应当进行离任审计,并将审计结果报中国银行业监督管理委员会备案。信托公司的法定代表人变更时,在新的法定代表人经中国银行业监督管理委员会核准任职资格前,原法定代表人不得离任。

（二）财务制度的监管

按照《信托公司管理办法》的相关规定，信托公司应当按照国家的有关规定建立、健全本公司的财务会计制度，真实记录并全面反映其业务活动和财务状况。公司年度财务会计报表应当经具有良好资质的中介机构审计。信托公司应当按照中国银行业监督管理委员会的要求提供有关业务、财务等报表和资料，并如实地介绍有关业务情况。

另外，信托公司每年应当从税后利润中提取5%作为信托赔偿准备金，但该赔偿准备金累计总额达到公司注册资本的20%时，可不再提取。信托公司的赔偿准备金应存放于经营稳健、具有一定实力的境内商业银行，或者用于购买国债等低风险、高流动性证券品种。中国银行业监督管理委员会可以根据市场发展情况和审慎监管原则，对信托公司净资本计算标准及最低要求、风险控制指标、风险资本计算标准等进行调整。

（三）高级经营管理人员的监管

《信托公司管理办法》对于信托公司高级经营管理人员的监管有以下几个方面的规定：

中国银行业监督管理委员会对信托公司的董事、高级管理人员实行任职资格审查制度。未经中国银行业监督管理委员会任职资格审查或者审查不合格的，不得任职。

信托公司对拟离任的董事、高级管理人员，应当进行离任审计，并将审计结果报中国银行业监督管理委员会备案。信托公司的法定代表人变更时，在新的法定代表人经中国银行业监督管理委员会核准任职资格前，原法定代表人不得离任。

信托公司的董事、高级管理人员和信托从业人员违反法律、行政法规或中国银行业监督管理委员会有关规定的，中国银行业监督管理委员会有权取消其任职资格或者从业资格。

中国银行业监督管理委员会根据履行职责的需要，可以与信托公司董事、高级管理人员进行监督管理谈话，要求信托公司董事、高级管理人员就信托公司的业务活动和风险管理的重大事项作出说明。

（四）日常业务监察

中国银行业监督管理委员会可以定期或者不定期对信托公司的经营活动进行检查；必要时，可以要求信托公司提供由具有良好资质的中介机构出具的相关审计报告。信托公司应当按照中国银行业监督管理委员会的要求提供有关业务、财务等报表和资料,并如实介绍有关业务情况。参见表7－1。

表7－1　信托公司监管

序号	行政许可事项	依据、条件、数量、程序、期限	申请材料目录	办理情况
1	信托公司设立	参见《信托公司管理办法》(银监会令2007年第2号)和《非银行金融机构行政许可事项实施办法》(银监会令2007年第13号)	参见《中国银监会关于印发非银行金融机构行政许可事项申请材料目录及格式要求的通知》(银监发〔2007〕86号)	
2	信托公司变更、终止	参见《信托公司管理办法》(银监会令2007年第2号)和《非银行金融机构行政许可事项实施办法》(银监会令2007年第13号)	参见《中国银监会关于印发非银行金融机构行政许可事项申请材料目录及格式要求的通知》(银监发〔2007〕86号)	
3	信托公司申请特定目的信托受托机构资格、开办企业年金基金管理业务、受托境外理财业务、外汇业务、衍生金融产品交易业务、开办其他新业务	参见《非银行金融机构行政许可事项实施办法》(银监会令2007年第13号)	参见《中国银监会关于印发非银行金融机构行政许可事项申请材料目录及格式要求的通知》(银监发〔2007〕86号)	
4	信托公司董事和高级管理人员任职资格许可	参见《非银行金融机构行政许可事项实施办法》(银监会令2007年第13号)	参见《中国银监会关于印发非银行金融机构行政许可事项申请材料目录及格式要求的通知》(银监发〔2007〕86号)	

资料来源:中国银行业监督管理委员会网站 www. cbrc. gov. cn

【练习与思考】

1. 信托公司的经营原则有哪些?
2. 信托监管的主要内容有哪些?
3. 信托公司对高级管理人员的任职资格有何要求?

第五节　几种典型的金融财产信托

一、存款信托

（一）存款信托的概念

存款信托，又称为资金信托，是委托人将其所有的或者有权支配的资金委托给金融信托公司进行运作，以收取利息的形式享有信托收益的信托。委托人与金融信托公司要在信托合同中就信托合同的期限、利率种类以及利率水平等基本要素作出明确的约定。另外，信托合同主体还必须遵守中国人民银行对存款信托的相关规定。

《信托投资公司资金信托管理暂行办法》第 2 条第 1 款规定："本办法所称资金信托业务是指委托人基于对信托投资公司的信任，将自己合法拥有的资金委托给信托投资公司，由信托投资公司按委托人的意愿以自己的名义，为受益人的利益或者特定目的管理、运用和处分的行为。"

存款信托的委托人一般是机关、团体、企事业单位以及个人，而存款信托的受托人只能是经中国人民银行批准设立的信托投资公司。除经中国人民银行批准设立的信托投资公司外，任何单位和个人不得经营资金信托业务，但法律、行政法规另有规定的除外。

信托投资公司办理资金信托业务时不得以任何形式吸收或变相吸收存款；不得发行债券；不得以发行委托投资凭证、代理投资凭证、受益凭证、有价证券代保管单和其他方式筹集资金，办理负债业务；不得举借外债；不得承诺信托资金不受损失，也不得承诺信托资金的最低收益；不得通过报刊、电视、广播和其他公共媒体进行营销宣传。信托投资公司违反上述规定，按非法集资处理，造成的资金损失由投资者承担。

（二）存款信托合同

按照《信托投资公司资金信托管理暂行办法》第 7 条的规定，委托人和信托公司之间开展存款信托业务应签订信托合同。该信托合同应包括以下的内容：(1)信托目的；(2)委托人、受托人的姓名（或者名称）、住所；(3)受益人姓名（或者名称）、住所，或者受益人的范围；(4)信托资金的币种和金额；(5)信托期限；(6)信托资金的管理方式和受托人的管理、运用和处分的权限；(7)信托资金管理、运用和处分的具体方法或者安排；(8)信托利益的计算、向受益人交付信托利益的时间和方法;(9)信托财产税费的承担、其他费用的核算及支付方法;(10)受托人报酬计算方法、支付期间及方法;(11)信托终止时信托财产的归属及分配方式;(12)信托事务的报告;(13)信托当事人的权利、义务;(14)风险的揭示;(15)信托资金损失后的承担主体及承担方式;(16)信托当事人的违约责任及纠纷解决方式;(17)信托当事人认为需要载明的其他事项。

信托投资公司办理资金信托业务时,应当在签订信托合同的同时,与委托人签订信托资金管理、运用风险申明书。风险申明书应当载明下列内容:(1)信托投资公司依据信托文件的约定管理、运用信托资金导致信托资金受到损失的,其损失部分由信托财产承担;(2)信托投资公司违背信托文件的约定管理、运用、处分信托资金导致信托资金受到损失的,其损失部分由信托投资公司负责赔偿,不足赔偿时,由信托财产承担。

另外,信托投资公司办理资金信托业务,应当按季或者按照信托合同的规定,将信托资金管理的报告和信托资金运用以及收益情况表书面告知信托文件规定的人。信托期限超过1年的,每年最少报告1次。信托资金管理的报告书应当载明如下内容:(1)信托资金管理、运用、处分和收益情况;(2)信托资金运用组合比例情况;(3)信托资金运用中金额列前十位的项目情况;(4)信托执行经理变更说明;(5)信托资金运用重大变动说明;(6)涉及诉讼或者损害信托财产、委托人或者受益人利益的情形;(7)信托合同规定的其他事项。

二、贷款信托

(一)贷款信托的概念

贷款信托,又称为信托贷款,是指信托公司接受委托人存入的款项之后,向其开具记名或无记名的"信托受益凭证",信托受益凭证会记载本金、利率水平以及到期日等基本信息,之后由受托人将委托人存入的存款以贷款的形式发放,并由信托公司负责到期收回本息的一项金融信托业务。贷款信托是对银行贷款的有益补充。

(二)贷款信托的特点

1. 保本

贷款信托的首要特点在于其具有保本性。在与信托公司签订贷款信托合同时,双方在合同中约定"保本条款"。可见,对于委托人而言,贷款信托的风险水平相对较低。

2. 利率水平相对较高

贷款信托的第二个特点在于其具有相对较高的利率水平,使得贷款信托抗击通货膨胀的能力较强,可以在一定程度上抵消通货膨胀对于货币购买力的减损程度。

3. 信托合同不得提前解除

对于委托人而言,贷款信托对其比较明显的限制在于委托人不得提前解除合同。这主要是因为委托人存入受托人处的款项已经被受托人放贷出去了。而且,其所签订的贷款合同又以中长期合同为主,因此,不允许委托人提前解除合同。

4. 只能成立自益信托

贷款信托的一个特点在于该类信托只能以自益信托的形式存在,而不允许签订他益信托合同。也就是说,贷款信托的受益人只能是委托人自己,而不能是其他主体。

三、集合资金信托计划

(一)集合资金信托的概念

集合资金信托计划(以下简称信托计划),是由信托公司担任受托人,按照委托人的意愿,为受益人的利益,将两个以上(含两个)委托人交付的资金进行集中管理、运用或处分的资金信托业务活动。可见,所谓集合资金,乃在于委托人数量的复数性。

按照《信托公司集合资金信托计划管理办法》第5条的规定,在我国,信托公司设立信托计划,应当符合以下要求:(1)委托人为合格投资者[①];(2)参与信托计划的委托人为唯一受益人;(3)单个信托计划的自然人人数不得超过50人,但单笔委托金额在300万元以上的自然人投资者和合格的机构投资者数量不受限制;(4)信托期限不少于1年;(5)信托资金有明确的投资方向和投资策略,且符合国家产业政策以及其他有关规定;(6)信托受益权划分为

---

① 合格投资者,是指符合下列条件之一,能够识别、判断和承担信托计划相应风险的人:

(一)投资一个信托计划的最低金额不少于100万元人民币的自然人、法人或者依法成立的其他组织;

(二)个人或家庭金融资产总计在其认购时超过100万元人民币,且能提供相关财产证明的自然人;

(三)个人收入在最近3年内每年收入超过20万元人民币或者夫妻双方合计收入在最近3年内每年收入超过30万元人民币,且能提供相关收入证明的自然人。

等额份额的信托单位；(7)信托合同应约定受托人报酬，除合理报酬外，信托公司不得以任何名义直接或间接以信托财产为自己或他人牟利；(8)中国银行业监督管理委员会规定的其他要求。

（二）集合资金信托的运作

信托公司管理信托计划，应设立为信托计划服务的信托资金运用、信息处理等部门，并指定信托经理及其相关的工作人员。每个信托计划至少配备一名信托经理。担任信托经理的人员，应当符合中国银行业监督管理委员会规定的条件。

信托公司管理信托计划，应当遵守以下规定：(1)不得向他人提供担保；(2)向他人提供贷款不得超过其管理的所有信托计划实收余额的30%，但中国银行业监督管理委员会另有规定的除外；(3)不得将信托资金直接或间接地运用于信托公司的股东及其关联人，但信托资金全部来源于股东或其关联人的除外；(4)不得以固有财产与信托财产进行交易；(5)不得将不同信托财产进行相互交易；(6)不得将同一公司管理的不同信托计划投资于同一项目；(7)信托公司管理信托计划而取得的信托收益，如果信托计划文件没有约定其他运用方式的，应当将该信托收益交由保管人保管，任何人不得挪用。

【练习与思考】

1. 存款信托有什么作用？
2. 贷款信托的特点有哪些？
3. 集合资金信托的运作规定有哪些？

第八章　融资租赁

第一节　融资租赁概述

一、融资租赁的概念及法律特征

（一）融资租赁的概念

融资租赁，名为租赁，实为融资。因此，在实践中又被称为“金融租赁”。具体是指出租人根据承租人的要求，由出租人出资购买承租人指定的设备，该设备的所有权归属于出租人，承租人以支付租金的形式对该项资产进行使用，其所支付的租金总和等于该项资产的购置费用并加上出租人的合理利润。

从融资租赁的概念可知，表面上看，融资租赁是出租人向承租人让渡租赁设备的使用权与收益权，属于出租人向承租人进行“融物”。但实际上，租赁设备的型号、性能等技术参数以及出卖人都是由承租人事先指定，然后由出租人按照租赁合同的约定向出卖人购置的。所以，融资租赁的实质乃在于出租人对承租人提供的资金支持，这也是融资租赁与一般租赁行为的本质区别所在。金融租赁对于经济的发展发挥着强有力的推动作用，中国银监会副主席蔡鄂生 2011 年出席第二届中国金融租赁高峰论坛时介绍，截至 2011 年 3 月末，我国 17 家金融租赁公司的资产总额达到3 640亿元，实现营业收入 33.45 亿元，净利润 13.24 亿元，分别比 2007 年同期增长了 25、27、39 倍，资产利润率、资本利润率分别达到 1.56%、10.07%，比年初提高了 0.06、1.49 个百分点。

（二）融资租赁合同的法律特征

融资租赁是以合同形式存在的。因此，此处主要阐释有关融资租赁合同的法律特征。

1. 融资租赁合同是双务有偿合同

融资租赁合同属于典型的双务有偿合同，出租人和承租人各自享有权利并承担义务。具体表现在出租人有权收取租金，并有义务按照约定交付租赁设备；而承租人则需要按照合同的约定，支付租金并承担租赁设备的保养和维修等义务。

2. 融资租赁合同是不可撤销合同

出租人在向承租人提供设备以供其使用之前，已经利用自有资金或者借入款项购置了承租人特别要求的租赁设备，因此，为了维护出租人的此项资金权益，融资租赁合同是不可撤销的。

3. 融资租赁合同是足额清偿合同

融资租赁，表面为融物，实际为融资。因此，承租人向出租人支付的租金要抵偿出租人购置设备的支出，而且还要在此基础上实现出租人的合理利润。

4. 融资租赁合同是书面合同

融资租赁合同涉及出卖人、出租人和承租人三方主体，主体之间的权利义务相对复杂，而且从实践角度考察，融资租赁合同的标的额度往往又是十分巨大的。因此，按照我国《合同法》的规定，融资租赁合同必须采取书面形式。

二、融资租赁的种类

在融资租赁实践的发展过程中，逐渐产生了多种形式的融资租赁，包括直接租赁、转租赁等。

（一）直接租赁

直接租赁是一般意义上的融资租赁，是融资租赁的原始形态。具体是指出租人出资购入承租人所需设备，由承租人以支付租金的形式偿付出租人设备购置款项与相应利润的租赁方式。

（二）转租赁

所谓转租赁是指出租人先以承租人的身份从他处以直接租赁的方式租入承租人所需设备，然后再以直接租赁的方式出租给承租人的一种融资租赁方式。在转租赁中存在两个融资租赁合同，这两个融资租赁合同的连接者即是兼具出租人身份与承租人身份之双重身份的融资租赁公司。由于合同主体权利义务关系复杂，转租赁只在承租人所需设备无法直接购入而须以租入方式取得的情况下才适用。

（三）回租

回租是指先由承租人将其所需设备出卖给出租人，然后再以融资租赁的方式租回的一种融资租赁形式。这种回租的方式，主要适用于那些固定资产数额可观而流动资金不足的承租人。这类主体在开展生产经营活动过程中，面临着固定资产需求与流动资金需求无法同时满足的尴尬。要么只有固定资产而无充足的流动资金，只能通过出卖固定资产而换取流动资金，但是又面临无固定资产可用的局面；要么只能以有限的资金购置固定资产，但是无流动资金可供周转。因此，此类主体即可以以回租的方式将固定资产出卖给出租人以实现生产经营所需的流动资金，再以融资租赁的方式将其出卖的设备租入，实现生产过程中的设备需求。

《金融租赁公司管理办法》第 4 条定义的售后回租业务："是指承租人将自有物件出卖给出租人，同时与出租人签订融资租赁合同，再将该物件从出租人处租回的融资租赁形式。售后回租业务是承租人和供货人为同一人的融资租赁方式。"

按照《金融租赁公司管理办法》的规定，售后回租业务必须有明确的标的物，标的物必须由承租人真实拥有并有权处分。金融租赁公司不得接受已设置任何抵押、权属存在争议或已被司法机关查封、扣押的财产或其所有权存在其他瑕疵的财产作为回租业务的标的物。金融租赁公司对标的物的买入价格应有合理的、不违反会计准则的定价依据作为参考，不得低值高买。

（四）杠杆租赁

杠杆租赁属于直接租赁的一种，主要是以出租人购入租赁设备款项的来源为出发点对融资租赁合同进行的分类。在杠杆租赁中，出租人购入承租人所需设备的款项并不完全是其自有资本，其中 60%—80% 的资金是从银行或者其他金融机构借入的。

杠杆租赁主要用于承租人所需设备金额较高，出租人不能独立承担所需款项，或者设备供应国家或地区为了促进本国或本地区贸易的发展，承诺对在其国内购置设备的出租人提供信贷优惠待遇的情形。在杠杆租赁中，出租人需将设备的所有权、租赁合同和收取租金的权利向贷款银行质押，并且按照租赁合同收取的每期租金需要由承租人交给贷款人，由贷款人按约定比例扣除贷款本息，其余部分交出租人处理。因此，杠杆租赁不同于一般租赁方式的另外一点在于，杠杆租赁降低了出租人的资金风险。

（五）销售式租赁

销售式租赁是以租代销的一种租赁方式，具体是指以承租人所需设备的卖方作为出租人将该设备出租给承租人的融资租赁方式。设备卖方和出租人之间通常是关联公司。

三、融资租赁的当事人

融资租赁的当事人主要有出租人、承租人和供货人。

（一）出租人

出租人为按照承租人要求购入设备并提供给承租人使用的主体。按照《金融租赁公司管理办法》的规定，金融租赁公司是指经中国银行业监督管理委员会批准，以经营融资租赁业务为主的非银行金融机构。

金融租赁公司名称中必须标明"金融租赁"字样。未经中国银行业监督管理委员会的批准，任何单位和个人不得经营融资租赁业务或在其名称中使用"金融租赁"字样，但法律法规另有规定的除外。2007 年 3 月，银监会颁布实施了修订后的《金融租赁公司管理办法》，允许符合资质要求的商业银行和其他机构设立或参股金融租赁公司。此后，工商银行、交通银行、建设银行等相继设立了全资或合资金融租赁公司。农银金融租赁有限公司的设立，意味着五家国有控股上市银行均已完成金融租赁公司的布局。

其中，工银金融租赁有限公司、交银金融租赁有限责任公司、农银金融租赁有限公司均为商业银行独资设立。原始注册资本金均为 20 亿元。交银租赁、农银租赁的注册地均为上海，工银租赁的注册地为天津。

根据《金融租赁公司管理办法》第 7 条的规定，申请设立金融租赁公司应具备下列条件：(1)具有符合本办法规定的出资人；(2)具有符合本办法规定的最低限额注册资本（金融租赁公司的最低注册资本为 1 亿元人民币或等值的自由兑换货币，注册资本为实缴货币资本）；(3)具有符合《公司法》和《金融租赁公司管理办法》规定的章程；(4)具有符合中国银行业监督管理委员会规定的任职资格条件的董事、高级管理人员和熟悉融资租赁业务的合格从业人员；(5)具有完善的公司治理、内部控制、业务操作、风险防范等制度；(6)具有合格的营业场所、安全防范措施和与业务有关的其他设施；(7)中国银行业监督管理委员会规定的其他条件。

金融租赁公司的出资人由主要出资人（出资额占拟设金融租赁公司注册资本 50% 以上的出资人）和一般出资人（除主要出资人以外的其他出资人）组

成。按照《金融租赁公司管理办法》第9条的规定，在我国境内外注册的具有独立法人资格的商业银行，还应具备以下条件：(1)资本充足率符合注册地金融监管机构要求且不低于8%；(2)最近1年年末资产不低于800亿元人民币或等值的自由兑换货币；(3)最近2年连续盈利；(4)遵守注册地法律法规，最近2年内未发生重大案件或重大违法违规行为；(5)具有良好的公司治理结构、内部控制机制和健全的风险管理制度；(6)中国银行业监督管理委员会规定的其他审慎性条件。

在我国境内外注册的租赁公司，还应具备以下条件：(1)最近1年年末资产不低于100亿元人民币或等值的自由兑换货币；(2)最近2年连续盈利；(3)遵守注册地法律法规，最近2年内未发生重大案件或重大违法违规行为。

在我国境内注册的、主营业务为制造适合融资租赁交易产品的大型企业，还应具备以下条件：(1)最近1年的营业收入不低于50亿元人民币或等值的自由兑换货币；(2)最近2年连续盈利；(3)最近1年年末净资产率不低于30%；(4)主营业务销售收入占全部营业收入的80%以上；(5)信用记录良好；(6)遵守注册地法律法规，最近2年内未发生重大案件或重大违法违规行为。

《金融租赁公司管理办法》第10条规定，金融租赁公司一般出资人应符合中国银行业监督管理委员会投资入股金融机构的相关规定。符合《金融租赁公司管理办法》主要出资人条件的出资人可以担任金融租赁公司的一般出资人。

另外，按照《金融租赁公司管理办法》第22条的规定，经中国银行业监督管理委员会批准，金融租赁公司可经营下列部分或全部本外币业务：(1)融资租赁业务；(2)吸收股东1年期(含)以上定期存款；(3)接受承租人的租赁保证金；(4)向商业银行转让应收租赁款；(5)经批准发行金融债券；(6)同业拆借；(7)向金融机构借款；(8)境外外汇借款；(9)租赁物品残值变卖及处理业务；(10)经济咨询；(11)我国银行业监督管理委员会批准的其他业务。

(二)承租人

承租人是融资租赁合同的“倡议者”，因为其面临生产经营的困难，急需金融租赁公司对其提供资金支持，帮助其购入生产经营设备，承租人才能够将有限的资金用于其他生产环节，顺利地开展各项生产经营活动。

作为承租人，并不像出租人一样有资格上的严格限制，只要是依法成立的企事业单位、机关、团体都可以作为承租人。

（三）供货人

供货人即租赁设备的卖方。虽然是融资租赁合同的当事人之一，是由承租人直接选择的，但是供货人并不直接与承租人之间形成权利义务关系。具体而言，供货人一旦违反合同约定而违约，需要向出租人承担违约责任，而非承租人。设备的租金也是支付给出租人而非供货人的。供货人与承租人之间也并非没有任何关系。有时候，在承租人与出租人签订融资租赁合同之前，供货人与承租人即对所需货物的具体细节进行了商谈，供货人提供的设备是按照承租人的要求而特别定制的，只是在供货人生产该设备之前需要与出租人签订融资租赁合同。

四、融资租赁合同的内容与效力

（一）融资租赁合同的内容

融资租赁合同的内容主要以合同条款的形式体现，一般包括以下几个方面的内容：

1. 当事人的姓名、名称以及住所

融资租赁合同的当事人主要是法人主体，因此，不仅要在合同中写明当事人的名称，还要有法定代表人的姓名及住所。

2. 合同标的物

融资租赁合同的标的物是由承租人按照自身独特的生产经营特性而指定的，不具有普遍性。因此，为了使出租人购置设备的行为具有明确的指向性，需要在融资租赁合同条款中明确表明承租人所需设备的型号、性能、数量、金额以及其他具体的技术性能参数。

3. 租赁设备权利归属条款

虽然承租人缴纳的租金总额足以抵偿租赁设备购置款，但是在融资租赁中，设备的所有权归属于出租人所有，出租人以收取租金为代价让渡租赁设备的使用权给承租人。因此，在融资租赁合同中，需要明确规定设备的所有权属于出租人，除非经由出租人同意，否则承租人不得将租赁设备转让、抵押或为其他侵害出租人所有权的行为。

4. 租赁设备维修保养条款

出租人在购入承租人指定的设备后，需要由承租人或者设备供货方将设备提供给承租人使用。因此，在融资租赁中，设备的维修以及保养工作要由承租人负责，并由其负责相关费用的支出。

5. 租赁期限

融资租赁合同的期限较一般租赁合同要长。为使双方当事人权利义务关系维系的期间具体明确,必须在合同中列明租赁期限。这也涉及合同到期之后设备归属等一系列问题。

6. 租金

有关租金的合同条款,具体包括租金的数额、支付方式以及滞纳金等具体事项。

7. 期满设备处置条款

租赁期限届满,承租人有退租、留购和续租三种选择权。鉴于此三种权利的特性,承租人只能择一行使。因此,租赁期满,承租人究竟意欲行使何种权利,需要在合同中加以明确规定。

8. 违约责任及争议解决条款

为了加强合同的约束力,违约责任条款必不可少。除此之外,为了更好地协调解决出租人与承租人之间的纠纷,可以明确争议解决条款。可供双方选择的争议解决方式有协商、调解、仲裁以及诉讼四种。

(二)融资租赁合同的效力

融资租赁合同属于以下情况之一的,应认定融资租赁合同无效:(1)出租人不具有从事融资租赁经营范围的;(2)承租人与供货人恶意串通,骗取出租人资金的;(3)以融资租赁合同形式规避国家有关法律法规的;(4)依照有关法律法规规定应认定为无效的。

融资租赁合同被确定无效后,应区分下列情形分别处理:(1)因承租人的过错造成合同无效,出租人不要求返还租赁物的,租赁物可以不予返还,但承租人应赔偿因其过错给出租人造成的损失;(2)因出租人的过错造成合同无效,承租人要求退还租赁物的,可以退还租赁物,如有损失,出租人应赔偿相应损失;(3)因出租人和承租人的共同过错造成合同无效的,可以返还租赁物,并根据过错大小各自承担相应的损失和赔偿责任;(4)租赁物正在继续使用且发挥效益的,对租赁物是否返还,可以协商解决,协商不成的,由法院根据实际情况作出判决。

【练习与思考】

1. 融资租赁的法律特征有哪些?
2. 融资租赁的主要形式有哪些?

第二节　融资租赁当事人的权利义务

一、出租人的权利和义务

（一）出租人的权利

出租人是向承租人融资的主体，在融资租赁合同中，出租人的权利主要有以下几项：

1. 拥有租赁物的所有权

在融资租赁合同有效期内，租赁设备的所有权归属于出租人所有。出租人以此为权利基础将租赁设备的使用权让渡给承租人所有。因此，当承租人破产清算时，租赁设备并不属于破产财产，出租人可以依法行使取回权以恢复对租赁设备的占有。我国《合同法》第 242 条规定："出租人享有租赁物的所有权。承租人破产的，租赁物不属于破产财产。"

2. 租金收取权

租金收取权是出租人的主要权利之一。如果承租人未能按照合同的约定支付租金，出租人可以要求承租人向其支付全部租金，也可以解除合同并收回租赁标的物。

租金的构成一般包括以下几个部分：(1)租赁设备买价；(2)贷款利息；(3)租赁设备购置费用；(4)出租人合理利润。

3. 合同终止时收回租赁物

融资租赁合同因到期或者当事人违约等事由而终止时，出租人有权收回租赁物。但是，如果出租人与承租人在融资租赁合同中约定有租赁合同因期限届满而终止时的续租或者留购条款，则出租人不得行使收回租赁物的权利。

4. 索赔权

虽然租赁物的各项技术参数甚至是供货方都是由承租人指定的，但是与供货方签订合同的仍然是出租人。因此，无论是供货人向出租人，还是直接向承租人交付租赁物，只要租赁物不符合买卖合同的约定，向供货方追究责任的权利只归属于出租人一人所有。但是，在有约定的情况下也可由承租人享有该项权利。我国《合同法》第 240 条规定："出租人、出卖人、承租人可以约定，出卖人不履行买卖合同义务的，由承租人行使索赔的权利。承租人行使索赔权利的，出租人应当协助。"

(二)出租人的义务

1. 按照租赁合同的约定与供货人订立买卖合同

在与承租人签订了融资租赁合同之后,出租人就需要按照合同的约定进行租赁设备的购置。非经承租人同意,不得变更有关合同的内容。我国《合同法》第 241 条规定:“出租人根据承租人对出卖人、租赁物的选择订立的买卖合同,未经承租人同意,出租人不得变更与承租人有关的合同内容。”

2. 向承租人提供租赁物并保证承租人的占有和使用

按照合同的约定购置了租赁物之后,就需要将租赁物交付承租人占有。具体的交付可以由出租人完成,也可以由供货方完成。按照我国《合同法》第 245 条、第 246 条的规定,出租人应当保证承租人对租赁物的占有和使用。承租人占有租赁物期间,租赁物造成第三人的人身伤害或者财产损害的,出租人不承担责任。在融资租赁合同有效期间内,出租人非法干预承租人对租赁物的正常使用或者擅自取回租赁物而造成承租人损失的,出租人应承担赔偿责任。

3. 确定合理的租金数额

融资租赁,名为租赁,实为出租人与承租人之间的资金融通。按照资金借贷的本质,借款人—出租人—需要支付的对价乃为贷款利息。而按照相关法律法规的规定,借贷利息是有一定限制的。因此,出租人向承租人收取的租金也需要受到限制。我国《合同法》第 243 条规定:“融资租赁合同的租金,除当事人另有约定的以外,应当根据购买租赁物的大部分或者全部成本以及出租人的合理利润确定。”另外,金融租赁公司的关联交易应当按照商业原则,以不优于对非关联方同类交易的条件进行。

二、承租人的权利和义务

(一)承租人的权利

1. 选择供货人

承租人有选择供货人的权利,出租人按照承租人的选择进行租赁设备的购置。如果租赁物不符合约定或者不符合使用目的,承租人不承担责任,但承租人依赖出租人的技能确定租赁物或者出租人干预选择租赁物的除外。

2. 在租赁期间占有、使用租赁物

在租赁期间占有、使用租赁物乃是承租人的最主要权利,此项权利能够确保承租人合同目的的充分实现。

3. 索赔权

出租人、出卖人、承租人可以约定，出卖人不履行买卖合同义务的，由承租人行使索赔的权利。承租人行使索赔权利时，出租人应当给予协助。

另外，供货人有迟延交货或交付的租赁物质量、数量存在问题，以及其他违反供货合同约定的行为时，对其进行索赔应区别不同情形予以处理：(1)供货合同或租赁合同中未约定转让索赔权的，对供货人的索赔应由出租人享有和行使，承租人应提供有关证据；(2)在供货合同和租赁合同中均约定转让索赔权的，应由承租人直接向供货人索赔。

需要注意的是，除非存在以下情况，否则出租人不对租赁物的质量、数量等问题承担责任，而且承租人因租赁物的质量、数量等问题对供货人提出索赔时，如果出租人无过错，则不影响出租人向承租人行使收取租金的权利：(1)出租人根据租赁合同的约定，完全是利用自己的技能和判断为承租人选择供货人或租赁物的；(2)出租人为承租人指定供货人或租赁物的；(3)出租人擅自变更承租人已选定的供货人或租赁物的。

4. 租金返还请求权

按照我国《合同法》第249条的规定："当事人约定租赁期间届满租赁物归承租人所有，承租人已经支付大部分租金，但无力支付剩余租金，出租人因此解除合同收回租赁物的，收回的租赁物的价值超过承租人欠付的租金以及其他费用的，承租人可以要求部分返还。"因此，承租人在此种情况下享有租金返还请求权。

(二)承租人的义务

1. 妥善保管、使用租赁物

当出租人购入租赁物后，就需要将租赁物转移给承租人占有和使用。承租人在占有和使用租赁物期间，有义务妥善保管和使用租赁物，因其故意或重大过失造成租赁物损坏的，承租人应承担损害赔偿责任。在租赁合同履行完毕之前，承租人未经出租人同意，将租赁物进行抵押、转让、转租或投资入股，其行为无效，出租人有权收回租赁物，并要求承租人赔偿损失。因承租人的无效行为给第三人造成损失的，第三人有权要求承租人赔偿。

2. 租赁物的维修义务

在租赁合同有效期间，租赁物由承租人占有和使用，因此，租赁物的日常维护保养义务也要由承租人负担。我国《合同法》第247条规定："承租人应当履行占有租赁物期间的维修义务。"

3. 按照约定支付租金

我国《合同法》第 248 条规定:“承租人应当按照约定支付租金。承租人经催告后在合理期限内仍不支付租金的,出租人可以要求支付全部租金;也可以解除合同,收回租赁物。”《合同法》第 249 条规定:“当事人约定租赁期间届满租赁物归承租人所有,承租人已经支付大部分租金,但无力支付剩余租金,出租人因此解除合同收回租赁物的,收回的租赁物的价值超过承租人欠付的租金以及其他费用的,承租人可以要求部分返还。”

三、供货人的权利和义务

租赁物的供货人是融资租赁合同中的承租人选择与出租人签订买卖合同的卖方。享有买卖合同卖方的权利,并承担相应的义务。

(一)供货人的权利

作为标的物的卖方,其主要权利为按照买卖合同的约定收受合同价款。至于具体的收受方式,可以是一次性付款,也可以是分期付款。

(二)供货人的义务

1. 保证对出售的标的物具有所有权或者处分权。

2. 交付标的物或者提货凭证,出卖人未按照约定交付有关标的物的单证和资料的,不影响标的物毁损、灭失风险的转移。

3. 保证标的物质量符合约定,买方有权要求其承担违约责任。

4. 承担标的物转移之前的灭失风险,如果因买受人的原因致使标的物不能按照约定期限交付的,自违反约定之日起标的物毁损、灭失的风险由买方承担。

下面通过一个案例[①],加深对融资租赁法律制度的理解:

原告:朱红合

被告:席意高

被告:高安市汽贸公司

案由:道路交通事故人身损害赔偿

2000 年 6 月 3 日,原告朱红合之父朱良任请被告个体司机席意高为其拉货到浙江,途中发生车祸,汽车向左侧翻于路旁,朱良任被抛出车外,当场死

① 陈元庆、吴子郡:《承租人使用融资租赁物发生事故致人损害出租人不承担责任》,载《人民法院报》2001 年 3 月 29 日。

亡。经交警部门认定,被告席意高违反《道路交通管理条例》第7条的规定,应负事故全部责任。朱红合向席意高索赔未果,遂以该车所有权人为高安市汽贸公司为由,将两被告诉上法庭,要求两被告承担人身损害赔偿责任,并互负连带责任。

被告席意高对事故责任无异议,但表示无力偿还。被告高安市汽贸公司辩称,汽车营运不在其占有范围内,且其本身无任何过错,依法不应承担责任。

审理中查明,1999年7月,被告席意高与被告高安市汽贸公司签订了一份合同,约定由高安市汽贸公司出资向高安市鹏程东风汽车销售公司购买东风牌汽车一辆,将汽车出租给席意高营运,租金为每月5 000元,期限自1999年8月1日起至2002年7月3日止。被告高安市汽贸公司依约购买东风牌汽车一辆,办好手续后交由席意高承租营运,席意高已如期交纳租金共计55 000元。

法院经审理认为,两被告所签合同为融资租赁合同,席意高占有租赁物(即营运车辆)期间,出租人并不能支配汽车的运行,故不应对该车造成第三人的人身伤害承担责任,遂依法判决驳回原告朱红合要求被告高安市汽贸公司承担责任的请求,由被告席意高赔偿其死亡补偿金等共计41 726元。

【练习与思考】

1. 出租人、承租人以及供货人的关系如何?
2. 出租人的权利义务有哪些?
3. 承租人的权利义务有哪些?
4. 供货人的权利义务有哪些?

第三节　融资租赁程序

完整的融资租赁程序涉及的当事人包括出租人、承租人以及供货人三方,涉及买卖合同和融资租赁合同。这两个合同的存在是分先后顺序的:融资租赁合同在先,买卖合同在后。买卖合同的签订是出租人履行融资租赁合同的行为结果。

完整的融资租赁程序由以下几个步骤组成:

(一)租赁设备与供货人的选择

一个完整的融资租赁程序肇始于承租人对租赁设备的选择阶段(严格地讲,选择租赁物的主体在此时并不能称为“承租人”),承租人基于其生产经营的特殊情况，根据所需设备的性能、大小等各项技术参数，结合供货商的信誉、售后维修以及产品价格等因素综合考虑，进而确定最终的供货人，并将具体信息传递给出租人（严格地讲，购买租赁物的主体在此时并不能称为“出租人”）。随后由获得具体信息的出租人出面与供货人进行进一步的磋商，为签订设备的购买合同奠定基础。

（二）合同的签订

合同签订阶段，包括出租合同的签订与买卖合同的签订。

在承租人选择了合适的供货人之后，承租人就需要寻找合适的出租人，与其商定融资租赁合同的具体事宜，包括租赁的期限、租金数额、租金的支付方法等。在签订了融资租赁合同之后，融资租赁合同中的出租人就需要按照与承租人签订的融资租赁合同去与供货人进行磋商，签订购买承租人指定设备的买卖合同。这一过程主要由委托阶段、谈判阶段以及签订合同阶段构成。

1. 委托阶段

承租人首先要向出租人提出融资租赁申请，填写申请书。申请书上不仅要明确告知所需设备的名称、数量、金额以及供货商名称，而且还要附有租金支付的可行性报告，有时还须要有担保人。出租人如果同意承租人的融资租赁申请，即须在申请书上签字、盖章。

2. 谈判阶段

谈判阶段还可以具体分为买卖谈判和租赁谈判。

买卖谈判主要是由承租人和出租人与供货人之间的谈判。在这个阶段，由承租人与供货人确定租赁物的规格以及技术性能等各项参数指标，随后由出租人出面与供货人商谈标的物的价格、付款方式以及交货方式、交货地点等事项。

租赁谈判是出租人与承租人之间就有关融资租赁合同具体事项的谈判。

3. 签订合同阶段

签订合同具体包括融资租赁合同的签订与买卖合同的签订。

买卖合同要在融资租赁合同签订之后才能进行，买卖合同也是一个独立的合同，是由出租人和供货人签订的。出租人与供货人签订买卖合同是出租人履行融资租赁合同的行为结果。买卖合同的双方当事人、融资租赁法律关系中的出租人和供货人，要遵守《合同法》中买卖合同的相关规定，履行各自的权利和义务。例如，供货应当履行向出租人交付标的物或者交付提取标的物的单证，并转移标的物所有权的义务，以及按照约定或者交易习惯向出租人交付提取标的物单证以外的有关单证和资料等义务。

（三）租赁设备的购买

出租人按照承租人的要求，与特定的供货人签订了租赁物的买卖合同之后，就需要按照买卖合同的约定筹足租赁物购置款，并按照约定的方式交予合同的卖方，并在合同卖方交付标的物之后承担标的物损毁、灭失的风险。当然，出租人也可以采取投保保险的方式规避风险。

（四）租金支付

当租赁物交付承租人占有和使用之后，承租人需要按照合同的约定支付租金。承租人经催告后在合理期限内仍不支付租金的，出租人可以要求支付全部租金；也可以解除合同，收回租赁物。

（五）期满设备处理

出租人和承租人可以约定租赁期间届满租赁物的归属。对租赁物的归属没有约定或者约定不明确，以补充协议方式也不能明确的，租赁物的所有权归出租人。

【练习与思考】

1. 完整的融资租赁由哪几个步骤构成？
2. 买卖合同与融资租赁合同的关系如何？

第四节　金融租赁公司

在我国，经营金融租赁业务的主体只能是金融租赁公司。这一特殊的经营主体要受到《合同法》、《公司法》、《人民银行法》以及《金融租赁公司管理办法》等法律法规的规制。

一、金融租赁公司的设立

中国人民银行审查金融租赁公司设立申请时，要综合考虑国家经济发展需要和融资租赁业竞争状况。

（一）申请设立阶段

《金融租赁公司管理办法》第 8 条第 2 款规定："设立金融租赁公司，应由主要出资人作为申请人向中国银行业监督管理委员会提出申请。"且按照《中国银行业监督管理委员会非银行金融机构行政许可事项实施办法》的规定，设立金融租赁公司需要满足以下条件：

1. 一般性条件

一般性条件主要包含以下几项:(1)有符合《公司法》和银监会规定的公司章程;(2)有符合规定条件的出资人;(3)注册资本为一次性实缴货币资本,最低限额为1亿元人民币或等值的可自由兑换货币;(4)有符合任职资格条件的董事、高级管理人员和熟悉融资租赁业务的合格从业人员;(5)具有完善的公司治理、内部控制、业务操作、风险管理等制度;(6)有与业务经营相适应的营业场所、安全防范措施和其他设施;(7)银监会规定的其他审慎性条件。

2. 出资人的条件

融资租赁公司的出资人分为主要出资人和一般出资人。主要出资人是指出资额占拟设金融租赁公司注册资本50%以上的出资人。主要出资人须为在我国境内外注册的具有独立法人资格的商业银行、租赁公司,在我国境内注册的、主营业务为制造适合融资租赁交易产品的大型企业,以及银监会认可的可以担任主要出资人的其他金融机构。一般出资人是指除主要出资人以外的其他出资人。符合主要出资人条件的出资人可以担任金融租赁公司的一般出资人。

(1)商业银行作为主要出资人的条件:①资本充足率符合注册地金融监管机构要求且不低于8%;②最近1年年末资产不低于800亿元人民币或等值的可自由兑换货币;③最近2年连续盈利;④遵守注册地法律法规,最近2年内未发生重大案件或重大违法违规行为;⑤具有良好的公司治理结构、内部控制机制和健全的风险管理制度;⑥中国银行业监督管理委员会规定的其他审慎性条件。

(2)租赁公司作为主要出资人的条件:①最近1年年末资产不低于100亿元人民币或等值的可自由兑换货币;②最近2年连续盈利;③遵守注册地法律法规,最近2年内未发生重大案件或重大违法违规行为。

(3)大型设备生产企业作为主要出资人的条件:①最近1年的营业收入不低于50亿元人民币或等值的可自由兑换货币;②最近2年连续盈利;③最近1年年末净资产率不低于30%;④主营业务销售收入占全部营业收入的80%以上;⑤信用记录良好;⑥遵守注册地法律法规,最近2年内未发生重大案件或重大违法违规行为。

(4)境内一般出资人的条件:①在工商行政管理部门登记注册,具有法人资格;②有良好的公司治理结构或有效的组织管理方式;③有良好的社会声誉、诚信记录和纳税记录;④经营管理良好,最近2年内无重大违法违规经营记录;⑤财务状况良好,且最近两个会计年度连续盈利;⑥年终分配后,净资产达到全部资产的30%（合并会计报表口径）；⑦承诺3年内不转让所持有的金融租赁公司股权（银监会依法责令转让的除外），不将所持有的金融租赁公司股权进行质押或设立信托，并在公司章程中载明；⑧银监会规定的其他审慎性条件。

（5）境外一般出资人的条件：①最近1年年末总资产原则上不少于10亿美元；②最近两个会计年度连续盈利；③境外金融机构为商业银行时，其资本充足率应不低于8%；境外金融机构为其他金融机构时，应满足住所地国家（地区）监管当局相应的审慎监管指标的要求；④内部控制制度健全有效；⑤承诺3年内不转让所持有的金融租赁公司股权（银监会依法责令转让的除外），不将所持有的金融租赁公司股权进行质押或设立信托，并在公司章程中载明；⑥注册地金融机构监督管理制度完善；⑦所在国（地区）经济状况良好；⑧银监会规定的其他审慎性条件。

（二）筹建阶段

按照《中国银行业监督管理委员会非银行金融机构行政许可事项实施办法》的相关规定，金融租赁公司的筹建要符合以下程序：

筹建金融租赁公司，应由主要出资人作为申请人向拟设地银监局提交申请，由银监局受理并初步审查、银监会审查并决定。银监会自收到完整申请材料之日起4个月内作出批准或不批准的书面决定。

金融租赁公司的筹建期为批准决定之日起6个月。未能按期筹建的，可申请延期1次，延长期限不得超过3个月。申请人应在筹建期限届满1个月前向银监会提交筹建延期申请。银监会自接到书面申请之日起20日内作出是否批准延期的决定，并抄送有关银监局。

另外，按照《金融租赁公司管理办法》的规定，申请筹建金融租赁公司，申请人应当提交下列文件：（1）筹建申请书，内容包括拟设立金融租赁公司的名称、注册所在地、注册资本金、出资人及各自的出资额、业务范围等；（2）可行性研究报告，内容包括对拟设立公司的市场前景分析、未来业务发展规划、组织管理架构和风险控制能力分析、公司开业后3年的资产负债规模和盈利预测等内容；（3）拟设立金融租赁公司的章程（草案）；（4）出资人基本情况，包括出资人名称、法定代表人、注册地址、营业执照复印件与营业情况以及出资协议，出资人为境外金融机构的，应提供注册地金融监管机构出具的意见函；（5）出资人最近2年经有资质的中介机构审计的年度审计报告；（6）中国银行业监督管理委员会要求提交的其他文件。

（三）开业阶段

按照《金融租赁公司管理办法》的规定，金融租赁公司筹建工作完成后，应向中国人民银行提出开业申请，并提交下列文件：(1)筹建工作报告和开业申请书。(2)境内有资质的中介机构出具的验资证明、工商行政管理机关出具的对拟设金融租赁公司名称的预核准登记书。(3)股东名册及其出资额、出资比例。(4)金融租赁公司章程。金融租赁公司章程至少包括以下内容：机构名称、营业地址、机构性质、注册资本金、业务范围、组织形式、经营管理和中止、清算等事项。(5)拟任高级管理人员名单、详细履历及任职资格证明材料。(6)拟办业务规章制度和风险控制制度。(7)营业场所和其他与业务有关设施的资料。(8)中国银行业监督管理委员会要求的其他文件。

申请人应在收到开业核准文件并领取金融许可证后，办理工商登记，领取营业执照。

二、融资租赁公司的变更

按照《金融租赁公司管理办法》第17条的规定，金融租赁公司有下列变更事项之一的，须报经中国银行业监督管理委员会批准：(1)变更名称；(2)改变组织形式；(3)调整业务范围；(4)变更注册资本；(5)变更股权；(6)修改章程；(7)变更注册地或营业场所；(8)变更董事及高级管理人员；(9)合并与分立；(10)中国银行业监督管理委员会规定的其他变更事项。

三、金融租赁公司的解散和破产

根据《金融租赁公司管理办法》第18条的规定，金融租赁公司有以下情况之一的，经中国银行业监督管理委员会批准后可以解散：(1)公司章程规定的营业期限届满或者公司章程规定的其他解散事由出现；(2)股东（大）会决议解散；(3)因公司合并或者分立需要解散；(4)依法被吊销营业执照、责令关闭或者被撤销；(5)其他法定事由。

另外，根据《金融租赁公司管理办法》第19条的规定，金融租赁公司有以下情形之一的，经中国银行业监督管理委员会批准，可向法院申请破产：(1)不能支付到期债务，自愿或其债权人要求申请破产的；(2)因解散或被撤销而清算，清算组发现该金融租赁公司财产不足以清偿债务，应当申请破产的。

金融租赁公司不能清偿到期债务，并且资产不足以清偿全部债务或者明显缺乏清偿能力的，中国银行业监督管理委员会可以向人民法院提出对该金融租赁公司进行重整或者破产清算的申请。

四、金融租赁公司的业务范围

（一）金融租赁公司一般业务范围

依据《金融租赁公司管理办法》第22条的规定，金融租赁公司可以开展以下业务：(1)融资租赁业务；(2)吸收股东1年期（含）以上定期存款；(3)接受承租人的租赁保证金；(4)向商业银行转让应收租赁款；(5)经批准发行金融债券；(6)同业拆借；(7)向金融机构借款；(8)境外外汇借款；(9)租赁物品残值变卖及处理业务；(10)经济咨询；(11)中国银行业监督管理委员会批准的其他业务。

（二）金融租赁公司开办业务的条件

1. 开办外汇业务的条件

金融租赁公司申请开办外汇业务，应当具备以下条件：(1)依法合规经营，内控制度健全有效，经营状况良好；(2)有健全的外汇业务操作规程和风险管理制度；(3)有与开办外汇业务相适应的合格的外汇业务从业人员；(4)银监会规定的其他审慎性条件。

2. 开办衍生金融产品交易业务的条件

开办衍生金融产品交易业务应当具备以下条件：(1)经营状况良好，主要风险监管指标符合要求；(2)有健全的衍生产品交易风险管理制度和内部控制制度；(3)具备完善的衍生产品交易前中后台自动连接的业务处理系统和实时的风险管理系统；(4)衍生产品交易业务主管人员应当具备5年以上直接参与衍生交易活动和风险管理的资历，且无不良记录；(5)拥有从事衍生产品或相关交易2年以上、接受相关衍生产品交易技能专门培训半年以上的交易人员至少2名，相关风险管理人员至少1名，风险模型研究人员或风险分析人员至少1名，以上人员均须专岗人员，相互不得兼任，且无不良记录；(6)有符合衍生产品交易要求的场所和设备；(7)银监会规定的其他审慎性条件。

3. 开办新业务的条件

开办新业务，应当具备以下条件：(1)有良好的公司治理结构和内部控制机制；(2)经营状况良好，主要风险监管指标符合要求；(3)有有效识别和控制新业务风险的管理制度；(4)有开办新业务所需的合格管理人员和业务人员；(5)最近3年内无重大违法违规经营记录；(6)银监会规定的其他审慎性条件。

五、金融租赁公司经营规则

按照《金融租赁公司管理办法》的相关规定，金融租赁公司应当按照全面、审慎、有效、独立的原则，建立和健全内部控制制度，并报中国银行业监督管理委员会或其派出机构备案。同时按照《公司法》的要求，建立以股东（大）会、董事会、监事会、高级管理层为主体的组织架构，明确各自之间的职责划分，保证相互之间独立运行、有效制衡，形成科学、高效的决策、激励和约束机制。

另外，金融租赁公司应当制定关联交易管理制度，具体内容应当包括：(1)董事会或者经营决策机构对关联交易的监督管理；(2)关联交易控制委员会的职责和人员组成；(3)关联方的信息收集与管理；(4)关联方的报告与承诺、识别与确认制度；(5)关联交易的种类和定价政策、审批程序和标准；(6)回避制度；(7)内部审计监督；(8)信息披露；(9)处罚办法；(10)银监会要求的其他内容。

六、金融租赁公司的监管

(一)监管指标

按照《金融租赁公司管理办法》的相关规定，金融租赁公司应遵守以下监管指标：

1. 资本充足率。金融租赁公司资本净额不得低于风险加权资产的8%。

2. 单一客户的融资集中度。金融租赁公司对单一承租人的融资余额不得超过资本净额的30%。计算对客户的融资余额时，可以扣除授信时承租人提供的保证金。

3. 单一客户关联度。金融租赁公司对一个关联方的融资余额不得超过金融租赁公司资本净额的30%。

4. 集团客户关联度。金融租赁公司对全部关联方的融资余额不得超过金融租赁公司资本净额的50%。

5. 同业拆借比例。金融租赁公司同业拆入资金余额不得超过金融租赁公司资本净额的100%。

6. 金融租赁公司应按照相关企业会计准则及中国银行业监督管理委员会有关规定进行信息披露。

7. 金融租赁公司应实行风险资产五级分类制度。

8. 金融租赁公司应当按照有关规定制定呆账准备制度，及时足额计提呆账准备。未提足呆账准备的,不得进行利润分配。

9. 金融租赁公司应按规定编制并向中国银行业监督管理委员会报送资产负债表、损益表以及中国银行业监督管理委员会要求的其他报表。金融租赁公司法定代表人及直接经办人员对所提供的报表的真实性承担法律责任。

10. 金融租赁公司应在每会计年度结束后4个月内向中国银行业监督管理委员会或有关派出机构报送前一会计年度的关联交易情况报告。报告内容应当包括:关联方、交易类型、交易金额及标的、交易价格及定价方式、交易收益与损失、关联方在交易中所占权益的性质及比重等。

11. 金融租赁公司应建立定期外部审计制度,并在每个会计年度结束后的4个月内,将经法定代表人签名确认的年度审计报告报送中国银行业监督管理委员会及相应派出机构。

12. 金融租赁公司违反《金融租赁公司管理办法》有关规定的,中国银行业监督管理委员会可责令限期整改;逾期未整改的,或者其行为严重危及该金融租赁公司的稳健运行、损害客户合法权益的,中国银行业监督管理委员会可以区别情形,依照《中华人民共和国银行业监督管理法》等法律法规的规定,采取暂停业务、限制股东权利等监管措施。

13. 金融租赁公司已经或者可能发生信用危机,严重影响客户合法权益的,中国银行业监督管理委员会依法对其实行托管或者督促其重组;问题严重的,有权予以撤销。

14. 凡违反《金融租赁公司管理办法》有关规定的,中国银行业监督管理委员会按《中华人民共和国银行业监督管理法》等有关法律法规进行处罚。金融租赁公司对中国银行业监督管理委员会的处罚决定不服的,可以依法申请行政复议或者向人民法院提起行政诉讼。

(二)董事和高级管理人员的任职资格

《中国银行业监督管理委员会非银行金融机构行政许可事项实施办法》对董事和高级管理人员的任职资格进行了严格的规定,分别从积极任职资格与消极任职资格两方面对董事和高级管理人员提出了要求。

1. 积极的任职资格

董事和高级管理人员积极的任职资格包括:(1)具有完全民事行为能力的自然人;(2)具有良好的职业道德、操守、品行和声誉,熟悉并遵守法律、行政法规和规章,有良好的守法合规记录;(3)具备履职所需的专业知识、技能、从业经验,确保履职所需的时间和精力,在行为及决策上显示出良好的判断和管理能力,有良好的从业记录;(4)具备履职所需的独立性;(5)银监会规定的其他审慎性条件；(6)从国外引进的人员担任财务公司总经理、副总经理，应熟悉我国的经济、金融政策以及有关金融监管的法律法规，熟悉国内外金融市场运作规律和特点，并在国际知名跨国金融机构或大型企业集团从事资金集中管理5年以上，或在国际知名商业银行或投资银行从业5年以上，熟悉资金计划和资本市场投融资业务，同时具有3年以上担任业务部门经理或相当于业务部门经理以上职务的经验；(7)应具备本科以上学历，从事金融工作或从事融资租赁工作6年以上，或从事相关经济工作10年以上(其中，从事金融工作或融资租赁工作3年以上)。

2. 消极的任职资格

董事和高级管理人员消极的任职资格包括：(1)有故意或重大过失犯罪记录；(2)担任或曾任因违法经营或经营管理不善而被接管、撤销、合并、宣告破产或吊销营业执照的机构的董事或高级管理人员，但能证明自己对此不负主要责任的除外；(3)指使、参与所任职机构阻挠、对抗监管机构进行监督检查或案件查处；(4)被监管机构取消董事或高级管理人员任职资格或禁止从事金融行业工作的年限未满；(5)2次以上被监管机构取消董事或高级管理人员任职资格，或禁止从事金融行业工作；(6)明知有《中国银行业监督管理委员会非银行金融机构行政许可事项实施办法》规定的不具备任职资格条件的情形，采用欺骗、贿赂等不正当手段以获得任职资格核准；(7)有违反职业道德、操守或工作严重失职情形，并造成重大损失或恶劣影响；(8)参加任职资格考试或谈话未通过；(9)本人或其配偶负有数额较大的债务且到期未偿还；(10)本人或其配偶不能按期偿还从其拟(现)任职金融机构处获得的贷款；(11)本人或其直系亲属单独或共同持有拟(现)任职金融机构5%以上股份，且从该金融机构获得的贷款明显超过持有的该金融机构股权净值；(12)本人或其直系亲属在持有拟(现)任职金融机构5%以上股份的股东单位任职，且该股东单位从该金融机构获得的贷款明显超过其持有的该金融机构股权净值；(13)拟任的高级管理人员在其他经济组织兼职；(14)法律、行政法规、监管规章及银监会规定的不得担任金融机构董事和高级管理人员的其他情形。

(三)董事等高级经营管理者的任职审批

银监会直接监管的非银行金融机构申请核准董事和高级管理人员任职资格，向银监会提交申请，由银监会受理、审查并决定。银监会自受理之日起30日内作出核准或不予核准的书面决定。

银监局、银监分局监管的信托公司申请核准董事长或总经理的任职资格，向所在地银监局提交申请，由银监局受理并初步审查、银监会审查并决定，银监会自收到完整的申请材料之日起 30 日内作出核准或不予核准的书面决定；银监局监管的信托公司申请核准董事长、总经理之外的董事和高级管理人员任职资格，向所在地银监局提交申请，由银监局受理、审查并决定，银监局自受理之日起 30 日内作出核准或不予核准的书面决定，并抄报银监会；银监分局监管的信托公司申请核准董事长、总经理之外的董事和高级管理人员任职资格，向所在地银监分局提交申请，由银监分局受理并初步审查、银监局审查并决定，银监局自收到完整的申请材料之日起 30 日内作出核准或不予核准的书面决定，并抄报银监会。

银监局监管的财务公司、金融租赁公司、汽车金融公司、货币经纪公司申请核准董事和高级管理人员任职资格，向所在地银监局提交申请，由银监局受理、审查并决定，银监局自受理之日起 30 日内作出核准或不予核准的书面决定，并抄报银监会；银监分局监管的财务公司、金融租赁公司申请核准董事和高级管理人员任职资格，向所在地银监分局提交申请，由银监分局受理并初步审查、银监局审查并决定，银监局自收到完整的申请材料之日起 30 日内作出核准或不予核准的书面决定，并抄报银监会。

非银行金融机构分公司申请核准高级管理人员任职资格，由其法人机构向分公司所在地银监局提交申请，由银监局受理、审查并决定。银监局自受理之日起 30 日内作出核准或不予核准的书面决定，并抄报银监会，抄送非银行金融机构法人所在地银监局。

【练习与思考】

1. 设立金融租赁公司需要满足哪些条件？
2. 金融租赁公司的监管内容有哪些？

第九章　货币法

第一节　货币概述

一、货币概述

货币是充当一般等价物的特殊商品。从这一定义可知，货币首先是商品，具有价值和使用价值；另外，货币是一种特殊商品，可以和其他一切商品相交换。然而货币并不是与自然界相伴出现的，它是伴随商品经济的发展而产生的，是商品生产和商品交换的结果。在其发展演变的过程中，主要经历了以下四个阶段：

（一）简单的、偶然的价值形式

在人类交往之初，并没有货币。那时人们的商品交换主要采取的是物物交换的形式。由于生产力水平的限制，剩余产品较少，因此交换也并不是很频繁，且带有极大的偶然性因素。例如，有谷物剩余的人，此时想要用手中的谷物换取动物的毛皮，但是，过一段时间可能又想换得一定数量的牛奶。物物交换致使某种商品的价值不规律地、简单地、偶然地表现在另一种商品之上。其逻辑关系表示如下：

1 只绵羊 =2 把石斧

这一逻辑关系表明：一只绵羊的价值是通过 2 把石斧的价值表现出来的。绵羊处于相对价值形式地位，而石斧处于等价形式地位。处于相对价值形式的商品作为使用价值存在，而处于等价形式的商品作为价值存在。

（二）扩大的价值形式

伴随着生产力水平的进一步提高，人们手中剩余产品的种类和数量也在不断增加，因此，产生了更多的交换需求。尤其是游牧民族的出现，人类交往的范围逐渐扩大，交易更加频繁。这时，某种商品如绵羊，就经常和其他商品相交换，形成了扩大的价值形式。其逻辑关系表示如下：

$$1\text{ 只绵羊} = \begin{cases} 2\text{ 把石斧} \\ 10\text{ 尺布} \\ 50\text{ 斤稻谷} \\ \cdots \end{cases}$$

上述逻辑关系，可以理解为1只绵羊的价值可以被种类不同、数量不同的商品表示。之所以有如此的逻辑关系，完全是因为这些种类不同、数量不同的商品具有等值的价值量，即凝结在商品中的无差别的人类劳动。但是，在这一阶段，商品的价值却没有获得一个共同的、统一的表现形式。因此，并没有出现货币的雏形。

（三）一般价值形式

在扩大价值形式中，人们发现当两种商品不能直接进行物物交换的时候，可以通过将其中某种商品以和绵羊进行交换的方式进行中转。于是绵羊就成了大家普遍乐于接受的商品而从大量的商品世界中脱离出来，成为一般等价物。由于各种条件的限制，不同地区以及不同时期的一般等价物是不同的，有的地方是绵羊，有的地方则是贝壳或者其他实物商品。但是，无论如何，处于相对价值形式的商品的使用价值在某一地区被固定地表现在了一种商品身上。此时，货币的雏形开始出现了。

$$\left.\begin{matrix} 2\text{ 把石斧} \\ 10\text{ 尺布} \\ 50\text{ 斤稻谷} \\ \cdots \end{matrix}\right\} = \quad 1\text{ 只绵羊}$$

（四）货币价值形式

经历了一般的价值形式之后，货币的雏形开始出现了。在真正意义上的货币出现之前，一般等价物虽然已经成为了商品交换的手段或者媒介，但是这一手段或者媒介却又是不固定的。

在这一历史时期充当一般等价物的商品一般都具有携带不便、不易保存以及不易分割等缺点，因此，人们急于寻找一种能够克服实物货币缺点的货币种类。在第二次社会大分工以后，这一历史重任落在了贵金属身上。金属货币具有易于保存、携带便利等优点。因此，当人们将贵金属作为一般等价物参与商品交换、充当商品交换的媒介时,货币也就产生了。

二、货币的职能

货币的职能主要有价值尺度、流通手段、贮藏手段、支付手段和世界货币五种。

(一)价值尺度

价值尺度,是指货币在表现商品的价值并测量商品价值大小时所发挥的一种职能。从货币的产生过程可知,价值尺度是货币的首要职能。

发挥价值尺度职能的货币本身必须具有价值,但是,并不需要现实的货币形式。因此,当货币执行价值尺度职能时,只要是观念上以及想象中的货币即可。

(二)流通手段

流通手段是货币在商品流通中起媒介作用时发挥的职能。与发挥价值尺度职能不同,作为流通手段的货币必须是现实的货币。而且在执行流通手段职能时,货币仅仅是交换的手段,并非交换的目的。因此,执行流通手段职能的货币不一定是足值的货币,不足值的货币甚至是没有价值的纸币也是可以的。

货币流通手段职能的重要意义在于它克服了物物交换的局限性以及各种供需矛盾,促进了商品经济的快速发展。但是,货币的流通手段这一职能的实现,也造成了商品买卖环节脱节的矛盾。因此,寻找到货币流通的规律,测算一定时期流通环节所需的货币量,对于一国经济的发展至关重要。

(三)贮藏手段

贮藏手段是指货币退出流通领域,处于静止状态时所执行的一种职能。发挥贮藏手段职能的货币必须是现实的且具有价值的货币。而货币之所以能够充当价值贮藏的手段,是因为货币具有一般购买力,可以和其他一切商品相交换。因此,西方经济学家将执行贮藏手段的货币称为“购买力的栖息所”。

当货币发挥贮藏手段这一职能时,可以自发地调节流通领域的货币量,起到调节社会购买力的作用。

(四)支付手段

支付手段是货币作为交换价值的独立形态在进行单方面转移时所发挥出来的职能。支付手段职能的实现主要是因为商品交易环节出现了商品让渡与货币让渡的不同步,例如,赊销、赠与以及货币借贷等等。当货币执行支付手段职能时,可以促进各种信用的形成与发展并节约交易中的现金量。

(五)世界货币

货币在世界市场范围内充当一般等价物而发挥其作用时,被称为世界货币。因此,能作为世界货币的必须是十足价值的贵金属。纸币不具有世界货币职能。

三、货币制度及其构成要素

货币制度是一国用法律的形式规定有关货币流通的结构和组织形式。其构成要素由货币的币材、货币的单位,各种通货的铸造、发行及流通程序和准备金制度四个方面组成。

(一)货币的币材

货币的币材是规定一国的本位币以及辅币是用什么材质制成的。按照本位币材质的不同,可以将一国的货币制度进行不同的分类。以黄金作为本位币币材的货币制度即金本位制度;以白银作为本位币币材的货币制度即银本位制度;如果同时用黄金和白银作为本位币的币材,属于金银复本位制度;如果以纸张作为币材,则属于纸币制度。

10 世纪初,由于商品经济规模的进一步扩大,对货币的需求也较大规模地增加,如果继续以贵金属作为币材会因贵金属蓄积量以及开采量的限制而影响到商品经济的发展,因此,纸币制度取代金属货币制度成为了主流货币制度。纸币不仅能够执行价值尺度以及流通手段等货币职能,还可以由国家根据经济发展的需要进行货币规模的调节。

(二)货币的单位

对于货币单位进行规定,主要是要界定一国的货币名称是什么,以及单位货币价值几何。例如,美国 1900 年的金本位法规定,1 美元含有成色为 90 比 10 的黄金 25.8 格令,纯金则为 23.22 格令。英国 1816 年 5 月的金本位法案规定,1 英镑含有成色为 11 比 12 的黄金123.274 47格令,纯金是113.001 6格令。

目前,世界上的货币名称有 100 多种,其名称有元、镑、法郎、铢等。例如,美元、欧元、英镑、德国马克、泰铢等等。我国的货币名称是“元”。《人民币管理条例》第 4 条规定,人民币的单位为元,人民币辅币单位为角、分。1 元等于 10 角,1 角等于 10 分。

(三)通货的铸造、发行及流通程序

通货是指流通中的货币,主要包括金属货币、纸币以及银行券。一国的货币制度除了规定货币的币材以及单位之外,还就通货的铸造、发行及流通作出系统的规定。

1. 通货的铸造

在金属货币制度下,本位币在国家集中铸造的前提下可以自由铸造。也就是说,公民可以把货币金属送到国家造币厂以铸造货币,只收取少量的铸造费用。但是,在纸币制度下已不存在本位币的自由铸造了。辅币的铸造则不完全由中央银行负责,有的国家的辅币是由财政部门负责铸造的。这主要是因为辅币的实际价值远远低于它的名义价值,通过辅币的铸造可以实现一定的财政收入。

2. 通货的发行及流通

通货的发行及流通是规定一国的本位币具有无限法偿力,支付数额不受限制;辅币主要作为小额周转之用,并且与本位币之间保持固定的兑换比例。例如,1 美元等于 100 美分,1 元人民币等于 10 角人民币,等等。

另外,为了便于商品的交易,有的国家在其货币制度中规定,买方采用辅币进行对价支付时,不能超过一定的限额。例如,美国就曾经规定,辅币的支付限额为每笔 10 美元。

(四)准备金制度

准备金制度是国家规定把贵金属集中到国库或中央银行进行保管的制度。在金属货币制度下,准备金主要被用于国内金属货币流通的准备金、作为支付存款或银行券兑现的准备金,而在纸币制度下主要作为世界货币的准备金。

【练习与思考】

1. 货币的本质是什么?
2. 货币的功能有哪些?
3. 货币制度由哪些要素构成?

第二节　人民币

一、人民币的历史[①]

中华人民共和国货币自发行以来,已发行五套人民币。

第一套人民币自 1948 年 12 月 1 日开始发行,共 12 种面额 62 种版别,其中,1 元券 2 种、5 元券 4 种、10 元券 4 种、20 元券 7 种、50 元券 7 种、100 元券 10 种、200 元券 5 种、500 元券 6 种、1 000元券 6 种、5 000元券 5 种、10 000元券 4 种、50 000元券 2 种(1949 年发行的正面万寿山图景 100 元券和正面列车图景 50 元券各有两种版别)。人民币发行后,逐步扩大流通区域,原各解放区的地方货币陆续停止发行和流通,并按规定比价逐步收回。1949 年初,中国人民银行总行迁到北平(今北京),各省、市、自治区相继成立中国人民银行分行,至 1951 年底,人民币成为我国唯一合法货币,在除台湾地区、西藏地区以外的全国范围流通(西藏地区自 1957 年 7 月 15 日起正式流通使用人民币)。

1955 年 2 月 21 日国务院发布命令,决定由中国人民银行自 1955 年 3 月 1 日起发行第二套人民币,收回第一套人民币。1955 年 3 月 1 日公布发行的第二套人民币共 10 种,1 分、2 分、5 分、1 角、2 角、5 角、1 元、2 元、3 元和 5 元,1957 年 12 月 1 日又发行了 10 元 1 种。同时,为便于流通,国务院发布命令,自 1957 年 12 月 1 日起发行 1 分、2 分、5 分三种硬币,与纸分币等值流通。后来,对 1 元纸币和 5 元纸币的图案、花纹又分别进行了调整和颜色的更换,于 1961 年 3 月 25 日和 1962 年 4 月 20 日分别发行了黑色 1 元券和棕色 5 元券,使第二套人民币的版别分别由开始公布的 11 种增加到 16 种。1964 年 4 月 14 日,中国人民银行发布了《关于收回三种人民币票券的通告》,决定从 1964 年 4 月 15 日开始限期收回苏联代印的 1953 年版的 3 元、5 元和 10 元纸币,1964 年 5 月 15 日停止收兑和流通使用。

第三套人民币是 1962 年开始发行的。第三套人民币在第二套人民币的基础上对版别进行了调整、更换,取消了第二套人民币中的 3 元纸币,增加了 1 角、2 角、5 角和 1 元共 4 种金属币。第三套人民币自 1962 年 4 月 20 日发行枣红色 1 角纸币开始到 1980 年 4 月 15 日发行 1 角、2 角、5 角、1 元硬币止,经

① http://www.pbc.gov.cn.

过了18年的逐步调整、更换,共陆续收回第二套人民币(除6种纸、硬分币外)10种,陆续发行第三套人民币13种。其中,10元纸币1种、5元纸币1种、2元纸币1种、1元纸币1种、5角纸币1种、2角纸币1种、1角纸币3种、1元硬币1种、5角硬币1种、2角硬币1种、1角硬币1种。

1962年4月20日公布发行了1956年版棕色5元纸币和1960年版枣红色1角纸币,其中,棕色5元纸币在1955年3月1日开始发行的酱紫色5元纸币的基础上,对颜色、花纹进行了更换、调整,该纸币是第二套人民币的后一个品种。同时发行的枣红色1角纸币是第三套人民币的开始。1964年4月15日,第三套人民币的深绿色2元纸币和墨绿色2角纸币同时发行。1966年1月10日,发行了有天安门水印的1965年版10元纸币和1962年版1角纸币。为了解决1962年版1角纸币背面颜色与1962年版2角纸币背面颜色相近似,不易辨认的问题,1967年12月15日调整了1962年版1角纸币背面颜色,重新发行了1962年版1角纸币。1969年10月20日,第三套人民币深棕色5元纸币和深红色1元纸币开始发行。1974年1月5日,发行了第三套人民币的青莲色5角纸币。1980年4月15日,经国务院批准,开始发行1角、2角、5角和1元共4种硬币。这4种硬币与市场流通的同面额纸币等值流通。至此,第三套人民币13种券别发行齐全。

1987年4月25日,国务院发布了发行第四套人民币的命令,责成中国人民银行自1987年4月27日起,陆续发行第四套人民币。第四套人民币主币有1元、2元、5元、10元、50元和100元6种,辅币有1角、2角和5角3种,主辅币共9种。第四套人民币共11种纸币,采取"一次公布,分次发行"的方式。1987年4月27日,首先发行50元纸币和5角纸币,1988年5月10日发行了100元、2元、1元和2角纸币,1988年9月22日,发行了10元、5元、1角纸币。为提高人民币的防伪能力,1992年8月20日,在全国发行1990年版50元、100元纸币。根据1992年5月8日第97号国务院令,中国人民银行自1992年6月1日起发行第四套人民币1元、5角、1角硬币,使第四套人民币结构更加完善。为便利市场流通,1995年3月1日和1997年4月1日,在全国发行了1990年版和1996年版1元纸币。1996年4月10日,在全国发行了1990年版2元纸币。

为适应经济发展和市场货币流通的需要,1999年10月1日,在新中国成立50周年之际,根据国务院第268号令,中国人民银行陆续发行了第五套人民币。第五套人民币共8种面额:100元、50元、20元、10元、5元、1元、5角、1角。第五套人民币根据在市场流通中,低面额主币实际上往往承担找零角色的状况，增加了20元面额，取消了2元面额，使面额结构更加合理。第五套人民币采取"一次公布，分次发行"的方式。1999年10月1日，首先发行了100元纸币；2000年10月16日，发行了20元纸币、1元和1角硬币；2001年9月1日，发行了50元、10元纸币；2002年11月18日，发行了5元纸币、5角硬币；2004年7月30日，发行了1元纸币。为提高第五套人民币的印刷工艺和防伪技术水平，经国务院批准，中国人民银行于2005年8月31日发行了第五套人民币2005年版100元、50元、20元、10元、5元纸币和不锈钢材质1角硬币。

二、人民币的设计和印制

人民币作为我国的法定货币，其设计和印制都要由专门的机构负责，在严格遵守各项规定的情况下进行。

（一）人民币的设计

按照《人民币管理条例》第7条的规定，新版人民币由中国人民银行组织设计，报国务院批准。由此可见，中国人民银行是具体负责组织人民币设计工作的主体，并且人民币的设计工作在程序上必须经国务院的批准。

（二）人民币的印制

按照《人民币管理条例》的规定，人民币的印制需要由中国人民银行指定的专门企业负责。印制人民币的特殊材料、技术、工艺、专用设备等重要事项属于国家秘密。印制人民币的企业和有关人员应当保守国家秘密。因防伪或者其他原因，需要改变人民币的印制材料、技术或者工艺的，由中国人民银行决定。

印制企业在印制人民币的过程中，必须严格按照中国人民银行制订的人民币印制标准和印制计划进行印制，不得更改印制标准或者多印、少印人民币。未按照中国人民银行制订的人民币质量标准和印制计划印制人民币的，中国人民银行将会给予印制企业和有关人员以警告，没收违法所得，并处违法所得1倍以上3倍以下的罚款，没有违法所得的，处1万元以上10万元以下的罚款；对直接负责的主管人员和其他直接责任人员，依法给予纪律处分。

人民币印制企业完成人民币的印制工作后，应当将合格的人民币产品全部解缴中国人民银行人民币发行库，将不合格的人民币产品按照中国人民银行的规定全部销毁。不得私留不合格的人民币产品，否则中国人民银行将会给予印制企业和有关人员以警告，没收违法所得，并处违法所得1倍以上3倍以下的罚款,没有违法所得的,处 1 万元以上 10 万元以下的罚款;对直接负责的主管人员和其他直接责任人员,依法给予纪律处分。

印制结束后,印制人民币的原版、原模等要由中国人民银行封存。

三、人民币的发行

人民币是我国的法定货币,包括纸币和硬币。人民币的单位为元,人民币的辅币单位为角、分。1 元等于 10 角,1 角等于 10 分。按照《人民币管理条例》的规定,人民币依其面额支付。以人民币支付我国境内一切公共的和私人的债务,任何单位和个人不得拒收。

在我国,中国人民银行是人民币的唯一合法发行主体。按照《中国人民银行法》第 18 条的规定,人民币由中国人民银行统一印制、发行。中国人民银行发行新版人民币,应当将发行时间、面额、图案、式样、规格予以公告。任何单位和个人不得印制、发售代币票券,以代替人民币在市场上流通。

按照《人民币管理条例》的规定,中国人民银行设立人民币发行库,在其分支机构设立分支库,负责保管人民币发行基金。各级人民币发行库主任由同级中国人民银行行长担任。

四、人民币的流通和保护

(一)人民币的流通

按照《人民币管理条例》的规定,主要从以下几个方面对人民币的流通进行了严格的限制:(1)办理人民币存取款业务的金融机构应当根据合理需要的原则,办理人民币券别调剂业务;(2)禁止非法买卖流通人民币;纪念币的买卖,应当遵守中国人民银行的有关规定;(3)人民币样币禁止流通;(4)任何单位和个人不得印制、发售代币票券,以代替人民币在市场上流通;(5)不能兑换的残缺、污损的人民币以及停止流通的人民币不得流通。

(二)人民币的保护

中国人民银行主要从以下几个方面对人民币给予保护:

1. 禁止下列损害人民币的行为

(1)故意毁损人民币。

(2)制作、仿制、买卖人民币图样。

(3)未经中国人民银行批准,在宣传品、出版物或者其他商品上使用人民币图样。

(4)中国人民银行规定的其他损害人民币的行为。

2. 禁止伪造、变造人民币

禁止出售、购买伪造、变造的人民币。禁止走私、运输、持有、使用伪造、变造的人民币。

(1)人民币的伪造,是指违反国家货币管理法规,仿照货币的形状、色彩、图案等特征,使用各种方法非法制造出外观上足以乱真的假货币,破坏货币的公共信用,破坏金融管理秩序的行为。

(2)人民币的变造,是指对真币采用挖补、剪贴、揭层、拼凑、涂改等方法进行加工处理,改变货币的真实形状、图案、面值或张数,增大票面面额或者增加票张数量,数额较大的行为。

3. 禁止"洗钱"

洗钱是指将毒品犯罪、黑社会性质的组织犯罪、恐怖活动犯罪、走私犯罪或者其他犯罪的违法所得及其产生的收益,通过各种手段掩饰、隐瞒其来源和性质,使其在形式上合法化的行为。其采用的具体手段包括有:(1)提供资金账户;(2)协助将财产转换为现金或者金融票据;(3)通过转账或者其他结算方式协助资金转移;(4)协助将资金汇往境外;(5)以其他方法掩饰、隐瞒犯罪的违法所得及其收益的性质和来源。

根据《刑法》的规定,对于洗钱犯罪行为,没收实施犯罪的违法所得及其产生的收益,处5年以下有期徒刑或者拘役,并处或者单处洗钱数额5%以上20%以下罚金;情节严重的,处5年以上10年以下有期徒刑,并处洗钱数额5%以上20%以下罚金。单位犯罪的,对单位判处罚金,并对其直接负责的主管人员和其他直接责任人员,处5年以下有期徒刑或者拘役。

另外,2006年10月31日第十届全国人民代表大会常务委员会第二十四次会议通过,并于2007年7月1日起实施的《反洗钱法》,就反洗钱工作进行了具体的规定:

(1)反洗钱的监督管理

2003年,中国人民银行发布了《金融机构反洗钱规定》、《人民币大额和可疑支付交易报告管理办法》、《金融机构大额和可疑外汇资金交易报告管理办法》(以下简称"一个规定、两个办法")。"一个规定、两个办法"基本上确立了金融机构反洗钱的工作原则以及客户识别制度、大额现金交易报告制度、可疑交易报告制度和保存记录制度等,从监管角度规定了金融机构反洗钱的具体义务和法律责任。[①]

《反洗钱法》就反洗钱工作进行了充分且详尽的规定。其中，洗钱的监督管理工作由中国人民银行具体负责，由其组织、协调全国的反洗钱工作，负责反洗钱的资金监测，制定或者会同国务院有关金融监督管理机构制定金融机构反洗钱规章，监督、检查金融机构履行反洗钱义务的情况，在职责范围内调查可疑交易活动，履行法律和国务院规定的有关反洗钱的其他职责。任何单位和个人发现洗钱活动，有权向反洗钱行政主管部门或者公安机关举报。接受举报的机关应当对举报人和举报内容保密。

(2)金融机构的反洗钱任务

按照《反洗钱法》的规定，金融机构反洗钱任务如下：

①建立健全反洗钱内部控制制度，金融机构的负责人应当对反洗钱内部控制制度的有效实施负责。

②设立反洗钱专门机构或者指定内设机构负责反洗钱工作。

③按照规定建立客户身份识别制度，在与客户建立业务关系或者为客户提供规定金额以上的现金汇款、现钞兑换、票据兑付等一次性金融服务时，应当要求客户出示真实有效的身份证件或者其他身份证明文件，进行核对并登记。客户由他人代理办理业务的，金融机构应当同时对代理人和被代理人的身份证件或者其他身份证明文件进行核对并登记。与客户建立人身保险、信托等业务关系，合同的受益人不是客户本人的，金融机构还应当对受益人的身份证件或者其他身份证明文件进行核对并登记。金融机构不得为身份不明的客户提供服务或者与其进行交易，不得为客户开立匿名账户或者假名账户。

④金融机构通过第三方识别客户身份的，应当确保第三方已经采取符合要求的客户身份识别措施；第三方未采取符合本法要求的客户身份识别措施的，由该金融机构承担未履行客户身份识别义务的责任。

⑤金融机构应当按照规定执行大额交易和可疑交易报告制度。金融机构办理的单笔交易或者在规定期限内的累计交易超过规定金额或者发现可疑交易的，应当及时向反洗钱信息中心报告。

⑥金融机构应当按照反洗钱预防、监控制度的要求，开展反洗钱培训和宣传工作。

(3)反洗钱调查

按照《反洗钱法》的规定，国务院反洗钱行政主管部门或者其省一级派出

---

① 邵沙平、李曰龙：《国际反洗钱法的新发展与我国反洗钱法治》，载《法学杂志》2007年第2期。

机构发现可疑交易活动，需要调查核实的，可以向金融机构进行调查，金融机构应当予以配合，如实提供有关文件和资料。

调查可疑交易活动时，调查人员不得少于 2 人，并出示合法证件和国务院反洗钱行政主管部门或者其省一级派出机构出具的调查通知书。调查人员少于 2 人或者未出示合法证件和调查通知书的，金融机构有权拒绝调查。

经调查仍不能排除洗钱嫌疑的，应当立即向有管辖权的侦查机关报案。客户要求将调查所涉及的账户资金转往境外的，经国务院反洗钱行政主管部门负责人批准，可以采取临时冻结措施。

侦查机关接到报案后，对已依照规定临时冻结的资金，应当及时决定是否继续冻结。侦查机关认为需要继续冻结的，依照《刑事诉讼法》的规定采取冻结措施；认为不需要继续冻结的，应当立即通知国务院反洗钱行政主管部门，国务院反洗钱行政主管部门应当立即通知金融机构解除冻结。

临时冻结不得超过 48 小时。金融机构在按照国务院反洗钱行政主管部门的要求采取临时冻结措施后 48 小时内，未接到侦查机关继续冻结通知的，应当立即解除冻结。

(4)反洗钱国际合作

洗钱犯罪是困扰国际社会的十分恶劣、复杂的犯罪，各个国家和地区一直不懈地致力于对洗钱犯罪的打击，通过制定专门的法律法规、成立专门的负责机构等方式加大对洗钱犯罪的打击力度。然而，随着国际经济一体化进程的推进以及国际交往的日益频繁，洗钱犯罪逐渐呈现出了跨国犯罪的趋势，形式越发隐蔽，犯罪金额越发巨大。因此，各个国家和地区加大了反洗钱的国际合作，通过成立专门的国际性反洗钱组织、签署联合条约等方式防范与打击跨国洗钱犯罪。例如，1988 年国际社会通过了第一个有关反洗钱的国际公约——《联合国禁止非法贩运麻醉药品和精神药物公约》，1999 年制定的《制止向恐怖主义提供资助的国际公约》以及 2000 年颁布《联合国打击跨国有组织犯罪公约》等国际公约对于反洗钱的国际合作发挥了重要的作用。

2004 年，中国人民银行和国际货币基金组织在北京举行了反洗钱/反恐融资(AML/CFT)国际研讨会，与会专家对于国际反洗钱以及反恐融资的最新动态和发展趋势进行了深入的交流，对于加强我国的反洗钱工作以及发挥中国在国际反洗钱合作中的重要作用意义深远。

【练习与思考】

1. 有关人民币发行的规定有哪些？

2. 对人民币的保护主要有哪些方面?

3. 洗钱活动的危害有哪些?

4. 反洗钱的重要意义是什么?

第三节 外 汇

一、外汇概述

(一)外汇的概念

外汇是国际汇兑的简称,是指将一国的货币兑换成另一国家的货币,实现货币的跨地区转移。从这个意义上讲,可以将外汇划分为动态的外汇和静态的外汇。

动态的外汇是指在清偿国际债权债务关系时,将一国的货币兑换成另一国家货币的过程。静态的外汇是指以外国货币表示的用于国际结算的支付手段和资产。

按照《外汇管理条例》第3条的规定,外汇是指以外币表示的可以用作国际清偿的支付手段和资产。《外汇管理条例》界定的是广义的外汇概念,而通常所说的外汇是指外国货币或者以外国货币表示的国际结算的支付工具这一狭义的外汇概念。

但是并不是所有的外币都可以成为外汇,某种外币要符合以下条件才能够成为外汇:第一,可接受性。该特性是指某种外币在国际交往中必须被普遍地接受并使用。第二,可自由兑换性。该特性是指某种外币只有具有不受限制的可自由兑换的特性,才能够作为国际结算的工具或手段。第三,可偿性。该特性是指作为外汇的外币必须能够得到相应的补偿。

(二)外汇的种类

外汇的划分标准很多,根据不同的划分标准,外汇可以作如下分类:

1. 根据外汇是否能自由兑换,可以分为自由外汇和记账外汇。自由外汇是指不需要经过货币发行国的批准就可以自由兑换成其他国家的货币,或对第三国办理支付的外国货币以及这些货币的支付凭证。例如,美元、英镑即是自由外汇的典型代表。记账外汇是指未经一国货币管理机构的批准,不得自由兑换成其他国家货币的外汇。记账外汇只能用于签订了贸易协定的国家和地区之间的清算。

2. 根据外汇来源和具体用途的不同,可以分为贸易外汇和非贸易外汇。贸易外汇,就是通过国际贸易途径取得的外汇,例如,对外出口产品等。非贸易外汇是指通过旅游、单方面支付等非贸易原因取得的外汇种类。

3. 根据外汇交易交割期的不同,可以分为即期外汇和远期外汇。即期外汇,又被称为“外汇现货”或“现汇”,是指外汇买卖双方成交后,需要在两个营业日内办理完交割手续的外汇。远期外汇是指在未来约定期限内办理交割手续的外汇。

4. 根据国际收支发生项目的不同,可以分为资本项目外汇和经常项目外汇。资本项目外汇是指因资本的输入以及输出所产生的资产与负债的增减项目外汇。资本项目外汇及结汇资金,应当按照有关主管部门及外汇管理机关批准的用途使用。经常项目外汇是指国际收支中经常发生的交易项目所产生的外汇。经常项目外汇收支应当具有真实、合法的交易基础。经营结汇、售汇业务的金融机构应当按照国务院外汇管理部门的规定,对交易单证的真实性及其与外汇收支的一致性进行合理审查。

虽然按照不同的标准可以将外汇划分为不同的种类,但是我国《外汇管理条例》所称的外汇,仅是指以外币表示的可以用作国际清偿的支付手段和资产,具体包括:(1)外币现钞,包括纸币、铸币;(2)外币支付凭证或者支付工具,包括票据、银行存款凭证、银行卡等;(3)外币有价证券,包括债券、股票等;(4)特别提款权;(5)其他外汇资产。

(三)外汇汇率标价方法及种类

1. 外汇汇率标价方法

外汇汇率即外汇汇价,是两种不同的货币之间的折算比率。这种折算比率的计算方法主要有直接标价法和间接标价法两种。

(1)直接标价法。直接标价法又称为“应付标价法”,是以一定单位的外国货币作为标准,折算为一定数额的本币来表示汇率的一种方法。例如,中国银行 2011 年 11 月 4 日公布的外汇牌价中,每 100 美元的现钞买入价是 633.6 元人民币,这就是直接标价法。

在直接标价法下,外币相当于商品,本币则相当于购买外币这种商品的价格。本币数量的变化直接反映外币价格的变化水平。在直接标价法下,如果外汇汇率上升,则表示本币贬值,外币升值;如果外汇汇率下降,则表示本币升值,外币贬值。

(2)间接标价法。间接标价法是与直接标价法相对应的另外一种外汇汇率标价方法,具体是指以一定单位的本国货币作为基准,折算成一定数额的外币来表示汇率的一种方法。英国、新西兰、加拿大都是使用间接标价法的国家。1978 年 9 月 1 日以后的美国,除了对英镑继续使用直接标价法之外,对其他货币一律使用间接标价法。

在间接标价法下,本币相当于商品,外币则相当于购买本币这种商品的价格。外币数量的变化直接反映本币价格的变化水平。在间接标价法下,如果外汇汇率上升,则表示本币升值,外币贬值;如果外汇汇率下降,则表示本币贬值,外币升值。

(3)美元标价法。美元标价法是一个国家和地区以美元为基础来表示非本币的两种外汇之间汇率水平的标价方法,以一定单位的美元作为基础,折算为一定数额的外币来表示汇率的方法。

在美元标价法下,汇率上升,则表明美元的升值和另外一种外币的贬值;如果汇率下降,则表明美元的贬值和另外一种外币的升值。

2. 汇率的种类

按照不同的标准,汇率可以划分为很多种类。

(1)按照银行买卖外汇价格的不同,可以分为买入汇率、卖出汇率和中间汇率。买入汇率即银行买入外汇时所用的买价,卖出汇率则是银行卖出外汇时使用的汇率,而中间汇率则是指买入汇率和卖出汇率的算术平均值。用公式表示为:

$$中间汇率=(买入汇率+卖出汇率)\div 2$$

在实际的外汇交易过程中,要注意结合汇率的表示方法来确定买入汇率以及卖出汇率。

(2)按照外汇买卖交割期限的不同,可以分为即期汇率和远期汇率。即期汇率就是现汇汇率,是指外汇的买卖双方在采用即期交割方式买卖外汇时使用的汇率;远期汇率则是买卖双方采取远期交割方式买卖外汇时使用的汇率。

(3)按照汇兑方式的不同,可以分为电汇汇率、信汇汇率和票汇汇率。电汇汇率是指以电报以及电传等方式买卖外汇时使用的汇率;信汇汇率则是指以信函方式买卖外汇时使用的汇率;票汇汇率是指以银行买卖外汇票据时使用的汇率。

(4)按照外汇管制情况的不同,可以分为官方汇率和市场汇率。官方汇率是一国外汇管理机构规定并予以公布的汇率;市场汇率则是指由外汇市场根据供求关系所决定的汇率。我国的人民币汇率实行以市场供求为基础,有管理的浮动汇率制度。

(四)汇率变动的影响因素

截止到2011年12月9日,人民币兑美元即期市场汇率已连续8个交易日触及交易区间下限,这在我国汇率改革的历史上并不多见,相关分析认为这种现象主要是由美元回流机制所导致的。[①] 然而这只是影响汇率变动的具体表现之一,影响汇率变动的因素要比这复杂得多。概括起来,影响汇率变动的因素主要包括以下几点:

1. 通货膨胀率

通货膨胀率是测定通货膨胀水平的指标,是影响汇率变动的主要因素。其计算公式为:

通货膨胀率 = [(本期价格指数 - 上期价格指数)/上期价格指数] ×100%

外汇汇率是两种货币之间交换的比率,货币的交换比率是由两种货币的内在价值决定的,所以货币的交换也要遵循等价交换的基本原则。货币的内在价值并不是在任何时候都是固定不变的,尤其是在纸币制度之下,货币的内在价值要受到货币发行量的影响。当货币供给量超过流通领域的实际货币需求量的时候,货币的内在价值就会下降,出现货币贬值的现象;相反,当货币的供给量小于流通中货币需求量的时候,货币的购买力即内在价值会相对地上升。

因此,当一种货币的内在价值发生变化(即使另外一种货币的内在价值相对稳定),其与另一种货币之间交换的比率也会随之发生变化。

2. 利率水平

利率水平对于外汇汇率的影响,主要是通过影响外汇市场中某种货币的货币需求量的方式进行的。参见表9-1。

表9-1　人民币名义汇率与利率的互动关系[②]

子空间	内外经济状况	名义利率	名义汇率
1	通缩压力/顺差压力	盘整	本币升值
2	通缩压力/逆差压力	下降	盘整
3	通胀压力/逆差压力	盘整	本币贬值
4	通胀压力/顺差压力	上升	盘整

① 李妍楠:《人民币汇率大幅波动的喜与忧》,载《中国石油报》2011年12月14日。

② 王爱俭、林楠:《人民币名义汇率与利率的互动关系研究》,载《经济研究》2007年第10期。

利率是使用货币的价格。当某种货币的利率水平上升,意味着使用该种货币的成本上升,使用成本的上升必然导致国际外汇市场中对于该种货币需求的减少,进而对其他利率水平相对不变或者变动幅度小于该种货币的其他货币的需求增加。因此,由于利率水平变化所引起的货币的供需变化,就导致了汇率水平的变化。需求程度比较高的货币汇率会相对上升,而需求程度较低的货币其汇率水平就会相对下降。

3. 经济增长率

经济增长率对于汇率水平的影响机制相对复杂一些。

(1)一国经济增长使得国民的可支配收入增加,对于国外产品的购买也会相对地增加,进而对外汇的需求也相应地增加。由此一来,造成了外汇汇率的上升和本币汇率的下降。

(2)一国经济增长率的提高,会使该国的经济实力得以提升,其货币在外汇市场的地位自然得以提高,货币需求程度增强进而本币汇率随之上升。

4. 国际收支

一定时期的国际收支结果有国际收支平衡、国际收支逆差和国际收支顺差三种情形。

国际收支逆差是指对外经济活动的收入小于支出的情形,国际收支顺差是指对外经济活动所产生的各项收入大于支出的状况,国际收支平衡则是对外经济活动中收入等于支出的情况,但是,从总体上看,国际收支平衡并不是国际交往的常态,国际收支顺差和国际收支逆差才是国际交往的经常状态。

当发生国际收支逆差时,支出大于收入,市场主体对于外汇的需求增加,外汇汇率上升;而发生国际收支顺差时,收入大于支出,市场主体对于本币需求增加,本币汇率上升。

5. 政府干预

政府对于外汇水平的干预主要是通过在外汇市场上买卖外汇来实现的。当一国政府抛出本币购买外币时,会导致本币汇率的下降,外币汇率的上升;与此相反,当一国政府抛出外汇而购入本币时,则会导致本币汇率的上升,外币汇率的下降。需要注意的是,政府干预行为对汇率的影响是非根本性的短期行为,并不能从根本上影响汇率的变动机制。

例如,1971 年日本政府为了维护 360 日元汇率水平,多次进入市场干预,11 个交易日中干预总额达 40 亿美元。在随后的 3 个月里,日本政府采取了临时的浮动汇率政策,并且在市场又增投了 30 多亿美元,仅仅在这短短的 4 个月里,日本政府干预外汇市场的总金额差不多占了当年 GNP 的 3%,总计约

2.5兆日元。1995年,日本政府共干预市场43次,买入美元卖出日元,干预总额4兆9 589亿日元。[①]

6. 预期

当市场主体认为某种货币在不久的将来可能会进入贬值通道时,就会抛售该种货币,造成该种货币汇率的下降;相反,当人们预期某种货币有升值的空间时,就会增强对这种货币的需求,从而进一步推高该种货币的实际升值程度。可见,市场主体对于外汇市场的预期,也会对汇率水平产生影响。

二、外汇交易

外汇交易是国际金融市场的一项比较重要的国际金融业务。简单地理解,外汇交易是指不同种类的货币之间的交换行为。由于货币是充当一般等价物的商品,因此不同种类货币之间的交换行为,即外汇交易,也要按照市场规律进行操作,在市场供求关系的影响下遵循等价交换的原则。在外汇交易实践中,存在着很多不同的交易形式,主要有以下几种:

1. 即期外汇交易

即期外汇交易又被称为现汇交易,是指买卖双方以外汇市场当日价格成交,并约定于成交之后的两个工作日内完成交割的外汇交易方式。在外汇交易实践中,即期交易是最为常见的外汇交易方式。在我国,即期交易开市时间为每周一至周五,周六、周日及其他我国境内法定假日不开市交易。

中国外汇交易中心于2005年根据《国家外汇管理局关于在银行间外汇市场推出即期询价交易有关问题的通知》和《国家外汇管理局关于中国外汇交易中心发布人民币外汇即期交易规则的批复》的精神,发布了《银行间外汇市场人民币外汇即期交易规则》、《银行间外汇市场人民币外汇即期竞价交易清算规则》、《银行间外汇市场人民币外汇即期竞价交易起息日计算规则》和《银行间人民币外汇交易系统应急操作流程》。其中,《银行间外汇市场人民币外汇即期交易规则》规定,竞价交易采取分别报价、撮合成交方式。交易系统对买入报价和卖出报价分别排序,按照价格优先、时间优先的原则撮合成交。当买入报价和卖出报价相同时,成交价即为买入价或卖出价;当买入价高于卖出价时,成交价为买入价和卖出价中报价时间较早的一方所报的价格;当两笔报价中一笔为市价时,以有价格的一方的报价为成交价;当两笔报价均为市价

① 罗英:《日元汇率超高时期的日本政府干预——看木神原英资如何扭转强势日元》,载《现代商业》2011年第6期。

时，以前一笔最新成交价为成交价。而询价交易的币种、金额、汇率等由交易双方协商议定。交易双方恶意串通，为达到其不正当目的而故意违约的，由外汇交易中心予以公告。[①]

2. 远期外汇交易

与即期外汇交易相对，远期外汇交易又被称为期汇交易，具体是指买卖双方以合约的形式事先确定好外汇交易的货币种类、汇率水平、交易数量等基本内容，然后于约定日期再进行外汇交割的外汇交易方式。远期外汇交易的交割期限一般为1个月、2个月、3个月、6个月，甚至有的远期外汇交易的交割期长达12个月。但是相较于即期外汇交易而言，远期外汇交易的不确定风险较大。

3. 掉期外汇交易

掉期外汇交易又被称为外汇换汇，是指在外汇市场买入或卖出某种外汇的同时，再进行一笔与之前交易的交易方向相反、金额相同，但是期限不同的外汇交易行为。掉期外汇交易还可以进一步分为即期对即期、远期对远期以及即期对远期三种形式。

我国的掉期外汇交易规则是中国外汇交易中心于2007年11月8日公布的，该中心同时还发布了人民币外汇货币掉期交易指引，对外汇掉期交易市场行为进行引导和规范。根据其规定，具备银行间远期外汇市场会员资格的境内机构并在国家外汇管理局备案的机构，可以在银行间外汇市场按规定开展人民币外汇货币掉期业务。除此之外，还对会员管理、交易系统、报价与交易、清算、应急交易与撤销交易、信息披露等方面进行了比较详细的规定。

4. 套汇外汇交易

套汇外汇交易是指套取汇率差价的外汇交易，具体是指套利者利用不同外汇市场上汇率的差异，为获得收益而进行的外汇交易行为。

国际市场套汇交易有套汇、掉期、套利三种避险方式。套汇是利用两个或两个以上的不同外汇市场的汇率差异，进行外汇买卖，获取差价收益的外汇交易。掉期是利用即期外汇与远期外汇同时进行的反方向交易，以避免由于汇率变动而带来损失的时间套汇。通过有效的掉期交易可以把汇率风险控制在最小范围之内。套利是企业投资者利用两国货币利率的差异，将资金调往利率较高的国家，以获取利息差额收益的外汇买卖。为了防止汇率风险，在套利

---

① 李倩：《外汇交易中心公布银行间市场即期交易规则》，载《金融时报》2006年1月2日。

的同时也可采取外汇掉期手段。[①]

5. 外汇期货交易

外汇期货交易是在期货交易所内，交易双方通过公开竞价达成在将来规定的日期、地点、价格，买进或卖出规定数量外汇的合约交易，买卖双方在成交后，按合同约定的到期日及汇率进行交割的外汇交易方式。

6. 外汇期权交易

外汇期权交易是指交易双方在规定的期间按商定的条件和汇率，就将来是否购买或出售某种外汇的选择权进行买卖的交易。在外汇期权交易中，买卖双方交易的并非是外汇，而是外汇买卖的选择权。外汇期权交易的买方通过外汇期权交易，获得了于未来某一时间买入或卖出特定种类以及数量的外汇的权利。

三、外汇市场

（一）外汇市场的概念

外汇市场是进行外汇买卖的场所。人们在外汇市场中既可以进行本币与外币之间的买卖，也可以进行外币和外币之间的买卖。随着外汇交易无纸化的进行，该市场既可以是有形的场所，也可以是无形的交易网络。而且随着全球经济一体化进程的推进，外汇市场逐渐呈现出全球一体化以及全天候运行的特点。外汇市场已经成为金融市场的重要组成部分。

（二）外汇市场的分类

按照不同的标准，可以将外汇市场划分为不同的类别。

1. 根据有无固定交易场所分类

根据有无固定交易场所，可以将外汇市场分为有形的外汇市场和无形的外汇市场。

有形的外汇市场是指供外汇交易主体进行外汇交易的具体的交易场所，例如，中国外汇交易中心。有形的外汇市场有着一整套外汇交易的规则以及各种交易设施，为外汇交易主体进行外汇买卖提供便利。

无形的外汇市场是指没有固定外汇交易场所的外汇市场，例如，香港外汇市场。在该市场进行的外汇交易均采用现代化的交易网络进行。无形的外汇市场可以实现外汇交易的全天候运行，交易手段比较先进，成交迅速。

① 胡天琳：《如何实现套汇交易增值》，载《国际经贸消息》2000 年 11 月 10 日。

2. 根据交易主体的不同分类

根据交易主体的不同,可以将外汇市场划分为银行间外汇市场和客户市场。

银行间外汇市场是指市场交易主体绝大部分都是外汇银行,银行间的外汇交易通常占到交易总量的90%左右。可见,银行是外汇市场的主要交易主体。

客户市场又称外汇零售市场,该类市场的交易主体为一般顾客与外汇银行。交易量占外汇交易市场成交总量的10%左右。

四、我国的外汇管理制度

根据《外汇管理条例》第8条的规定,在我国,法定的计价货币是人民币。因此,除非有明确的规定,否则我国境内禁止外币流通,并不得以外币计价结算。境内机构、境内个人的外汇收入可以调回境内或者存放境外;调回境内或者存放境外的条件、期限等,由国务院外汇管理部门根据国际收支状况和外汇管理的需要作出规定。

(一)经常项目外汇管理

经常项目反映的是一国与他国进行的实物资源的转移,具体包括商品、劳务、收益和无偿转移项目的收支情况,但是不能反映国际投资状况。

按照《外汇管理条例》的规定,经常项目外汇收支应当具有真实、合法的交易基础,可以按照国家的有关规定保留或者卖给经营结汇、售汇业务的金融机构。因此,经营结汇、售汇业务的金融机构应当按照国务院外汇管理部门的规定,对交易单证的真实性及其与外汇收支的一致性进行合理审查,以保证经常项目外汇收支基础的真实、合法。国家对经常性国际支付和转移不予限制。

(二)资本项目外汇管理

资本项目反映的是本国和外国之间以货币表示的债权债务在国际的变动。按照《外汇管理条例》的规定,资本项目外汇实行批准、备案登记制度,即境外机构、境外个人在境内直接投资,经有关主管部门批准后,应当到外汇管理机关办理登记。境外机构、境外个人在境内从事有价证券或者衍生产品发行、交易,应当遵守我国关于市场准入的规定,并按照国务院外汇管理部门的规定办理登记。境内机构、境内个人向境外直接投资或者从事境外有价证券、衍生产品发行、交易,应当按照国务院外汇管理部门的规定办理登记。国家规定需要事先经有关主管部门批准或者备案的,应当在外汇登记前办理批准或者备案手续。

提供对外担保,应当向外汇管理机关提出申请,由外汇管理机关根据申请人的资产负债等情况作出批准或者不批准的决定;国家规定其经营范围须经有关主管部门批准的,应当在向外汇管理机关提出申请前办理批准手续。申请人签订对外担保合同后,应当到外汇管理机关办理对外担保登记(经国务院批准为使用外国政府或者国际金融组织贷款进行转贷提供对外担保的,不适用此规定)。

【练习与思考】

1. 什么是外汇？外汇的种类有哪些？
2. 影响汇率变动的因素有哪些？
3. 外汇交易的主要形式有哪些？
4. 简要叙述我国的外汇管理制度。

第四节　国际收支

一、国际收支概述

(一)国际收支的概念

国际收支,从字面意思理解就是国与国之间的收入与支出。因此,国际收支必须是发生在本国居民与非本国居民之间的。国际收支的概念有广义以及狭义之分。

1. 狭义的国际收支

狭义的国际收支是指一国居民在一定时期内需要与外国居民即时结算的各种外汇收入与支出。例如,一国居民到外国旅游购买纪念商品、就餐以及住宿等。对于那些并不需要以现金结算的外汇收支部分不计入其中。

2. 广义的国际收支

广义的国际收支是指国家之间或地区之间一定时期内全部经济交易的货币价值之和。广义的国际收支涵盖了狭义的国际收支项目,计量口径较为宽泛。

(二)国际收支的特征

从国际收支的概念可知,国际收支具有如下几个特点:

1. 国际收支是本国居民与非本国居民之间发生的收支

这是国际收支的最基本特征,因为只有发生在本国居民与非本国居民之间的收支项目才能用“国际”一词加以界定。而发生在一国居民之间或者是非本国居民之间的收支项目,对于统计国而言,均不能称作“国际”收支。

2. 国际收支是一个流量概念

收支项目的计量可以是一个流量概念,也可以是一个存量概念。但是,对于国际收支项目的统计,只能采取动态标准,要统计一段时期内的国际收支流量。

3. 国际收支是以货币形式加以记录的

国际收支的另外一个特征在于国际收支要以货币形式加以记录。这样才能够更加真实地反映一个国家或地区的国际收支情况。

二、国际收支不平衡的影响

国际收支的不平衡即指收入和支出不相等的一种状态。国际收入大于支出是国际收支的顺差,而支出大于收入则属于国际收支的逆差。国际收支的不平衡是国与国之间交往的常态。虽然如此,持续的国际收支不平衡会对国民经济的发展造成一系列的影响。

(一)国际收支顺差的影响

长期的国际收支顺差是由于出口大于进口造成的,长此以往,这种状态固然会增加国民生产总值,但是却会因此造成国内经济资源的过度利用以及对外输出,造成国内经济资源的紧张,影响国内经济发展的物质支持。而且,大量的出口创汇需要向本币进行转化,本币需求增加,这样就会造成本币汇率的上升。不仅如此,长期的国际收支顺差还会加剧国家之间的贸易摩擦,影响国际关系。

(二)国际收支逆差的影响

长期持续的国际收支逆差会造成一国对外偿债压力的增大,国际储备下降,还会提高发生债务危机的风险。另外,长期的国际收支逆差会造成一个国家的经济发展过度地依赖其他国家和地区,经济独立性降低。

三、国际收支的调节

按照国际收支结果的不同,国际收支状态有三种:一种是收入等于支出的国际收支平衡状态;一种是收入大于支出的国际收支顺差状态;还有一种就是收入小于支出的国际收支逆差状态。但是,从国际交往的实践考察,国际收支的平衡并非常态,更多的时候是国际收支的顺差或者是国际收支的逆差。

(一)国际收支失衡的原因

1. 经济周期的影响

经济发展的周期性波动,会影响到国民收入水平以及社会需求水平。例如,在经济周期运行到波峰状态时,国民收入会较其他时期有所增加,居民的有效需求,包括对于外国产品与服务的有效需求也会相应地增加,进而引起进口交易的增加,在出口相对不变的情况下,造成国际收支的逆差;与此相反,在经济发展不景气的时候,有效需求不足,在出口水平不变的情况下,会产生国际收支的顺差。

2. 产业结构的调整

随着世界经济一体化进程的加快,各个国家和地区为了能够在国际市场中占得一席之地,都在积极地进行产业结构的升级与调整。但是,当这种调整不能完全适应世界经济发展步伐的时候,一国或地区的产业结构就会呈现出相对落后的态势。其产品不再完全适应国际市场的需求,出口减少,在进口相对不变的情况下引起国际收支的逆差。

3. 物价水平

当一国或地区的物价水平高于其他国家或地区的同类商品时,国际市场对于该国或该地区该类商品的需求会自然减少,对于其他国家或地区该类商品的需求增加,由此导致了一定的国际收支失衡。

4. 收入水平

一国或地区居民的收入水平也会造成国际收支的失衡。例如,当居民收入水平下降时,对于进口商品的需求也会相对减少,从而造成国际收支的顺差;当收入水平提高时,对于国外产品的需求增加,从而造成国际收支的逆差。

5. 其他原因

其他原因主要包括产品的竞争力以及自然灾害等。

(二)国际收支失衡的调节

国际收支失衡的原因多种多样,错综复杂。因此,对于国际收支失衡的调节就相对困难一些。目前,对于国际收支失衡的调节主要有自动调节机制以及政策调节机制两种。

1. 自动调节机制

①货币 - 价格机制。货币 - 价格机制主要是通过货币 - 价格途径对国际

收支的不平衡状态进行调节。货币－价格机制对于国际收支失衡的自动调节过程如下(以国际收支顺差为例)：

国际收支顺差→外汇流入增加→通货膨胀率提高→物价上涨→出口减少→外汇流出→国际收支改善

②利率机制。利率机制是以利率作为调节手段对国际收支不平衡状态加以调节的。利率机制对于国际收支失衡的自动调节过程如下(以国际收支顺差为例)：

国际收支顺差→本币汇率上升→进口增加→外汇流出→国际收支改善

③收入机制。收入机制对于国际收支失衡的调节主要是通过对可支配收入水平加以调节的方式实现的。收入机制对于国际收支失衡的自动调节过程如下(以国际收支顺差为例)：

国际收支顺差→可支配收入增加→有效需求增加→进口增加→外汇流出→国际收支改善

2. 政策调节机制

①外汇缓冲政策。外汇缓冲政策是指一国或地区的当局运用官方储备的外汇或者对外借款的方式来调整国际收支的不平衡状态。这种方法对于国际收支的暂时性不平衡具有很好的纠正效应,但是对于长期的、大规模的国际收支失衡的调节则收效甚微。

②财政与货币政策。以国际收支顺差为例,当出现国际收支顺差时,一国当局可以采取宽松的财政政策,增加财政支出,降低税率水平,也可以采取以降低法定存款准备金率和降低再贴现率等方式为主的宽松的货币政策,调整失衡的国际收支态势。在宽松的货币政策和财政政策的环境下,可以提高国内产品的生产水平,增加对国外产品的需求。

③直接管制。直接管制主要适用于由结构性原因造成的国际收支失衡的调节。管制的手段主要有贸易管制和经济管制两种。

贸易管制主要是对进出口实行的,例如,增加进口关税、出口补贴等“限入奖出”手段。

经济管制则是指对外汇使用方面的限制,例如,实施进口许可证制度等等。

④汇率政策。汇率政策对于国际收支失衡状态的调节主要是通过实行本币的升值或贬值得以实现的。通过实行本币的升值,增加对外国产品或服务的购买能力,促使进口增加;本币的贬值则会降低国外进口的成本,提升出口水平。

【练习与思考】

1. 国际收支的概念和特征是什么？
2. 影响国际收支不平衡的因素有哪些？
3. 国际收支调节机制的运作机制是什么？

第十章　票据法

第一节　票据法概述

一、票据的概念及特性

票据是指由出票人依法签发的，由其本人或其委托人在见到票据或者在票据所载日期无条件支付确定款项给收款人或者持票人的一种金钱类有价证券。

从票据的概念可知，票据具有如下特征：

1. 票据是一种有价证券

票据是一种有价证券，这是票据的基本属性。因此，票据本身没有价值，但是却有价格。票据的持有人可以凭其收款人或者持票人身份要求出票人或其委托人向其支付确定的金额，以此实现有价证券的“价值”。

2. 票据是由出票人依法签发的

民事行为主体可以自由选择是否采取票据作为支付手段，但是，一旦民事行为主体选择采取票据的方式为具体的民事法律行为，那么民事行为主体在作为出票人创设票据这种金钱类有价证券的时候，就必须遵守《票据法》的相应要求。例如，要遵守票据的格式、记载事项等方面的要求，否则将导致票据权利行使的障碍，甚至是票据的无效。例如，《票据法》第 22 条规定，汇票必须记载下列事项：表明“汇票”的字样；无条件支付的委托；确定的金额；付款人名称；收款人名称；出票日期以及出票人签章。汇票上未记载上述规定事项之一的，汇票无效。

3. 票据是无条件支付的承诺或命令

票据是生活中被广泛使用的结算方式，之所以受到大家的认可，主要是因为票据是一种出票人的无条件支付承诺或者是支付命令。持票人因持有具有这一性质的有价证券,才会放心地与出票人进行经济交往,票据的流通才会因此而更加顺畅。例如,《票据法》第 19 条第 1 款规定:“汇票是出票人签发的,委托付款人在见票时或者在指定日期无条件支付确定的金额给收款人或者持票人的票据。”

二、票据的种类

从严格意义上讲,一切记载相关主体财产性权利义务关系的凭证都可以被称为票据,例如,欠条、收条、收据、发票等等。但是《票据法》中的票据仅指被通称为三大票的汇票、本票和支票,再无其他。《票据法》第 2 条第 2 款明确规定:“本法所称票据,是指汇票、本票和支票。”

(一)汇票

我国《票据法》第 19 条规定:“汇票是出票人签发的,委托付款人在见票时或者在指定日期无条件支付确定的金额给收款人或者持票人的票据。汇票分为银行汇票和商业汇票。”银行汇票和商业汇票是以出票人的不同进行分类的:出票人为银行类金融机构的汇票属于银行汇票;出票人是商业企业的汇票则为商业汇票。另外,按照承兑人的不同,还可以将商业汇票划分为银行承兑汇票和商业承兑汇票两种。

汇票的记载事项包括绝对必要记载事项、任意记载事项以及禁止记载事项。其中,绝对必要记载事项包括表明“汇票”的字样;无条件支付的委托;确定的金额;付款人名称;收款人名称;出票日期;出票人签章。缺少绝对必要记载事项将导致汇票无效。任意记载事项是指是否记载由出票人自主决定,但是一旦记载即产生相应效力的事项,具体包括“不得转让”字样等。禁止记载事项是指一经记载将使汇票归于无效的事项,例如,附条件的委托支付、部分背书以及部分承兑等。

(二)本票

我国《票据法》第 73 条规定:“本票是出票人签发的,承诺自己在见票时无条件支付确定的金额给收款人或者持票人的票据。本法所称本票,是指银行本票。”从中不难发现,与汇票不同,本票的出票人和付款人乃是同一主体。因此,本票的出票人必须具有支付本票金额的可靠资金来源,并保证支付。另外,按照我国《票据法》的规定,本票的必要记载事项包括:表明“本票”的字样;无条件支付的承诺;确定的金额;收款人名称;出票日期;出票人签章。本票上未记载上述规定事项之一的,本票无效。另外,本票的背书、保证、付款行为和追索权的行使,适用有关汇票的规定。

(三)支票

我国《票据法》第81条规定:"支票是出票人签发的,委托办理支票存款业务的银行或者其他金融机构在见票时无条件支付确定的金额给收款人或者持票人的票据。"另外,《票据法》第83条规定:"支票可以支取现金,也可以转账,用于转账时,应当在支票正面注明。支票中专门用于支取现金的,可以另行制作现金支票,现金支票只能用于支取现金。支票中专门用于转账的,可以另行制作转账支票,转账支票只能用于转账,不得支取现金。"

三、票据的功能

日常交往中票据授受行为的顺利进行,在于票据具有汇兑、支付以及信用等多方面的功能。

(一)票据的支付功能

票据的支付功能是指票据作为支付手段时发挥出来的功能。采用票据的形式完成当事人之间的款项支付,可以避免携带现金带来的查验货币真伪以及携带的安全性,提高行为效率,因此被众多的个人、企事业单位以及机关团体所使用。人们可以借助票据的形式,实现商品的买卖以及完成财富的单方面转移。

(二)票据的信用功能

票据的信用功能是指票据充当信用工具时所发挥的功能。需要明确的是,仅汇票和本票具有信用功能,支票并不具有此项功能。

票据的信用功能,主要表现为票据的出票和票据的付款之间有一定的时间间隔,当收款人或者持票人取得票据之后,通常需要一定时期之后才能够要求付款人对其持有的票据予以承兑或者付款。而收款人收受该票据,完全在于对出票人信用状况在一定程度上的认可,也可以理解为收款人或持票人对于出票人的"授信"。收款人或者持票人是"授信方",出票人是"受信方"。

票据经过背书转让之后,汇票的背书人加入票据义务人行列,与出票人一同以其信用担保票据的付款。而且随着票据背书转让次数的增多,这一群体的数量也在逐渐地增加,信用功能进一步得以彰显。

(三)票据的融资功能

票据的融资功能主要表现在票据的收款人或者持票人在票据到期日前,

可以通过票据市场上的贴现、转贴现以及再贴现行为提前实现票据金额,从而实现融通资金的目的。

贴现是持票人在汇票到期日前,为了取得票面金额以支付一定贴现利息为代价,将票据权利转让给金融机构的票据行为,是金融机构向持票人融通资金的一种方式。

转贴现是金融机构为了取得资金,将未到期的已贴现商业汇票再以贴现方式向另一金融机构转让的票据行为,是金融机构间融通资金的一种方式。

再贴现是金融机构为了取得资金,将未到期的已贴现商业汇票再以贴现方式向中国人民银行转让的票据行为,是中央银行的一种货币政策工具。

无论是票据的贴现、转贴现,还是再贴现,申请主体都要以损失未到期利息为代价。也就是说,申请人获得的资金是票据的票面金额减去贴现利息后的剩余部分。

(四)结算功能

票据的结算功能主要是指票据可以实现互负债权债务主体之间债权债务关系的结算。这一结算主要是通过当事人分别签发票据的形式实现的。

四、票据法的概念与性质

(一)票据法的概念

票据法是调整票据关系以及与票据有关的社会关系的法律规范的总称。在此基础上,票据法有广义与狭义之分。

广义的票据法是所有有关票据的法律规范的总称。广义的票据法除了以“票据法”命名的法律之外,还包括所有涉及票据法律关系的法律、法规、规章以及条例。例如,我国《刑法》第 177 条规定:伪造、变造汇票、本票、支票等金融票证的,处 5 年以下有期徒刑或者拘役,并处或者单处 2 万元以上 20 万元以下罚金;情节严重的,处 5 年以上 10 年以下有期徒刑,并处 5 万元以上 50 万元以下罚金;情节特别严重的,处 10 年以上有期徒刑或者无期徒刑,并处 5 万元以上 50 万元以下罚金或者没收财产。另外,我国《支付结算办法》第 14 条前 3 款规定:“票据和结算凭证上的签章和其他记载事项应当真实,不得伪造、变造。票据上有伪造、变造的签章的,不影响票据上其他当事人真实签章的效力。本条所称的伪造是指无权限人假冒他人或虚构人名义签章的行为。签章的变造属于伪造。”

与广义的票据法相对应,狭义的票据法则仅指以“票据法”命名的法律规范及其实施细则。

(二)票据法的性质

从种类上划分,票据法属于商法之一。但是,票据法除了具有商法的基本属性之外,还有比较独特的性质。

1. 票据法的强行性

票据法的强行性主要体现在无论是票据的种类、格式,还是票据行为的创设都需要遵循《票据法》的规定,否则将不产生票据行为的法律后果。例如,我国《票据法》第 2 条规定:“在中华人民共和国境内的票据活动,适用本法。本法所称票据,是指汇票、本票和支票。”同时,《票据法》第 8 条规定:“票据金额以中文大写和数码同时记载,二者必须一致,二者不一致的,票据无效。”

2. 票据法不完全的私法性

票据法因调整平等主体之间的法律关系而具有明显的私法特征。然而,随着票据活动对于国民经济发展的影响日益广泛,国家也在逐渐加强对票据法律关系的公法调整力度。例如,我国《支付结算办法》第 223 条规定:单位为票据的付款人,对见票即付或者到期的票据,故意压票、拖延支付的,应按照《票据管理实施办法》的规定承担行政责任。

3. 票据法的技术性

票据法的技术性主要表现在,为了发挥票据对于社会经济发展的促进作用,票据立法更加注重从技术性角度进行法律规范的设计,而不是更多地对其进行道德以及伦理方面的评判。

4. 票据法的国际性

随着商品经济的迅速发展,商品交易的范围已不再局限于一国范围之内,而是扩展到了国际市场,作为促进商品交易发展的票据法律制度,也逐渐趋于国际化。例如,《日内瓦统一汇票本票法公约》已被大多数国家作为制定本国票据法律规范的参考。

【练习与思考】

1. 票据的特性有哪些?
2. 票据有哪些分类标准?
3. 票据法有哪些特性?

第二节 票据法律制度

一、票据法律关系

票据法律关系是由票据法律规范调整的,票据当事人在票据行为过程中形成的权利义务关系。具体包括票据关系和非票据关系。票据关系是指票据当事人基于票据行为而发生的债权债务关系。非票据关系则是指由票据法直接规定的,但并不是基于票据行为而发生的法律关系。非票据关系主要包括原因关系、预约关系以及资金关系。

(一)原因关系

原因关系为票据当事人之间基于授受票据的原因而产生的关系。其中的直接当事人主要是出票人和收款人,以及背书人和被背书人。在票据业务实践中,票据的授受多出于买卖、借贷或是赠与等原因。但是,无论出于何种原因,为保证票据的流通性,当事人之间授受票据的原因并不影响票据行为的效力。也就是说,原因关系的无效并不能够成为票据义务人对持票人进行抗辩的理由(直接授受当事人之间除外);否则,票据的受让人在实际受让票据之前就会费尽心力进行调查,尤其是在票据已经过多手背书转让的情况下更是如此。鉴于此等实际上的不便之处,票据的受让人会理智地选择拒绝接受票据而采用其他支付结算手段。

因此,为保证票据的流通,我国《票据法》第 13 条第 1 款规定:“票据债务人不得以自己与出票人或者与持票人的前手之间的抗辩事由,对抗持票人。但是,持票人明知存在抗辩事由而取得票据的除外。”如此一来,才能够使得票据的流通更加具有效率性。但是,原因关系也并不是一点作用也没有,在直接授受票据的当事人之间以及无对价取得票据的当事人之间,明知存在抗辩事由而取得票据的主体还是要受到原因关系的制约的。也就是说,当原因关系无效、自始不存在或者原因关系消灭时,票据债务人可以以此为由对自己的直接债权人进行抗辩,拒绝支付票据款项。除此之外,对于无对价以及恶意持票人也可以对其进行抗辩。我国《票据法》第 11 条第 1 款规定:“因税收、继承、赠与可以依法无偿取得票据的,不受给付对价的限制。但是,所享有的票据权利不得优于其前手的权利。”《票据法》第 12 条第 1 款规定:“以欺诈、偷盗或者胁迫等手段取得票据的,或者明知有前列情形,出于恶意取得票据的,不得享有票据权利。”这样兼顾了票据的流通性,以及对良好交易环境的保护。

例如,汇票的出票人甲,为了偿还赌债而签发了一张以乙为收款人、丙为付款人的汇票,票据金额10 000元。乙持该汇票要求承兑并付款而遭到丙的拒绝之后,乙向甲行使追索权。此时,甲即可以其与乙之间的原因关系无效为由进行抗辩。

(二)资金关系

资金关系是在汇票与支票法律关系中,存在于出票人和付款人之间的一种资金关系。因为本票的出票人和付款人同一,所以并不存在上述的资金关系。而在汇票和支票法律关系中,出票人和付款人之间法律关系的建立,通常是基于出票人与付款人之间存在债权债务等资金关系。这种资金关系的成立,需要出票人在付款人处有可供付款人按约定处分的资金,或者付款人愿意承担付款责任的约定,或者二者之间具有债权债务关系。但是原则上,票据资金关系与票据关系是相分离的,只是在特殊情况之下,资金关系才会影响到票据关系。

具体而言,通过背书等手段取得票据的持票人,在向付款人行使付款请求权时,只要付款人对汇票进行了承兑,付款人就不得以其与出票人不存在资金关系或者并未从出票人处获得资金为由进行抗辩。

需要注意的是,即使付款人处有可供其处分的出票人的资金,付款人也并不因此承担承兑并付款的义务,而仅需对出票人承担违约责任而已,是否对票据进行付款是付款人的一项权利。但是,在汇票已获承兑的场合,承兑人却可以以资金关系的欠缺为由对作为持票人的出票人进行抗辩。

对于上述的资金关系,我国《票据法》第 21 条第 1 款规定:“汇票的出票人必须与付款人具有真实的委托付款关系,并且具有支付汇票金额的可靠资金来源。”《票据法》第 82 条第 2 款规定:“开立支票存款账户和领用支票,应当有可靠的资信,并存入一定的资金。”《票据法》第 87 条规定:“支票的出票人所签发的支票金额不得超过其付款时在付款人处实有的存款金额。出票人签发的支票金额超过其付款时在付款人处实有的存款金额的,为空头支票。禁止签发空头支票。”

例如,ABC 公司签发了一张以其开户银行 XYZ 银行为付款人,以 DEF 公司为收款人,票面金额为 100 万元的汇票。在票据签发之后,ABC 公司在 XYZ 银行的可用资金额度为 500 万元。但是,当 DEF 公司持该汇票向 XYZ 银行申请付款时,却遭到了拒绝。此种情况下,XYZ 银行并不因为出票人与其存在的资金关系而需要承担付款义务,因此无须对 DEF 公司承担责任。此时,DEF 公司只能向 ABC 公司行使票据权利。而 ABC 公司继而还会因此追究 XYZ 银行的违约责任。

(三)预约关系

票据的预约关系是指票据行为人与票据相对人之间签发或者受让票据的合意。可以将其简单地理解为当事人之间愿意采用汇票形式用于结算等目的的约定。

在票据实践中,票据关系人在形成票据原因关系之后,仍需要就票据的种类、票面金额等具体事项达成一致的意思表示,这种意思表示属于票据的预约,相关主体因此形成的关系即为票据的预约关系。票据的预约关系要受民法规范的调整,例如,行为主体必须具备民事行为能力、意思表示真实等,票据的预约关系在《票据法》中并不进行规定。

例如,某年冬天,张三向远在南方经营水果批发生意的李四采购了一批价值200万元的热带水果,准备春节期间运到北方销售。由于供货紧张,张三向李四支付了40万元的定金,双方约定在合同成立后将该笔定金作为合同价款的一部分。在合同成立后张三仍需向李四支付160万元的合同价款。张三和李四达成一致意见,剩余全部160万元的货款都可以采取汇票的形式进行结算。那么,张三和李四就采取汇票形式支付160万元剩余货款的预定即为票据的预约。

二、票据当事人

按照与出票行为关系的紧密程度,可以将票据的当事人划分为基本当事人和非基本当事人。[①] 基本当事人为出票人、收款人和付款人;而非基本当事人则为背书人、被背书人、保证人等法律关系主体。

1. 出票人

出票人是创设票据权利的主体,票据的创设必须依赖出票人的出票行为。因此,作为出票人,必须具有完全民事行为能力。

出票人除需要具备完全民事行为能力的要求之外,并无其他资格上的限制。因此,无论是自然人,还是机关、企事业单位,在对外交往的过程中都可以以出票人的身份使用票据。

另外,收款人接受票据这一信用工具,完全依赖其对于出票人的信任,因此,票据的出票人还要承担出票后保证该汇票承兑或者付款的责任。在票据得不到承兑或者付款时,出票人应向收款人或者持票人承担责任。根据《票

① 王小能主编:《中国票据法律制度研究》,北京大学出版社1999年版,第24页。

据法》第 26 条规定:“出票人签发汇票后,即承担保证该汇票承兑和付款的责任。出票人在汇票得不到承兑或者付款时,应当向持票人清偿本法第七十条、第七十一条规定的金额和费用。”

2. 收款人

收款人是票据关系中第一个持票人,是在票据上被明确记载为“收款人”的主体。作为收款人没有民事行为能力的要求,因此,未成年人、精神病人都可以成为收款人。但是,无民事行为能力的收款人不能将票据进行背书或者质押。只有具备完全民事行为能力的收款人,才可以进行票据的背书或者质押等民事行为。

3. 付款人

付款人是汇票和支票中特有的主体,由于本票是自付票据,因此在本票法律关系中并没有付款人单独存在。付款人虽被冠以“付款”的头衔,但是却并不因出票人的出票行为而自动承担付款义务。付款人可自主决定是否承担付款义务。但是对于远期汇票而言,一旦付款人对汇票进行了承兑,则成为了票据的主债务人,并因此需要承担付款的责任。

4. 背书人

背书原意是在背面书写文字的意思。票据的背书即为在票据的背面书写一定的事项,该事项的内容通常是将票据权利转让或者授予他人行使。但是,由于票据背面空间有限,有时需要通过在票据上以粘单的形式将票据权利转让或者授予他人行使。票据行为中的第一个背书人是初始的收款人或者无记名票据的持票人。作为背书人必须具备完全民事行为能力。背书人背书转让汇票后,即承担保证其后手所持汇票承兑和付款的责任。背书人在汇票得不到承兑或者付款时,应当向持票人清偿票据金额以及相关费用。接受背书转让的主体称作被背书人。被背书人同样也可以将票据再次背书转让,此时的背书人成为了当次背书行为的背书人。但是,按照我国《票据法》的规定,背书必须连续,而且背书人所为的背书不得附有条件,并不得为部分背书以及期后背书。

5. 被背书人

被背书人是通过背书人的背书行为取得票据权利的主体,属于票据权利的继受主体。

6. 承兑人

承兑人是承诺对远期汇票进行兑现的主体,是远期汇票中特有的主体。承兑人首先必须是付款人,付款人因对远期汇票作出了承兑的意思表示,取得了承兑人的身份。如果付款人并不承担汇票付款义务,那么汇票一经承兑,取得了承兑人身份的付款人则必须承担付款义务。付款人对向其提示承兑的汇票,应当自收到提示承兑的汇票之日起 3 日内承兑或者拒绝承兑。付款人收到持票人提示承兑的汇票时,应当向持票人签发收到汇票的回单。回单上应当记明汇票提示承兑日期并签章。

7. 保证人

保证是在票据上记载保证的意思表示,以对票据义务人付款行为进行担保的主体。保证人是保证行为成立前的非票据义务主体。

按照《票据法》的规定,保证人对合法取得汇票的持票人所享有的汇票权利,与被保证人一起承担保证责任。汇票到期后得不到付款的,持票人有权向保证人请求付款,保证人应当足额付款。但是,被保证人的债务因汇票记载事项欠缺而无效的除外。保证人清偿汇票债务后,可以行使持票人对被保证人及其前手的追索权。

三、票据行为

(一)票据行为的概念

票据行为有狭义和广义之分。狭义的票据行为是指能够产生票据权利义务关系的法律行为,包括出票、背书、承兑和保证四种;广义的票据行为是指一切与票据的产生、变更或消灭有关的法律行为,因此,除狭义的出票、背书、承兑和保证行为外,还包括诸如付款以及涂销等行为。

(二)票据行为的特点

1. 要式性

票据行为的要式性,是指票据行为的发生必须采取《票据法》规定的格式,不得由当事人自主决定。例如,我国《票据法》第 22 条规定:汇票必须记载下列事项:表明"汇票"的字样;无条件支付的委托;确定的金额;付款人名称;收款人名称;出票日期;出票人签章。汇票上未记载上述规定事项之一的,汇票无效。另外,《票据法》第 33 条第 1 款规定:"背书不得附有条件。背书时附有条件的,所附条件不具有汇票上的效力。"

2. 文义性

票据行为的文义性是指票据行为的内容要以票据上记载的内容为准,票据外的内容,无论是口头的还是书面的,都不得作为对票据行为的更正或者补充。

3. 无因性

票据行为的无因性是指票据的原因关系不能成为票据行为生效的基础，这是基于保证票据可接受性以及流通性而赋予票据行为的特性之一。

4. 独立性

票据行为的独立性是指同一票据上的数个票据行为独立发挥效力，某一票据行为的效力并不影响其他票据行为的效力，也不受其他票据行为效力的制约。例如，我国《票据法》第 6 条规定："无民事行为能力人或者限制民事行为能力人在票据上签章的，其签章无效，但是不影响其他签章的效力。"

5. 连带性

票据行为的连带性是指作为金钱债券的票据之票据债务人，在确保持票人获得付款这一目的的实现上负有连带性的责任。票据行为的连带性不是与其独立性相对立的特性。我国《票据法》第 68 条规定："汇票的出票人、背书人、承兑人和保证人对持票人承担连带责任。持票人可以不按照汇票债务人的先后顺序，对其中任何一人、数人或者全体行使追索权。持票人对汇票债务人中的一人或者数人已经进行追索的，对其他汇票债务人仍可以行使追索权。被追索人清偿债务后，与持票人享有同一权利。"

四、票据权利

票据权利是持票人依票据行使的以获取票据金额为目的的权利。我国《票据法》将票据权利定义为：持票人向票据债务人请求支付票据金额的权利，包括付款请求权和追索权。由此可见，为了保障权利人的权利得以顺利实现，票据权利是包括付款请求权和追索权在内的复合型权利。其中，付款请求权是为获得票据金额的直接性权利，追索权则是在付款请求权未获得实现之后的保障性权利。

（一）票据权利的取得

票据权利的取得方式包括原始取得和继受取得两种。

1. 原始取得

原始取得是指持票人不经由其他前手，直接由权利人处取得票据权利的方式。另外，原始取得还可以进一步划分为出票取得和善意取得两种方式。

（1）出票取得。出票取得是从出票人处取得票据权利。通过这种方式取得票据权利的人，通常是票据的收款人或者无记名票据的第一持票人。从出票人处取得票据的收款人或者持票人可以待票据到期时行使付款请求权，或者在票据到期之前将票据背书转让。但是，如果出票人在票据上记载了"不得转让”字样,则持票人或收款人不得背书转让。

(2)善意取得。善意取得主要是指善意受让人不知处分人无处分权而取得票据的所有权。

2. 继受取得

继受取得是与原始取得相对应的票据权利取得方式,是指持票人的票据权利是通过从有权处分人处受让获得的。有无对价并不影响票据权利取得的结果,这种继受取得包括背书、继承、税收等方式。但是,无对价取得的票据权利要受其前手权利范围的影响。

(二)票据权利的行使

由于票据权利是持票人依票据行使的以获取票据金额为目的的权利,因此,票据权利的行使都是围绕这一核心目的进行的。

1. 付款请求权

付款请求权是票据权利主体请求付款人对票据款项予以支付的请求权。由于票据的特性,权利主体在请求付款时必须向付款人提示票据,而且远期汇票还需获得付款人的承兑,付款人应当自收到提示承兑的汇票之日起 3 日内承兑或者拒绝承兑,并于到期日对提示付款的票据进行付款。

2. 追索权

在票据实践中,付款请求权并不都是可以顺利实现的。有时会由于付款人拒绝承兑等原因而得不到款项的支付。因此,为了维护持票人的权利,保障票据的可接受性以及流通性,当因以下原因导致持票人付款请求权落空的情况出现时,持票人可以对背书人、出票人以及汇票的其他债务人行使追索权:(1)汇票到期被拒绝付款;(2)汇票被拒绝承兑;(3)承兑人或者付款人死亡、逃匿;(4)承兑人或者付款人被依法宣告破产的或者因违法被责令终止业务活动。

承兑人或者付款人的拒付分为合理拒付与无理拒付两种。对于合理拒付,自然无须承担法律责任。但是,对于无理拒付要承担相应的责任。

另外,持票人在行使追索权之前必须履行相应的保全手续,包括取得拒付证明、退票理由书以及其他合法证明。

【练习与思考】

1. 简要叙述票据原因关系的重要意义。
2. 票据原因关系是否与票据关系完全无关?
3. 票据行为有哪些特点?
4. 票据权利是通过何种方式取得并加以行使的?

第三节 汇票法律制度

一、汇票概述

(一)汇票的概念

汇票是由出票人签发,委托付款人于见票时或者指定日期无条件支付确定金额给收款人或者持票人的票据。

从汇票的概念中,可以发现汇票具有如下几个特点:

1. 汇票是出票人对于付款人的支付委托

汇票不同于本票的一大特点在于汇票不是自付票据,而是委付票据。即出票人与付款人并不是同一主体,出票人签发票据之后的付款行为,是由出票人委托付款人完成的。而且由于委托人和付款人并不属于同一主体,出票人和付款人之间也不具有支配关系,因此,出票人并不能对付款人下达支付命令。付款人对于出票人签发的以自己为付款人的汇票并无付款义务。因此,当汇票不获承兑或者付款时,出票人要承担对汇票付款的责任。

2. 按照付款日期划分,汇票分为见票即付汇票以及远期汇票两种

见票即付汇票即通常所说的即期汇票,具体包括汇票票面上记载有"见票即付"字样的汇票、汇票到期日与出票日相同的即期汇票以及并未记载付款日期的汇票。

远期汇票是指那些于汇票到期日之前不得进行提示付款的汇票种类。

对于见票即付汇票无须承兑,但是远期汇票则需要承兑。

3. 汇票可以是记名的,也可以是无记名的

出于票据实践的需求,汇票既可以是记名的,也可以是无记名的,还可以仅记载"凭指示"等字样。记名汇票是出票时即记载有收款人的汇票,此类汇票的转让需要由收款人背书完成;无记名汇票则并无收款人的记载,其转让仅凭交付即可。

(二)汇票的分类

按照不同的标准可以将汇票划分为很多种类。

1. 按照出票人的不同划分

按照出票人的不同,可以将汇票分为银行汇票和商业汇票。

(1)银行汇票

银行汇票是以银行为出票人的汇票,我国《支付结算办法》将银行汇票定义为:出票银行签发的,由其在见票时按照实际结算金额无条件支付给收款人或者持票人的票据。《支付结算办法》第55条第1款规定:“银行汇票的出票和付款,全国范围限于中国人民银行和各商业银行参加‘全国联行往来’的银行机构办理。”并须于汇票上记载有表明“银行汇票”的字样;无条件支付的承诺;出票金额;付款人名称;收款人名称;出票日期;出票人签章事项;否则该汇票无效。

(2)商业汇票

《支付结算办法》第72条规定:“商业汇票是出票人签发的,委托付款人在指定日期无条件支付确定的金额给收款人或者持票人的票据。”因此,作为商业汇票的出票人应是非银行的企业或者个人。但是,《支付结算办法》却将商业汇票的适用范围进行了限制,即只有在银行开立存款账户的法人以及其他组织之间才可以使用商业汇票。也就是说,《支付结算办法》将个人排除出了商业汇票的出票主体范围。

另外,按照承兑人的不同,商业汇票还可以分为银行承兑汇票和商业承兑汇票。银行承兑汇票是指此类商业汇票的承兑人是银行,而商业承兑汇票的承兑人则是非银行的商业主体。因此,从承兑人的角度考察,银行承兑汇票的可接受程度以及流通性都要强于商业承兑汇票。

2. 按照到期日的不同划分

按照到期日的不同,可以将汇票划分为即期汇票和远期汇票两种。

(1)即期汇票。即期汇票就是所谓的见票即付汇票,该类汇票无须提示承兑。即期汇票通常在汇票上明确记载“见票即付”字样,或者对于付款日期不予记载,或是到期日与出票日相同。

(2)远期汇票。远期汇票与即期汇票相对,该类汇票票面上明确记载汇票的付款日期。根据我国《票据法》的规定,远期汇票是指定日付款、出票后定期付款以及见票后定期付款的汇票。另外,与即期汇票不同的是,远期汇票在请求付款之前,需要获得付款人的承兑。其中,见票后定期付款的汇票,持票人应当自出票日起1个月内向付款人提示承兑。汇票未按照规定期限提示承兑的,持票人丧失对其前手的追索权。至于定日付款或者出票后定期付款的汇票,持票人则应当在汇票到期日前向付款人提示承兑。

3. 按照权利人记载方式的不同划分

按照权利人记载方式的不同,可以将汇票划分为记名汇票和无记名汇票。

(1)记名汇票。记名汇票是汇票上明确记载收款人的汇票,记名汇票还可以进一步划分为普通记名汇票和指示汇票两种。

普通记名汇票是指在汇票上只记载收款人的姓名或名称,而指示汇票在记载收款人的姓名或名称的同时,还会在票面上记载"或其指示的人"字样。

(2)无记名汇票。无记名汇票不记载收款人的姓名或者名称,或者仅仅记载"将票据金额付与来人或持票人"字样。因此,无记名汇票的转让不须采取背书方式,而仅凭交付即可产生记名汇票背书转让的效果。

4. 按照是否跟单划分

按照是否跟单,可以将汇票划分为光票和跟单汇票。

(1)光票。光票是指除汇票外,无须附加其他单据,付款人或承兑人即可予以付款或承兑的汇票种类。

(2)跟单汇票。跟单汇票与光票相对应,是指除了汇票之外,还必须随汇票附加其他单据才可能获得承兑或付款的汇票。在国际贸易中,通常使用跟单汇票。

二、汇票的出票

汇票的出票,又叫作汇票的签发。我国《票据法》第20条规定:"出票是指出票人签发票据并将其交付给收款人的票据行为。"可见,我国《票据法》界定的汇票的出票行为是由签发票据和交付行为构成的。

1. 汇票的签发

汇票的签发必须遵循汇票的文义性特点,按照规定的样式,记载规定的内容。按照我国《票据法》第22条的规定,汇票必须记载以下事项,未记载以下事项之一的,汇票无效。

(1)表明"汇票"的字样

这一要求主要作为区分汇票与本票和支票的不同而创设的。在现今的票据实践中,汇票都是事先印制好的,出票人只需按项目填写即可。因此,已无须特别标注"汇票"字样。

(2)无条件支付的委托

汇票是由出票人委托付款人进行付款的,但是为了保证汇票的流通性,出票人的委托不得附有任何条件,否则将导致汇票的无效。至于无条件委托之表示文句没有固定的要求,只要能够表达无条件委托的意思表示即可。

(3)确定的金额

确定的金额包括数额的确定以及货币单位的明确两个方面。另外,为保证票据金额不致被轻易篡改，在汇票票面上要求同时书写票据金额的大小。但是由于人为疏忽等原因，仍会出现大小写金额不一致的情况。针对这种情况，有的国家规定要以大写金额为准，有的国家规定大小写金额不一致时汇票无效。我国《票据法》第 8 条规定，票据中文大小写金额不一致的，票据无效。

(4)付款人名称

为使票据权利的行使更具效率性，付款人名称的记载必须清楚、明确，不存在辨别上的障碍。付款人的名称以签字、盖章或者签字加盖章的方式体现。

(5)收款人名称

实际上，收款人并不属于汇票的绝对必要记载事项，因为在无记名汇票的情况下，无须记载收款人。但是，有的国家并不承认无记名汇票，因此该事项仍属绝对必要记载事项，我国即是如此。

(6)出票日期

出票日期是汇票上记载的汇票的签发日期，出票日是界定汇票承兑日期以及付款日期的重要时间节点，因此属于汇票的绝对必要记载事项。但是，记载的汇票出票日期却并不需要与实际的出票日期相同，记载的汇票出票日期既可以早于也可以晚于实际的签发日期。

(7)出票人签章

汇票上的签章对于汇票实践有着十分重要的意义，我国《票据法》第 4 条第 1 款规定："票据出票人制作票据，应当按照法定条件在票据上签章，并按照所记载的事项承担票据责任。"因此，为明确票据上的权利义务主体，要求在票据上为票据行为的主体进行签章。

签章的形式包括签名、盖章以及签名加盖章。对于自然人而言，签名或盖章均可；对于法人，则要求是签名加盖章的形式。

其中，签名即手书签名，是指在汇票上手书出票人的姓名。由于手书签名是由出票人亲自所为，因此是最为简单、最为安全的表现汇票出票人与签名行为人为同一主体的方式。

盖章与签名具有相同的法律效力，但是与手书签名的最大区别在于不能很好地证明汇票上的印章是由出票人本人亲自所为。盖章的方式也因此有了可以委托他人代为完成签章的便利性。

签名加盖章与签名或者盖章的方式具有相同的法律效力，而且由于此种方式兼具签名与盖章两种表示方式，因此增加了票据伪造的难度。

2. 汇票的交付

汇票的交付，是指出票人完成汇票的签发后将汇票交予收款人的行为。

完成交付之后,出票行为即告完成,收款人或持票人也因此取得了票据权利。但是,在票据实践中,也会出现出票人完成票据签发之后予以交付之前,票据遗失或者被盗的情况,此时完整的出票行为并没有完成。通过拾得或偷盗手段获得票据的持票人自然不能获得票据权利,但是并不影响善意受让人票据权利的取得。

3. 出票行为的效力

出票行为完成将会对出票人、收款人、持票人以及付款人产生不同的效力。

(1)对出票人的效力。出票行为一经完成,出票人就要承担对该汇票保证承兑以及担保付款的责任。我国《票据法》第26条规定:"出票人签发汇票后,即承担保证该汇票承兑和付款的责任。出票人在汇票得不到承兑或者付款时,应当向持票人清偿本法第七十条、第七十一条规定的金额和费用。"

(2)对收款人的效力。出票行为完成后,收款人取得初始票据权利,即付款请求权和追索权。除汇票本身记载"不得转让"字样外,收款人还可以将汇票背书转让,通过设定质押等方式进行票据权利的利用。

(3)对付款人的效力。付款人并不因出票人的出票行为而成为汇票的义务人,其可以自由选择对汇票是否予以承兑或是付款。但是,一旦付款人对汇票进行了承兑,就因其承兑行为而成为了汇票的义务人,必须对汇票进行付款。

三、汇票的背书

汇票的背书是汇票转让的一种普遍方式,在票据实践中,除了背书转让之外,还有凭交付转让的方式。由于我国不承认无记名汇票,因此,在我国予以承认的汇票转让方式只有背书一种。

背书行为是在出票行为基础上进行的。因此,背书行为的效力要受到出票行为的影响。例如,如果汇票因缺乏绝对必要记载事项而无效,在无效汇票上进行的背书行为也是无效的。另外,如果汇票的出票人在汇票上记载了"不得转让"字样,汇票也是不能够背书转让的。而且背书人不得将汇票金额进行部分背书转让,也不得为期后背书。

(一)背书的概念

背书是由持票人在汇票背面或粘单处记载票据权利或者授予他人行使票据权利的信息,并于记载完成之时将票据交付被背书人的票据行为。背书在本质上属于附属性票据行为,因此,背书只有在有效的票据上进行,才会产生相应的效力。如果票据因为缺少绝对必要记载事项而无效,那么在此等汇票上进行的背书行为也无效。另外,在汇票被拒绝付款或者拒绝承兑以及超过付款提示期限的情况下,汇票也不能背书转让,如果背书人将此等汇票背书转让,需要承担相应的票据责任。

(二)背书的性质

从背书行为发生的目的看,背书绝大多数属于转让背书,即以转让汇票权利为目的而进行的背书。当然,也有相当多的背书行为是出于委托收款等非转让目的而进行的。因此,对于转让背书来讲,背书具有以下性质:

1. 背书是一种单方法律行为

单方法律行为与双方法律行为相对应,该类法律行为效力的产生并不需要主体间的合意,只要有一方行为人即可完成。背书行为具有明显的单方法律行为特性,具体体现在背书行为的完成只需要背书人在汇票背面或者粘单处完成相应的记载并将汇票交予被背书人即可。

2. 背书是一种债权让与行为

转让背书是为了实现汇票权利的转让而为的一种法律行为。虽然表面上背书人和被背书人之间转让的标的物是汇票介质,但是实际上背书人和被背书人转让的是以汇票为权利介质的汇票权利;而汇票权利,无论是付款请求权还是追索权,实际上都是一种债权。因此,背书具有债权让与的性质。

3. 背书具有保证性质

背书人因其背书行为而在汇票上签章,进而成为汇票的债务人之一,并因此对被背书人及其所有后手担保付款责任。因此,背书具有保证的性质。

4. 背书目的的多样性

背书人进行背书的目的绝不仅仅限于背书转让一种,背书人进行背书的目的还可能是将汇票进行质押,或者是委托他人收款等。其中,转让背书的被背书人可以再次将汇票进行背书转让,但是,质押背书或者委托收款背书的被背书人不能将汇票背书转让。

(三)背书的种类

1. 按照背书目的分类

按照背书目的的不同,可以将背书分为转让背书和非转让背书两种。其中,转让背书是以向被背书人转让汇票权利为目的而作出的背书,这也是大部分背书行为的目的;非转让背书则是以非转让票据权利为目的而为的背书,例如,委托收款背书、质押背书等。

2. 按照是否记载被背书人分类

按照是否记载被背书人,可以将背书分为完全背书和空白背书两类。完全背书是指背书人在汇票背书处或粘单处不仅记载背书的意思表示,而且还同时记载被背书人的姓名或名称,并将背书的汇票交予该被背书人;空白背书则仅有背书的意思表示,而并无被背书人的记载,仅凭交付即可以使得持票人取得被背书人的地位和权利。但是,我国《票据法》将被背书人的姓名规定为绝对必要记载事项,因此在我国并不存在空白背书。

3. 按照转让背书有无特殊性的分类

按照转让背书有无特殊性可以将转让背书分为一般转让背书和特殊转让背书。

一般转让背书是指包括被背书人、背书时间以及背书转让等方面没有“特殊限制”的转让背书。

特殊转让背书则是与之相对的一类在某方面有特殊限制的转让背书。这类背书主要有限制背书、回头背书和期后背书。

(1)限制背书

限制背书是指在背书人进行背书行为的过程中,不仅记载了转让的意思表示,而且还附加了例如“不得转让”等特殊的限制。如果背书人对其背书行为附加了特殊限制,那么被背书人再次转让背书的行为就要受到一定的限制。我国《票据法》第 34 条规定:“背书人在汇票上记载‘不得转让’字样,其后手再背书转让的,原背书人对后手的被背书人不承担保证责任。”而出票人会于出票时在汇票上记载“不得转让”字样,主要是为了保留对收款人的抗辩权,将其票据权利义务关系固化在其与收款人和付款人之间。

(2)回头背书

回头背书是以汇票的原债务人为被背书人的背书。在背书行为中,被背书人会因背书人的背书行为取得票据权利,从而成为票据的权利人,以此身份享有汇票权利。但是鉴于票据的流通性,多次背书转让的汇票极有可能流转到汇票的债务人手中而使其成为被背书人,兼具权利人和义务人的双重身份,因此,在其以被背书人身份行使汇票权利时要受到一定的限制。

(3)期后背书

期后背书是指在汇票被拒绝承兑、付款或者超过付款提示期限后所为的背书。我国《票据法》第 36 条规定:“汇票被拒绝承兑、被拒绝付款或者超过付款提示期限的,不得背书转让;背书转让的,背书人应当承担汇票责任。”

汇票一旦被拒绝承兑或者被拒绝付款,即意味着该汇票权利已经不能通过行使付款请求权的方式得以实现，虽然权利人或持票人还可以通过行使追索权的方式维护自身的票据权利，但是仍然面临着一定的阻力。

4. 按照非转让背书的目的分类

按照非转让背书的目的，可以将非转让背书进一步划分为委托收款背书和质押背书。委托收款背书是指以委托他人代收汇票款项为目的而为的背书；质押背书则是指为担保债务，以汇票为质押物而在汇票上设定质押权为目的的背书。我国《票据法》第35条规定："背书记载'委托收款'字样的，被背书人有权代背书人行使被委托的汇票权利。但是，被背书人不得再以背书转让汇票权利。汇票可以设定质押；质押时应当以背书记载'质押'字样。被背书人依法实现其质权时，可以行使汇票权利。"

（四）背书的效力

1. 对背书人的效力

背书行为的完成，使得背书人要对其背书行为承担一定的责任。我国《票据法》第37条规定："背书人以背书转让汇票后，即承担保证其后手所持汇票承兑和付款的责任。背书人在汇票得不到承兑或者付款时，应当向持票人清偿本法第七十条、第七十一条规定的金额和费用。"

2. 对被背书人的效力

在转让背书中，被背书人因背书人的背书行为而取得票据权利，也就是取得了汇票的付款请求权和追索权。在非转让背书的场合，被背书人取得了代为收款的权利或者质押权。但是，背书转让的汇票，后手应当对其直接前手背书的真实性负责。

（五）背书行为的限制

转让票据是持票人的权利，但是该项权利的行使要受到一定的限制。

1. 背书必须连续

背书的连续是指下一次背书行为的背书人必须是上一次背书行为中的被背书人。我国《票据法》将背书的连续界定为：背书连续，是指在票据转让中，转让汇票的背书人与受让汇票的被背书人在汇票上的签章依次前后衔接。当然，这个限制条件主要是针对转让背书的。我国《票据法》第31条规定："以背书转让的汇票，背书应当连续。持票人以背书的连续，证明其汇票权利；非经背书转让，而以其他合法方式取得汇票的，依法举证，证明其汇票权利。"

2. 背书本身不得附有条件

我国《票据法》第33条规定："背书不得附有条件。背书时附有条件的，所附条件不具有汇票上的效力。将汇票金额的一部分转让的背书或者将汇票金额分别转让给二人以上的背书无效。”

3. 不得为部分背书

部分背书是指将汇票金额一部分转让或者将汇票分别转让给两个以上主体的行为。汇票的部分背书会增加主体之间权利义务关系的复杂程度。因此,《日内瓦统一汇票本票法公约》和我国《票据法》都禁止部分背书。

四、汇票的承兑

(一)承兑的概念

承兑是汇票法律制度中特有的概念,我国《票据法》第 38 条将承兑定义为:“承兑是指汇票付款人承诺在汇票到期日支付汇票金额的票据行为。”可见,承兑是由汇票的付款人作出的一种承诺,该承诺的内容为在汇票到期日对持票人支付汇票金额。付款人也因其承兑行为,取得了承兑人身份。然而,当出票人在汇票上记载了付款人的姓名或名称并完成出票行为时,付款人并不因为出票人的出票行为而自动承担对汇票付款的义务,即使是付款人与出票人之间存在债权债务关系或者资金关系。因此,此时的持票人只对所持汇票享有一种期待权,只有取得了付款人的付款承诺,该种期待权才会转变为现实性的权利。

另外,付款人承诺兑现的意思表示必须表现于汇票之上,即在汇票上记载承诺兑付的意思表示,在完成主体名称和日期的记载之后将汇票交还给持票人。需要明确的是,对于即期汇票是没有承兑制度的。

(二)承兑的原则

承兑是一种附属性票据行为,付款人之所以作出承诺兑现的意思表示,主要是因为付款人与出票人之间存在诸如资金关系等特殊的原因关系。但是,无论出票人与付款人之间存在怎样的关系,只要付款人决定对提示的汇票进行承兑,其作出的承兑行为若要产生承兑的效力,付款人对其所为的承兑行为必须遵循以下几点原则:

1. 自由承兑原则

自由承兑原则是指对远期汇票是否予以承兑是付款人的权利而非义务,即使付款人与出票人之间存在资金关系或者债权债务关系时也是如此。即使付款人与出票人之间存在侵权债务关系,付款人拒绝承兑的行为也仅仅导致其向出票人承担违约责任而已,付款人并不会因此承担票据责任。我国《票据法》第 39 条第 1 款规定:"定日付款或者出票后定期付款的汇票,持票人应当在汇票到期日前向付款人提示承兑。"《票据法》第 40 条前 2 款规定:"见票后定期付款的汇票,持票人应当自出票日起一个月内向付款人提示承兑。汇票未按照规定期限提示承兑的,持票人丧失对其前手的追索权。"

另外,需要明确的是,汇票的承兑并不是汇票背书转让的限制条件。即使没有取得付款人承兑,甚至是付款人拒绝承兑的汇票,也可以背书转让。但是,此类汇票的可接受程度相对较差。

2. 完全承兑原则

完全承兑原则要求付款人就汇票票面金额的全部作出承诺兑现的意思表示,而不允许部分承兑。我国《票据法》即遵循完全承兑原则。但是也有部分国家和地区承认部分承兑,例如,英国和我国的台湾地区。

完全承兑原则的确定主要是出于简化票据实践的目的,避免部分承兑造成票据权利义务关系复杂化,进而影响票据的流通和金融市场的发展。

3. 简单承兑原则

简单承兑原则又叫作单纯承兑原则,是指付款人的承兑行为不得附有条件,否则视为拒绝承兑。我国《票据法》第 43 条规定:"付款人承兑汇票,不得附有条件;承兑附有条件的,视为拒绝承兑。"

(三)承兑的步骤

完整的汇票承兑包括持票人的提示承兑以及付款人承兑或拒绝承兑两个步骤。

1. 提示承兑

对于远期汇票的持票人而言,在汇票到期日是否能够得到付款是一个不确定性事件。因此,为了增强远期汇票的信用,持票人可以按照《票据法》的规定,向付款人提示承兑以得到其是否同意承兑的意思表示。

《票据法》第 39 条第 1 款规定:"定日付款或者出票后定期付款的汇票,持票人应当在汇票到期日前向付款人提示承兑。"《票据法》第 40 条规定:"见票后定期付款的汇票,持票人应当自出票日起一个月内向付款人提示承兑。"《票据法》第 41 条第 2 款规定:"付款人收到持票人提示承兑的汇票时,应当向持票人签发收到汇票的回单。回单上应当记明汇票提示承兑日期并签章。"

2. 承兑或拒绝承兑

是否同意对汇票予以承兑并承担付款的义务是付款人的一项权利。因此,付款人面对持票人发出的请求其对汇票进行承兑的意思表示之后,可以自由地决定对持票人提示的汇票进行承兑或者拒绝承兑。当付款人收到持票人提示承兑的汇票后,需要向持票人签发收到汇票的回单,回单上要记载提示承兑的日期并由付款人签章。《票据法》第 41 条第 1 款规定:“付款人对向其提示承兑的汇票,应当自收到提示承兑的汇票之日起三日内承兑或者拒绝承兑。”

如果付款人决定对汇票进行承兑,需要在汇票正面记载“承兑”字样以及承兑日期并签章。当付款人拒绝承兑时,持票人可以要求付款人就其拒绝承兑的行为出具证明或者退票理由书。而且即使是付款人已经在汇票上记载了承兑的意思表示并签章,只要是未将该票据交付持票人,就可以将其作出的承兑意思表示进行涂销。

3. 向持票人交还汇票

由于汇票权利的行使必须持有汇票,因此无论是付款人接受承兑,还是拒绝承兑,均需在完成相应的行为之后将汇票交还给持票人。

(四)承兑的效力

汇票已经承兑的付款人即刻成为汇票的债务人,而且是汇票的第一债务人,承担付款责任而且还须承担最终的追索责任。

五、汇票的保证

(一)汇票保证的概念

与民法的保证制度相类似,汇票保证是由汇票债务人以外的他人来担保票据债务履行的一种担保方式。但是在具体制度上与民法的保证制度仍存在差异。

汇票保证有着与民法上的保证大致相同的目的,票据保证人的责任与民法上的保证人的责任在责任性质、责任范围以及责任效力上均具有同一性。但是,票据保证人在责任承担方面具有明显的独立性,独立于被保证人的债务。具体而言,只要票据保证符合《票据法》的规定,即产生保证的效力,而不受票据债务效力的影响。另外,汇票保证虽然名为“保证”,但与民法上的保证仍存在以下区别。

1. 法律行为性质不同

民法中的保证属于债权人与保证人之间的双方法律行为,保证行为的生效需要保证人与债权人之间达成一致的意思表示;而汇票的保证则是由保证人作出的单方法律行为,其效力的产生并不需要票据权利人与保证人之间达成一致的意思表示，只需保证人按照《票据法》的规定，在票据上或者粘单处记载保证事项即可。

2. 形式、内容要求不同

汇票保证属于典型的要式行为，因此汇票保证行为的作出必须严格遵守《票据法》有关形式以及内容上的要求，否则将不会产生汇票保证的效力。具体而言，保证人需要按照《票据法》的规定，在票据上或粘单处记载如下事项：表明"保证"的字样；保证人名称和住所；被保证人的名称；保证日期。如果表示保证人为保证行为的意思表示记载在汇票之外，则不能产生汇票保证的效力，而只能产生民法上保证的效力。民法中的保证，只要足以表示债权人与保证人达成了一致的意思表示即可，并没有《票据法》中这般严格的规定。

3. 保证人承担责任方式不同

当保证人是两人或两人以上时，在保证责任的承担上较单一保证主体方式有所不同。此时，主要包括一般责任方式和连带责任方式两种。但是，汇票保证的保证人如果是两人或者两人以上的，保证人之间要承担连带责任。我国《票据法》第 51 条规定："保证人为二人以上的，保证人之间承担连带责任。"

民法中保证制度担保人承担责任的方式可以分为一般责任保证和连带责任保证。其中，一般责任保证的保证人在主合同纠纷未经审判或者仲裁，并就债务人财产依法强制执行仍不能履行债务前，对债权人可以拒绝承担保证责任；连带责任保证的债务人在主合同规定的债务履行期限届满没有履行债务的，债权人可以要求债务人履行债务，也可以要求保证人在其保证范围内承担保证责任。

4. 保证行为独立性不同

汇票保证中的保证人不得援引被保证人对债权人的抗辩权对持票人进行抗辩；而在民法保证制度中，保证人可以行使被保证人对于债权人的抗辩理由拒绝承担保证责任。

（二）保证的分类

1. 全部保证和部分保证

全部保证和部分保证是以保证人愿意承担的保证金额数量为标准划分的。全部保证是以汇票金额的全部为责任范围的保证，而部分保证则是仅以票面金额的一部分作为责任范围的保证。

保证范围的确定是由保证人自主决定的，保证人既可以对汇票金额的全部承担保证责任，也可以决定仅对其中的一部分承担保证责任。例如，《日内瓦统一汇票本票法公约》就承认全部保证与部分保证。但是,根据我国票据实践发展的现状,在我国不承认票据的部分保证。因此,保证人的责任范围只能是汇票金额的全部。

2. 单独保证和共同保证

单独保证和共同保证是以保证人人数的多少为划分标准的。单独保证是指保证人只有一人的保证,而共同保证是指保证人是两人或者两人以上。当保证人是两人或者两人以上时,就涉及保证人之间责任方式承担的问题。民法中保证的责任承担方式有一般保证和连带责任保证两种,然而在票据实践中,共同保证人之间承担责任的方式仅有连带责任保证一种。

3. 正式保证与略式保证

正式保证与略式保证是以保证行为记载事项不同进行的分类。正式保证是指保证人在票据或者粘单上不仅签章,而且还记载有“保证”字样;而略式保证则仅有保证人的签章,除此之外并无其他记载。但是,为了明确票据行为主体的地位,在我国并不承认略式保证。

(三)保证的效力

保证行为一经完成,即对保证人以及持票人产生相应的效力。

1. 对于保证人的效力

虽然汇票保证与民法中的保证存在明显的不同,但是汇票保证仍不能脱离债务担保的性质。因此,保证的产生必须要有被保证债务的先行存在。不过,汇票保证与民法中的保证不同的是,汇票保证中的保证人并不享有先诉抗辩权,在到期日,持票人可以任意选择保证人或者被保证人要求行使票据权利。当保证人实现了持票人的权利之后,立即解除了保证人、被保证人及其后手票据债务人的付款义务,而且保证人会因其保证责任的实现而取得票据,此时的保证人可以行使持票人对被保证人及其前手的追索权。对此,我国《票据法》第52条规定:“保证人清偿汇票债务后,可以行使持票人对被保证人及其前手的追索权。”

2. 对于持票人的效力

汇票保证的完成对于持票人而言,增加了持票人可以行使付款请求权和追索权的义务主体。《票据法》第50条规定:“被保证的汇票,保证人应当与被保证人对持票人承担连带责任。汇票到期后得不到付款的,持票人有权向保证人请求付款,保证人应当足额付款。”

六、汇票的付款

(一)付款的概念

从广义上讲,汇票的付款是指汇票上的所有债务人向持票人支付票据金额的法律行为,付款主体不仅包括付款人,还包括保证人以及背书人;狭义的汇票的付款,则仅指汇票的付款人及其代理人所为的法律行为。

(二)汇票付款的流程

一个完整的汇票付款行为,由持票人提示付款与付款人支付票据金额两个行为组成。

1. 提示付款

对于即期汇票,无须提示承兑,只需在到期日向付款人提示付款即可;远期汇票需在提示付款之前,取得付款人的承兑,才可以于到期日进行提示付款行为。

提示付款可以由持票人本人进行,也可以由持票人的代理人完成,在委托收款背书的场合,还可以由被背书人进行。提示付款行为必须要在规定的期限内作出。我国《票据法》第 53 条规定:见票即付的汇票,自出票日起 1 个月内向付款人提示付款;定日付款、出票后定期付款或者见票后定期付款的汇票,自到期日起 10 日内向承兑人提示付款。持票人未按照上述规定期限提示付款的,在作出说明后,承兑人或者付款人仍应当继续对持票人承担付款责任。

通过委托收款银行或者票据交换系统向付款人提示付款的,视同持票人提示付款。除了要遵循时间限制之外,提示付款行为还要在规定的地点进行。该地点一般是票据当事人的营业场所或者住所。我国《票据法》第 16 条规定:"持票人对票据债务人行使票据权利,或者保全票据权利,应当在票据当事人的营业场所和营业时间内进行,票据当事人无营业场所的,应当在其住所进行。"

2. 付款

付款人接到持票人的付款提示之后,应在规定的时间内向持票人及其代理人或者委托收款背书中的被背书人支付票据金额。按照我国《票据法》的规定,付款人必须在当日足额付款。除非当事人之间就币种有特殊约定,否则付款人应以人民币为其所支付款项的货币种类。我国《票据法》第 59 条规定:"汇票金额为外币的,按照付款日的市场汇价,以人民币支付。汇票当事人对汇票支付的货币种类另有约定的,从其约定。"付款人在向持票人及其代理人或者委托收款背书中的被背书人支付票据金额之前，要承担相应的审查义务，审查义务不仅包括形式审查，而且还包括实质审查。

(1)形式审查。形式审查主要是从票据的外观上进行相应的审查，具体包括票据样式是否合乎票据法律规范，是否有禁止记载事项，等等。

(2)实质审查。实质审查主要是审查持票人是否为真实的票据权利人。但是，由于票据流转的频繁以及签章主体众多，导致付款人并无能力和精力负担实质审查义务，因此大部分国家和地区的票据法都并未赋予付款人实质审查义务。当然，付款人存有重大过失情况除外。

按照我国《支付结算办法》第 38 条的规定，票据债务人对下列情况的持票人可以拒绝付款：(1)对不履行约定义务的与自己有直接债权债务关系的持票人；(2)以欺诈、偷盗或者胁迫等手段取得票据的持票人；(3)对明知有欺诈、偷盗或者胁迫等情形，出于恶意取得票据的持票人；(4)明知债务人与出票人或者持票人的前手之间存在抗辩事由而取得票据的持票人；(5)因重大过失取得不符合《票据法》规定的票据的持票人；(6)对取得背书不连续票据的持票人；(7)符合《票据法》规定的其他抗辩事由。

(三)付款的效力

付款行为完成之后，全体汇票债务人的责任解除。但是，如果付款行为是由非付款人的其他票据债务人完成的，部分票据债务人的责任并不能因此解除。

七、汇票的追索

(一)追索的概念

汇票的追索是持票人票据权利的一种，具体是指汇票到期不获付款或到期之前不获承兑乃至有其他法定原因时，持票人在履行了《票据法》规定的保全手续之后，向汇票上记载的其他票据义务人请求偿还票据金额、利息以及其他法定款项的一种票据上的权利。

从汇票追索的概念可知，汇票追索权的行使有一定的前提条件，即汇票到期不获付款或到期之前不获承兑乃至有其他法定原因，而且出票人还必须履行一定的保全手续后方可行使。保全手续是指持票人要取得相关的拒绝承兑或者拒绝付款的证据，作为证明持票人先行行使付款请求权不获实现的证明。如此规定，主要是维持基本的票据权利行使程序。在票据实践中，这些证明主要有以下几种。

1. 拒绝承兑或拒绝付款证明

按照《票据法》规定，当付款人拒绝承兑或者付款的时候，需要向持票人出具拒绝承兑或者拒绝付款的证明。持票人可以将此证明作为其行使追索权之前先行使了承兑请求权或付款请求权的证明。

2. 退票理由书

退票理由书是指持票人向承兑人或者付款人委托的代理银行提示承兑或提示付款遭到拒绝之后，由代理银行出具的不予承兑或付款的证明文件。退票理由书需要记载所退票据的种类；退票的事实依据和法律依据；退票时间以及退票人签章。

3. 其他合法证明

为了保障持票人票据权利的实现，当持票人无法获得上述两种书面文件时，可以通过取得其他合法证明的方式以保全其票据的追索权。这些证明主要包括：(1)司法机关出具的承兑人或者付款人逃匿的证明；(2)医院或者有关单位出具的承兑人或者付款人死亡证明；(3)人民法院的相关司法文书；(4)有关行政机关的处罚决定。在持票人实现其承兑请求权或者付款请求权之前，承兑人或者付款人因违反行政法规而被责令停止营业时，有关行政机关出具的处罚决定具有拒绝证明的效力。

持票人不能出示拒绝证明、退票理由书或者未按照规定期限提供其他合法证明的，丧失对其前手的追索权。但是，作为汇票主要义务人的承兑人或者付款人，仍应当对持票人承担责任。

(二)汇票追索的特征

汇票的追索虽然需要满足一定的前提条件，但是在此基础上，持票人追索权的行使还具有很强的能动性。具体体现在以下几个方面：

1. 选择性特征

持票人可以自主选择其行使追索权的对象，不受票据转让顺序的影响。对于持票人前手债务人，持票人可以任意择一进行追索，无须按照票据流转的次序依次向前递进。而且，还可以选择其前手债务人的一部分或整体行使追索权。这样一来，持票人就可以按照权利实现可能性的大小进行自主性安排，提高了票据权利实现的效率。

2. 可变性特征

在持票人对其前手票据债务人行使追索权之后，追索权实现之前，仍可以对其他前手汇票债务人行使追索权。我国《票据法》第68条第3款规定："持票人对汇票债务人中的一人或者数人已经进行追索的，对其他汇票债务人仍可以行使追索权。被追索人清偿债务后,与持票人享有同一权利。”如此规定,进一步满足了持票人选择权的实现。

3. 代位性特征

持票人的追索权实现之后,追索权将会因此移转给被追索人,被追索人在满足了追索人的追索权之后,会因其清偿行为获得票据并成为新的持票人,享有向其前手债务人追索的权利。

(三)汇票追索的程序

在介绍追索权概念时,已经提到追索权的行使需要满足一定的前提条件,不再赘述。此处主要介绍满足上述条件之后的汇票追索程序。

1. 通知

持票人在行使追索权时,要将其汇票不获承兑或不获付款的情况向其前手债务人进行通知。通知内容主要记载该汇票的出票人、票面金额、付款人等基本信息,并说明该汇票已经被退票。我国《票据法》第 66 条规定:“持票人应当自收到被拒绝承兑或者被拒绝付款的有关证明之日起三日内,将被拒绝事由书面通知其前手;其前手应当自收到通知之日起三日内书面通知其再前手。持票人也可以同时向各汇票债务人发出书面通知。未按照前款规定期限通知的,持票人仍可以行使追索权。因延期通知给其前手或者出票人造成损失的,由没有按照规定期限通知的汇票当事人,承担对该损失的赔偿责任,但是所赔偿的金额以汇票金额为限。在规定期限内将通知按照法定地址或者约定的地址邮寄的,视为已经发出通知。”

2. 确定追索对象

按照我国《票据法》的规定,汇票的出票人、背书人、承兑人和保证人对持票人承担连带责任。因此,汇票的出票人、背书人、承兑人和保证人均是可以进行追索的对象,且不分责任承担的先后顺序。但是,持票人具体行使追索权时仍然要明确追索对象,只不过其选择不受人数和汇票流转顺序的限制。当然,个别情况下仍存在一定的限制。

(1)当持票人是出票人时。汇票的背书转让十分频繁,很有可能会使得出票人成为票据的被背书人而持有票据,并遭到拒绝承兑或者拒绝付款。此时的出票人兼具出票人和被背书人的双重身份,当向其前手行使追索权时,满足其权利实现的主体还会继续行使获得的追索权。而在汇票流转过程中,所有的被背书人都是出票人的后手,即出票人是所有被背书人的前手,因此,汇票的追索对象回落在出票人身上。如此一来,就会造成无休止的循环追索。因此,我国《票据法》第 69 条规定:“持票人为出票人的,对其前手无追索权。”

(2)当持票人是背书人时。当持票人是背书人时与(1)的原理一致,对其后手无追索权。

3. 追索金额

追索权的行使是在承兑请求权以及付款请求权实现受阻的情况下发生的,属于票据的二次性权利。虽然可以在一定程度上维护汇票权利人的权利,但是,在实践中,取得相关证明等要求会造成持票人权利实现成本的增加,因此追索权实现的权利金额就不能局限在汇票的票面金额范围内。我国《票据法》第70条规定:持票人行使追索权,可以请求被追索人支付下列金额和费用:(1)被拒绝付款的汇票金额;(2)汇票金额自到期日或者提示付款日起至清偿日止,按照中国人民银行规定的利率计算的利息;(3)取得有关拒绝证明和发出通知书的费用。被追索人清偿债务时,持票人应当交出汇票和有关拒绝证明,并出具所收到利息和费用的收据。

实现初始追索权获得票据的持票人,在行使其追索权时,追索金额包括以下内容:(1)已清偿的全部金额;(2)前项金额自清偿日起至再追索清偿日止,按照中国人民银行规定的利率计算的利息;(3)发出通知书的费用。

行使再追索权的被追索人获得清偿时,应当交出汇票和有关拒绝证明,并出具所收到利息和费用的收据。

【练习与思考】

1. 汇票的背书对于汇票流转的意义是如何体现出来的?
2. 背书的限制有哪些? 为什么?
3. 如何理解承兑人对汇票的承兑是承兑人的“权利”而非“义务”?
4. 承兑的限制有哪些? 为什么?
5. 汇票保证与民法中的保证有什么区别和联系?
6. 汇票追索权实现的前提条件是什么?

第四节　本票法律制度

一、本票概述

(一)本票的概念

本票是由出票人签发的,承诺自己在见票时无条件支付确定金额给收款人或持票人的自付票据。从本票的概念可知,本票与汇票不同,本票的出票人和付款人是同一主体,所以本票属于自付票据。而且,在出票时出票人即表示要在见票时无条件支付确定金额给持票人或者收款人,所以本票不存在承兑制度。因此,出票人的信用对于收款人或者持票人来讲至关重要。

（二）本票的特征

1. 本票是自付票据

本票与汇票和支票的最大不同在于本票属于自付票据。本票的出票人和付款人是同一主体。

2. 基本关系当事人中无付款人

鉴于本票是自付票据,出票人和付款人是同一主体。因此,在基本票据关系人中,没有付款人的记载。

3. 无承兑制度

由于汇票的出票人和付款人不同,付款人并不因出票人的行为而自动成为票据的付款义务人,因此对于远期汇票来讲,在提示票据行使付款请求权之前,必须先取得付款人的承兑。但是,本票属于自付票据,因此并无承兑制度。

（三）本票的分类

1. 按照出票人的不同分类

按照出票人的不同,可以将本票划分为商业本票和银行本票。商业本票的出票人是银行以外的主体,并非全部是商业企业,还包括事业单位、机关、团体等。银行本票的出票人是银行。从出票主体角度考察,银行本票的信用等级要高于商业本票,因此可接受性及流通性更强。我国《票据法》调整的本票只包括银行本票。

2. 按照到期日的不同分类

按照到期日的不同,可以将本票分为即期本票和远期本票。即期本票就是见票即付本票,远期本票则是指定期本票、出票后定期付款本票以及见票后定期付款本票。

3. 按照票面金额是否确定分类

按照票面金额是否确定,可以将本票划分为定额本票和不定额本票两种。定额本票是指本票票面金额是事先印制好的,并不是经由出票人和收款人或持票人约定之后签发的;不定额本票是指本票票面金额是出票人与收款人或者持票人进行个别约定的。我国《支付结算办法》第102条规定:“定额银行本票面额为1千元、5千元、1万元和5万元。”

4. 按照本票付款方式的不同分类

按照本票付款方式的不同,可以将本票划分为现金本票和转账本票。《支付结算办法》第98条规定:“单位和个人在同一票据交换区域需要支付各种款项,均可以使用银行本票。银行本票可以用于转账,注明‘现金’字样的银行本票可以用于支取现金。”

二、本票的出票

本票的出票包括完成票据记载与交付两个环节。本票的交付请参阅本章“汇票”部分的相关内容。本票的记载事项包括如下事项:(1)表明“本票”的字样;(2)无条件支付的承诺;(3)确定的金额;(4)收款人名称;(5)出票日期;(6)出票人签章;(7)出票地以及付款地。本票上未记载出票地的,出票人的营业场所为出票地;本票上未记载付款地的,出票人的营业场所为付款地。

由于我国只承认银行本票,因此本票上的必要记载事项都是由出票银行事先印制好的。申请人如需使用银行本票,应向银行填写“银行本票申请书”,填明收款人名称、申请人名称、支付金额、申请日期等事项并签章。申请人和收款人均为个人需要支取现金的,应在“支付金额”栏先填写“现金”字样,后填写支付金额;申请人或收款人为单位的,不得申请签发现金银行本票。

出票银行受理“银行本票申请书”,收妥款项签发银行本票。用于转账的,在银行本票上划去“现金”字样;申请人和收款人均为个人需要支取现金的,在银行本票上划去“转账”字样。不定额银行本票用压数机压印出票金额。出票银行在银行本票上签章后交给申请人。申请人或收款人为单位的,银行不得为其签发现金银行本票。

三、本票的付款

在本票实践中,银行本票一般被用于同一票据交换区域需要支付的各种款项的结算,而且按照我国《支付结算办法》第103条的规定,银行本票的提示付款期限自出票日起最长不得超过两个月。持票人超过付款期限提示付款的,代理付款人不予受理。不过该办法第111条同时规定,持票人超过提示付款期限不获付款的,在票据权利时效内向出票银行作出说明,并提供本人身份证件或单位证明,可持银行本票向出票银行请求付款。

四、本票准用于汇票的制度

本票的出票、背书、保证、付款以及追索,除有特殊规定外,适用于汇票的相关制度。我国《票据法》第 80 条规定："本票的背书、保证、付款行为和追索权的行使,除本章规定外,适用本法第二章有关汇票的规定。本票的出票行为,除本章规定外,适用本法第二十四条关于汇票的规定。"

【练习与思考】

1. 本票与汇票的最本质不同在哪里?
2. 本票的票面记载事项有哪些?

第五节　支票法律制度

一、支票概述

（一）支票的概念

支票是出票人签发的,委托办理支票存款业务的银行或者其他金融机构在见票时无条件支付确定的金额给收款人或者持票人的票据。从支票的概念可知,支票是由在银行或者金融机构开立支票存款账户的主体出具的无条件支付的委托。

（二）支票的种类

1. 现金支票和转账支票

按照支票支取方式的不同,支票可以分为现金支票和转账支票两种。我国《票据法》第 83 条规定："支票可以支取现金,也可以转账,用于转账时,应当在支票正面注明。支票中专门用于支取现金的,可以另行制作现金支票,现金支票只能用于支取现金。支票中专门用于转账的,可以另行制作转账支票,转账支票只能用于转账,不得支取现金。"

2. 记名支票、无记名支票和指示支票

按照收款人记载的不同,支票可以分为记名支票、无记名支票和指示支票。记名支票是指明确记载了收款人姓名的支票;无记名支票并不记载收款人姓名或名称,或者仅在收款人处记载"来人"以及"持票人"字样;指示支票不仅记载收款人姓名,而且还记载"或其指定人"字样。我国《票据法》允许签发无记名支票。

3. 已付支票、已受支票和受付支票

已付支票的出票人和付款人是同一的,即支票的付款由出票人亲自完成。

这类支票是由银行和金融机构签发的,单位和个人不能签发已付支票。

己受支票是指出票人和收款人同一的支票。

受付支票是出票人以付款人为收款人而签发的支票。

二、支票的出票

支票的出票由签发与交付两个行为构成。其中,出票人在签发支票时,应该在支票上记载以下事项:

1. 表明“支票”的字样。
2. 无条件支付的委托。
3. 确定的金额。
4. 付款人名称。支票的付款人为支票上记载的出票人开户银行。
5. 出票日期。
6. 出票人签章。支票的出票人不得签发与其预留本名的签名式样或者印鉴不符的支票。欠缺记载上列事项之一的,支票无效。
7. 收款人名称。支票上未记载收款人名称的,经出票人授权,可以补记。
8. 出票地。支票上未记载出票地的,出票人的营业场所、住所或者经常居住地为出票地。
9. 付款地。支票上未记载付款地的,付款人的营业场所为付款地。

三、支票的付款

支票签发以后,出票人必须按照签发的支票金额承担向该持票人付款的保证责任。付款人故意压票,拖延支付,给持票人造成损失的,依法承担赔偿责任。

四、支票准用汇票的制度

我国《票据法》第 93 条规定,支票的背书、付款行为和追索权的行使,除另有规定外,适用有关汇票的规定。支票的出票行为,除另有规定外,同样适用于关于汇票的规定。

【练习与思考】

1. 支票有哪些种类?
2. 支票票面记载事项有哪些?

第六节　票据法的几个特殊问题

一、票据的签章

票据签章是彰显票据行为主体的方式,因为有了票据上的签章,才有了债务的承担者,因为债务的承担者,才有了票据权利。[①] 因此,票据签章对于票据权利的行使可谓意义重大。对于签章者而言,在票据上完成签章行为即意味着该主体加入了票据法律关系中,成为票据上的义务人。当然,在票据上签章也具有显示签章者究竟为何人的证据效力。

签章可以由印鉴所代表的本人完成,也可以由其委托的代理人完成。但是,手书签名只能由行为人本人完成,由代理人完成的并不具有所代表之人手书签名的法律效力。但是,无论是由本人完成,还是由其代理人完成,实际行为的主体必须具备完全民事行为能力。《票据法》第6条规定:"无民事行为能力人或者限制民事行为能力人在票据上签章的,其签章无效,但是不影响其他签章的效力。"

(一)票据签章的性质

对于票据行为中司空见惯的签章行为,其本质何在?理论界对此并没有一个统一的认识。一般对于票据签章本质的学说有以下几种:

1. 单独行为说

单独行为说认为,票据的签章是由签章主体独立做出的自主性行为。按照该行为有无相对人,可以将单独行为说分为发行说和创造说两种。

发行说认为,票据的签章是由签章主体自主做出的并无相对人存在的行为。因此,只要签章行为完成,即产生签章的法律效力。

创造说认为,仅签章行为的完成不足以产生票据签章的效力,还必须有票据的交付行为。因此,当签章人完成签章,在将票据交付之前出现了票据丢失或者被盗的情况,票据的签章人可以不承担相应的票据责任。

2. 契约行为说

契约行为说认为,票据签章行为需要有行为相对人,只有完成签章并交付相对人,票据签章行为才生效。

---

① 赵新华主编:《票据法问题研究》,法律出版社2007年版,第84页。

3. 共同行为说

共同行为说认为，票据签章是由签章人和行为相对人共同完成的一项具有《票据法》意义的行为。

4. 权利外观说

权利外观说是出于对票据善意取得人保护的角度而创设的，该说认为，只要票据上存在签章，就足以证明持票人票据权利的存在。

5. 折中说

折中说兼采单独行为说与契约行为说的理论内核，认为票据签章行为在出票人和收款人之间属于契约行为，但是，在出票人与收款人的后手之间则属于单独行为。

(二)票据签章的形式

签章的具体形式可以是签名、盖章或者签名加盖章。

1. 签名

签名是自然人为票据签章时的主要签章形态，当然，法人组织的法人代表以及其他自然人代表为票据签章时，也需要有其签名。

签名包括本名、艺名以及曾用名等等。无论是哪一种，只要能够将签章主体特定化即可。但是，我国《票据法》规定的签名，只能是自然人的本名。实践中出现的只书写姓氏或者名字于票据之上的签名方式是不被认可的。

需要深入分析的是，某自然人为票据签章时使用的是其他自然人的名字，而且并未获得委托授权，这种情况如何处理?

手书签名具有很强的人身属性，手书签名不能够代理，因此某自然人为票据签章时使用的是其他自然人的名字，而且并未获得委托授权的情况，要么按照票据的伪造进行处理，要么按照行为人自己签名处理，此时实际书写的签名被认为是行为人的其他姓名。

2. 盖章

印章不如手书签名安全，印章非常容易被盗用和冒用。但在实践中，印章仍被广泛采用。以盖章的方式进行票据签章是自然人和法人主体都可以采用的票据签章方式。法人的印章通常包括法人印章、职能部门印章以及财务印章等多种。

3. 签名加盖章

在为票据签章时究竟应该如何选择，按照中国人民银行颁布的《票据管理实施办法》的规定，法人的相应签章应为财务专用章或者公章加其法定代表人或者授权的代理人的签名或者盖章。

(三)票据签章的代理

票据的签章可以由代理人代为完成。但是如要产生票据代理的效果,则必须满足以下几点条件:

1. 票据上要有被代理人的姓名或名称

此项条件要求在票据上明确记载"被代理人某某某"的字样,但是并不必须是被代理人的手书签名或者印鉴,只要能够显示出本人是以被代理人身份存在的即可。

2. 须表明代理关系的存在

在票据上必须有代理的意思表示,以表明代理人和本人之间代理关系的存在。只须表明代理关系存在之事实即可,并无严格的表述限制。

3. 须有代理人的签章

票据具有严格的文义性,因此票据代理人以代理人身份代理本人行使票据权利,必须在票据上显示其代理人的身份。而这种身份的显示,唯有通过代理人在票据上签章的方式才能够得以实现。

二、票据的伪造

(一)票据伪造的概念

我国《票据法》对于票据的伪造并没有给出明确的界定,《美国统一商法典》以及英国《票据法》等其他国家的票据法律也多属这种情况。因此,对于票据的伪造,多是从学理方面加以界定的。票据的伪造,通常被认为是假冒或者虚构他人名义而为的票据行为,具体包括出票行为的伪造,还有背书、保证以及承兑票据行为的伪造。

票据的伪造不仅是一种民事侵权行为,严重的还会侵犯到刑事法律规范所保护的合法权益,会被依法追究刑事责任。我国《刑法》第 194 条第 1 款规定:有下列情形之一,进行金融票据诈骗活动,数额较大的,处 5 年以下有期徒刑或者拘役,并处 2 万元以上 20 万元以下罚金;数额巨大或者有其他严重情节的,处 5 年以上 10 年以下有期徒刑,并处 5 万元以上 50 万元以下罚金;数额特别巨大或者有其他特别严重情节的,处 10 年以上有期徒刑或者无期徒刑,并处 5 万元以上 50 万元以下罚金或者没收财产:(1)明知是伪造、变造的汇票、本票、支票而使用的;(2)明知是作废的汇票、本票、支票而使用的;(3)冒用他人的汇票、本票、支票的;(4)签发空头支票或者与其预留印鉴不符的支票,骗取财物的;(5)汇票、本票的出票人签发无资金保证的汇票、本票或者在出票时作虚假记载，骗取财物的。

需要注意的是，票据的伪造虽然是一种民事侵权行为，但是却与一般的侵权行为不完全一样。票据被伪造的，被伪造人即侵权行为人侵犯的主体并不是被伪造人，而是从伪造人手中受让票据的票据权利人。因此，伪造人并不对被伪造人承担侵权责任，伪造人承担侵权责任的对象是票据权利人，即直接从伪造人手中受让票据的善意第三人或者是其后手，所以，票据被伪造的，尤其是在票据多次易手转让之后被侵权的行为主体相对较多。但是，为了保障票据的流通，被侵权行为人无权主张票据无效，而且伪造的签名并不影响其他票据行为的效力。因此，被侵权行为人只能在票据法律关系消灭以后，才能够追究伪造人的责任。

（二）票据伪造的形式及伪造人的法律责任

1. 票据伪造的形式

票据伪造的形式既可以是票据本身的伪造，也可以是票据签名的伪造。

票据伪造是指出票伪造，也就是假冒他人名义而为的出票行为。出票伪造，不仅出票人的签章是由伪造人伪造的，而且票据上的记载事项也是由其伪造的。

票据签名的伪造是指除了出票伪造之外，假冒他人名义进行的背书、承兑、保证以及付款等行为中签章的伪造。

2. 伪造人的法律责任

票据被伪造的，伪造人并不是为了履行票据义务，而且很多伪造人也并不具备相应的履行能力。票据伪造人伪造票据，多是为了骗取相应的财物。因此，作为票据的伪造人必须承担相应的法律责任。

由于票据伪造人在票据上的签名都是伪造的，伪造人并未在票据上以自己真实名义进行签章行为。因此，票据的伪造人不会向收款人或者持票人承担付款责任或者被追索义务。但是，这并不等于说票据的伪造人不需要承担任何的法律责任。按照法律的规定，票据的伪造人需要依法承担侵权责任和刑事责任。

三、利益返还请求权

（一）利益返还请求权概念

利益返还请求权，也被称为利益偿还请求权，是指票据上权利因时效完成而归于消灭，或者因怠于为权利保全而归于消灭时，持票人因此向实质上获得利益的发票人、承兑人,在其所受利益的限度内,请求偿还该利益的权利。[①]也有学者认为所谓的利益返还请求权是持票人的一种权利,即当持票人的票据权利因时效或欠缺一定的手续而消灭时,该持票人对于出票人或承兑人在其所受的利益限度内请求返还的权利。[②] 我国《票据法》第 18 条规定:"持票人因超过票据权利时效或者因票据记载事项欠缺而丧失票据权利的,仍享有民事权利,可以请求出票人或者承兑人返还其与未支付的票据金额相当的利益。"

从利益返还请求权的概念可知,利益返还请求权是持票人享有的权利,该权利的形式对象是出票人或者承兑人,权利以出票人或承兑人实际所受利益为限度。

（二）利益返还请求权的构成要件

利益返还请求权是持票人的一种保障性权利,此项权利的获得必须满足以下构成要件:

1. 持票人的票据权利曾有效存在过

利益返还请求权是票据权利人的付款请求权或追索权不获实现之后的保障性权利,因此,持票人如若获得利益返还请求权,则必须以其曾存在票据权利作为前提条件。

2. 票据权利人的票据权利因时效届满或手续欠缺而消灭

票据权利须在《票据法》规定的日期内行使,否则将导致相应权利的丧失。例如,《票据法》第 39 条第 1 款规定:"定日付款或者出票后定期付款的汇票,持票人应当在汇票到期日前向付款人提示承兑。"《票据法》第 40 条第 2 款规定:"见票后定期付款的汇票,持票人应当自出票日起一个月内向付款人提示承兑。汇票未按照规定期限提示承兑的,持票人丧失对其前手的追索权。"

持票人对前手的追索权,自被拒绝承兑或者被拒绝付款之日起 6 个月;持票人对前手的再追索权,自清偿日或者被提起诉讼之日起 3 个月。不在以上规定期限内行使追索权或者再追索权,将导致追索权或者再追索权的消灭。另外,追索权以及再追索权的行使必须先行完成保全手续,持票人不能出示拒绝证明、退票理由书或者未按照规定期限提供其他合法证明的,丧失对其前手的追索权。

---

① 赵新华主编:《票据法》,吉林人民出版社 1994 年版,第 94 页。

② 王小能主编:《中国票据法律制度研究》,北京大学出版社 1999 年版,第 83 页。

3. 出票人或承兑人获益

除了以上两个条件外，持票人利益返还权的获得还必须有出票人或者承兑人因持票人的票据权利丧失而获益作为前提条件之一；否则，持票人不能够向出票人或者承兑人请求利益返还。

【练习与思考】

1. 票据签章有什么意义？
2. 伪造票据的法律后果如何？
3. 利益返还请求权的意义何在？其行使需要什么前提条件？

第十一章　担保法

第一节　担保法概述

一、担保法的概念

（一）担保的概念

法律意义上的担保，是一种债权实现的保证方式。在这种保证方式中，为债权实现提供保证的人即为担保人，担保人以其信用或者财产保证着债权人权利的实现。可见，担保的设定为债权人债权的实现又增添了一道安全阀。

（二）担保法及担保法律关系

1. 担保法的概念

担保法有形式意义上的担保法和实质意义上的担保法之分。形式意义上的担保法是指以“担保法”命名的法律规范，例如，《中华人民共和国担保法》（以下简称《担保法》）即属于形式意义上的担保法；实质意义上的担保法则是指调整当事人之间担保关系的法律规范的总称，除了包括形式意义上的担保法之外，还包括其他一切调整担保关系的法律规范，例如，《合同法》、《最高人民法院关于适用〈中华人民共和国担保法〉若干问题的解释》（以下简称《担保法司法解释》）等。因此，实质意义上的担保法与形式意义上的担保法之间是包含与被包含的关系。

2. 担保法律关系

担保法律关系是担保法律规范在调整人们行为的过程中形成的权利义务关系。在担保法律关系中，主体之间的法律地位是平等的，在具体形成权利义务关系的过程中要遵循自愿、公平以及诚实信用的原则。

(1)担保法律关系的主体

担保法律关系的主体,是指在担保法律关系中享有权利并承担义务的人。在我国可以成为担保法律关系主体的有自然人、法人、合伙组织以及国家。但是,只有在特殊的场合,国家才能成为担法法律关系的主体。具体到担保法律关系中,担保法律关系的主体包括担保权人(主合同的债权人)、担保人以及主合同的债务人。

担保权人,首先是主合同的债权人,随之因与担保人之间担保合同的成立而具有了担保权人的身份;担保人是为主合同债权人之债权实现提供担保的主体,担保人既可以是主合同的债务人,也可以是第三人;主合同的债务人是主合同中与债权人相对应的义务主体,债务人需要在担保人承担担保责任之后,满足担保人对其行使的偿付请求权。

(2)担保法律关系的客体

民事法律关系的客体,是指民事权利义务所指向的对象。概括地讲,民事法律关系的客体包括物、行为、智力成果、人身利益以及有价证券等。具体到担保法律关系中,担保法律关系的客体是指担保行为。

(3)担保法律关系的内容

担保法律关系是指担保权人、担保人以及债务人之间的权利义务关系。

二、担保的方式

担保方式,也就是担保的种类。在担保实践中,担保的方式多种多样,按照不同的划分标准,可以将担保划分为不同的种类。例如,按照担保发生的依据,可以将担保划分为法定担保和约定担保;按照担保标的物的不同,可以将担保划分为人的担保、物的担保以及货币的担保。下面将详细介绍实践中常用的担保方式。

(一)以担保标的物为划分标准

以担保标的物为划分标准,可以将担保划分为人的担保、物的担保以及货币的担保。

1. 人的担保

人的担保,实际上并不是以“人”作为担保的标的物,是以人的信用而并非担保人的任何有形或无形财产作为债权实现的担保方式,保证即属于典型的人的担保。

信用(Trust or reliance),《牛津法律大辞典》的解释是:“指在作为回报而得到或提供货物或服务时,并非立即进行偿付,而是允诺在将来进行偿付的作法。对于延期偿付,可收取利息形式的费用或不收取费用。”①可见,信用是与当事人的允诺相联系的。在信用产生之后,陆续出现了高利贷信用、商业信用、银行信用、国家信用、消费信用和国际信用。不同信用主体之间的信用等级是有所区别的。一般来讲,国家的信用级别最高,而个人的信用水平相对较低。因此,债权人更愿意接受信用水平良好的主体为其债权提供担保。

2. 物的担保

物的担保是以“物”作为担保标的物的一种担保方式。这种担保方式以担保物的价值作为债权实现的担保,物的担保方式主要有抵押、质押以及留置。在债务人或者第三人提供的特定物或者集合物上设定担保,作为债权实现的保证,当债务人不偿还债务时,债权人有权将该物折价、变卖或者拍卖,并以实现的价款优先受偿。尤其是在担保人破产时,债权人享有别除权,即该物并不参与破产财产的分配。

3. 货币的担保

货币的担保是指以货币作为担保标的物的担保方式。以货币作为担保标的物,避免了物的担保方式中,需要折价、拍卖或者变卖标的物以实现债权人债权的烦琐。但是货币作为与一切商品相交换的一般等价物,毕竟与信用担保以及物的担保有着十分明显的区别。因此,以货币作为标的物的担保仅限于定金这种具体的担保方式。

(二)以担保发生的依据为划分标准

以担保发生的依据为标准,可以将担保划分为约定担保和法定担保两类。

1. 约定担保

约定担保是指担保的成立是以当事人之间的约定作为基础设定的担保,是担保的主要形态。抵押、质押以及定金为典型的约定担保方式。在约定担保中,当事人之间可以就采取何种担保方式、担保的债权范围、担保物的种类以及担保期间等具体事项进行约定。

2. 法定担保

法定担保是指由相关法律直接规定的担保,该种担保并不是由当事人自由约定的,而是符合一定条件时自然成立的。留置以及优先权为法定担保的典型代表。

① David M. Walker:《牛津法律大辞典》,李双元等译,法律出版社 2003 年,第 282 页。

（三）以被担保主体为划分标准

以被担保主体为标准，可以将担保划分为本担保和反担保两种。

1. 本担保

本担保是指此种担保方式中的担保权人仅仅是主债权人，由债务人或者第三人以“物”、“货币”或“信用”为标的物对债权人的债权提供担保。当债务人不履行其债务时，债权人有权通过实现其担保权利以确保其主债权及相关权利的实现。

2. 反担保

《担保法》第 4 条第 1 款规定：“第三人为债务人向债权人提供担保时，可以要求债务人提供反担保。”反担保是指由债务人或者第三人为主债权之担保人的追偿权提供担保，以主债权之担保人为担保权人的担保方式。反担保设定的目的，主要是为了给主债权之担保人追偿权的实现提供担保，消除主债权之担保人的后顾之忧。《担保法司法解释》第 2 条规定：“反担保人可以是债务人，也可以是债务人之外的其他人。反担保方式可以是债务人提供的抵押或者质押，也可以是其他人提供的保证、抵押或者质押。”

反担保以主债权之担保的有效存在为前提，但是，反担保合同并不附属于主债权合同，只有当债务人不对担保人承担偿还义务的时候，担保人才可以要求反担保人承担担保责任。另外，一般的担保既可以是法定担保，也可以是约定担保，而反担保只能采取约定担保的方式设定。而且，本担保只存在债权人、债务人和担保人三方行为主体；而在反担保中，除了债权人、债务人和担保人之外，还有反担保的担保权人存在。

三、主合同与担保合同的关系

无论是抵押、质押、留置还是其他担保方式，也无论是法定担保还是约定担保，担保合同都是附属于主债权合同的。担保合同以主债权合同的生效作为其生效的前提条件，主债权合同无效会导致担保合同的无效。《担保法》第 5 条规定：“担保合同是主合同的从合同，主合同无效，担保合同无效。担保合同另有约定的，按照约定。担保合同被确认无效后，债务人、担保人、债权人有过错的，应当根据其过错各自承担相应的民事责任。”

但是，主合同和担保合同毕竟是两个独立的合同，在主合同和担保合同之间存在以下的关系：

（一）主合同及担保合同均有效

主合同以及担保合同的生效，必须分别满足合同生效的要件，主合同生效与否不能决定担保合同生效与否。

按照《民法通则》的规定,合同的生效需要满足以下条件:(1)当事人必须具备相应的民事行为能力;(2)意思表示真实;(3)不违反法律和社会公共利益。

如果存在以下情况之一,将导致合同无效:(1)一方以欺诈、胁迫的手段订立合同,损害国家利益;(2)恶意串通,损害国家、集体或者第三人利益;(3)以合法形式掩盖非法目的;(4)损害社会公共利益;(5)违反法律、行政法规的强制性规定。

在主合同以及担保合同依法成立并生效后,合同主体需按照合同的约定履行各自的义务,以确保对方当事人权利的实现。任意一方违反法律或者合同的约定,都需要依法承担责任。

(二)主合同有效而担保合同无效

主合同的生效并不必然使得担保合同生效,因此,难免会出现主合同有效而担保合同无效的情形。此时,担保权人的权利就会因担保合同的无效而受到一定程度的影响。

为了充分保障债权人的权利,《担保法司法解释》第7条规定:"主合同有效而担保合同无效,债权人无过错的,担保人与债务人对主合同债权人的经济损失,承担连带赔偿责任;债权人、担保人有过错的,担保人承担民事责任的部分,不应超过债务人不能清偿部分的二分之一。"

下面来看一个具体的案例①:

原告:A市城市信用社(以下简称信用社)

被告:A地区粮油储运公司(以下简称储运公司,已宣告破产)

被告:A地区粮食处(以下简称粮食处)

1996年4月9日,储运公司向信用社借款25万元用作流动资金,借款期限为6个月,归还日期1996年10月9日,双方签订借款合同一份。由信用社领导及信贷经办人签批后,于当日将25万元划入储运公司账户。4月10日,储运公司财务负责人赵某在该借款合同上签名,并由粮食处在借款合同担保栏盖了本单位的公章和其法定代表人的私章,但未注明盖章日期。同日,粮食处又向信用社提交了盖有其单位公章及法定代表人私章的不可撤销保证书。该保证书明确写明,本保证书为不可撤销保证,担保资金为25万元和贷款项

---

① 王军:《主合同有效担保合同无效债权人和担保人均有过错》,载《新疆人大》2004年第4期。

下所发生的借款利息和费用，本保证是一种连续担保和赔偿的保证，不受借款方接受上级单位任何指令和借款方任何单位签订任何协议文件的影响，也不因借款方是否破产、无力清偿、丧失企业资格，更改组织章程以及关、停、并、转各种变化而有任何改变，本保证在银行同意借款方延期还款时继续有效，并自保证书签发之日起生效，至还清借款方全部借款本息和费用时自动失效。该25万元借款月息为16.8%。信用社曾于1997年9月3日向借款单位储运公司发出一份催款通知单，该通知单由当时借款单位法定代表人签收。

储运公司因严重亏损无力清偿到期债务，已于1998年9月1日被A地区中级人民法院宣告破产还债，该案债权人受偿率为零。该案在审理中，A市人民法院口头、书面通知信用社到清算组申报债权，但信用社未及时申报债权。

A市人民法院判决原告信用社与被告粮食处的担保合同无效，被告储运公司借款及利息275 060元，由粮食处赔偿原告27 506元，余款247 554元由原告自行负担。

判决后，原、被告均未上诉。

（三）担保合同因主合同无效而无效

担保合同是主合同的从合同，其效力受到主合同效力的影响。实际上，这也是由担保合同设立的目的所决定的。因此，当主合同的债权人要求担保人承担担保责任时，担保人可以以主合同无效为由对主合同债权人进行抗辩而拒绝承担担保责任。但是，因主合同无效而导致担保合同无效，只是在当事人之间没有特殊约定时，《担保法》对于担保合同效力的处理办法；而当当事人之间有特殊约定时，担保合同并不因主合同的无效而无效。

下面通过一个具体案例加深理解①：

2000年10月20日，不具备法人资格的某林业公司因缺乏资金向某银行申请借款，双方经协商签订了借款合同。合同约定：借款金额为人民币160万元；借款期限为12个月；月利率为5.85‰等。某林化厂作为保证人为其提供担保，并与原告签订了保证合同。合同约定：保证范围为借款本金、利息及赔偿金等；保证方式为连带责任保证；本保证合同将不因其所担保的借款合同的无效而无效；保证期间为自借款合同约定的债务履行期限届满之日起两年。还款期限届满后，被告某林业公司未能还清借款。截止到2002年6月21日，某林业公司尚欠某银行借款本金人民币160万元，利息14万余元。2002年6

① 张明芳：《担保合同不因主合同无效而无效》，载《人民法院报》2002年12月30日。

月28日,某银行诉诸法院。法院经审理认为:某林业公司不具备法人资格,其与某银行签订的借款合同无效。某林化厂与某银行签订的保证合同有效。法院遂作出判决:1. 某林业公司应返还某银行借款本金人民币160万元,赔偿某银行所受的经济损失(按借款利率标准计算);2. 某林化厂应对上述第一项判决承担连带责任。

另外,按照《担保法司法解释》第8条、第9条的规定,主合同无效而导致担保合同无效,担保人无过错的,担保人不承担民事责任;担保人有过错的,担保人承担民事责任的部分,不应超过债务人不能清偿部分的1/3。担保人因无效担保合同向债权人承担赔偿责任后,可以向债务人追偿,或者在承担赔偿责任的范围内,要求有过错的反担保人承担赔偿责任。担保人可以根据承担赔偿责任的事实对债务人或者反担保人另行提起诉讼。

【练习与思考】

1. 设立担保的目的何在?
2. 担保合同和主合同之间的效力关系如何?

第二节　保　证

一、保证的概念

保证,是指保证人和债权人约定当债务人不履行债务时,保证人按照约定履行债务或承担责任的担保方式。从保证的概念可知:

1. 保证属于"人"的担保方式

由于保证属于"人"的担保方式,需要由保证人以自己合法所有财产承担保证责任,但是并不需要保证人以特定的财产向债权人承担责任的担保。

2. 担保人与债务人必须是非同一的民事行为主体

从保证的内涵可知,保证人和债务人只能是非同一主体,才能起到债权担保的作用。因此,需要由保证人直接和债权人签订保证合同,设定保证人的保证义务。

3. 保证人承担的责任范围不仅仅是主债权

按照《担保法》的规定,除当事人之间另有约定外,保证担保的范围包括主债权及利息、违约金、损害赔偿金和实现债权的费用。

二、保证的法律特征

有关保证的法律特征，法律界并没有定论。但是通常认为，保证具有如下法律特征：

1. 保证具有从属性

从属性是保证的基本属性之一，具体是指保证合同的成立是以主债权合同的有效成立作为基础的。从保证成立的目的上看，保证就是为了担保主债权的实现而设立的。因此，只有主债权成立在先，才有订立保证合同的必要性以及可能性。如果主债权合同无效，那么保证合同也无效。除当事人之间有特殊约定外，保证期间债权人依法将主债权转让给第三人的，保证人在原保证担保的范围内继续承担保证责任。

2. 保证具有单务性

保证合同是保证人和债权人签订的。但是，保证合同属于典型的单务合同。在保证合同中，债权人只享有权利不承担义务，而保证人则只承担义务并不享有权利。按照《担保法司法解释》的规定，第三人单方以书面形式向债权人出具担保书，债权人接受且未提出异议的，保证合同成立；或者主合同中虽然没有保证条款，但是保证人在主合同上以保证人的身份签字或者盖章的，保证合同成立。

3. 保证具有无偿性

在保证合同中，债权人合同权利的获得并不需要向保证人支付对价。而保证人是否是在获得了来自债务人的对价才愿意承担保证责任，并不影响保证合同的无偿性。因此，保证人也不得以未获得来自债务人的对价而拒绝承担保证责任。

4. 保证具有相对独立性

保证合同的相对独立性是其基本特征之一。独立性是指虽然保证合同从属于主债权合同，但是保证合同与债权合同毕竟是分别成立的两个独立的合同，保证债务可以与主合同债务有所不同。

三、保证方式

保证方式是指保证人承担保证责任的方式。按照《担保法》的相关规定，保证方式分为一般保证和连带责任保证。

（一）一般保证

一般保证是对于主债权承担补充责任的保证。该种补充责任具体表现为:一般保证的保证人在主合同纠纷未经审判或者仲裁,并就债务人财产依法强制执行仍不能履行债务前,对债权人可以拒绝承担保证责任。该权利被称为一般保证人的先诉抗辩权。但是,按照《担保法》的规定,当出现以下情况时,一般保证人的先诉抗辩权不得行使:(1)债务人住所变更,致使债权人要求其履行债务发生重大困难的;(2)法院受理债务人破产案件,中止执行程序的;(3)保证人以书面形式放弃前款规定的权利的。

另外,需要注意的是一般保证的保证人在主债权履行期限届满后,向债权人提供了债务人可供执行的财产的真实情况,债权人放弃或者怠于行使权利致使该财产不能被执行,保证人可以请求人民法院在其提供可供执行财产的实际价值范围内免除保证责任。

(二)连带责任保证

连带责任保证是指当债务人不履行合同义务时,由债务人和保证人对债权人承担连带责任的保证。在连带责任保证中,保证人并不享有一般保证人的先诉抗辩权,其实际的义务性约束要重于一般保证人。因此,为了明确保证人的保证方式,就需要在保证合同中明确表示出保证人究竟是属于一般保证人,还是属于连带责任保证人,如果保证合同没有就此进行约定或者约定不明的,那么保证人将承担连带责任保证。

四、保证合同

保证合同是保证人和债权人之间以书面形式为担保主债权实现而签订的民事合同。

(一)保证合同的主体

保证合同的主体包括债权人和保证人两类。

1. 债权人

债权人是与债务人之间存在合法债权债务关系的主体。作为权利主体,债权人的债权既可以是合同债权,也可以是不当得利、无因管理或因侵权行为产生的债权。虽然债权人是保证合同这一单务合同中享受权利的一方,但是作为合同主体,必须是具有完全民事行为能力或者由其代理人、监护人代为签订。

2. 保证人

保证人是与债权人签订保证合同,为债权人的债权承担保证责任的主体。按照《担保法》的规定,保证人必须是具有清偿债务能力的法人、其他组织或者公民。

除非经国务院批准为使用外国政府或者国际经济组织贷款进行转贷的，否则国家机关不得成为保证人。学校、幼儿园、医院等以公益为目的的事业单位、社会团体、企业法人的分支机构、职能部门不得为保证人。其中，可以承担保证责任的其他组织，属于以下情况：(1)依法登记领取营业执照的独资企业、合伙企业；(2)依法登记领取营业执照的联营企业；(3)依法登记领取营业执照的中外合作经营企业；(4)经民政部门核准登记的社会团体；(5)经核准登记领取营业执照的乡镇、街道、村办企业。

需要强调的是，从事经营活动的事业单位、社会团体为保证人的，如无其他导致保证合同无效的情况，其所签订的保证合同应当认定为有效。

作为保证合同的主体，保证人仅对债权人承担保证义务，并无要求债权人进行对价支付的权利。但是，保证人承担的保证责任毕竟从属于主债权，与主债权具有一定的关联性。因此，当主债权人要求保证人承担保证责任时，保证人可以依法行使防御性权利对抗其请求。

(1)援引债务人的抗辩权

抗辩权是当债务人行使债权请求权时，债务人按照法律的规定或者双方的约定，得以对其请求权予以对抗的权利。《担保法》第20条规定："一般保证和连带责任保证的保证人享有债务人的抗辩权。债务人放弃对债务的抗辩权的，保证人仍有权抗辩。抗辩权是指债权人行使债权时，债务人根据法定事由，对抗债权人行使请求权的权利。"可见，我国《担保法》已明确地将本属于债务人的抗辩权授予保证人，保证人可以援引此抗辩权对抗债权人。具体表现为以下情形：

①债权人之债权并不存在。债权人的债权并不成立或自始至终并未生效，保证人可以以债权人之债权不存在为由，对抗来自债权人的权利请求。但是，按照《担保法司法解释》的相关规定，主合同无效而导致担保合同无效，担保人无过错的，担保人不承担民事责任；担保人有过错的，担保人承担部分民事责任，不应超过债务人不能清偿部分的1/3。担保人因无效担保合同向债权人承担赔偿责任后，可以向债务人追偿，或者在承担赔偿责任的范围内，要求有过错的反担保人承担赔偿责任。

②债权人之债权已经消灭。债权人的债权会因债务人的清偿、提存以及抵消、破产等行为而消灭，当主债权因上述原因而消灭时，为担保主债权而设的保证也归于消灭。因此，保证人可以以债权人之债权已经消灭为由，对抗债权人的请求。

③债权人未履行主合同义务。债权人未履行主合同义务的情形主要表现为:在双务合同中债权人应与债务人同时履行或者先于债务人履行合同义务,但是却并未按照合同的约定适当履行。因此,债务人获得同时履行抗辩权和后履行抗辩权,并以此对抗债权人的权利请求。保证人当然也可以援引债务人的此种抗辩权来对抗债权人的权利请求。我国《合同法》第 66 条规定:"当事人互负债务,没有先后履行顺序的,应当同时履行。一方在对方履行之前有权拒绝其履行要求。一方在对方履行债务不符合约定时,有权拒绝其相应的履行要求。"《合同法》第 67 条规定:"当事人互负债务,有先后履行顺序,先履行一方未履行的,后履行一方有权拒绝其履行要求。先履行一方履行债务不符合约定的,后履行一方有权拒绝其相应的履行要求。"

另外,当债权人履行主合同义务后于债务人,先履行义务的债务人发现债权人有不为合同义务的可能时,可以要求债权人提供适当的担保以作为债务人先履行合同义务的前提条件,如果债权人不提供相应的担保,债务人可以对抗债权人的权利主张,保证人也可加以援引。该种情况具体表现为债权人出现了以下情况:经营状况严重恶化;转移财产、抽逃资金以逃避债务;丧失商业信誉;有丧失或者可能丧失履行债务能力的其他情形。如果债务人或者保证人没有确切证据中止履行的,应当承担违约责任。

④债权人之债权已过诉讼时效。诉讼时效是指权利受到侵害的权利人,如果在法定的时效期间内不行使权利,当时效期间届满,人民法院对权利人的该项权利不再进行保护的制度。因此,当债权人的债权已过诉讼时效,债务人可以对债权人的权利主张进行抗辩,进而保证人也可以援引此抗辩权。但是,保证人明知债权人的权利已过诉讼时效,仍对其承担保证责任的,则并不可以行使抗辩权。

(2)行使保证人专属抗辩权

虽然保证人可以援引属于债务人的抗辩事由对抗债权人,但是保证合同毕竟独立于主债权合同。因此,作为保证合同主体的保证人具有其专属的抗辩权。

①先诉抗辩权。先诉抗辩权属于一般保证人的抗辩权,连带责任保证人并不享有此项权利。先诉抗辩权是指一般保证的保证人在主合同纠纷未经审判或者仲裁,并就债务人财产依法强制执行仍不能履行债务前,对债权人可以拒绝承担保证责任。因此,保证人先诉抗辩权的行使需要满足以下条件:第一,主合同纠纷未经审判或者仲裁;第二,就债务人财产依法强制执行仍不能履行债务。

②催告抗辩权。催告抗辩权，是指当主债权人向保证人请求承担保证责任时，保证人有权要求债权人先行对债务人为权利实现请求。与先诉抗辩权一样，催告抗辩权也专属于一般保证人。

(3)行使对债务人的求偿权

保证人的求偿权是指当保证人向债权人履行了保证责任之后，向债务人进行追偿的权利。《担保法》第31条规定："保证人承担保证责任后，有权向债务人追偿。"但是，保证人对于债务人的求偿权也要受到诉讼时效的限制，按照《担保法司法解释》第42条第2款规定："保证人对债务人行使追偿权的诉讼时效，自保证人向债权人承担责任之日起开始计算。"按照《担保法司法解释》第43条的规定，保证人向债务人行使追偿权的权利范围以其实际承担的保证责任为限，如果实际清偿额大于主债权范围的，保证人只能在主债权范围内对债务人行使追偿权。

需要明确的是，在债权人的债权是通过向保证人主张权利才得以实现的情况下，债务人通常都面临着财务或者经营上的种种困难。保证人对于债务人的追偿权也难免会遭遇到困难，尤其是当债务人破产的情形出现时，权利实现的不确定性骤然增大。因此，为了保障保证人的合法权益，《担保法司法解释》第44条规定："保证期间，人民法院受理债务人破产案件的，债权人既可以向人民法院申报债权，也可以向保证人主张权利。债权人申报债权后在破产程序中未受清偿的部分，保证人仍应当承担保证责任。债权人要求保证人承担保证责任的，应当在破产程序终结后六个月内提出。"如果债权人知道或者应当知道债务人破产，既未申报债权也未通知保证人，致使保证人不能预先行使追偿权的，保证人对该债权在破产程序中可能受偿的范围内免除保证责任。而且人民法院受理债务人破产案件后，债权人未申报债权的，各连带共同保证的保证人应当作为一个主体申报债权，预先行使追偿权。债权人知道或者应当知道债务人破产，既未申报债权也未通知保证人，致使保证人不能预先行使追偿权的，保证人在该债权在破产程序中可能受偿的范围内免除保证责任。

(4)承担保证责任

①有关保证责任的一般事项。承担保证责任是保证人的核心义务。按照《担保法》的规定，保证人承担保证责任的范围，通常包括主债权及利息、违约金、损害赔偿金和实现债权的费用。当然，鉴于保证合同的独立性，债权人也可以和保证人约定具体的保证范围。不过，当事人约定的范围要以上述费用之和为上限。出现约定不明时，保证人承担责任的范围包括上述所有事项。

另外，按照《担保法司法解释》的规定，如果保证人对债务人的注册资金提供保证，债务人的实际投资与注册资金不符或者抽逃转移注册资金的，保证人在注册资金不足或者抽逃转移注册资金的范围内承担连带责任保证。

保证人承担保证责任的期限由债权人和保证人协议确定，一般保证的保证人与债权人未约定保证期间的，保证期间为主债务履行期届满之日起6个月，在此期间债权人未对债务人提起诉讼或者申请仲裁的，保证人免除保证责任；债权人已提起诉讼或者申请仲裁的，保证期间适用诉讼时效规定中断。

连带责任保证人承担保证责任的期间和一般保证人有所区别。连带责任保证的保证人与债权人未约定保证期间的，债权人有权自主债务履行期届满之日起6个月内要求保证人承担保证责任。在合同约定的保证期间和《担保法》规定的保证期间，债权人未要求保证人承担保证责任的，保证人免除保证责任。

②有关保证责任的其他事项。按照法律的规定，依法成立的合同在满足一定条件的情况下可以进行转让。但是，债权的转让与债务的转让是不同的。在当事人没有特别约定的情况下，债权的转让只要通知债务人即可产生债权转让的效果；而债务的转让则需要事先征得债权人的同意。而转让有保证人保证的债权债务，则需要按照《担保法司法解释》的规定遵守以下规定：第一，保证期间，债权人依法将主债权转让给第三人的，保证债权同时转让，保证人在原保证的范围内对受让人承担保证责任。但是保证人与债权人事先约定仅对特定的债权人承担保证责任或者禁止债权转让的，保证人不再承担保证责任。第二，保证期间，债权人许可债务人转让部分债务未经保证人书面同意的，保证人对未经其同意转让部分的债务，不再承担保证责任。但是，保证人仍应当对未转让部分的债务承担保证责任。

除此之外，在保证合同有效期间内，债权人和债务人可以就主合同数量、价款、币种、利率等事项进行协议变更，如果此变更减轻了保证人的保证责任，则保证人在变更范围内继续承担保证责任；如果变更行为加重了债务人的保证责任，保证人对于加重部分不承担保证责任；如果债权人与债务人对主合同履行期限作了变动，未经保证人书面同意的，保证期间为原合同约定或者法律规定的期间。

（二）保证合同的内容

按照《担保法》第15条的规定，保证合同应当包括以下内容：

1. 被保证的主债权种类、数额

该条款要求债权人和保证人在保证合同中明确约定被保证主债权的种

类,并明确债权的数额。

2. 债务人履行债务的期限

债务人履行债务期限的明确,对于保证人保证责任的承担十分重要。因为债务人只有到期不履行债务,才会引致保证人保证责任的开始。

3. 保证的方式

保证合同要求保证人和债权人在保证合同中明确约定保证人承担的是一般保证还是连带责任保证。债权人和保证人对此并未约定或者约定不明确的,保证人需要向债权人承担连带责任保证。

4. 保证担保的范围

保证担保的范围包括主债权及利息、违约金、损害赔偿金和实现债权的费用。保证合同另有约定的,按照约定。当事人对保证担保的范围没有约定或者约定不明确的,保证人应当对全部债务承担责任。

5. 保证的期间

债权人和保证人可以在保证合同中明确约定保证期间,如果并未约定的,按照下列规定处理:

(1)一般保证的保证人与债权人未约定保证期间的,保证期间为主债务履行期届满之日起6个月;

(2)连带责任保证的保证人与债权人未约定保证期间的,债权人有权自主债务履行期届满之日起6个月内要求保证人承担保证责任。

6. 双方认为需要约定的其他事项

五、几种特殊的保证方式

(一)最高额保证

1. 最高额保证的概念

最高额保证是指保证人与债权人协议约定,在一定限额内,由保证人对债权人与债务人在一段时间内连续发生的债权承担保证责任的保证。《担保法》第14条规定:“保证人与债权人可以就单个主合同分别订立保证合同,也可以协议在最高债权额限度内就一定期间连续发生的借款合同或者某项商品交易合同订立一个保证合同。”

2. 最高额保证的特征

(1)最高额保证的债权属于债权人与债务人之间的未来债权

与普通的保证不同,最高额保证在保证合同生效时,保证人承担保证责任的债权并不存在,该债权属于债权人与债务人之间的未来债权,具有发生时间以及数量的不确定性。

(2)最高额保证所保证债权是在一段时间内连续发生的

从《担保法》的相应法律条文可知,最高额保证担保的债权必须是债权人和债务人在一段时期内连续发生的借款合同或者商品交易合同产生的,是彼此之间具有较高关联性的债权债务关系。

3. 最高额保证的保证人有权终止保证合同

根据我国《担保法》第 27 条的规定,最高额保证未约定保证期间的,保证人可以随时书面通知债权人终止保证合同,但保证人对于通知到债权人前所发生的债权,承担保证责任。

(二)共同保证

1. 共同保证的概念

共同保证,是由两个或两个以上的保证人对债权人的债权承担保证责任的保证。可见,共同保证的特殊之处在于保证主体的复数性。当然,共同保证人都必须符合《担保法》规定的保证人资格。

2. 保证人之间的权利义务关系

由于共同保证中保证人的数量是两个或者两个以上,因此,复数的保证人在对外承担保证责任以及处理保证人之间权利义务关系时,要较一般保证更为复杂。

(1)对外责任。共同保证分为按份共同保证和连带共同保证两种方式。在按份共同保证中,各个保证人按照合同约定的保证份额承担保证责任;而连带共同保证的保证人,则需要向债权人承担连带保证责任。

共同保证人之间可以约定各自对于债权人之债权承担保证责任的份额以明确各自的保证责任。但是,按照《担保法司法解释》的规定,如果各个共同保证人并没有与债权人进行该项约定,各个保证人均须向债权人承担连带责任保证。连带共同保证的保证人以其相互之间约定各自承担的份额对抗债权人的,人民法院不予支持。

(2)对内责任。当按份共同保证的保证人按照约定的保证份额对债权人承担了保证责任之后,并不享有对其他保证人的追偿权,其追偿权行使的对象应该是债务人。这是由按份共同保证的性质决定的。

对于连带共同保证,《担保法司法解释》第 20 条规定:“连带共同保证的债务人在主合同规定的债务履行期届满没有履行债务的,债权人可以要求债务人履行债务,也可以要求任何一个保证人承担全部保证责任。连带共同保证的保证人承担保证责任后,可以向债务人行使追偿权,向债务人不能追偿的部分，由各连带保证人按其内部约定的比例分担；没有约定的，平均分担。”

【练习与思考】

1. 保证的方式有哪些？
2. 保证的特征有哪些？
3. 一般保证和连带责任保证的区别在哪里？
4. 保证人的责任是什么？

第三节　抵押权

一、抵押权概述

（一）抵押权的含义

抵押权，是指债权人对于债务人或者第三人不转移占有而提供担保的财产，在债务人不履行债务时，依法享有的就担保的财产变价或者优先受偿的权利。[①]

我国《担保法》第33条第1款对抵押的界定是：“本法所称抵押，是指债务人或者第三人不转移对本法第三十四条所列财产的占有，将该财产作为债权的担保。债务人不履行债务时，债权人有权依照本法规定以该财产折价或者以拍卖、变卖该财产的价款优先受偿。”《中华人民共和国物权法》（以下简称《物权法》）第179条第1款规定：“为担保债务的履行，债务人或者第三人不转移财产的占有，将该财产抵押给债权人的，债务人不履行到期债务或者发生当事人约定的实现抵押权的情形，债权人有权就该财产优先受偿。”因此，从《物权法》的相关规定可知，《物权法》明确地界定了抵押权的担保物权性质。

（二）抵押权的特性

作为一种典型的担保物权，抵押权具有如下法律特征：

1. 抵押权的成立无须转移抵押物的占有

抵押权有效成立之后，抵押物仍处于抵押人的占有之下，抵押人没有将抵押物转移给抵押权人进行占有的义务。这也是抵押权与质押权的主要区别之

① 王利明：《物权法研究》（下卷），中国人民大学出版社2007年版，第398页。

一。因为,抵押物通常都是厂房、机器设备等有形资产以及土地使用权等用益物权,在不转移占有的情况下,既可以减轻抵押权人管理抵押物的成本,又可以充分发挥抵押物的使用价值。当然,不转移抵押物的占有会导致抵押物价值因抵押人的行为而有所贬损,因此《物权法》第193条规定:“抵押人的行为足以使抵押财产价值减少的,抵押权人有权要求抵押人停止其行为。抵押财产价值减少的,抵押权人有权要求恢复抵押财产的价值,或者提供与减少的价值相应的担保。抵押人不恢复抵押财产的价值也不提供担保的,抵押权人有权要求债务人提前清偿债务。”

2. 抵押权是为了担保主债权得以实现而设置的

抵押权设置的目的是为了担保债权人债权的实现。因此,抵押权的成立要以主债权合同的有效成立作为前提。当债务人不履行债务时,抵押权人可以将抵押物折价、拍卖或变卖,以实现的价款优先抵偿其债权。

3. 抵押权是以抵押物的价值作为债权担保的

虽然抵押权是在特定财产之上设立的,但是并不以抵押物的有形实体作为权利实现的担保,而是以抵押物的价值作为主债权的担保。因此,如果在抵押期间发生了抵押物的毁损、灭失,抵押权将继续存续于抵押物的变形体或者替代物之上,抵押权人对于该替代物具有优先受偿权。

另外,当抵押权人实现抵押权的时候,不得直接将抵押物转归自己名下,而是需要将抵押物折价、拍卖或者变卖,以实现的款项来满足抵押权人的权利诉求。这在法律上称为“流押契约之禁止”。我国《物权法》第186条规定:“抵押权人在债务履行期届满前,不得与抵押人约定债务人不履行到期债务时抵押财产归债权人所有。”“流押契约之禁止”的目的主要在于防止抵押权人和抵押权人恶意串通侵害抵押人之其他债权人合法权益的情况出现。

4. 抵押权具有从属性

抵押权的从属性包括成立上的从属性、转移上的从属性以及消灭上的从属性。

成立上的从属性,是指抵押权的成立要以主债权的成立并生效作为前提,如果主债权并未成立或者因各种原因而并未生效,抵押权也并不生效。这是由设定抵押的目的所决定的。

转移上的从属性,是指抵押权不得与债权分离而单独转让或者作为其他债权的担保。债权转让的,担保该债权的抵押权一并转让,但法律另有规定或者当事人另有约定的除外。但是,随着抵押权证券化以及最高额抵押实践的发展,抵押权转移上的从属性已经有所弱化。

消灭上的从属性,是指抵押权因主债权的消灭而消灭。抵押权人要求实现抵押权时,抵押人可以以住宅权已经消灭为由拒绝抵押权人的该项请求。

（三）抵押的分类

1. 按照抵押物的不同,可以划分为动产抵押、不动产抵押和权利抵押

(1)动产抵押

动产抵押,是指抵押物为动产的抵押。例如,原材料、半成品等。动产抵押的特点之一在于抵押物种类十分丰富,但是,其单位价值相对较低,且价值会因其"流动"使用的特性而受到影响。

(2)不动产抵押

不动产抵押,是指抵押物为不动产的抵押。例如,厂房等。该类抵押物的特点在于单位价值相对较高,担保的主债权数额也相对较高。

(3)权利抵押

权利抵押,是指以财产权利作为抵押物的抵押。例如,土地使用权、承包经营权等。该类抵押避免了因抵押物使用而影响抵押物价值的不利情况出现。

2. 按照抵押物是否确定,可以划分为动产抵押和动产浮动抵押

(1)动产抵押

动产抵押,是指以确定的动产作为抵押物的抵押。动产抵押合同明确地对抵押物的名称、界址等基本事项进行约定。在实现抵押权的时候,可将该确定了的抵押物进行折价、拍卖或者变卖,以保证主债权的实现。

(2)动产浮动抵押

动产浮动抵押,仍是以动产作为抵押物的抵押,与一般的抵押不同的是,动产浮动抵押成立时抵押物并不是确定的,而是以抵押合同成立时抵押人的所有财产为抵押物,不仅包括现有财产,还包括将来的财产。而且,即使是在抵押合同成立之后,抵押人仍然可以处置抵押财产,只需在抵押权实现时将抵押财产予以确定即可。我国《物权法》对于浮动抵押采取肯定态度,《物权法》第 181 条规定:"经当事人书面协议,企业、个体工商户、农业生产经营者可以将现有的以及将有的生产设备、原材料、半成品、产品抵押,债务人不履行到期债务或者发生当事人约定的实现抵押权的情形,债权人有权就实现抵押权时的动产优先受偿。"当抵押权人实现抵押的时候,需要就权利实现时的抵押人的所有动产予以折价、拍卖或者变卖,这个过程被称为抵押财产的"结晶"。根据《物权法》第 196 条的规定,抵押财产自下列情形之一发生时确定:①债务履行期届满,债权未实现;②抵押人被宣告破产或者被撤销;③当事人约定

的实现抵押权的情形;④严重影响债权实现的其他情形。

3. 按照担保债权数额是否确定,可以划分为一般抵押和最高额抵押

(1)一般抵押

一般抵押,是指在抵押成立之前主债权的数额是确定的抵押。

(2)最高额抵押

最高额抵押成立之时,抵押物需担保的主债权数额并未确定。抵押人需以抵押物对抵押合同成立之后连续发生的债权承担担保责任。因此,为了确定抵押人的责任范围,合同主体会约定一定时期内连续发生的主债权的最高数额。我国《物权法》第203条规定:"为担保债务的履行,债务人或者第三人对一定期间内将要连续发生的债权提供担保财产的,债务人不履行到期债务或者发生当事人约定的实现抵押权的情形,抵押权人有权在最高债权额限度内就该担保财产优先受偿。最高额抵押权设立前已经存在的债权,经当事人同意,可以转入最高额抵押担保的债权范围。"

4. 按照抵押权设定方式的不同,可以划分为约定抵押和法定抵押

(1)约定抵押

约定抵押,是抵押权设立的最主要方式,是指当事人抵押权的设定是以订立抵押合同的方式进行的。约定抵押是当事人之间意思一致的结果。

(2)法定抵押

法定抵押是与约定抵押相对应的一种抵押权设定方式,即指抵押权是根据法律的规定直接产生的。例如,我国《物权法》第182条规定:"以建筑物抵押的,该建筑物占用范围内的建设用地使用权一并抵押。以建设用地使用权抵押的,该土地上的建筑物一并抵押。抵押人未依照前款规定一并抵押的,未抵押的财产视为一并抵押。"

5. 按照抵押财产上设定抵押数量的不同,可以划分为单一抵押与重复抵押

(1)单一抵押

单一抵押,是指在同一抵押物上只存在一个抵押权的抵押。在这种抵押关系中,主体之间的权利义务关系相对比较简单。

(2)重复抵押

重复抵押,是指在同一抵押物上存在两个或两个以上抵押权的抵押。因为,抵押是以抵押物的价值作为债权人实现债权的担保。因此,在抵押物价值范围内完全可以存在两个或两个以上的抵押权。当然,重复抵押,抵押权人之间的权利可能存在一定的冲突。按照我国《物权法》第199条的规定,同一财

产向两个以上债权人抵押的，拍卖、变卖抵押财产所得的价款依照下列规定清偿：①抵押权已登记的，按照登记的先后顺序清偿；顺序相同的，按照债权比例清偿；②抵押权已登记的先于未登记的受偿；③抵押权未登记的，按照债权比例清偿。

二、抵押权的设定

抵押权的设定多以当事人约定的方式进行，但是，当法律有特殊规定时，也存在着按照法律规定设定抵押权的情形。

（一）抵押合同的当事人

抵押合同是从属于债权合同的合同，其当事人为抵押人和抵押权人。

1. 抵押人

抵押人是指以自有财产设定抵押权的人。抵押人既可以是债务人，也可以是独立的第三人。无论是自然人、法人或是其他组织，都可以作为抵押人。需要注意的是，国家机关和以公益为目的的事业单位、社会团体成为抵押人是有严格限制的。《担保法司法解释》第53条规定："学校、幼儿园、医院等以公益为目的的事业单位、社会团体，以其教育设施、医疗卫生设施和其他社会公益设施以外的财产为自身债务设定抵押的，人民法院可以认定抵押有效。"

另外，作为抵押人，必须对抵押物具有所有权或者处分权，如果因其对抵押物不具有合法权利而导致抵押合同无效的，抵押人需要依法向抵押权人承担相应的损害赔偿责任。

2. 抵押权人

抵押权人只能是债权合同中的债权人。抵押权人既可以是自然人，也可以是法人或其他组织。而且按照我国《合同法》的相关规定，即使是无民事行为能力人也可以成为抵押权人。抵押权人有权在债务人不履行债务时，将抵押物折价、变卖或者拍卖以满足其债权的优先受偿。

（二）抵押合同的内容

按照我国《物权法》的规定，需要采取书面形式订立抵押合同，抵押合同的内容一般包括以下几项：

1. 被担保债权的种类和数额

被担保债权的种类，主要是指该债权究竟是因为合同，还是因为无因管理、不当得利或是侵权行为产生的。被担保债权数额的确定，则是为了使抵押权的实现更加具体明确。

2. 债务人履行债务的期限

抵押权具有明显的从属性，只有债务人不按照约定或者法律规定履行义务实现债权人的债权时，抵押人才需要承担担保责任。因此，明确规定债务人履行债务的期限显得十分重要。

3. 抵押财产的名称、数量、质量、状况、所在地、所有权归属或者使用权归属

该项合同内容主要是针对动产浮动抵押而言的。在动产浮动抵押中，只有具体明确抵押物的名称、数量、质量、状况、所在地、所有权归属或者使用权归属等基本事项，才会使得抵押权的实现具体明确。

4. 担保的范围

担保的范围主要是抵押权人在抵押物折价、变卖或者拍卖后可以优先受偿的范围。我国《物权法》第 173 条规定："担保物权的担保范围包括主债权及其利息、违约金、损害赔偿金、保管担保财产和实现担保物权的费用。当事人另有约定的，按照约定。"

(三)抵押合同的客体

抵押物作为债权人权利实现的担保物，是具有经济价值的财产或者财产性权利。因此，无论是有形财产还是无形财产，都可以作为抵押财产。不过，鉴于抵押权设立的初衷，抵押财产必须是能够确定的、可以以一定的形式进行公示、可以流通转让的财产或者财产性权利。

1. 建筑物和其他地上附着物

建筑物主要包括房屋、仓库等。此处的建筑物是指已经完成的建筑物，并不包括尚未建造或者尚未建造完毕的期房以及在建工程。

地上附着物主要是附着于土地之上的构筑物等。

2. 建设用地使用权

在我国，土地所有权分为国家所有和集体所有两种，无论哪一种土地所有权都不允许转让，当然也不得设定抵押。但是，具有财产价值并且具有可转让性的建设用地使用权是可以依法设定抵押权的。如此一来，既不影响土地所有权制度，又充分实现了建设用地使用权的经济价值。

需要注意的是，如果建设用地使用权是以划拨的方式取得的，在实现抵押权的时候，必须首先从建设用地使用权拍卖款中支付建设用地使用权出让金。

3. 以招标、拍卖、公开协商等方式取得的荒地等土地承包经营权

依法可以抵押的荒地等土地承包经营权，具体是指荒山、荒坡、荒丘、荒滩的土地承包经营权。

4. 生产设备、原材料、半成品、产品

该类抵押物品种相对较为丰富，但是除大型生产设备外，单位价值通常不高。

5. 正在建造的建筑物、船舶、航空器

正在建造的建筑物、船舶、航空器通常具有较高的价值，可以对于额度较高的债权提供充分的担保。

6. 交通运输工具

交通运输工具主要是指汽车、轮船等，是日常生活中比较常见的抵押品种类。

7. 法律、行政法规未禁止抵押的其他财产

按照我国《物权法》第184条的规定，下列财产不得抵押：

(1)土地所有权。我国实行土地国家所有和集体所有制度，不允许私人拥有土地所有权。因此，如果允许以土地所有权抵押，在抵押权实现之后就会导致土地的私人所有，这是违背我国《宪法》和相关法律的规定的，并且背离现有的土地所有权制度。因此，在我国土地所有权不得抵押。

(2)耕地、宅基地、自留地、自留山等集体所有的土地使用权，但法律规定可以抵押的除外。

①耕地。我国实行严格的耕地保护制度，禁止将耕地转为非耕地，不得违反法律规定的权限和程序征收集体所有的土地，禁止将耕地进行抵押。

②宅基地。宅基地是农村的农户或个人用作住宅基地而占有、利用本集体所有的土地，是现行户籍体制下农村集体经济组织成员的社会保障手段之一，具有社会福利的性质。因此，不允许农村集体经济组织成员将宅基地进行抵押。

③自留地、自留山等集体所有的土地使用权。自留地是农村集体经济组织分配给其成员长期使用的土地；自留山是农村集体经济组织分配给其成员长期使用的少量的荒山和荒坡。自留地和自留山的承包经营权属于性质较为特殊的集体土地使用权。[①] 出于对土地使用权人生存权益的保护，我国《物权法》禁止自留地、自留山等集体所有的土地使用权的抵押。

(3)学校、幼儿园、医院等以公益为目的的事业单位、社会团体的教育设施、医疗卫生设施和其他社会公益设施。禁止将学校、幼儿园、医院等以公益为目的的事业单位、社会团体的教育设施、医疗卫生设施和其他社会公益设施

① 卞耀武等主编：《中华人民共和国土地管理法释义》，法律出版社1998年版，第60页。

作为抵押财产，主要是因为上述标的物承载着一定的社会公益目的，一旦因实现抵押权而将其拍卖或变卖，会影响到社会公益事业的发展。

(4)所有权、使用权不明或者有争议的财产。为避免抵押权实现时出现权利冲突等各种阻滞，对于所有权、使用权不明或者有争议的财产也是禁止抵押的。

(5)依法被查封、扣押、监管的财产。当财产依法被查封、扣押、监管的时候，原财产权利主体丧失了对于该项财产的处分权。因此，此类财产也不得抵押。但是，已经设定抵押的财产被采取查封、扣押等保全或者执行措施的，不影响抵押权的效力。

(6)法律、行政法规规定不得抵押的其他财产。

三、抵押权的效力

抵押权的效力主要是指抵押权对于抵押人和抵押权人的效力。

(一)对于抵押权人的效力

按照我国《物权法》的规定，抵押依法成立并生效后，抵押权人享有如下权利：

1. 优先受偿权

抵押权人最基本的权利是将抵押财产折价、拍卖或者变卖之后的优先受偿权，这是主债权人获得抵押权的基本目的。只有赋予债权人以优先受偿权，才能够充分体现出抵押权作为担保物权的意义所在。

但是，抵押人与抵押权人之间实现抵押权的协议不得侵害其他主体的合法权益，协议损害其他债权人利益的，其他债权人可以在知道或者应当知道撤销事由之日起一年内请求人民法院撤销该协议。另外，当抵押物拍卖或者变卖的价值超过债权数额时，超过部分归抵押人所有，不足部分由债务人补足。

2. 停止侵害请求权

由于抵押物不需要向抵押权人转移占有，抵押物始终处于抵押人占有的状态中，抵押人的行为会影响到抵押物的价值。因此，《物权法》第 193 条规定：“抵押人的行为足以使抵押财产价值减少的，抵押权人有权要求抵押人停止其行为。抵押财产价值减少的，抵押权人有权要求恢复抵押财产的价值，或者提供与减少的价值相应的担保。抵押人不恢复抵押财产的价值也不提供担保的，抵押权人有权要求债务人提前清偿债务。”可见，抵押权人的该项权利具体包括抵押物实体的停止侵害请求权以及停止价值侵害请求权两项。

3. 抵押财产转让同意权

在抵押合同有效期内，为了能够更好地实现抵押物的各种“价值”，在市场行情变化或者抵押人有变现需要时，抵押人在经抵押权人同意后可以将抵押物转让，转让所得价款应用于债务的提前清偿或者将其予以提存。

需要注意的是，如果抵押物的受让人同意代为清偿，则抵押物的转让无须抵押权人的同意即可进行。

4. 权利处分权

抵押权的处分权，是指抵押权人作为抵押权的权利主体，有权利依法处置自己的合法权利。具体包括抵押权的放弃以及抵押权顺位的变更，也可以与抵押人进行协议变更抵押合同内容。我国《物权法》第194条规定：“抵押权人可以放弃抵押权或者抵押权的顺位。抵押权人与抵押人可以协议变更抵押权顺位以及被担保的债权数额等内容，但抵押权的变更，未经其他抵押权人书面同意，不得对其他抵押权人产生不利影响。债务人以自己的财产设定抵押，抵押权人放弃该抵押权、抵押权顺位或者变更抵押权的，其他担保人在抵押权人丧失优先受偿权益的范围内免除担保责任，但其他担保人承诺仍然提供担保的除外。”

（二）对于抵押人的效力

抵押设立之后，对于抵押人产生的效力主要体现在抵押人享有的权利以及承担的义务两方面。

1. 抵押人的权利

（1）对于抵押物的占有和使用。抵押是以抵押物的价值作为抵押权人权利实现的担保，其成立并不需要抵押物转移于抵押权人占有。因此，抵押物始终是处于抵押人的占有状态，而且为了更好地发挥抵押物的使用价值，抵押人有权在占有抵押物期间对抵押物进行使用。不仅如此，抵押人还有权收取占有抵押物期间抵押物产生的孳息。

抵押人对于抵押物的占有以及使用会影响到抵押权人权利的实现，因此，在抵押人占有以及使用抵押物期间，有损害抵押物价值的行为或其行为对抵押物价值有损害之虞时，抵押权人有权要求抵押人停止其行为。抵押财产价值减少的，抵押权人有权要求恢复抵押财产的价值，或者提供与减少的价值相应的担保。抵押人不恢复抵押财产的价值也不提供担保的，抵押权人有权要求债务人提前清偿债务。

（2）抵押物的转让。由于抵押是以抵押物的价值作为权利实现的担保，因此，在抵押存续期间，抵押人可以将抵押物进行转让。这种转让主要是对于未来市场行情的一种估计而采取的理性行为手段。但是,抵押人对于抵押物的转让,使得抵押物由实物形态转变为了价值形态,即以货币的形式继续存在。而货币这种无记名有价证券是不能采取登记的方式予以特定化的,不利于对外彰显抵押权的存在。因此,如果抵押人在抵押存续期间将抵押物转让,必须征得抵押权人的同意,而且还应当将转让所得的价款向抵押权人提前清偿债务或者提存。转让的价款超过债权数额的部分归抵押人所有,不足部分由债务人清偿。

抵押期间,抵押人未经抵押权人同意,不得转让抵押财产,但受让人代为清偿债务消灭抵押权的除外。

(3)抵押物的出租。抵押存续期间,抵押人可以将抵押物出租。但是,在抵押权实现日期早于租赁合同到期日时,会发生抵押权人和承租人的权利冲突。在这种情况下,即使抵押权实现时租赁合同并未到期,抵押权实现后,租赁合同对受让人也不具有约束力。

(4)重复抵押的设定。抵押是以抵押物的价值作为债权实现的担保。因此,抵押人可以将其所有或者有处分权的抵押物设定两个或者两个以上的抵押权。然而,多个被担保债权的到期日并不会完全相同,这就面临着权利实现的先后问题。按照《担保法司法解释》的规定,同一财产向两个以上债权人抵押的,顺序在先的抵押权与该财产的所有权归属一人时,该财产的所有权人可以以其抵押权对抗顺序在后的抵押权。如果顺序在后的抵押权所担保的债权先到期的,抵押权人只能就抵押物价值超出顺序在先的抵押担保债权的部分受偿。顺序在先的抵押权所担保的债权先到期的,抵押权实现后的剩余价款应予提存,留待清偿顺序在后的抵押担保债权。

另外,依据我国《物权法》第 199 条的规定,同一财产向两个以上债权人抵押的,拍卖、变卖抵押财产所得的价款依照下列规定清偿:(1)抵押权已登记的,按照登记的先后顺序清偿;顺序相同的,按照债权比例清偿;(2)抵押权已登记的先于未登记的受偿;(3)抵押权未登记的,按照债权比例清偿。

2. 抵押人的义务

提供抵押物作为债权实现担保的抵押人,主要义务是在其占有和使用抵押物的过程中,需要妥善地保管和维护抵押物。当其行为会影响或者已经影响到抵押物的价值时,抵押权人有权要求抵押人停止其行为。抵押财产价值减少的,抵押权人有权要求恢复抵押财产的价值,或者提供与减少的价值相应的担保。抵押人不恢复抵押财产的价值也不提供担保的,抵押权人有权要求债务人提前清偿债务。

在抵押存续期间,如果发生了抵押物灭失、毁损或者被征用的情形,抵押权人的抵押权并不随之灭失,而是在保险金或者赔偿金上继续存在,抵押权人可以就该抵押物的保险金、赔偿金或者补偿金优先受偿。

四、抵押权的实现

抵押权的实现是指将抵押物折价、拍卖或者变卖,满足抵押权人优先受偿的权利。然而,抵押权的实现需要一定的前提条件,通常情况下是债务人到期不履行债务或者出现了当事人约定的实现抵押权的情况。

(一)抵押权实现的条件

1. 抵押权有效存在

抵押权人实现抵押权的第一个前提条件是抵押权必须是有效存在的。如果抵押权自始无效或中途失效,抵押权人会因抵押权的灭失而丧失抵押权人的资格,进而不能够要求实现抵押权。

2. 主债权已届清偿期

抵押权是一种从属性权利,其是否能够得以实现要以主债权的实现与否作为前提。只有当主债权已届清偿期,而债务人并未如约或者按照法律的规定清偿债务,抵押权人才能够通过实现抵押权来维护自身的权益。如果主债权并未到期,那么在抵押人并无违反义务的情况下,抵押权人无权要求实现抵押权。

3. 债务人不履行债务或者抵押权实现的约定情况出现

如果主债权已届清偿期,但是债务人拒绝履行、迟延履行或者履行不充分,抵押权人可以以此为依据要求实现抵押权。另外,抵押存续期间,如果发生了抵押权实现的约定事由,抵押权人也可以按照抵押合同的约定实现抵押权。

(二)抵押权实现的方式

按照我国《物权法》以及《担保法》的规定,抵押权实现的方式主要包括协议折价、变卖或者拍卖。

1. 协议折价

协议折价是抵押人和抵押权人以协议的方式确定抵押物的价格,从而抵偿债权人债权的一种抵押权实现方式。价格确定之后,抵押财产归抵押权人所有,但是超过债权数额的部分应当返还给抵押人。当然,折价不足以清偿的,仍由债务人承担清偿责任。不过,折价毕竟是抵押人和抵押权人双方协商的结果,因此并不能完全符合该类标的物的市场价格。而且,其协议内容有可能会损害债务人之其他债权人的合法权益,因此,我国《物权法》第195条第1款规定:"债务人不履行到期债务或者发生当事人约定的实现抵押权的情形,抵押权人可以与抵押人协议以抵押财产折价或者以拍卖、变卖该抵押财产所得的价款优先受偿。协议损害其他债权人利益的,其他债权人可以在知道或者应当知道撤销事由之日起一年内请求人民法院撤销该协议。"

2. 变卖或拍卖

抵押权的实现可以采取协议的方式进行,当事人不能达成协议的,可以请求人民法院拍卖、变卖抵押财产。

变卖是在公开市场上,向不特定多数人以非公开竞价的方式出卖抵押物的一种方式。

拍卖是指以公开竞价的形式,将特定物品或者财产权利转让给最高应价者的买卖方式。按照《中华人民共和国拍卖法》(以下简称《拍卖法》)的规定,完整的拍卖行为要按照以下程序进行:

(1)拍卖委托

①委托人提供身份证明和拍卖人要求提供的拍卖标的的所有权证明或者依法可以处分拍卖标的的证明及其他资料。

②拍卖人对委托人提供的有关文件、资料进行核实。拍卖人接受委托的,与委托人签订书面委托拍卖合同。

③委托拍卖合同应当载明以下事项:委托人、拍卖人的姓名或者名称、住所;拍卖标的的名称、规格、数量、质量;委托人提出的保留价;拍卖的时间、地点;拍卖标的交付或者转移的时间、方式;佣金及其支付的方式、期限;价款的支付方式、期限;违约责任;双方约定的其他事项。

(2)拍卖公告与展示

拍卖人应当于拍卖日7日前通过报纸或者其他新闻媒介发布拍卖公告。拍卖公告应当载明下列事项:拍卖的时间、地点;拍卖标的;拍卖标的的展示时间、地点;参与竞买应当办理的手续以及需要公告的其他事项。同时在拍卖前展示拍卖标的,并提供查看拍卖标的的条件及有关资料。拍卖标的的展示时间不得少于2日。

(3)拍卖的实施

①拍卖师应于拍卖前宣布拍卖规则和注意事项。如果拍卖标的无保留价,拍卖师应当在拍卖前予以说明。拍卖标的有保留价,竞买人的最高应价未达到保留价时,该应价不发生效力,拍卖师应当停止拍卖标的的拍卖。

②竞买人的最高应价经拍卖师落槌或者以其他公开表示买定的方式确认后,拍卖成交。

③拍卖成交后,买受人和拍卖人应当签署成交确认书。

④拍卖标的需要依法办理证照变更、产权过户手续的,委托人、买受人应当持拍卖人出具的成交证明和有关材料,向有关行政管理机关办理手续。

(4)佣金

佣金的比例由委托人、买受人与拍卖人约定。委托人、买受人与拍卖人未约定佣金比例拍卖成交的,拍卖人可以向委托人、买受人各收取不超过拍卖成交价5%的佣金。收取佣金的比例按照同拍卖成交价成反比的原则确定。拍卖未成交的,拍卖人可以向委托人收取约定的费用;未作约定的,可以向委托人收取为拍卖支出的合理费用。

(三)抵押权人优先受偿权的实现

当抵押权得以实现的条件满足,并且抵押物已经折价、变卖或拍卖之后,抵押权人的抵押权就进入到了最终得以实现的环节,即抵押权人优先受偿权的实现。该权利区别于其他债权的独特之处在于其具有完全的"优先性"。

1. 相较于普通债权人的优先

相较于普通债权人的优先,又称为抵押权的对外优先性,具体是指抵押权人的清偿要优先于普通债权人。特别是在抵押人破产时,抵押权人就抵押财产有优先于其他普通债权人受偿的权利。《中华人民共和国企业破产法》(以下简称《破产法》)第109条规定:"对破产人的特定财产享有担保权的权利人,对该特定财产享有优先受偿的权利。"债权人行使优先受偿权利未能完全受偿的,其未受偿的债权作为普通债权;放弃优先受偿权利的,其债权作为普通债权。

2. 抵押权人之间的优先

抵押权是以抵押物价值担保债权人债权得以实现的担保方式,在抵押物价值范围内可以进行多重抵押,即重复抵押。然而,当同一抵押物设置了两个或两个以上抵押权,而抵押权主体又不相同时,在实现抵押权的时候就会出现抵押权人之间的权利冲突。为了解决抵押权人之间的权利冲突,我国《物权法》以及《担保法司法解释》确定了以下的纠纷解决原则:(1)抵押权已登记的,按照登记的先后顺序清偿;顺序相同的,按照债权比例清偿;(2)抵押权已登记的先于未登记的受偿;(3)抵押权未登记的,按照债权比例清偿;(4)同一财产向两个以上债权人抵押的,顺序在先的抵押权与该财产的所有权归属一人时,该财产的所有权人可以以其抵押权对抗顺序在后的抵押权;(5)同一财产向两个以上债权人抵押的,顺序在后的抵押权所担保的债权先到期的,抵押权人只能就抵押物价值超出顺序在先的抵押担保债权的部分受偿。顺序在先的抵押权所担保的债权先到期的,抵押权实现后的剩余价款应予以提存,留待清偿顺序在后的抵押担保债权。

(四)清偿范围

按照《担保法司法解释》第74条的规定,抵押物折价或者拍卖、变卖所得的价款,当事人没有约定的,按下列顺序清偿:(1)实现抵押权的费用;(2)主债权的利息;(3)主债权。

另外,同一债权有两个以上抵押人的,债权人放弃债务人提供的抵押担保的,其他抵押人可以请求人民法院减轻或者免除其应当承担的担保责任。

同一债权有两个以上抵押人的,当事人对其提供的抵押财产所担保的债权份额或者顺序没有约定或者约定不明的,抵押权人可以就其中任一或者各个财产行使抵押权。

抵押人承担担保责任后,可以向债务人追偿,也可以要求其他抵押人清偿其应当承担的份额。

五、特别抵押权

(一)动产浮动抵押

1. 动产浮动抵押的概念

动产浮动抵押,意在突出其"动产"以及"浮动"的特性,是指并不以某项特定财产设定抵押,而是以债务人或者第三人现有以及将来所有的动产作为抵押财产。在抵押存续期间,抵押人仍可以处置甚至自由出卖抵押财产,但须于抵押权实现时,将此财产予以特定化,用于实现抵押权人的优先受偿权。

浮动抵押制度起源于英国,我国《物权法》对该项制度进行了相应的借鉴,进而确定了我国的动产浮动抵押制度。《物权法》第181条规定:"经当事人书面协议,企业、个体工商户、农业生产经营者可以将现有的以及将有的生产设备、原材料、半成品、产品抵押,债务人不履行到期债务或者发生当事人约定的实现抵押权的情形,债权人有权就实现抵押权时的动产优先受偿。"

为了避免抵押权实现过程中出现的纠纷,抵押财产需要采取一定的形式予以彰显。按照我国《物权法》的规定,企业、个体工商户、农业生产经营者采取动产浮动抵押的,应当向抵押人住所地的工商行政管理部门办理登记。抵押权自抵押合同生效时设立;未经登记,不得对抗善意第三人,而且不得对抗正常经营活动中已支付合理价款并取得抵押财产的买受人。

2. 动产浮动抵押的作用

动产浮动抵押的特性在于抵押财产为“动产”以及财产的“浮动”。区别于普通抵押形式中抵押物确定的特征,是对传统抵押方式的一种继承性创新。动产浮动抵押除了具有普通抵押制度的作用之外,还具有以下几点独特的作用:

(1)不动产的价值得以充分利用。相较于动产而言,不动产的价值相对较低。因此,单一的不动产所担保的债权数额相对有限,不利于企业或个人的融资。然而,在浮动动产中,抵押物是抵押人动产的集合,抵押人以现有以及将来所有财产的集合作为抵押物,实现了低值动产的“打包”处理,增加了抵押物的担保能力。

(2)更好地实现了不动产的使用价值。在动产浮动抵押制度下,抵押人可以继续对其现在以及将来所有的动产进行处分,甚至在不经抵押权人同意的情况下可以将其出卖。在这种情况下,抵押人具有更大的经营自由。

3. 动产浮动抵押的“结晶”

动产浮动抵押区别于普通动产抵押的另外一点即在于动产浮动抵押需要在抵押权实现的时刻将抵押财产予以“结晶”——即明确抵押财产的范围。一旦“结晶”之后,动产浮动抵押就相应地转变为了一般意义上的动产抵押。在抵押权实现方式等环节上与普通的动产抵押并无不同。

(二)共同抵押

1. 共同抵押的概念

共同抵押,是以两项或者两项以上独立财产作为抵押物的抵押。抵押物的数项财产需要具有独立的价值以及使用价值。与动产浮动抵押不同,共同抵押的抵押财产并不局限于动产,其抵押物既可以是动产,也可以是不动产或者不动产的使用权。而且共同抵押成立之时的抵押财产就已经是特定化的,并不存在动产浮动抵押中的“结晶”过程。

2. 共同抵押的特点

(1)抵押财产数量的复数性。共同抵押特性之一在于抵押财产数量的复数性。即以两项或两项以上具有独立价值的财产作为抵押财产担保主债权人权利的实现。之所以存在抵押财产数量的复数性,主要是因为单一抵押财产价值不足以担保主债权的实现,因此联合多项财产,充分发挥多项财产价值的规模效应。

(2)多项财产担保一项债权。共同抵押的另外一个特点是多项财产担保的是同一债权。

3. 共同抵押的效力

共同抵押的抵押财产是两项甚至是两项以上,因此,在抵押权实现的过程中就会出现各项抵押财产的清偿数额问题。

如果当事人之间有协议,那么就按照约定的比例进行清偿。例如,甲、乙两项财产作为共同抵押的抵押物,抵押人和抵押权人约定,甲物负担的清偿限额为50万元,乙物负担的清偿限额为20万元。因此,即使乙物的拍卖款为100万元,超过20万元限额部分无须承担担保责任。

如果当事人之间并未就各个担保物的担保限额或比例进行约定,那么抵押权人有权就任意一项抵押物拍卖所得的全部款项实现其抵押权。

(三)最高额抵押

1. 最高额抵押的概念

最高额抵押是指在抵押成立之时,抵押财产所担保的主债权数额并不确定,抵押人须以抵押物担保主债权人在一定时期内连续发生的债权总额的一种抵押担保。我国《物权法》第203条第1款规定:"为担保债务的履行,债务人或者第三人对一定期间内将要连续发生的债权提供担保财产的,债务人不履行到期债务或者发生当事人约定的实现抵押权的情形,抵押权人有权在最高债权额限度内就该担保财产优先受偿。"

2. 最高额抵押的特征

通常意义上的抵押,在抵押合同有效成立之时主债权的数额是确定的,而最高额抵押却并非如此。综合考察最高额抵押的法律规定以及实践发展状况,最高额抵押具有如下特征:

(1)为抵押成立后将要发生的债权提供担保。一般意义上的抵押,通常是对现存债权提供担保,主债权成立在先,抵押成立在后。而最高额抵押却并不是以现实存在的债权作为担保,而是为抵押成立后的债权提供担保,因此,其所担保债权的发生具有或然性特点。

(2)为抵押成立后一段时期内连续发生的债权提供担保。最高额抵押所担保的债权,不仅具有发生上的或然性,还具有连续性。对于抵押成立后发生的若干项债权均提供相应的担保。

(3)抵押成立时担保债权的最高额是确定的。为了明确抵押人承担担保责任的上限,最高额抵押合同需要确定最高额抵押合同所担保主债权的最高额。抵押人仅对额度内连续发生的债权承担担保责任。对于超出部分仍要由债务人承担清偿责任。

(4)抵押成立后,可变更最高额抵押担保的债权额度以及抵押期间。最高额抵押成立后,当事人可根据具体情况的变化,协议变更债权额度以及抵押期间。但是,按照《担保法司法解释》的相关规定,当事人对最高额抵押合同的最高限额、最高额抵押期间进行变更,以其变更对抗顺序在后的抵押权人的,人民法院不予支持。

3. 最高额抵押权的实现

最高额抵押权所担保的不特定债权,债权已届清偿期的,最高额抵押权人可以根据普通抵押权的规定行使其抵押权。

按照《担保法司法解释》第 83 条第 2 款的规定:"抵押权人实现最高额抵押权时,如果实际发生的债权余额高于最高限额的,以最高限额为限,超过部分不具有优先受偿的效力;如果实际发生的债权余额低于最高限额的,以实际发生的债权余额为限对抵押物优先受偿。"

【练习与思考】

1. 抵押权有哪些特性?
2. 抵押权可以通过什么方式实现?
3. 共同抵押中抵押人的权利义务关系如何处理?
4. 最高额抵押中被担保债权数额如何确定?

第四节　质　权

一、质权概述

(一)质权的概念

质权,是指债务人或第三人将其动产或权利移交债权人占有,将该动产或权利作为债权实现的担保,当债务人不履行债务时,债权人有权依法就该动产或权利卖得价款优先受偿的权利。我国《物权法》第 208 条第 1 款规定:"为担保债务的履行,债务人或者第三人将其动产出质给债权人占有的,债务人不履行到期债务或者发生当事人约定的实现质权的情形,债权人有权就该动产优先受偿。"

(二)质权的特征

1. 质权属于担保物权

从本质上讲,质权属于担保物权。我国《物权法》对此进行了确认。质权的成立须以转移质押物的占有作为前提条件，因此与抵押权以及留置权这类担保物权存有不同之处。

2. 质押物是动产或财产权利

质权的成立需要转移标的物的占有，以占有作为对外公示权利的方法。质权的标的物通常是动产或者是财产权利。其中，财产权利主要是票据、债券等。但是也有国家法律规定，不动产也可以设定质权，例如日本。在特定情况下，金钱也可以作为质押物。

3. 质权以占有作为权利公示方法

质权的"占有"是动产质权的基本公示方法。随着质押物的种类扩大至财产权利，质权的对外公示方法除了占有之外，对于股权以及知识产权等，只需到相关部门办理登记手续即可。

（三）质权与抵押权的区别

1. 担保物种类不同

抵押担保，抵押物既可以是动产也可以是不动产，以及建设用地使用权等用益物权；而质权的标的物一般是动产或者财产性权利。

2. 公示方法不同

抵押权的设立一般采取登记的方法进行公示，而质权通常以转移占有的方法进行公示。

3. 权利内容不同

抵押权的成立并不需要抵押物的转移占有，因此抵押物仍由抵押人占有，且抵押人还可以对抵押物进行使用。质权这种担保方式，质押物要转移给质押权人占有，质押权人除了占有之外，还可以在占有质押物期间收取质押物所生孳息，但是不能擅自对质押物进行使用。

二、动产质权

（一）动产质权的概念

动产质权，是指以动产作为质押物的质权。具体而言，是指债务人或者第三人将动产质押物交由质押权人占有，当债务人不履行债务或者出现双方约定的实现质权的情况时，质权人有权以质押物折价、变卖或者拍卖实现的价款优先受偿。

需要注意的是，质权的成立须以质押物的转移占有为条件，而且必须是直接占有。因此，按照《担保法司法解释》的规定，出质人代质权人占有质物的，质押合同不生效;质权人将质物返还于出质人后,以其质权对抗第三人的,人民法院不予支持。

(二)动产质权的标的

动产质权的标的是"动产",动产是指那些可以移动,而且移动并不会损害其使用价值以及价值的物。符合这样特性的物有很多,诸如原材料、机器设备、交通工具、钟表等等。但是,并不是任何动产都可以作为动产质权的标的。能够作为动产质权的标的,还须满足以下条件:

1. 须具有可让与性

我国《物权法》第 209 条规定:"法律、行政法规禁止转让的动产不得出质。"这是从动产质权实现的角度设定的条件。只有可转让的动产,才能够由当事人协议折价、变卖或者拍卖,并以获得的价款实现质押权人的优先受偿权。法律法规禁止流通的动产以及依法被扣押的财产都不能够作为质权标的。不过,限制流通物可以作为动产质权的标的,只是在实现质权时,该物的转让要遵循法律法规的特殊规定,让与范围比普通动产让与范围小。

2. 须为单一物

质权标的物必须是单一物而非集合物。这与动产浮动抵押的标的物范围明显不同。之所以要求质权的标的物是单一物,主要是因为质权的成立需要转移占有,质押物须于质押存续期间处于质押人的占有状态之下。因此,为了避免权利造成公示上的混乱,要求质押物必须是单一物。

3. 须为特定物

从质权的本质出发,质押物必须是特定物。只有特定物,才能够顺利地实现质押物的交付以及质押权人对于质押物的占有。

(三)动产质权的设定

1. 动产质权设定的形式

质权合同是质押人和质押权人之间的协议。按照《物权法》的规定,质权合同只能采取书面形式,当事人之间的口头约定不具有质押效力。

2. 质押权合同的内容

(1)被担保债权的种类和数额。合同主体需要在合同中明确质押物担保的债权究竟是合同之权,还是侵权之债。除此之外,还要列明主债权的数额。因为,质权和抵押权一样,不能在实现质押权时将质押物直接转归质押权人所有,而是需要双方将质押物通过折价、拍卖或者变卖,实现质押权,所得价款超过债权数额的部分,归质押人所有,不足部分由债务人负责清偿。

(2)债务人履行债务的期限。质押合同内容对于质押权的实现至关重要,因为只有当债务人不按期履行债务,债权人才可以将其占有的质押物与质押人协议折价、变卖或拍卖,以所得价款实现其优先受偿的权利。

(3)质押财产的名称、数量、质量、状况。质押的设立需要转移质押物的占有,而担负担保"责任"的质押物必须是确定的物,因此必须在质押合同中就其基本事项,包括质押财产的名称、数量、质量、状况等信息进行明确列示。另外,按照我国《担保法司法解释》的规定,质押合同中质押的财产约定不明,或者约定的出质财产与实际移交的财产不一致的,以实际交付占有的财产为准。如果质物有隐蔽瑕疵造成质权人其他财产损害的,应由出质人承担赔偿责任。但是,质权人在质物移交时明知质物有瑕疵而予以接受的除外。

另外,动产质权的效力及于质押物的从物。但是,从物未随同质押物移交质权人占有的,质权的效力不及于从物。

(4)担保的范围。通常来讲,质押物担保的范围包括主债权、质押物的保管费用、违约金、损害赔偿金以及利息等等。在这个范围内,当事人可以自由约定。例如,当事人可以约定质押物只担保主债权数额的40%,对于除此之外的其他项目不承担担保责任。

(5)质押财产交付的时间。按照我国《物权法》的规定,质押的生效需要以质押物的实际交付作为前提条件。因此,质押合同必须明确质押物的交付时间,如果质押人未按照合同的约定交付质押物,对质押权人造成的损害需要承担损害赔偿责任。

(四)动产质权的效力

1. 质押权人的权利义务

(1)质押权人的义务

①妥善保管质押物。质押物在质押权人占有期间,质押权人须尽到善良管理人的义务,妥善保管质押物,因保管不善致使质押财产毁损、灭失的,应当承担损害赔偿责任。

《物权法》明确规定,质权人的行为可能使质押财产毁损、灭失的,出质人可以要求质权人将质押财产提存,或者要求提前清偿债务并返还质押财产。但是,因不能归责于质权人的事由可能使质押财产毁损或者价值明显减少,足以危害质权人权利的,质权人有权要求出质人提供相应的担保;出质人不提供担保的,质权人可以拍卖、变卖质押财产,并与出质人通过协议将拍卖、变卖所得的价款提前清偿债务或者提存。

②不得擅自转质。转质,是指质权人以其占有的质押物再次设定质押权

的行为。转质是对质押物的再次利用,具有一定的积极意义且被很多国家的法律所认可。然而,转质会在一定程度上影响到质押人的合法权益,因此未经出质人同意转质,造成质押财产毁损、灭失的,应当向出质人承担赔偿责任。

③返还质物。债务人履行了债务,实现了债权人的债权或者质押人对于主债权予以提前清偿的,质押权人应向质押人返还质押物。

④留质契约之禁止。如同抵押担保一样,为了保护债务人之其他债权人的合法权益,禁止质押权人和质押人约定在满足质权实现条件时将质押物直接转归质押权人所有。

(2)抵押权人的权利

①占有质物。质押成立之后,质押权人有权占有质押物。质押人不向抵押权人转移质押物的,质押权人有权请求其转移占有。

②质押权的放弃。质押权属于质押权人的私权利,在不影响其他主体合法权益以及社会公益的情况下,抵押权人有权予以放弃。

③质物孳息的收取权。质押权人占有质押物期间,质押权人有权收取质押物产生的孳息。

④质物价值恢复请求权。按照《物权法》第216条的规定,在质押权存续期间,因不能归责于质权人的事由可能使质押财产毁损或者价值明显减少,足以危害质权人权利的,质权人有权要求出质人提供相应的担保;出质人不提供的,质权人可以拍卖、变卖质押财产,并与出质人通过协议将拍卖、变卖所得的价款提前清偿债务或者提存。

⑤优先受偿权。优先受偿权是质押权人最为主要的权利。该权利使得质押权人可以优于债务人的其他债权人优先受偿。

2. 质押人的权利和义务

(1)质押人的义务

①转移质物。质押合同成立之后,质押人需要按照合同的约定向质押权人转移质押物的占有。

②损害赔偿义务。如果质押人转移给质押权人占有的质押物具有隐蔽性的瑕疵,使得质押权人在保管质押物过程中造成损害的,质押人须对质押权人承担损害赔偿责任。但是,如果质押权人的损害是由于质押物的显性瑕疵造成的,质押人无须承担赔偿责任。

③承担质物保管费用。质权成立之后,质押物要由质押权人妥善保管,质押权人为保管质押物支出的必要的、合理的费用要由质押人承担。

(2)质押人的权利

①质物处分权。质权存续期间,质押物由质押权人占有,但是,质权作为一种债权担保方式,只是以质押物的价值作为主债权实现的担保。因此,在质权实现之前,质押物的所有权仍然归质押人所有。质押人仍可以将质物再次设定担保,甚至可以转让该质押物。

②损害赔偿请求权。此项权利与质押人的损害赔偿义务相对应,质押权人的行为造成质押物损害或灭失时,质押人有权要求其承担损害赔偿责任。

③质物返还请求权。质权存续期间,如果质押权人的行为损害了质物的使用价值以及经济价值,按照《物权法》的规定,出质人可以要求质权人将质押财产提存,或者要求提前清偿债务并返还质押财产。另外,当债务人履行债务之后,质押权人也要将质押物返还于质押人。

三、权利质权

(一)权利质权的概念

权利质权是质押制度纵深发展的产物,具体是指以可转让的财产性权利作为质押物的质押担保方式。

权利质权与动产质权的最大区别在于质押标的物的不同。正是因为质押标的物的不同,导致了权利质权和动产质权存在以下几点具体区别:

1. 权利标的不同

动产质权的标的是原材料、半成品等动产,而权利质权的标的则是票据、存单以及著作权等财产性权利。与动产质权标的不同,权利质权的标的仅具有交换价值,不具有使用价值。这是动产质权与权利质权的基本区别。

2. 公示方法不同

动产质权的生效需要转移质押物的占有,由质押权人占有质押物,质押权人在占有质押物期间要尽到善良管理人的义务保管质押物,不得擅自使用质押物。权利质权则不同,当事人之间转移占有的是权利凭证,只需登记即可设立权利质权。这种情况并未减损标的物的使用价值。

3. 法律限制不同

动产质权的标的,只要法律没有明确禁止即可。权利质权的标的,则必须是法律明确列示的。例如,根据我国《物权法》第 223 条的规定,债务人或者第三人有权处分的下列权利可以出质:汇票、支票、本票;债券、存款单;仓单、提单;可以转让的基金份额、股权;可以转让的注册商标专用权、专利权、著作权等知识产权中的财产权;应收账款以及法律、行政法规规定可以出质的其他财产权利。可见，在我国，权利质权的标的物种类受到严格的限制。

（二）权利质权的标的

按照我国《物权法》的规定，以下各项权利可以作为权利质权的标的：

1. 汇票、支票、本票

（1）汇票。汇票是出票人签发的，委托付款人在见票时或者在指定日期无条件支付确定的金额给收款人或者持票人的票据。

（2）本票。本票是出票人签发的，承诺自己在见票时无条件支付确定的金额给收款人或者持票人的票据。

（3）支票。支票是出票人签发的，委托办理支票存款业务的银行或者其他金融机构在见票时无条件支付确定的金额给收款人或者持票人的票据。

按照《担保法司法解释》以及《物权法》的规定，以汇票、支票、本票出质，出质人与质权人没有背书记载“质押”字样，以票据出质对抗善意第三人的，人民法院不予支持。质权自权利凭证交付质权人时设立，没有权利凭证的，质权自有关部门办理出质登记时设立。

但是，以汇票、本票以及支票作为质权标的的，在实践中经常需要面对汇票、本票以及支票的到期日与主债权到期日不同的情况。为了避免出现权利冲突，我国《物权法》第225条规定，如果汇票、支票、本票的兑现日期先于主债权到期的，质权人可以将该票据兑现，并与出质人协议将兑现的价款用于提前清偿债务或者将其提存；如果主债权早于票据到期，则质权人只能在兑现日期届满时兑现款项。

2. 债券、存款单

（1）债券。债券是政府、金融机构、企业等以举债方式筹措资金时，向投资者发行的，承诺按一定利率支付利息并按约定条件偿还本金的债权债务凭证。

按照发行者的不同，债券可以分为政府债券、金融债券和公司（企业）债券。发行者的信用直接影响到债券持有人权利的实现，当然，也影响到债券的可接受程度。

目前，国际上最具权威性的信用评级机构有美国标准·普尔公司和穆迪投资者服务公司。其中，标准·普尔公司信用等级标准从高到低可划分为：AAA级、AA级、A级、BBB级、BB级、B级、CCC级、CC级、C级和D级。穆迪投资者服务公司信用等级标准从高到低可划分为：Aaa级、Aa级、A级、Baa级、Ba级、B级、Caa级、Ca级、C级。

（2）存款单。存款单是银行签发给存款人的存款凭证。银行对于存款人的存款采取存款自愿、取款自由、存款有息以及为储户保密的基本原则。《担保法司法解释》第100条规定:“以存款单出质的,签发银行核押后又受理挂失并造成存款流失的,应当承担民事责任。”而且当债权或者存款单的兑现日期后于债务履行期的,质权人只能在兑现日期届满时兑现款项。

3. 仓单、提单

(1)仓单。仓单是货主存放货物的证明,也是货物所有权的凭证,凭仓单可以提取货物。

(2)提单。提单是由承运人签发给托运人的,证明双方运输关系凭证。按照是否记载有权利人,提单可以分为记名提单和无记名提单。无记名提单凭交付即可转让,而记名提单必须以背书的形式才能够转让。

以仓单、提单出质的,质权人再转让或者质押的无效,而且仓单或者提单的提货日期后于债务履行期的,质权人只能在提货日期届满时提取货物。

4. 可以转让的基金份额、股权

(1)基金份额。可以转让的基金份额,是指基金公司公开发行的、表彰基金份额持有人权利的凭证。

(2)股权。股权是公司股份持有者享有的各项权利的总和。

以基金份额、股权出质的,当事人应当订立书面合同。以基金份额、证券登记结算机构登记的股权出质的,质权自证券登记结算机构办理出质登记时设立;以其他股权出质的,质权自工商行政管理部门办理出质登记时设立。

另外,基金份额、股权出质后,不得转让,但经出质人与质权人协商同意的除外。出质人转让基金份额、股权所得的价款,应当向质权人提前清偿债务或者提存。

【练习与思考】

1. 质权与抵押权的区别有哪些?
2. 权利质权的标的有哪些?
3. 权利质权的重要意义是什么?
4. 转质中当事人的权利义务关系如何处理?

第五节　留置权

一、留置权概述

（一）留置权的概念

留置权，是指在既存的债权债务关系中，债权人已先期合法地占有了债务人的财产，当债务人不按照约定履行债务时，债权人可将其占有的财产留置，并有权将其占有的债务人财产折价或者拍卖、变卖，并以所得价款优先受偿。

（二）留置权的特征

1. 留置权是一种法定担保物权

我国《物权法》将留置权界定为担保物权，但是与抵押以及质押等担保物权不同，留置权的成立并不是基于债务人和债权人之间的约定，而是因法律规定直接创设的。而且，留置权的内容、适用范围及其效力都是由法律直接规定的。

2. 留置权的成立以债权人先期合法地占有债务人的财产为条件

留置权人有权将债务人的财产留置，并以其折价、拍卖或者变卖的所得价款优先受偿。但是，作为债权实现担保的“留置物”，并不是债务人或者第三人为担保主债权转移给债权人占有的，而是债权人因与债务人之间存在合同关系而先行占有了债务人的动产，这种占有还必须是直接地、实际地占有。如果债权人因意外事件或者第三人的侵权行为丧失了对于债务人之动产的占有，债权人就不能留置该项动产了。

3. 留置的标的物通常是动产

按照我国《物权法》的规定，留置的标的物只能是动产。因为实践中留置行为的发生多是基于修理、保管或者货物运输合同，交付他人进行修理或保管的财物以动产居多。但是，也有的国家，例如在日本，不动产也可成为留置的标的物。

4. 留置权具有从属性

留置权的产生以当事人之间存在合同关系为前提，只有在当事人之间的债权有效存在的情况下，才可能产生留置权。而且留置权还会因当事人之间债权的消灭而消灭。

二、留置权的取得

留置权是法定担保物权,并不是由当事人约定产生的。因此,留置权的取得必须满足法律规定的如下三个条件:

(一)债权人先期占有债务人的合法财产

债权人先期占有债务人的合法财产是取得留置权最为主要的前提条件。但是,债权人先期占有债务人的合法财产并不是为了担保债权的实现,而是因为在此之前,债权人和债务人成立有修理合同、保管合同以及运输等合同,占有债务人的财产是债权人履行合同的具体表现。例如,甲、乙签订了冰箱修理合同,乙将冰箱交予甲进行修理。甲因此合法地占有了乙的财产。如果债权人并未先期占有债务人的合法财产,或者其占有的财产是在债务人不履行债务后由债务人交付债权人占有的,都不能够使得债权人获得留置权。

(二)留置标的与债权人的债权具有连带关系

《担保法司法解释》第109条规定:"债权人的债权已届清偿期,债权人对动产的占有与其债权的发生有牵连关系,债权人可以留置其所占有的动产。"因此,债权人留置的债务人的合法财产必须是与其和债务人之间的债权具有连带关系的,否则债权人的留置权并不成立于其所留之物上。

(三)债务人到期不履行债务

只有债务人到期不履行债务,债权人才有权留置其先期占有的物。而且《物权法》第236条第1款规定:"留置权人与债务人应当约定留置财产后的债务履行期间;没有约定或者约定不明确的,留置权人应当给债务人两个月以上履行债务的期间,但鲜活易腐等不易保管的动产除外。债务人逾期未履行的,留置权人可以与债务人协议以留置财产折价,也可以就拍卖、变卖留置财产所得的价款优先受偿。"另外,债权人的债权未届清偿期,其交付占有标的物的义务已届履行期的,不能行使留置权。但是,债权人能够证明债务人无支付能力的除外。

三、留置权的效力

留置权的效力主要体现在留置权所担保的债权范围以及留置权担保方式下相关主体的权利义务等方面。

(一)留置权的范围

按照《担保法》的规定,留置权担保的范围包括主债权及利息、违约金、损害赔偿金、留置物保管费用和实现留置权的费用。

1. 主债权

留置权担保的主债权多是因为债权人与债务人之间存在着保管合同、运输合同、加工承揽等合同关系，而债务人不履行合同债务所致。债权人留置债务人相关财产的最主要目的是以留置物担保其主债权的实现。

2. 利息

留置权担保的利息主要包括两部分：一是债务履行期间产生的利息；二是债务人迟延履行债务产生的罚息。

3. 违约金

如果当事人在主合同中约定了违约金，那么留置权还要对违约金提供担保。

4. 损害赔偿金

损害赔偿金主要是指因债务人不履行债务导致债权人相应损害的赔偿，另外还包括债权人占有留置物期间因留置物隐蔽性瑕疵所致损害的赔偿。

5. 留置物保管费用

债权人占有留置物期间为妥善、合理保管留置物而支付的必要的、合理的费用，也在留置担保的范围内。

6. 实现留置权的费用

实现留置权的费用主要包括将留置物折价或者拍卖、变卖的费用。

（二）留置权对于债权人的效力

留置权是债权人按照合同约定占有债务人的动产，债务人不按照合同约定的期限履行债务时，债权人依据法律规定留置该财产，以该财产折价或者以拍卖、变卖该财产的价款优先受偿的权利。债权人可从以下几个方面具体行使其留置权：

1. 占有留置物

占有留置物是实现留置权的必要手段和权利保障。但是，按照《担保法》的规定，债权人占有留置物的价值应与其债权相当，留置的财产为可分物的，留置物的价值应相当于债务的金额。对于超出债权数额部分的留置物应向债务人返还。不过，如果留置物是不可分物，债权人则可以占有留置物的全部以担保其债权的实现。

2. 妥善保管留置物

留置物并不是在债权人和债务人债权债务关系成立之后交由债权人作为债权人债权实现的担保，多是债务人基于维修、保管等合同关系交由债权人维修和保管的物,因此,债权人在占有该物的留置期间内,应尽到善良管理人的义务,妥善保管留置物。《物权法》第 234 条规定:“留置权人负有妥善保管留置财产的义务;因保管不善致使留置财产毁损、灭失的,应当承担赔偿责任。”

3. 收取留置物的孳息

留置物被留置权人占有期间会相应地产生孳息。为了更好地确保其债权的实现,留置权人可以收取孳息以抵偿债权。

4. 优先受偿权

优先受偿权是留置权的核心权利,这一具有“优先”性质的权利,使得债权人的债权有了实现上的保证,可以避免债权人因债务人的违约行为而遭受财产上的损失。留置权人优先受偿权主要是通过将留置物折价、拍卖或者变卖的方式实现的。

(三)留置权对于债务人的效力

1. 保有留置物的所有权

虽然在留置期间,留置物被留置权人占有以作为债务人偿还债务的担保,但是,该留置物的所有权仍归属于债务人所有。债权人只有在满足留置权的条件实现时,才可以将留置物折价、拍卖或者变卖。

2. 留置期间不得处置留置物

留置期间,留置物由留置权人占有。为了担保留置权的实现,留置期间,债务人不得任意处置留置物。

四、留置权的实现

留置权的实现不同于留置权的取得,因为留置权具有两次效力,所以留置权的实现具体指的是留置权二次效力的实现,即留置权人将留置物折价、拍卖或者变卖以实现其优先受偿权的过程。

留置权的实现需要满足以下条件:

1. 实现留置权时必须实际占有留置财产

这是实现留置权最为关键的前提条件之一,如果在留置权人将留置物折价、拍卖或者变卖之前,留置权人并不实际占有留置物,其留置权消失,自然也就不能实现其留置权了。

2. 债务人在催告期过后仍未履行债务

《物权法》第 236 条第 1 款规定:“留置权人与债务人应当约定留置财产后的债务履行期间;没有约定或者约定不明确的,留置权人应当给债务人两个月以上履行债务的期间,但鲜活易腐等不易保管的动产除外。债务人逾期未履行的，留置权人可以与债务人协议以留置财产折价，也可以就拍卖、变卖留置财产所得的价款优先受偿。”可见，当债务人不履行债务时，留置权人不能马上将留置物折价、拍卖或者变卖，而是要给债务人一个宽限期，催告债务人在宽限期内履行债务。债务人在宽限期内仍不履行债务，留置权人才可以处置留置物，满足其优先受偿权。至于宽限期，可以由当事人约定；当事人没有约定或者约定不明确的，则宽限期至少为两个月。

五、留置权的消灭

留置权会因为一系列原因而消灭，留置权消灭后，留置权人的留置权随之归于消灭。

(一)占有

留置权的成立以及实现，需要留置权人实际、现实地占有留置物，《物权法》将留置权人丧失对留置财产的占有作为留置权消灭的情形之一。留置权人丧失对留置财产的占有的，有自愿的放弃和非自愿的放弃两种情形。

自愿放弃对留置物的占有是留置权人自由处置自身权利的行为表现，这种行为意味着留置权人已经主动放弃了留置权。

非自愿的放弃主要是因意外事件或者第三人的侵夺等原因导致留置权人对留置物占有的丧失。但是，留置权会在获得的损害赔偿或者保险金上继续存在，此时留置权人并未丧失留置权。

因此，基于占有丧失的原因而造成的留置权灭失，仅指留置权人对于留置物自愿的放弃。

(二)债务人提供其他担保方式

留置权消灭的另外一种情形是债务人向留置权人提供了其他替代的担保，进而导致留置权的灭失。

当债务人提供了留置权人接受的替代担保之后，留置权人需要将留置物返还给债务人，此时留置权归于消灭。

需要注意的是，有些时候留置物的价值并不足以完全满足债权人权利的实现，仍需要债务人向债权人另外提供其他的担保，此时的留置权与其他担保权利并存，留置权并不因债务人提供了其他的担保方式而归于消灭。

下面举一个案例[①]，加深对留置权的理解：

① 高小超：《变卖留置商品不构成商标侵权》，载《中国工商报》2011年7月28日。

2010 年 1 月 29 日，A 县工商局接到 SICTO 商标注册人赵某的举报，称史某等 3 人销售标注有 SICTO 注册商标的玛钢管件，侵犯其注册商标专用权。A 县工商局立即组织执法人员开展调查，当场暂扣涉嫌侵权的 SICTO 玛钢管件 44.58 吨，货值267 480元。经询问，史某等 3 人交代该批玛钢管件是从 B 玛钢厂购买的。B 玛钢厂负责人孙某告诉执法人员，该批玛钢管件是赵某委托该厂加工镀锌的，加工完毕后赵某拖欠加工费，孙某多次催要未果，双方多次协商均未达成协议，B 玛钢厂便将该批玛钢管件出售给史某等 3 人。

查清案情后，A 县工商局案件评审委员会经集体评审，认定本案由民事债务纠纷引起，B 玛钢厂及史某等 3 人没有对赵某的注册商标专用权造成侵害，不构成商标侵权。

本案争议的焦点是 B 玛钢厂的行为是否构成商标侵权，执法人员对此存在 3 种不同意见。

第一种意见认为，B 玛钢厂销售给史某等 3 人的玛钢管件上虽然铸有赵某注册的商标，但 B 玛钢厂销售该批玛钢管件是因为赵某与该厂存在债务纠纷。《合同法》第 264 条规定：“定作人未向承揽人支付报酬或者材料费等价款的，承揽人对完成的工作成果享有留置权，但当事人另有约定的除外。”《担保法》第 87 条第 2 款规定：“债务人逾期仍不履行的，债权人可以与债务人协议以留置物折价，也可以依法拍卖、变卖留置物。”B 玛钢厂变卖该批玛钢管件属于依法行使留置权，不存在商标侵权行为，工商部门无权查处。

第二种意见认为，《中华人民共和国商标法》（以下简称《商标法》）第 52 条对侵权行为进行了明确界定。B 玛钢厂不是商标权人，其销售行为明显属于商标侵权，工商部门应当查处。

第三种意见认为，虽然《合同法》第 264 条规定了留置权，但《担保法》第 87 条第 1 款规定：“债权人与债务人应当在合同中约定，债权人留置财产后，债务人应当在不少于两个月的期限内履行债务。债权人与债务人在合同中未约定的，债权人留置债务人财产后，应当确定两个月以上的期限，通知债务人在该期限内履行债务。”本案中，B 玛钢厂没有按照《担保法》的规定给债务人留出债务履行期限，属于违法行使留置权，其行为构成商标侵权，工商部门应当查处。

1. 你赞成上述哪种意见？为什么？
2. 详细查找有关权利冲突解决方面的法律规范。

【练习与思考】

1. 留置权与抵押权和质押权的区别是什么？
2. 留置权成立的前提是什么？
3. 如何行使留置权？

第六节 定 金

一、定金概述

(一)定金的概念

我国《担保法》并未明确界定定金的概念。《担保法》第 89 条规定:“当事人可以约定一方向对方给付定金作为债权的担保。债务人履行债务后,定金应当抵作价款或者收回。给付定金的一方不履行约定的债务的,无权要求返还定金;收受定金的一方不履行约定的债务的,应当双倍返还定金。”在理论界,通常将定金定义为担保债权或者订立合同过程中,当事人双方依据法律规定或者约定,由其中一方于履行合同或签订合同前向另外一方支付一定数量的金钱。

(二)定金的法律特征

1. 定金是一种合同债权担保方式

定金是一种债权担保方式,与抵押以及质押不同,定金只能够为合同债权提供担保,对于侵权之债或者是不当得利等债权则不能以定金方式设定担保。而且,定金的担保在当事人之间形成债权关系,而非物权关系。在收受定金一方违约时,违约方是否能够按照法律规定向守约方双倍返还定金,需要结合其具体的偿债能力而定。

2. 定金的标的物为货币

作为债权担保方式的定金,不如抵押和质押的标的物种类丰富。诸如机器设备、房屋、土地使用权等都不能够作为定金的标的物,只有货币才可以作为定金的标的物。因此,定金既不属于人保,也不属于物保,而是属于金钱保证。

虽然定金主要以货币作为标的物,但是当事人之间也可约定以其他具有价值的物作为定金的标的物,例如,粮食、布匹等。但是,鉴于违约方须双倍返还定金,因此,定金不能是不可替代物。不过以货币还是实物作为定金的标的物,还存在着所有权转移方面的区别:以货币作为定金标的物,当定金实际交付合同的另一方时,货币的所有权也随之转移了;但是,如果以实物作为定金的标的物,则标的物的所有权并不随着占有的转移而发生转移。

3. 债务人履行债务后有权收回定金或者抵偿合同价款

采取定金方式作为合同债权担保的,如果合同债权到期,债务人按照合同约定履行了合同债务,那么债务人有权收回定金,或者出于提高合同效率的角度出发,将定金折抵合同价款。但是需要注意的是,定金并不具有预付款的性质。

4. 定金以交付作为成立条件

当事人可以约定采取定金方式作为实现合同债权的担保,但是,定金的成立需要以实际交付定金为前提;否则定金不生效。按照《担保法》第 90 条的规定:"定金应当以书面形式约定。当事人在定金合同中应当约定交付定金的期限。定金合同从实际交付定金之日起生效。"此外,《担保法司法解释》第 118 条规定:"当事人交付留置金、担保金、保证金、订约金、押金或者订金等,但没有约定定金性质的,当事人主张定金权利的,人民法院不予支持。"而且《担保法司法解释》规定,定金交付方实际交付的定金数额多于或者少于约定数额,视为变更定金合同;收受定金一方提出异议并拒绝接受定金的,定金合同不生效。

二、定金的种类

1. 违约定金

违约定金是惩罚违约方违约行为的定金。如果支付定金一方违反约定,则无权收回定金;如果收受定金一方违约,则须向守约方双倍返还定金。违约定金是最为广泛的一类定金,尤其是当事人没有在合同中对定金种类加以明确规定时,通常适用有关违约定金的规定。

2. 立约定金

立约定金是担保合同订立的定金。《担保法司法解释》第 115 条规定:"当事人约定以交付定金作为订立主合同担保的,给付定金的一方拒绝订立主合同的,无权要求返还定金;收受定金的一方拒绝订立合同的,应当双倍返还定金。"立约定金交付之后,当事人需要在规定或者是合理期限内决定是否与对方订立合同;超过了约定期限或者合理期限,则视为拒绝订约。

3. 证约定金

证约定金是为证明合同成立而设定的定金,主要适用于对当事人之间口头合同的证明。当一方按照约定向另一方支付了证约定金之后,证约定金合同成立,该合同成立的同时也证明了当事人之间口头合同的成立。

4. 成约定金

成约定金是作为合同成立或者生效条件的定金。《担保法司法解释》第116条规定:"当事人约定以交付定金作为主合同成立或者生效要件的,给付定金的一方未支付定金,但主合同已经履行或者已经履行主要部分的,不影响主合同的成立或者生效。"但是需要注意的是,在没有特别约定的情况下,是否交付定金并不能作为合同成立的要件之一。因此,将定金的交付作为合同成立或者生效的要件,必须要由合同的当事人在合同中加以明确约定。

然而,当事人约定以交付定金作为主合同成立或者生效要件的,给付定金的一方未支付定金,但主合同已经履行或者已经履行主要部分的,不影响主合同的成立或者生效。

5. 解约定金

解约定金是作为解除合同代价的定金。按照《担保法司法解释》第117条的规定,定金交付后,交付定金的一方可以按照合同的约定以丧失定金为代价而解除主合同,收受定金的一方可以双倍返还定金为代价而解除主合同。对解除主合同后责任的处理,适用《合同法》的规定。

三、定金的成立

一般来讲,定金的成立需要当事人签订种类明确的定金合同,并在定金合同中具体明确合同主体之间的权利义务关系。

(一)合同形式

按照《合同法》的规定,除非有特殊规定,合同既可以采取书面形式,也可以采取口头形式。但是,定金合同作为一类比较特殊的合同,根据《担保法》的规定,必须采取书面形式进行订立,以此明确合同主体之间的权利义务关系,避免纠纷的出现。

(二)合同内容

以书面形式订立的定金合同,需要就定金合同的以下基本事项进行约定:

1. 当事人的名称、住所

定金合同中的当事人因为定金种类的不同而有所不同。例如,违约定金合同中的当事人是债权人和债务人;立约定金合同中的当事人则是订约人。但是无论如何,定金合同的当事人不能是第三人。

在合同中表明当事人的名称的目的在于确定合同的主体,因此,合同必须由双方当事人签字,尤其书面合同更是如此。

当事人住所的确定有利于明确债务履行地以及诉讼管辖地等。

2. 定金的种类

当事人需要在定金合同或者相关条款中明确规定定金的种类,该定金究竟是违约定金,还是成约定金或者解约定金。可见,定金这种担保方式对于合同债权的担保力度是相对有限的。而且《担保法司法解释》第 118 条规定:"当事人交付留置金、担保金、保证金、订约金、押金或者订金等,但没有约定定金性质的,当事人主张定金权利的,人民法院不予支持。"

3. 定金的数额

定金数额属于当事人之间自由约定的项目,定金数额较高对于当事人的约束力也相对较强。但是按照《担保法》的规定,定金的数额不得超过主合同标的额的 20%。当事人约定的定金数额超过主合同标的额 20% 的,超过的部分,人民法院不予支持。假如实际交付的定金数额多于或者少于约定数额,视为变更定金合同;收受定金一方提出异议并拒绝接受定金的,定金合同不生效。

另外,在具体适用定金条款时,当事人一方不完全履行合同的,应当按照未履行部分所占合同约定内容的比例,适用定金罚则。

4. 交付定金的期限

当事人可以在合同中明确交付定金的期限,按照《担保法》的规定,定金合同从实际交付定金之日起生效。当事人约定以交付定金作为主合同成立或者生效要件的,给付定金的一方未支付定金,但主合同已经履行或者已经履行主要部分的,不影响主合同的成立或者生效。

5. 违约条款。

合同主体应当在合同中约定违约条款,按照《合同法》第 107 条的规定:"当事人一方不履行合同义务或者履行合同义务不符合约定的,应当承担继续履行、采取补救措施或者赔偿损失等违约责任。"当事人既约定违约金又约定定金的,一方违约时,对方可以选择适用违约金或者定金条款。

如果违约行为是由于不可抗力原因造成的,不能适用定金罚则。不过,如果违约行为是由于非合同方的第三人造成的,则仍要适用定金罚则,只不过违约方承担了责任之后可以向第三人追偿。

（三）定金的交付

无论是立约定金、成约定金，还是其他的定金种类，都要以实际交付作为生效的前提。当事人实际交付的定金数额与约定数额不符，只要收受定金一方没有提出异议并拒绝接受定金的，视为当事人之间的定金合同已经发生变更。

（四）当事人的权利义务

交付定金一方的主要义务是按照约定的期限和数额向另一方实际交付定金。然而，由于定金的标的物是货币或者可替代物，因此收受定金的一方并无保管的义务，所以收受定金一方的义务相对比较单一，即按照合同的约定与支付定金方订约或违约。

下面举一个案例①，加深对定金的理解：

北京市东城区人民法院审结了一起定金合同纠纷，由于不可归责于房屋出卖人与买房人的事由导致房屋买卖合同未能订立，而判决出卖人返还买房人定金 2 万元。

原告诉称，2010 年 8 月 23 日，原告为签订购房合同与被告达成定金条款，原告依约向被告支付了定金 2 万元。2010 年 9 月 1 日，被告向原告发告知函，要求原告在 2010 年 9 月 8 日前往某房地产经纪公司签署房屋买卖合同。原告按通知时间前往签约处，被告也来到签约处，但双方在房屋买卖合同的重大条款上未达成一致。故原告起诉要求被告返还原告定金 2 万元。

被告辩称原告所述事实不属实。被告提交短信及录音证据，证明双方于 2010 年 8 月 23 日在该房地产经纪公司就房屋买卖事宜已经达成一致意见并起草了书面合同，约定房屋的成交价为 140 万元、首付 70 万元、2010 年 8 月 30 日前支付首付款 20 万元。原告当天支付了定金 2 万元，剩余首付款约定过户当天结清。由于原、被告未当场签约，后被告向原告发告知函要求原告于 2010 年 9 月 8 日签约。原告到场后仍拒绝签署 2010 年 8 月 23 日达成的房屋买卖协议，并要求过完户再给首付款。因原告既不签约也不履约，无权要求返还定金，故被告不同意原告的诉讼请求。

法院经审理认为，原告交付了定金，被告出具了定金收据，双方已对定金的交付达成合意，其目的是为了签订房屋买卖合同。但原、被告双方并未约定双方签订房屋买卖合同的期限，双方虽多次协商，但因就房屋买卖合同的具体

① 张钰炜、缪婷婷：《口头协商未签约已付定金应返还》，载《人民法院报》2011 年 7 月 28 日。

条款不能达成一致,故未签订房屋买卖合同。被告虽辩称双方已就房屋买卖具体事宜达成一致,但被告提交的证据并不能证明双方未签订房屋买卖合同系原告所致,本案应属不可归责于原、被告双方的事由导致房屋买卖合同不能订立,故依法判决被告将定金返还原告。

1. 该案中的定金属于哪个种类的定金?
2. 定金对于当事人的约束是如何体现的?

【练习与思考】

1. 定金有哪些种类? 各种定金的作用是什么?
2. 定金条款和违约金条款的关系如何?

第七节　优先权

一、优先权概述

(一)优先权的概念

优先权有广义和狭义之分。广义的优先权是指债权人依据法律规定或者当事人之间的约定,就债务人或第三人的全部财产或者一般财产优先受偿的权利。抵押、质押以及留置都属于广义的优先权范畴。狭义的优先权是指债权人依据法律规定,对债务人的全部财产或特定财产享有优先受偿的担保物权。其中,以债务人的全部财产保障债权实现的优先权叫作一般优先权;以债务人的特定财产保障债权实现的优先权叫作特别优先权。通常提到的优先权是指狭义的优先权。

优先权是由法律直接规定的,其创设的目的主要是为了实现对弱者的特殊保护,充分贯彻人权理念,实现社会的公平。因此,其种类相对有限,并不像抵押、质押、保证以及定金一样,可以由当事人自由约定适用或排除适用。

(二)优先权的法律特征

优先权是不同于抵押、质押和留置的另外一种担保物权,有着自身独有的法律特征。

1. 优先权具有法定性

优先权是法律直接创设的权利,并不允许当事人任意设定。因此,各国的立法都采用列举的方式对优先权的种类加以明示。

2. 优先权成立无须公示

优先权的成立并不需要权利主体对债务人的全部财产或者某项特定财产进行占有或者登记,优先权的成立并不以占有或者登记作为生效要件。

3. 优先权具有从属性

优先权的从属性是指优先权从属于债权人的债权,不能脱离债权而单独存在。当债权转让或者消灭时,优先权也产生转移或消灭的法律后果。

4. 优先权具有不可分性

优先权的不可分性是指优先权的效力及于债务人全部财产或特定财产的全部。即使担保财产转让,优先权的效力仍存续于担保财产的全部。

5. 优先权具有物上代位性

优先权的物上代位性是指当债务人的财产因第三人侵害或者意外事件造成损害时,权利人的优先权并不因此而灭失,而是在债务人获得的损害赔偿金或者保险金上继续存在。

二、优先权的种类

优先权通常是以优先权之权利标的为划分标准的。按照优先权之权利标的的不同,可以将优先权划分为一般优先权和特别优先权。

(一)一般优先权

一般优先权是以债务人的一般财产而非特定财产作为标的物的优先权。优先权标的物的债务人一般财产范围相当广泛,既可以是动产,也可以是不动产。因此,可以将一般优先权进一步划分为动产一般优先权、不动产一般优先权和总财产一般优先权。

由于一般优先权的成立并不需要转移占有或者进行登记公示,因此难免与对债务人之特定财产具有抵押权、质押权或者留置权的权利主体发生权利冲突。在这种情形中,就需要对一般优先权的行使进行必要的限制。例如,当优先权人并未对债务人的财产以登记的方式进行公示,而其他权利主体已经对债务人的某项财产设定了抵押权,并且完成了抵押物的登记,此时的优先权人仅能就债务人其他未设定抵押权的财产行使优先权。

(二)特别优先权

特别优先权是存在于债务人特定财产上的优先权,该财产可以是动产,也可以是不动产。

《法国民法典》中规定的动产特别优先权有 9 类,不动产特别优先权有 8

类;《意大利民法典》中规定的动产特别先取特权(优先权)有 12 类,不动产特别先取特权(优先权)有 4 类;《日本民法典》中规定的动产特别先取特权(优先权)有 8 类,不动产特别先取特权(优先权)有 4 类;《阿尔及利亚民法典》中规定的动产特别优先权有 6 类,不动产特别优先权有 3 类;《澳门民法典》则不区分动产特别优先权与不动产特别优先权,将两者予以统一规定,一共仅有 4 类。[①]

三、我国现行的优先权种类

1. 为维护特定债权人利益而设的一般优先权

我国民事法律规范中,为了保护特定债权人的利益,为该类主体创设了一般优先权。例如,《破产法》第 113 条规定,破产财产在优先清偿破产费用和共益债务后,需要先行支付破产人所欠职工的工资和医疗、伤残补助、抚恤费用,所欠的应当划入职工个人账户的基本养老保险、基本医疗保险费用,以及法律、行政法规规定应当支付给职工的补偿金,之后是破产人所欠缴的其他社会保险费用和破产人所欠税款,最后才是普通债权人的债权。可见,在破产人破产清算过程中,破产企业的职工对于破产企业的破产财产具有一般优先权。

2. 为维护债务人生存利益而设的一般优先权

一般优先权不完全是为债权人所设的,在民法中还存在着为了债务人的生存利益而创设的一般优先权。例如,我国《民事诉讼法》相关条款规定,被执行人未按执行通知履行法律文书确定的义务,人民法院有权查封、扣押、冻结、拍卖、变卖被执行人应当履行义务部分的财产。但应当保留被执行人及其所扶养家属的生活必需品。

3. 建筑工程款的优先权

建筑工程款的优先权是保证承包人权益的优先权,其目的主要是为了解决工程款的拖欠问题,维护承包人以及建筑工人的合法权益。

针对建设领域普遍存在的拖欠工程款问题,1999 年,《合同法》第 286 条规定了承包人的工程款优先受偿权,该条规定:“发包人未按照约定支付价款的,承包人可以催告发包人在合理期限内支付价款。发包人逾期不支付的,除按照建设工程的性质不宜折价、拍卖的以外,承包人可以与发包人协议将该工程折价,也可以申请人民法院将该工程依法拍卖。建设工程的价款就该工程折价或者拍卖的价款优先受偿。”2002 年 6 月 11 日,最高人民法院就此又发

① 宋宗宇:《优先权制度研究》(2006 年博士学位论文),西南政法大学,第 50 页。

布了法释〔2002〕16 号《关于建设工程价款优先受偿权问题的批复》的司法解释(以下简称《批复》),《批复》中进一步明确了承包人的工程款优先受偿权优于抵押权和其他债权。2003 年年底,国务院出台了《国务院办公厅关于切实解决建设领域拖欠工程款问题的通知》(以下简称《通知》),《通知》要求用 3 年时间基本解决建设领域拖欠工程款的问题。

4. 运输工具的优先权

运输工具的一般优先权主要出现在《海商法》以及《中华人民共和国民用航空法》(以下简称《民用航空法》)中。

(1)船舶优先权

按照《海商法》的规定,船舶优先权是指海事请求人依照《海商法》第 22 条的规定,向船舶所有人、光船承租人、船舶经营人提出海事请求,对产生该海事请求的船舶具有优先受偿的权利。其中,海事请求具体包括:①船长、船员和在船上工作的其他在编人员根据劳动法律、行政法规或者劳动合同所产生的工资、其他劳动报酬、船员遣返费用和社会保险费用的给付请求;②在船舶营运中发生的人身伤亡的赔偿请求;③船舶吨税、引航费、港务费和其他港口规费的缴付请求;④海难救助的救助款项的给付请求;⑤船舶在营运中因侵权行为产生的财产赔偿请求。

因行使船舶优先权产生的诉讼费用,保存、拍卖船舶和分配船舶价款产生的费用,以及为海事请求人的共同利益而支付的其他费用,应当从船舶拍卖所得价款中先行拨付。而且船舶优先权不因船舶所有权的转让而消灭。但是,船舶转让时,船舶优先权自法院应受让人申请予以公告之日起满 60 日不行使的除外。

(2)民用航空器优先权

民用航空器优先权是指债权人依照《民用航空法》,向民用航空器所有人、承租人提出赔偿请求,对产生该赔偿请求的民用航空器具有优先受偿的权利。

下列各项债权具有民用航空器优先权:①援救该民用航空器的报酬;②保管维护该民用航空器的必需费用。

民用航空器优先权不因民用航空器所有权的转让而消灭。但是,民用航空器经依法强制拍卖的除外。

5. 满足税收目的的一般优先权

满足税收目的的一般优先权主要是为了满足国家税收的需要,例如,《破产法》规定,破产财产在优先清偿破产费用和共益债务以及破产人所欠职工的工资和医疗、伤残补助、抚恤费用,所欠的应当划入职工个人账户的基本养老保险、基本医疗保险费用,法律、行政法规规定应当支付给职工的补偿金之后,就需要优于破产人的一般债权人来清偿破产人所欠税款。

下面通过一段文字[①],加深对优先权的理解:

实践中,同一被执行人在不同地区、不同审级法院经常出现同为被告或被执行人的情形,也就经常出现享有优先受偿权的债权人申请执行的法院与首先采取控制措施获得优先处分权的法院不同一的情形。例如,原告某投资公司、被告某银行和第三人某实业公司委托贷款合同纠纷一案,执行法院查明,某实业公司作为被告涉诉众多,其名下的财产包含本案质押股权均因他案被查封,致使本案无法处分。但执行法院通过前期评估、依职权与相关法院及其他债权人协调,并在征得各方同意的情况下依法处理被冻结股权等有效举措的运用,对本案的顺利解决并取得良好效果发挥了积极的能动作用。

《最高人民法院关于人民法院执行工作若干问题的规定(试行)》(以下简称《执行规定》)第 88 条第 2 款规定,多个债权人的债权种类不同的,基于所有权和担保物权而享有的债权,优先于金钱债权受偿。该规定第 91 条第 1 款规定,对参与被执行人财产的具体分配,应当由首先查封、扣押或冻结的法院主持进行。该规定以采取执行措施的先后顺序作为确定主持分配法院的依据,但本案股权由先采取冻结措施法院处分既不经济高效,也不存在可操作性。

先采取保全查封措施的法院在相关案件判决(裁决)或裁定生效前不能对查封财产行使处分权。《执行规定》第 91 条第 2 款规定:"首先查封、扣押、冻结的法院所采取的执行措施如系为执行财产保全裁定,具体分配应当在该院案件审理终结后进行。"但二者又可相互转化,《最高人民法院关于人民法院民事执行中查封、扣押、冻结财产的规定》第 4 条规定:"诉讼前、诉讼中及仲裁中采取财产保全措施的,进入执行程序后,自动转为执行中的查封、扣押、冻结措施,并适用本规定第二十九条关于查封、扣押、冻结期限的规定。"本案中,如果机械理解先查封处分权,盲目等待相关案件审判或裁决生效,则将大大拖延享有担保权的债权人权益的实现,也不符合我国法律设立担保物权的目的。

就强制执行本身而言,它是一种公力救济手段,具有双重属性。其司法权

① 胡晓东、王征:《先查封处分权与优先受偿权冲突时的处理》,载《人民法院报》2011 年 5 月 25 日。

的一面，要求执行活动具有被动性，符合当事人主义的特征；其行政权的一面，又要求执行活动具有主动性，符合职权主义的特性。较之民事诉讼程序，执行程序应当更强调职权主义。在当事人依据生效法律文书向法院申请执行时，执行法院必须在规定的时限内开展对被执行人的财产查控措施、要求被执行人在一定期限内履行义务、处分被执行人的责任财产并进行分配等，这些行为都与具有纯粹消极性、被动型的审判权有所不同。具体到本案，某实业公司持有东环公司股权被多家法院查封，其价值尚不足清偿本案质押债权，且其合理处分还关系到本市重大市政工程的顺利完工，如果坐视其他系列案件最终定案才予解决，不仅损害本案债权人与债务人的合法权益，还增加债务人的负债成本，与他案债权人亦属无益。

【练习与思考】

1. 优先权的"优先"之处体现在哪里？
2. 设置优先权的法理依据是什么？

第十二章　金融监管法

第一节　金融监管法概述

一、金融监管的概念

政府对金融活动的监管最早可以追溯到1720年6月英国颁布的旨在防止过度证券投机的《泡沫法》。不过,该法案所指的金融监管并非现代意义上的金融监管。

金融监管(Financial Regulation)是一个外来词语,翻译成中文有着多种版本,或者金融管制,或者金融规制,或者金融监管,并没有形成完全统一的名词用法。[①] 戴相龙、黄达主编的《中华金融辞库》将金融监管界定为金融监督和金融管理的复合词,是指一个国家或地区的中央银行或其他金融机构依据国家法律法规对金融业实施监督管理的称谓。戴国强在其主编的《货币银行学》中指出,金融监管是金融监管当局基于信息不对称、逆向选择与道德风险等因素,对金融机构、金融市场、金融业务进行审慎监督管理的制度、政策和措施的总和。当然,还有很多学者从不同的角度对于什么是金融监管进行了界定。白钦先、张荔教授在其《发达国家金融监管比较研究》中写道:"金融产业持续发展的风险存在,势必需要科学有效的金融产业监管。金融监管是指一国政府或政府的代理机构对金融机构实施的各种监督和管制,包括对金融机构市场准入、业务范围、市场退出等方面的限制性规定,对金融机构内部组织结构、风险管理和控制等方面的合规性、达标性的要求,以及一系列相关的立

① 于永宁:《后危机时代的金融监管变革之道》(2010年博士学位论文),吉林大学,第15页。

法和执法体系与过程。”①

但是,无论对于金融监管的具体定义如何,都离不开以下几个构成要素:

1. 金融监管的主体

金融监管的主体通常是指对金融机构实施监管的政府或准政府机构。在金融监管实践中,实施金融监管的主体一般是该国或该地区的中央银行以及其他专门的金融监管机构。例如,在我国,中国人民银行、中国银行业监督管理委员会、中国证券监督管理委员会以及中国保险监督管理委员会都是金融监管的主体。

2. 金融监管的对象

金融监管的对象是金融监管的被监督主体,具体包括金融机构、金融市场以及金融业务。

(1)金融机构

金融机构主要是指商业银行、证券公司、保险公司以及信托投资公司等。

(2)金融市场

金融市场是进行金融活动的场所,现今的金融市场既有有形的市场,也有无形的市场。例如,货币市场、资本市场以及黄金、外汇市场等属于金融市场的范畴。下面以我国为例,对金融市场进行初步的了解。

①货币市场。货币市场是指期限在一年以内、以短期金融工具为媒介进行资金融通和借贷的市场,是一年期以内的短期融资工具交易所形成的供求关系及其运行机制的总和。货币市场是典型的以机构投资者为主体的市场。其活动的主要目的是保持资金的流动性:一方面满足资金需求者的短期资金需要;另一方面为资金充裕者的闲置资金提供盈利机会。就结构而言,货币市场主要包括同业拆借市场、回购市场、票据市场和大额可转让定期存单市场等。②

②外汇市场。中国外汇交易中心暨全国银行间同业拆借中心(以下简称交易中心)为中国人民银行直属事业单位,主要职能是:提供银行间外汇交易、信用拆借、债券交易系统并组织市场交易;办理外汇交易的资金清算、交割,负责人民币同业拆借及债券交易的清算监督;提供网上票据报价系统;提供外汇市场、债券市场和货币市场的信息服务;开展经人民银行批准的其他业务。

---

① 白钦先、张荔:《发达国家金融监管比较研究》,中国金融出版社 2003 年版,第 2 页。

② http://www.pbc.gov.cn.

交易中心总部设在上海，备份中心建在北京。目前，在广州、深圳、天津、济南、大连、南京、厦门、青岛、武汉、重庆、成都、珠海、汕头、福州、宁波、西安、沈阳、海口等18个中心城市设有分中心。①

③黄金市场。上海黄金交易所是经国务院批准，由中国人民银行组建，在国家工商行政管理局登记注册的，不以营利为目的，实行自律性管理的法人。遵循公开、公平、公正和诚实信用的原则，组织黄金、白银、铂等贵金属交易。其基本职能如下：提供黄金、白银、铂等贵金属交易的场所、设施及相关服务；制定并实施黄金交易所的业务规则，规范交易行为；组织、监督黄金、白银、铂等贵金属交易、清算、交割和配送；设计交易合同、保证交易合同的履行；制定并实施风险管理制度，控制市场风险；生成合理价格，发布市场信息；监管会员交易业务，查处会员违反交易所有关规定的行为；监管指定仓库的黄金、白银、铂等贵金属业务以及中国人民银行规定的其他职能。

(3)金融业务。金融业务即由金融市场主体开展的业务。例如，《商业银行法》第3条规定，商业银行可以经营下列部分或者全部业务：吸收公众存款；发放短期、中期和长期贷款；办理国内外结算；办理票据承兑与贴现；发行金融债券；代理发行、代理兑付、承销政府债券；买卖政府债券、金融债券；从事同业拆借；买卖、代理买卖外汇；从事银行卡业务；提供信用证服务及担保；代理收付款项及代理保险业务；提供保管箱服务以及经国务院银行业监督管理机构批准的其他业务。

《证券法》第125条规定，经国务院证券监督管理机构批准，证券公司可以经营下列部分或者全部业务：证券经纪；证券投资咨询；与证券交易、证券投资活动有关的财务顾问；证券承销与保荐；证券自营；证券资产管理以及其他证券业务。

3. 金融监管的内容

金融监管的内容，包括“监督”与“管理”两部分。进一步细化为市场准入的监管、市场运作的监管以及市场退出的监管。

(1)市场准入监管

市场准入是金融监管的第一道门槛，把好市场准入关对于金融市场的平稳运行、竞争环境的净化以及国民经济的发展都是至关重要的。如果放松对市场准入的监管，无疑会给其他环节的监管带来很大的困难。

市场准入监管主要包括对金融机构设立的监管以及业务开展的监管两个

① http://www.pbc.gov.cn.

方面。

①金融机构设立的监管。历史上对金融机构的设立采取的原则主要有自由主义、特许主义、准则主义以及审批主义四种。目前，审批主义已成为包括我国在内的很多国家和地区普遍采取的金融机构设立原则。例如，我国《证券法》第 122 条规定："设立证券公司，必须经国务院证券监督管理机构审查批准。未经国务院证券监督管理机构批准，任何单位和个人不得经营证券业务。"《商业银行法》第 11 条规定："设立商业银行，应当经国务院银行业监督管理机构审查批准。未经国务院银行业监督管理机构批准，任何单位和个人不得从事吸收公众存款等商业银行业务，任何单位不得在名称中使用'银行'字样。"

对金融机构设立方面的监管还体现在对金融机构设立分支机构的监管方面。例如，《商业银行法》第 20 条规定，设立商业银行分支机构，申请人应当向国务院银行业监督管理机构提交下列文件、资料：申请书，申请书应当载明拟设立的分支机构的名称、营运资金额、业务范围、总行及分支机构所在地等；申请人最近 2 年的财务会计报告；拟任职的高级管理人员的资格证明；经营方针和计划；营业场所、安全防范措施和与业务有关的其他设施的资料以及国务院银行业监督管理机构规定的其他文件、资料。

②业务监管。业务监管主要是指金融机构开办的各项业务，如同金融机构的设立一样，要接受来自金融监管机构的监管。对于业务的监管，可以维系一个国家或地区现有的金融监管模式。同时，也有利于监管部门对各个金融机构进行有针对性的监管。

例如，《证券法》第 125 条规定，经国务院证券监督管理机构批准，证券公司可以经营下列部分或者全部业务：证券经纪；证券投资咨询；与证券交易、证券投资活动有关的财务顾问；证券承销与保荐；证券自营；证券资产管理以及其他证券业务。《商业银行法》第 3 条规定，商业银行可以经营下列部分或者全部业务：吸收公众存款；发放短期、中期和长期贷款；办理国内外结算；办理票据承兑与贴现；发行金融债券；代理发行、代理兑付、承销政府债券；买卖政府债券、金融债券；从事同业拆借；买卖、代理买卖外汇；从事银行卡业务；提供信用证服务及担保；代理收付款项及代理保险业务；提供保管箱服务；经国务院银行业监督管理机构批准的其他业务。经营范围由商业银行章程规定，报国务院银行业监督管理机构批准。商业银行经中国人民银行批准，可以经营结汇、售汇业务。

《保险法》第 136 条规定，关系社会公众利益的保险险种、依法实行强制保险的险种和新开发的人寿保险险种等的保险条款和保险费率,应当报国务院保险监督管理机构批准。国务院保险监督管理机构审批时,应当遵循保护社会公众利益和防止不正当竞争的原则。其他保险险种的保险条款和保险费率,应当报保险监督管理机构备案。保险条款和保险费率审批、备案的具体办法,由国务院保险监督管理机构依照前款规定制定。

(2)市场运作监管

市场运作监管主要是对金融机构日常运营活动的监管。相较于市场准入监管而言,市场运作监管是对金融机构的持续性监管。市场运作的持续性监管,可以动态地对金融机构的市场行为进行监管,避免出现准入门槛高而日常经营门槛低的现象。

例如,《商业银行法》第 38 条规定:“商业银行应当按照中国人民银行规定的贷款利率的上下限,确定贷款利率。”按照《商业银行法》第 39 条的规定,商业银行贷款,应当遵守下列资产负债比例管理的规定:资本充足率不得低于 8%;贷款余额与存款余额的比例不得超过 75%;流动性资产余额与流动性负债余额的比例不得低于 25%;对同一借款人的贷款余额与商业银行资本余额的比例不得超过 10%;国务院银行业监督管理机构对资产负债比例管理的其他规定。《商业银行法》施行前设立的商业银行,在《商业银行法》施行后,其资产负债比例不符合前款规定的,应当在一定的期限内符合前款规定。具体办法由国务院规定。

再如,《证券法》第 171 条规定,投资咨询机构及其从业人员从事证券服务业务不得有下列行为:代理委托人从事证券投资;与委托人约定分享证券投资收益或者分担证券投资损失;买卖本咨询机构提供服务的上市公司股票;利用传播媒介或者通过其他方式提供、传播虚假或者误导投资者的信息以及法律、行政法规禁止的其他行为。有上述行为之一,给投资者造成损失的,依法承担赔偿责任。

(3)市场退出监管

相对于市场准入监管而言,市场退出监管更为重要。健全的市场退出机制,同样是金融监管制度的重要组成部分。但是相对于一般市场主体的市场退出机制而言,金融市场主体的市场退出机制较为特殊。这是由金融市场主体的特殊性决定的。

《保险法》第 145 条规定,保险公司有下列情形之一的,国务院保险监督管理机构可以对其实行接管:公司的偿付能力严重不足的;违反《保险法》规定,损害社会公共利益,可能严重危及或者已经严重危及公司的偿付能力的。

被接管的保险公司的债权债务关系不因接管而变化。

《商业银行法》第64条规定："商业银行已经或者可能发生信用危机，严重影响存款人的利益时，国务院银行业监督管理机构可以对该银行实行接管。接管的目的是对被接管的商业银行采取必要措施，以保护存款人的利益，恢复商业银行的正常经营能力。被接管的商业银行的债权债务关系不因接管而变化。"而且，当商业银行因解散、撤销或者破产进入清算程序之后，在支付清算费用、所欠职工工资和劳动保险费用后，应当优先支付个人储蓄存款的本金和利息，更大程度地保护存款人的利益，避免出现金融恐慌。

二、金融监管的理论

（一）公共利益论

公共利益论是金融监管的基础理论，该理论通常被用作解释政府监管行为的合理性的依据。该理论是以20世纪30年代那场大危机为契机而出现的。公共利益论认为金融市场存在着自然垄断、外部效应以及信息不对称等状况，因此为了促进公平竞争以及社会福祉的最大化，应该对金融市场进行全方位的监管。

（二）金融体系脆弱性理论

金融体系脆弱性理论是Minsky于1982年首次提出"金融不稳定假说"后逐渐形成并发展起来的，该理论的倡导者认为金融机构追求利润最大化的目标使得金融机构更多地从事一些高风险的活动，导致系统不稳定性的出现，而且这种不稳定性极容易在金融体系内传染，使得金融体系变得相当脆弱。因此，有必要对金融体系进行必要的监管。

（三）集团利益理论

集团利益理论是从金融市场不完备的角度来分析金融监管的。20世纪70年代以后，很多学者对于政府解决金融市场不健全问题的能力深表怀疑，陆续提出了政府掠夺论、多元利益论和特殊利益论。政府掠夺论、多元利益论和特殊利益论共同组成了集团利益理论的内核。

（四）功能监管理论

金融监管的功能监管理论是由莫顿和博迪提出的，该理论源于金融中介理论，认为金融功能远比金融机构更加稳定，金融机构应随着金融功能的变化而适时地进行组织机构、业务方向以及经营方针等方面的调整，而金融机构所作出的一系列调整会促使金融功能进一步提高。因此，功能监管理论的创立者莫顿和博迪认为,以金融功能作为监管对象更便于政府进行监管,也最有利于实现金融监管的各项目的。

(五)资本监管理论

资本监管理论是在20世纪90年代金融危机爆发时走入人们视野的。该理论认为为了维护金融体系的稳定以及实现金融监管的有效性,金融监管应以金融机构的资本为对象。美国1933年的《Q条例》以及1988年《巴塞尔协议》的推出,使得资本有效性的监管成为理论界研究的热点问题之一。

三、金融监管的目标

各个国家和地区的金融监管体制都是围绕着各自的金融监管目标进行构筑和具体设计的。因此,金融监管目标的设定可谓意义重大,它既要符合一国或地区各自不同的国情以及金融发展的实践,又要具有一定的前瞻性。参见表12-1。

表12-1 金融监管的原因与目标①

金融监管的必要性	金融监管的原因	金融监管的目标
金融体系的重要性和高风险性	自然垄断	保证公开、公平竞争(效率)
	外部效应	维护金融系统的稳定性(稳定)
	信息不对称	保护存款人和投资者的利益(公平)

(一)维持金融体系的安全与稳定

维持一国或地区金融体系的安全与稳定,是金融监管的首要和基本目标。

在市场经济日益向纵深发展的今天,金融企业的重要性逐渐凸显。然而,作为一类特殊的市场经营主体,金融机构本身是一个相对脆弱的市场主体,在其经营过程中既要面对信用风险、市场风险,还要应对汇率风险、利率风险等特殊性风险。稍有不慎,其经营上的失误都会在市场上造成一系列的连锁反应,影响到社会经济的良性发展。偶见于各个国家或地区的金融危机就很好地证实了这一点。因此,为了避免出现因金融企业经营危机而导致的不利影响,金融监管的首要目标就是要维持金融体系的安全与稳定。

① 纪琼骁:《中国金融监管制度的变迁》(2005年博士学位论文),武汉大学,第30页。

（二）维护金融秩序以及公平竞争环境

金融监管的第二个重要目标是要维护整个金融秩序的稳定以及构建金融市场公平的竞争环境。

公平有序的市场环境是金融市场得以良性稳步运营的基础。在无序混乱的市场环境下，各个金融企业为了争夺客户资源，提高企业经营效益，经常会采取包括窃取竞争对手商业秘密、大打产品“价格战”等在内的不正当竞争手段。久而久之会造成一部分金融企业倒闭，形成市场垄断，社会信用体系崩溃，继而影响到金融秩序的稳定。因此，维护稳定有序的金融秩序以及公平的竞争环境，也是至关重要的。

（三）维护金融行为参与者的合法权益

金融市场的行为主体不仅包括金融企业，还包括金融机构的客户。虽然，金融机构的客户与金融机构之间是一种平等的合同关系，但是鉴于经济实力、历史传承以及自我认同度等多种原因的影响，金融企业客户与金融机构之间的实际地位并不是平等的。因此，作为处于中立位置的金融监管机构，就有义务和责任纠正这种实际上的不平等关系。维护金融行为参与者的合法权益，顺理成章地成为了金融监管的目标之一。

四、金融监管的原则

金融监管主体对于金融市场的监管并不是随意而为，而是要严格遵循一定的原则。这些原则具体包括依法监管原则、公平、公正、公开原则以及综合统一原则。

（一）依法监管原则

依法监管原则是金融监管要遵循的首要原则，具体是指所有的金融监管活动都必须在法律的框架内进行，不得超越。尤其是实行金融业混业监管的国家，各个金融监管机构只负责本领域的金融监管，不得跨领域监管。

例如，《中华人民共和国银行业监督管理法》（以下简称《银行业监督管理法》）第4条规定：“银行业监督管理机构对银行业实施监督管理，应当遵循依法、公开、公正和效率的原则。”

（二）公平、公正、公开原则

公平、公正、公开原则要求金融监管机构的监管采取一致性的标准，不能因金融企业的资本规模、股东背景而有所不同，而且监管的手段必须是公开透明的，以此接受来自社会公众对金融监管机构的监督。

(三)综合统一原则

综合统一原则,是指金融监管机构的监管必须结合金融市场的动态发展特性,适时更新监管手段并综合使用各种监管手段,避免过度依赖单一监管手段,以此提高监管的有效性。但是,金融市场毕竟是一个各类金融机构和所有金融行为参与者共同"表演"的舞台,避免不了出现需要各类金融监管机构的通力合作。因此,金融监管需要各金融监管机构之间通力合作,避免各自为政局面的出现。

五、金融监管的手段

为了达到金融监管的目标,提高金融监管的效率,金融监管部门采取的金融监管手段通常包括法律手段、经济手段和行政手段。

(一)法律手段

法律手段的采用具体体现为,金融监管部门依据相关的金融法律、法规以及规章实现对金融机构的监管。与其他手段相比较,法律手段具有较强的强制性特征,能够更好地形成市场公平竞争的环境,强有力地实现金融监管目标。因此,各个国家和地区的金融监管部门多将法律手段作为实现监管目标的最主要手段。

例如,《银行业监督管理法》第15条规定:"国务院银行业监督管理机构依照法律、行政法规制定并发布对银行业金融机构及其业务活动监督管理的规章、规则。"《银行业监督管理法》第5条规定:"银行业监督管理机构及其从事监督管理工作的人员依法履行监督管理职责,受法律保护。地方政府、各级政府部门、社会团体和个人不得干涉。"《证券法》第179条也明确表明,国务院证券监督管理机构在对证券市场实施监督管理中有权依法制定有关证券市场监督管理的规章、规则,并依法行使审批或者核准权。

但是,法律手段也有其不可避免的弱点,就是法律法规的制定周期相对较长,修改程序较为复杂,相较于快速发展的金融实践具有一定的滞后性以及前瞻性不足等。

(二)经济手段

经济手段是指金融监管部门通过利益引导影响金融机构的经营。例如,中央银行对法定存款准备金率的调整,会影响到商业银行的贷款业务发展;中央银行采取的公开市场操作,会给金融机构以银根调整的启示。

经济手段的采用,对于各类金融机构均是机会与风险并存,并无对某类或某个金融机构的特别优待或者歧视性对待。经济手段的引导，有利于帮助金融企业规避市场风险，营造良性的运营与竞争环境。但是，从经济手段的推出到金融机构经营行为的调整，有一定的时滞，它并不如法律手段那样立竿见影。

（三）行政手段

行政手段是由作为金融机构监督管理的行政部门采取的，以发布文件、通知以及命令等方式对金融机构实施手段进行监管。与法律监管手段类似，行政监管手段具有较强的强制性特征，被监管主体必须遵照执行，否则会面临一系列的惩罚性措施。例如，中国银行业监督管理委员会第 109 次主席会议通过，并于 2012 年 1 月 1 日起施行的《商业银行理财产品销售管理办法》规定，“商业银行违反本办法规定开展理财产品销售的，中国银监会或其派出机构责令限期改正，情节严重或者逾期不改正的，中国银监会或其派出机构可以区别不同情形，根据《中华人民共和国银行业监督管理法》第三十七条规定采取相应监管措施”。

依照《商业银行理财产品销售管理办法》第 75 条的规定，商业银行开展理财产品销售业务有下列情形之一的，由中国银监会或其派出机构责令限期改正，除按照规定采取相关监管措施外，还可以并处 20 万以上 50 万元以下罚款；涉嫌犯罪的，依法移送司法机关：（1）违规开展理财产品销售造成客户或银行重大经济损失的；（2）泄露或不当使用客户个人资料和交易记录造成严重后果的；（3）挪用客户资产的；（4）利用理财业务从事洗钱、逃税等违法犯罪活动的；（5）其他严重违反审慎经营规则的。

虽然行政手段的时滞较短、监管效力较强，但是行政手段多是局部监管，针对性较强而整体性不足。另外，行政手段的内容不得与法律手段相冲突。

六、金融监管的内容

金融监管的内容主要集中在金融机构、金融工具以及金融市场这三个重点领域。下面简要介绍一下对金融机构的监管。

对金融机构的监管，主要是对金融机构的市场准入、业务运营以及市场退出的监管，也就是对从金融机构创设到运营，以及退出环节的全程监管。

（一）市场准入监管

对市场准入的监管，是指金融监管部门要严把金融机构准入关，明确金融机构的创立条件，严格执行审批程序，为净化金融市场环境把好第一关。

例如，我国《证券法》第 122 条规定：“设立证券公司，必须经国务院证券监督管理机构审查批准。未经国务院证券监督管理机构批准,任何单位和个人不得经营证券业务。”

《证券法》同时规定,设立证券公司,应当具备下列条件:(1)有符合法律、行政法规规定的公司章程;(2)主要股东具有持续盈利能力,信誉良好,最近3年无重大违法违规记录,净资产不低于人民币2亿元;(3)有符合《证券法》规定的注册资本;(4)董事、监事、高级管理人员具备任职资格,从业人员具有证券从业资格;(5)有完善的风险管理与内部控制制度;(6)有合格的经营场所和业务设施;(7)法律、行政法规规定的和经国务院批准的国务院证券监督管理机构规定的其他条件。

而且,对于证券公司的董事、监事、高级管理人员的任职条件都有严格的规定。

(二)业务运营监管

金融行业是风险种类众多而且高度集中的“高危”领域,经营上稍有不慎就会影响到社会的稳定以及国民经济的良性健康发展。因此,对金融机构日常业务运营的监管就显得尤为重要。

例如,对保险业的监管主要体现在对保险险种监管、保险费率监管、偿付能力监管以及对保险公司的整顿等方面。

1. 保险险种及费率的监管。鉴于人身保险和财产保险存在诸多不同,按照《保险法》的相关规定,在我国,人身保险业务和财产保险业务不得兼营。而且关系社会公众利益的保险险种、依法实行强制保险的险种和新开发的人寿保险险种等的保险条款与保险费率,应当报国务院保险监督管理机构批准。国务院保险监督管理机构审批时,应当遵循保护社会公众利益和防止不正当竞争的原则。其他保险险种的保险条款和保险费率,应当报保险监督管理机构备案。保险公司使用的保险条款和保险费率违反法律、行政法规或者国务院保险监督管理机构的有关规定的,由保险监督管理机构责令停止使用,限期修改;情节严重的,可以在一定期限内禁止申报新的保险条款和保险费率。

2. 偿付能力的监管。偿付能力是保险公司履行财务责任的能力。保险公司的偿付能力直接关系到保险合同主体生产生活状态的维护,关系到社会局面的稳定。因此,各个国家的保险监督管理部门均将对偿付能力的监管作为保险监管的主要内容之一。当然,我国也不例外。

对偿付能力不足的保险公司,国务院保险监督管理机构应当将其列为重点监管对象,并可以根据具体情况采取下列措施:①责令增加资本金、办理再保险;②限制业务范围;③限制向股东分红;④限制固定资产购置或者经营费用规模;⑤限制资金运用的形式、比例;⑥限制增设分支机构;⑦责令拍卖不良资产、转让保险业务;⑧限制董事、监事、高级管理人员的薪酬水平;⑨限制商业性广告;⑩责令停止接受新业务。

3. 保险公司的整顿

按照《保险法》的规定,保险公司未依照《保险法》的规定提取或者结转各项责任准备金,或者未依照规定办理再保险,或者严重违反资金运用的规定的,由保险监督管理机构责令限期改正,并可以责令负责人及有关管理人员进行调整。保险公司逾期未改正的,国务院保险监督管理机构可以决定选派保险专业人员和指定该保险公司的有关人员组成整顿组,对公司进行整顿。整顿过程中,被整顿保险公司的原有业务继续进行。但是,国务院保险监督管理机构可以责令被整顿公司停止部分原有业务、停止接受新业务,调整资金运用。而且当偿付能力低于国务院保险监督管理机构规定标准,不予撤销将严重危害保险市场秩序、损害公共利益的,由国务院保险监督管理机构予以撤销并公告,依法及时组织清算组进行清算。

4. 保险公司的接管

按照《保险法》第 145 条的规定,保险公司有下列情形之一的,国务院保险监督管理机构可以对其实行接管:①公司的偿付能力严重不足的;②违反《保险法》规定,损害社会公共利益,可能严重危及或者已经严重危及公司的偿付能力的。被接管的保险公司的债权债务关系不因接管而发生变化。

(三)市场退出监管

完备的监管内容不仅包含市场准入的监管以及业务运营的监管,而且还包括市场退出机制的监管。健全的市场退出机制可以净化市场环境,促进金融市场的良性运转。从实践角度出发,市场退出机制绝不仅仅是公司的破产清算或者是解散,它是一个包括公司、股东、业务等多层次的退出制度。

例如,保监会主席项俊波 2012 年 1 月 7 日在全国保险监管工作会议上指出,要研究制定市场退出的监管规定,建立针对股东、业务、人员、分支机构和法人机构的多层次、多渠道退出机制。明确市场退出的标准和程序,既可以是全国市场的退出,也可以是局部市场的退出;既可以是全面业务的退出,也可以是部分业务的退出;既可以是长期的退出,也可以是短期的退出。

下面以银行类金融机构为例,简单说明银行业的退出机制监管。

1. 业务退出。按照《银行业监督管理法》的规定,银行业金融机构违反审慎经营规则的,国务院银行业监督管理机构或者其省一级派出机构应当责令限期改正;逾期未改正的,或者其行为严重危及该银行业金融机构的稳健运行、损害存款人和其他客户合法权益的，经国务院银行业监督管理机构或者其省一级派出机构负责人批准，可以区别情形，采取下列措施：①责令暂停部分业务、停止批准开办新业务；②限制分配红利和其他收入；③限制资产转让；④责令控股股东转让股权或者限制有关股东的权利；⑤责令调整董事、高级管理人员或者限制其权利；⑥停止批准增设分支机构。

2. 接管。《银行业监督管理法》第38条规定："银行业金融机构已经或者可能发生信用危机，严重影响存款人和其他客户合法权益的，国务院银行业监督管理机构可以依法对该银行业金融机构实行接管或者促成机构重组，接管和机构重组依照有关法律和国务院的规定执行。"

3. 撤销。《银行业监督管理法》第39条规定："银行业金融机构有违法经营、经营管理不善等情形，不予撤销将严重危害金融秩序、损害公众利益的，国务院银行业监督管理机构有权予以撤销。"

4. 解散。《商业银行法》第69条第1款规定："商业银行因分立、合并或者出现公司章程规定的解散事由需要解散的，应当向国务院银行业监督管理机构提出申请，并附解散的理由和支付存款的本金和利息等债务清偿计划。经国务院银行业监督管理机构批准后解散。"

【练习与思考】

1. 金融监管的目的是什么？
2. 金融监管有哪些原则？
3. 金融监管的手段有哪些？
4. 金融监管的主要内容有哪些？

第二节　金融监管体制

一、理论金融监管模式

（一）机构型监管体制

机构型监管体制是指按照金融机构类型的不同进行金融监管机构的配置，各个金融监管机构只监管其负责的金融机构，不得僭越其监管范围而对其他金融机构进行监管。例如，银监会负责银行业的监管，保监会负责保险业的监管，而证监会负责证券行业的监管。

此种监管模式较适合金融市场发展的初期，这一时期各个金融机构之间分工较为明确,业务界限较为清晰,分工监管的效果较好。参见图12－1。

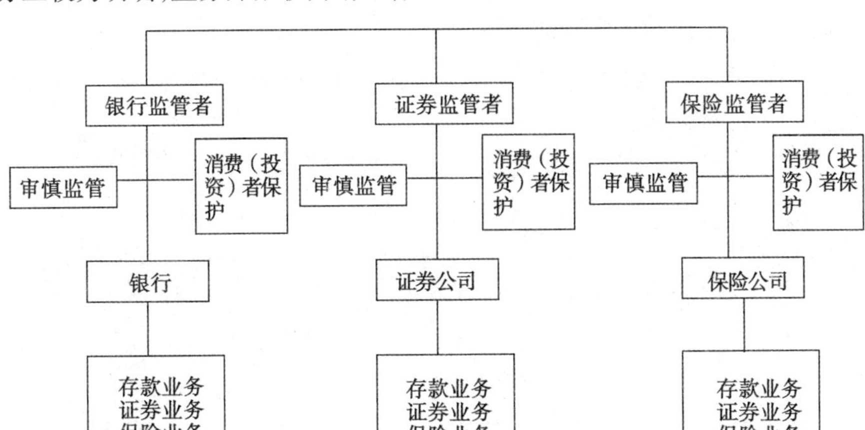

图12－1　典型的机构型监管模式①

我国目前的金融监管体制即属于此种机构型金融监管体制,我国现行的金融监管体制是由中国人民银行、银监会、保监会和证监会组成的"一行三会"的金融监管格局。但是,随着金融市场的纵深发展,各金融机构之间的业务范围界限逐渐模糊,机构型金融监管模式面临着监管权限上的尴尬,导致了金融监管上"真空地带"的出现,影响了金融市场的有序、健康发展。

(二)功能型监管体制

机构型金融监管体制主要适用于分业经营格局下的金融监管,但是随着金融市场的进一步发展,混业经营趋势日渐明显,机构型监管体制的局限性日益凸显。因此,以1997年诺贝尔经济学奖获得者罗伯特·默顿为首的哈佛商学院研究者指出,金融体系的功能相对于金融机构来说更具稳定性,并且随着现代融资技术的进步,金融机构的业务种类界限将会变得越来越模糊,应抛弃昔日以"机构类别"的概念区别金融市场的监管,而改从"功能层面"划分金融活动类型作为相关规范的基础,这是最早对功能型监管(functionary regulation)概念的描述。② 因此,功能型监管模式是指按照金融体系功能不同而构建的金融监管体制,是美国为了应对不断推进的金融创新浪潮以及混业经营

① 项卫星、李宏瑾:《当前各国金融监管体制安排及其变革:兼论金融监管体制安排的理论模式》,载《世界经济》2004年第9期。

② 吴竞争:《场外金融衍生品市场功能型金融监管研究》(硕士学位论文),华东政法大学,第18页。

实践而构建的金融监管模式。随着金融监管实践的发展,功能型监管被普遍认为是一种优于机构型监管的金融监管模式。参见图 12 - 2。

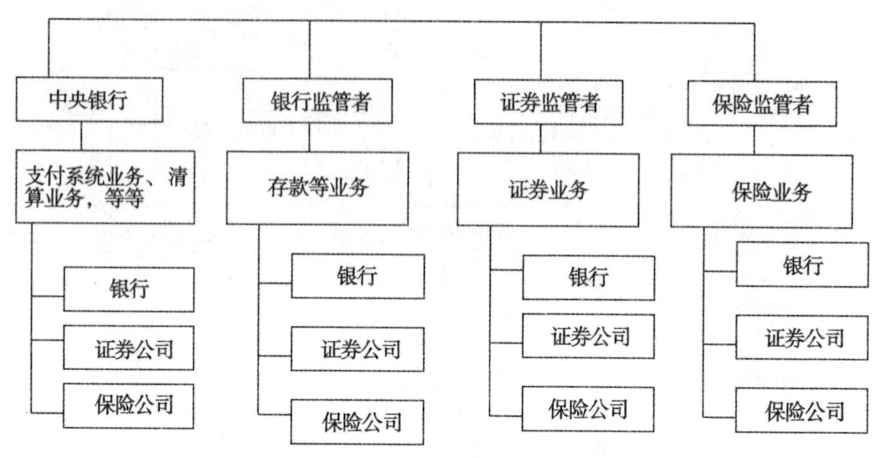

图 12 - 2　典型的功能型监管模式①

(三)目标型监管体制

目标型监管体制是指按照金融监管目标进行设计的金融监管体制。金融监管目标不同,与之配套的金融监管体制也不尽相同,但是与其他金融监管体制相比较,目标型金融监管体制对于金融市场发展的适用性更强,对于实现金融监管目的的针对性更强。因此,目标型监管体制逐渐受到了各个国家和地区的青睐。例如,荷兰在 2002 年金融监管体制改革的过程中,就借鉴了目标型监管体制的内核。

二、不同权力结构的金融监管模式

按照金融监管机构权力配置的不同,金融监管模式可以划分为双线多头的金融监管模式、单线多头的金融监管模式以及集中统一的金融监管模式。

(一)双线多头的金融监管模式

双线多头的监管模式具有"双线"和"多头"的特征。所谓双线,是指在中央以及地方都具有金融监管的权限;而"多头"则是指无论在中央或是地方,都设置有多个具体负责金融监管的机构。这种金融监管模式主要适用于具有

① 项卫星、李宏瑾:《当前各国金融监管体制安排及其变革:兼论金融监管体制安排的理论模式》,载《世界经济》2004 年第 9 期。

独特政治体制的国家,例如,美国和加拿大。以美国的银行业监管为例,美国设有联邦政府和州政府两级监管机构。联邦政府有五个主要的监管机构:美国货币监理署(OCC)、美国联邦储备体系(FED)、联邦存款保险公司(FDIC)、储蓄机构监管署(OTS)和国家信用社管理局(NCUA)。此外,美国各州政府也设立有银行监管机构。美国大多数银行由不止一家监管机构负责监管。[①]

在这种金融监管模式下,金融监管职责由多个机构负责,避免了单一监管机构在人力、物力等方面的监管难题,但是也容易造成多部门之间的权力重叠。

(二)单线多头的金融监管模式

单线多头的监管模式中的“单线”是指全国的金融监管权力都集中在中央一级政府,地方政府并无金融监管职权;“多头”则与双线多头的监管模式中的“多头”类似,即中央一级政府的金融监管职责要由多个部门分工负责。我国即属于此类金融监管模式。

该类金融监管模式因为权力配置的集中化,可以提高金融监管手段的贯彻执行力度。

(三)集中统一的金融监管模式

集中统一的金融监管模式与上述双线多头的金融监管模式以及单线多头的监管模式不同。在集中统一的金融监管模式下,负责金融监管工作的机构在全国范围内只有一个,通常是一国的中央银行。这种金融监管模式主要出现在金融市场相对不发达的阶段和地区。随着金融市场的日益壮大以及国际化趋势的加强,这种金融监管模式已经很难实现金融监管的目的。

三、金融监管模式的改革趋势

从20世纪70、80年代开始,国际范围内的金融监管出现了新的发展趋势,具体表现在安全与竞争、效率与成本相权衡的监管新理念、越来越重视金融机构的内部控制制度和行业自律机制、市场导向化和信息披露制度的强化以及监管者与被监管者合作的新监管理念。[②] 参见表12-2。

---

① http://www.pbc.gov.cn.

② 赵喆:《金融全球化趋势下我国金融监管体制的科学构建》(2008年博士学位论文),中国政法大学,第38—40页。

表 12－2　世界主要国家金融监管机构及监管对象①

	机构	时间	成立方式	监管对象
挪威	银行保险证券监管委员会	1986 年	银行监局与保险监局合并	银行、证券、保险
加拿大	金融机构监管局	1987 年	银行监管机构与保险监管机构合并	所有在联邦注册登记的金融机构和加拿大政府的养老金计划
丹麦	金融监管局	1988 年 1 月 1 日	银行、储蓄监管局与保险监管局合并	银行、保险公司、抵押贷款机构、养老基金和社会基金
瑞典	金融监管局	1991 年	银行监管局与保险监管局合并	银行、证券、保险
英国	金融服务局	1997 年	银行监管职能从英格兰银行分离与 9 家金融监管机构合并	各领域的金融活动
韩国	金融监管委员会	1998 年 4 月 1 日	银行监管职能从韩国银行分离并与银行监管厅（OBS）、证券监管委员会（SSB）、保险监管委员会（ISB）和非银行金融机构监管局（NSA）合并	各领域的金融活动
澳大利亚	审慎监管局	1998 年 7 月	银行监管职能从澳大利亚储备银行分离与保险局合并	银行、保险、养老基金、储蓄机构、信用社、住房贷款协会和友好互助协会
卢森堡	证券金融监管局	1999 年 1 月	银行监管部门与证券监管部门合并	银行、证券

① 卫新江等：《金融监管学》，中国金融出版社 2005 年版，第 19 页。

续表

	机构	时间	成立方式	监管对象
匈牙利	金融监管局	2000年4月1日	匈牙利银行与资本市场监管局、国家保险监管局、国家养老基金监管局合并	银行、保险、证券、投资基金、养老基金
日本	金融监管委员会	2000年7月1日	金融监管机构和金融体系计划厅从大藏省分离;成立综合性的监管机构	各领域的金融活动

【练习与思考】

1. 金融监管的模式有几种?
2. 金融监管的改革趋势如何?

第三节　商业银行监管

一、商业银行市场准入监管

商业银行作为吸收公众存款、发放贷款、办理结算等业务的企业法人,其经营范围以及社会影响都与一般的工商企业有着明显的不同。商业银行经营得稳定与否,不仅是自身经营效益好坏的问题,它还关系到整个金融业的安全,进而影响到人们生活的稳定以及社会经济的良性发展。因此,对商业银行实施监管,首先就要对其市场准入进行严格监管。

从相对宽泛的角度讲,商业银行的市场准入不仅包括创立准入,而且还包括营业范围的准入。创立准入是指能否设立商业银行经营商业银行业务的问题,而营业范围准入则是指对商业银行经营范围拓展上的限制。但是,通常所讲的商业银行准入都是指创立准入。

(一)商业银行的设立条件

1. 审批机构

设立商业银行,应当经国务院银行业监督管理机构审查批准。未经国务院银行业监督管理机构批准，任何单位和个人不得从事吸收公众存款等商业银行业务，任何单位不得在名称中使用“银行”字样。

2. 注册资本的要求

商业银行的注册资本要较一般的工商企业高得多，按照《商业银行法》的规定，设立全国性商业银行的注册资本最低限额为10亿元人民币，设立城市商业银行的注册资本最低限额为1亿元人民币，设立农村商业银行的注册资本最低限额为5千万元人民币。注册资本应当是实缴资本。国务院银行业监督管理机构根据审慎监管的要求可以调整注册资本最低限额，但不得少于前款规定的限额。

3. 申请文件的要求

按照《商业银行法》的规定，申请设立商业银行，需要向监管部门提交以下文件：(1)申请书，申请书应当载明拟设立商业银行的名称、所在地、注册资本、业务范围等；(2)可行性研究报告；(3)国务院银行业监督管理机构规定提交的其他文件、资料。

如果申请人提交的上述文件通过了银行业监管部门的审核，那么申请人还需提交以下文件：(1)章程草案；(2)拟任职董事、高级管理人员的资格证明；(3)法定验资机构出具的验资证明；(4)股东名册及其出资额、股份；(5)持有注册资本5%以上的股东的资信证明和有关资料；(6)经营方针和计划；(7)营业场所、安全防范措施和与业务有关的其他设施的资料；(8)国务院银行业监督管理机构规定的其他文件、资料。

经批准设立的商业银行，由国务院银行业监督管理机构颁发经营许可证，并凭该许可证向工商行政管理部门办理登记，领取营业执照。

(二)设立分支机构的条件

随着商业银行经济实力的提高，商业银行逐渐产生了扩大经营规模以及经营范围的诉求。而分支机构的创设恰好能够在相当程度上实现商业银行的经营诉求。虽然是分支机构，但是仍然要与商业银行的经营范围保持一致。因此，对商业银行分支机构的创设，也必须满足《商业银行法》规定的一系列前提条件。另外，商业银行分支机构不具有法人资格，只能在总行授权范围内依法开展业务，其民事责任由总行承担。商业银行对其分支机构实行全行统一核算，统一调度资金，分级管理的财务制度。

1. 审批机构

我国《商业银行法》对于商业银行分支机构设立的地域范围并没有限制，而是尊重商业银行开展业务的需要，可以在我国境内设立分支机构，也可以在境外设立分支机构。

但是,设立分支机构必须经国务院银行业监督管理机构审查批准。我国境内的分支机构,不按行政区划设立。

经批准设立的商业银行分支机构,由国务院银行业监督管理机构颁发经营许可证,并凭该许可证向工商行政管理部门办理登记,领取营业执照。

2. 营运资本

商业银行在我国境内设立分支机构,应当按照规定拨付与其经营规模相适应的营运资金额。拨付各分支机构营运资金额的总和,不得超过总行资本金总额的60%。

3. 申请文件

设立商业银行分支机构,申请人应当向国务院银行业监督管理机构提交下列文件、资料:(1)申请书,申请书应当载明拟设立分支机构的名称、营运资金额、业务范围、总行及分支机构所在地等;(2)申请人最近2年的财务会计报告;(3)拟任职高级管理人员的资格证明;(4)经营方针和计划;(5)营业场所、安全防范措施和与业务有关的其他设施的资料;(6)国务院银行业监督管理机构规定的其他文件、资料。

4. 营业要求

经批准设立的商业银行及其分支机构,由国务院银行业监督管理机构予以公告。但是,如果商业银行及其分支机构自取得营业执照之日起无正当理由超过6个月未开业的,或者开业后自行停业连续6个月以上的,由国务院银行业监督管理机构吊销其经营许可证,并予以公告。

例如,中国农业银行目前开设的境内分支机构有北京市分行、天津市分行、河北省分行、山西省分行、内蒙古自治区分行、辽宁省分行、吉林省分行、黑龙江省分行、上海市分行、江苏省分行、浙江省分行、安徽省分行、福建省分行、江西省分行、山东省分行、河南省分行、湖北省分行、湖南省分行、广东省分行、广西壮族自治区分行、海南省分行、四川省分行、重庆市分行、贵州省分行、云南省分行、西藏自治区分行、陕西省分行、甘肃省分行、青海省分行、宁夏回族自治区分行、新疆自治区分行、新疆兵团分行、大连市分行、青岛市分行、宁波市分行、厦门市分行、深圳市分行、天津培训学院、长春培训学院、武汉培训学院、苏州分行。境外分支机构有新加坡分行、香港分行、伦敦代表处、东京代表处、纽约代表处、法兰克福代表处、首尔代表处、悉尼代表处。

(三)商业银行的组织机构

在我国,商业银行的组织机构要按照《公司法》的要求进行建构,要有股东会、监事会以及董事会。国有独资商业银行不设立股东会,但是需要设立监事会,监事会的产生办法由国务院规定。有关董事会、监事会设置的职责在第三章有所交待,此处不再重复。

二、商业银行业务经营的监管

对于商业银行的监管,重点表现为对其日常业务运营的监管,当然也包括对其进行跨国经营的监管。

(一)监管内容

商业银行的经营范围需要报国务院银行业监督管理机构批准,经营结汇、售汇业务需要中国人民银行批准。如有违反,就要由国务院银行业监督管理机构责令改正,有违法所得的,没收违法所得,违法所得50万元以上的,并处违法所得1倍以上5倍以下罚款;没有违法所得或者违法所得不足50万元的,处50万元以上200万元以下罚款;情节特别严重或者逾期不改正的,可以责令停业整顿或者吊销其经营许可证;构成犯罪的,依法追究刑事责任。

按照《商业银行法》的规定,商业银行可以开展以下业务:(1)吸收公众存款;(2)发放短期、中期和长期贷款;(3)办理国内外结算;(4)办理票据承兑与贴现;(5)发行金融债券;(6)代理发行、代理兑付、承销政府债券;(7)买卖政府债券、金融债券;(8)从事同业拆借;(9)买卖、代理买卖外汇;(10)从事银行卡业务;(11)提供信用证服务及担保;(12)代理收付款项及代理保险业务;(13)提供保管箱服务;(14)经国务院银行业监督管理机构批准的其他业务。

另外,在商业银行经营过程中,需要严守审慎经营的原则,违反审慎经营原则的,国务院银行业监督管理机构或者其省一级派出机构应当责令限期改正;逾期未改正的,或者其行为严重危及该银行业金融机构的稳健运行、损害存款人和其他客户合法权益的,经国务院银行业监督管理机构或者其省一级派出机构负责人批准,可以区别情形,采取下列措施:(1)责令暂停部分业务、停止批准开办新业务;(2)限制分配红利和其他收入;(3)限制资产转让;(4)责令控股股东转让股权或者限制有关股东的权利;(5)责令调整董事、高级管理人员或者限制其权利;(6)停止批准增设分支机构。

(二)监管措施

商业银行运营的监管措施,主要有现场检查和非现场检查两种方式。针对不同的经济发展状况以及对商业银行监管的实际需要择机采取,两种监管方式也可以一并使用。

1. 现场检查

《银行业监督管理法》第34条规定了现场检查的相关内容,现场检查是银行业监督管理机构采取的主要监管方式之一,但是对商业银行的现场检查应当经银行业监督管理机构负责人批准。而且检查人员不得少于2人,并应当出示合法证件和检查通知书;检查人员少于2人或者未出示合法证件和检查通知书的,商业银行有权拒绝检查。

银行业监督管理机构根据审慎监管的要求,可以采取下列措施进行现场检查:(1)进入银行业金融机构进行检查;(2)询问银行业金融机构的工作人员,要求其对有关检查事项作出说明;(3)查阅、复制银行业金融机构与检查事项有关的文件、资料,对可能被转移、隐匿或者毁损的文件、资料予以封存;(4)检查银行业金融机构运用电子计算机管理业务数据的系统。

现场检查可以深入到商业银行日常经营管理的实践中去,及时、全面、准确地掌握商业银行的经营态势,深层次地发现商业银行经营过程中存在的各种各样的问题,防止经营风险的进一步扩散以及局面的恶化。

例如,美国银行业的现场检查会因商业银行规模和风险状况的不同而有所不同,但通常由资本充足性、资产质量、流动性、管理水平、盈利水平以及风险敏感性等六个方面构成。一旦被检查的商业银行存在严重的问题,监管部门会随之提高对该银行的检查次数,并相应地对之采取道义劝说、董事会特别决议、限制银行业务活动变更、发出停业命令、罚款、撤换经理层、资本恢复措施、资本重新归类和托管等措施。

2. 非现场检查

非现场检查主要采取与商业银行高级管理者约谈的方式进行。银行业监督管理机构根据履行职责的需要,可以与商业银行的董事、高级管理人员进行监督管理谈话,要求董事、高级管理人员就银行业务活动和风险管理的重大事项作出说明。

英国即是以非现场检查为主的国家,其银行业监管机构对商业银行的监管以非现场检查的方式,委托诸如外部审计师等社会中介机构进行,审计师事务所每年定期向银行业监管部门出具法律义务确认书。而在美国,非现场检查是银行业监管机构进行现场检查的基础。监管机构首先会收集银行财务报表,以此形成银行统一经营报表,继而运用预警系统对银行的经营和风险状况及趋势作出判断和预测,指导现场检查。

三、商业银行市场退出监管

商业银行的退出有动态和静态两种含义。动态的市场退出是指商业银行被吊销金融营业许可证、停止办理金融业务、注销法人资格的处置。[①] 静态的市场退出,则是指商业银行经营资格丧失的一种结果或者状态。

商业银行的市场退出,包括自愿的退出和被动的退出。

自愿的退出,是指在商业银行经营过程中出现了公司章程规定的需要解散事由,或者经股东大会决议解散等情形,向国务院银行业监督管理机构提出申请而主动结束商业银行市场运营的行为。我国《公司法》第181条规定,公司因下列原因解散:(1)公司章程规定的营业期限届满或者公司章程规定的其他解散事由出现;(2)股东会或者股东大会决议解散;(3)因公司合并或者分立需要解散;(4)依法被吊销营业执照、责令关闭或者被撤销;(5)持有公司全部股东表决权10%以上的股东,请求人民法院解散公司。

至于被动的退出,是指除了自愿退出之外的商业银行退出情形。

无论是主动的退出,还是被动的退出,商业银行的退出包括解散、撤销和破产三种具体的表现形式。

1. 解散

商业银行的解散多是因为商业银行出现了分立、合并以及公司章程约定的事由。

2. 撤销

商业银行的撤销是由商业银行监管机构主动进行的终止商业银行经营资格的行为。《银行业监督管理法》第39条规定:"银行业金融机构有违法经营、经营管理不善等情形的,不予撤销将严重危害金融秩序、损害公众利益的,国务院银行业监督管理机构有权予以撤销。"

3. 破产

破产可以从经济角度以及法律角度进行界定。经济角度的破产是指企业因经营失败而导致的无以为继;法律意义上的破产,是指处理经济上破产时债务如何清偿的法律制度。一般而言,破产是指破产清算制度,但是破产法律中的破产是一个相对广义的概念,不仅包括破产清算制度,还包括和解以及重整

---

① 李成编著:《金融监管学》,高等教育出版社2007年版,第89页。

制度在内。[①]

商业银行的破产，是指商业银行不能支付到期债务，经向银行监管机构提出破产申请，由人民法院作出裁定终止其法人资格的法律行为。与一般工商企业不同的是，商业银行不能径直向人民法院提出破产申请，而是首先要经监管部门的同意，再由监督管理机构向人民法院提出对该金融机构进行重整或者破产清算的申请。《商业银行法》第71条第1款规定："商业银行不能支付到期债务，经国务院银行业监督管理机构同意，由人民法院依法宣告其破产。商业银行被宣告破产的，由人民法院组织国务院银行业监督管理机构等有关部门和有关人员成立清算组，进行清算。"

在商业银行进行清算的过程中，商业银行的财产首先要清偿破产费用和共益性债务，当其财产不足以清偿所有破产费用和共益性债务时，则需要按比例进行清偿。

按照《破产法》的规定，破产费用主要包括：(1)破产案件的诉讼费用；(2)管理、变价和分配债务人财产的费用；(3)管理人执行职务的费用、报酬和聘用工作人员的费用。

共益性债务则包括：(1)因管理人或者债务人请求对方当事人履行双方均未履行完毕的合同所产生的债务；(2)债务人财产受无因管理所产生的债务；(3)因债务人不当得利所产生的债务；(4)为债务人继续营业而应支付的劳动报酬和社会保险费用以及由此产生的其他债务；(5)管理人或者相关人员执行职务致人损害所产生的债务；(6)债务人财产致人损害所产生的债务。

当破产财产在优先清偿破产费用和共益性债务后，剩余的破产财产依照下列顺序清偿：(1)拖欠职工的工资和医疗、伤残补助、抚恤费用，所欠的应当划入职工个人账户的基本养老保险、基本医疗保险费用，以及法律、行政法规规定应当支付给职工的补偿金；(2)欠缴的社会保险费用和所欠税款；(3)普通破产债权。破产财产不足以清偿同一顺序的清偿要求的，按照比例分配。

为了保护广大存款户的利益，维护稳定的社会环境，避免出现金融恐慌以及挤兑风潮，按照《商业银行法》的规定，商业银行破产清算时，在支付清算费用、所欠职工工资和劳动保险费用后，应当优先支付个人储蓄存款的本金和利息。这是商业银行破产清算不同于一般工商企业的独特之处。

---

① 王欣新主编：《破产法学》，中国人民大学出版社2008年版，第1页。

但是,需要注意的是,对于享有别除权[①]的债权人,对于破产人的特定财产享有不经破产清算程序而直接优先受偿的权利,只有当特定财产不足以满足其权利时,超过部分才和普通债权人一起参与商业银行破产清算。

另外,商业银行董事、监事或者高级管理人员违反忠实义务、勤勉义务,致使所在商业银行破产的,需要依法承担民事责任。而且按照《商业银行法》的规定,对商业银行破产负有个人责任的董事、监事或者高级管理人员不得再担任商业银行的董事、监事或者高级管理人员。

【练习与思考】

1. 商业银行监管的内容有哪些?
2. 商业银行监管的意义何在?

第四节　证券业监管

20世纪30年代以前,以亚当·斯密的《国富论》为代表的古典经济学理论认为,政府在市场经济中仅仅需要扮演"守夜人"的角色,无须对市场进行干预,市场有一只"看不见的手",这只"看不见的手"会对市场秩序进行自发的调节。因此,在这一理论的指导下,早期的证券监管以自律为主。但是,监管的缺失却导致了市场秩序混乱等事件的频繁发生,甚至一度造成金融危机的爆发。金融危机的爆发使得一国政府不能再对金融市场的发展坐视不理,例如,英国政府为避免"南海泡沫"事件的再次发生,防止证券过度投机,于1720年颁布了《泡沫法》,该法的颁布标志着国家对证券市场开始实施正式的监管。以此为开端,各个国家和地区陆续建立与完善了自己的证券监管制度。

证券监管,是指证券监督管理机构以矫正和改善证券市场内在的问题为目的,对于证券市场的各类主体及其行为进行监督管理的一系列行为的总称。可见,我国的证券监管是由专门的监管机构负责的。目前,我国已经形成了以证券监督管理委员会为主,由中国人民银行、财政部、国家发展与改革委员会、相关部委以及证监会各派出机构共同组成的监管体系,各组成部门分工明确,共同负责证券市场的监管工作。

① 别除权是指债权人因其债权在破产人的特定财产上设有担保物权或有其他法定优先权,从而在破产程序中优于普通债权人所享有的优先受偿权。

一、证券业市场准入监管

（一）上市公司市场准入监管

我国境内的上市公司所发行的股票须经我国证券监督管理委员会的批准。上市公司市场准入的监管主要是对其所发行股票上市交易的监管。股票的上市交易将会涉及更加广泛的群体利益，因此对上市公司的监管对于维护投资者的合法权益以及良好的社会投资环境是十分必要的。

1. 股票上市交易的条件

依《证券法》第50条的规定，股份有限公司申请股票上市，应当符合下列条件：(1)股票经国务院证券监督管理机构核准已公开发行；(2)公司股本总额不少于人民币3000万元；(3)公开发行的股份达到公司股份总数的25%以上；公司股本总额超过人民币4亿元的，公开发行股份的比例为10%以上；(4)公司最近3年无重大违法行为，财务会计报告无虚假记载。证券交易所可以规定高于上述规定的上市条件，并报国务院证券监督管理机构批准。

2. 上市公告

股票上市交易申请经证券交易所审核同意后，签订上市协议的公司应当在规定的期限内公告股票上市的有关文件，并将该文件置备于指定场所供公众查阅。按照《证券法》第52条的规定，申请股票上市交易，应当向证券交易所报送下列文件：(1)上市报告书；(2)申请股票上市的股东大会决议；(3)公司章程；(4)公司营业执照；(5)依法经会计师事务所审计的公司最近3年的财务会计报告；(6)法律意见书和上市保荐书；(7)最近一次的招股说明书；(8)证券交易所上市规则规定的其他文件。

（二）证券公司市场准入监管

证券公司是指依照《公司法》和《证券法》规定设立的经营证券业务的有限责任公司或者股份有限公司。证券公司的成立除了遵守《公司法》对于有限责任公司和股份有限公司设立方面的相关规定之外，还需要符合《证券法》所规定的以下几点条件：(1)有符合法律、行政法规规定的公司章程；(2)主要股东具有持续盈利能力，信誉良好，最近3年无重大违法违规记录，净资产不低于人民币2亿元；(3)有符合《证券法》规定的注册资本；(4)董事、监事、高级管理人员具备任职资格，从业人员具有证券从业资格；(5)有完善的风险管理与内部控制制度；(6)有合格的经营场所和业务设施；(7)法律、行政法规规定的和经国务院批准的国务院证券监督管理机构规定的其他条件。

另外,需要注意的是,证券公司开展的业务范围也要经过国务院证券监督管理机构的批准。《证券法》第 125 条规定,经国务院证券监督管理机构批准,证券公司可以经营下列部分或者全部业务:证券经纪;证券投资咨询;与证券交易、证券投资活动有关的财务顾问;证券承销与保荐;证券自营;证券资产管理以及其他证券业务。

二、证券业务监管

(一)证券发行监管

证券的发行必须遵守相关的法律、行政法规,禁止有欺诈、内幕交易和操纵证券市场的行为。而且证券的发行必须实行公开、公平、公正以及自愿、有偿、诚实信用的原则。因此,证券发行必须实行严格的市场准入,才能够使上述目的和原则得以充分实现。而对于证券发行的监管,主要是通过证券发行的审核制度得以实现的。

目前,世界范围内的证券发行审核制度主要有注册制和核准制两种。

1. 注册制

注册制是指在发行证券之前,证券发行人必须按照法律的规定先行注册才能够取得证券发行资格。在申请注册的时候,申请人需要按照法律的规定,提供本次证券发行的相关资料和基本信息,并保证提供信息的完整性和真实性。美国和日本是采取证券发行注册制的代表国家。美国《1933 年证券法》规定,发行人在发行股票前,要向证券交易委员会提出注册申请并提交注册申请书。证券交易委员会在收到其注册申请书之后,会对申请书中所记载信息的准确性和完整性进行初步审查,对于其中的错误会通知申请人加以修改。

2. 核准制

核准制是指证券发行资格的取得,必须取得证券主管机关批准的证券发行制度。相较于注册制,证券发行的核准制对于证券发行的要求更为严格。我国的证券发行制度属于核准制。《证券法》第 10 条第 1 款规定:“公开发行证券,必须符合法律、行政法规规定的条件,并依法报经国务院证券监督管理机构或者国务院授权的部门核准;未经依法核准,任何单位和个人不得公开发行证券。”

核准制的最大优点在于通过审核部门的严格把关,将一些存在巨大潜在风险的证券发行人排除在证券交易市场之外,降低市场交易风险。但是也容易造成投资者对于审核部门的过度依赖。

（二）证券交易监管

详见第五章“证券法”的相关内容。

（三）信息披露监管

详见第五章“证券法”的相关内容。

（四）公司并购与重组监管

详见第五章“证券法”的相关内容。

（五）证券行业自律组织的监管

我国的证券业协会是证券业的自律性组织，证券业协会的权力机构为全体会员组成的会员大会，证券业协会属于社会团体法人范畴。证券业协会的职责主要有：教育和组织会员遵守证券法律、行政法规；依法维护会员的合法权益，向证券监督管理机构反映会员的建议和要求；收集整理证券信息，为会员提供服务；制定会员应遵守的规则，组织会员单位的从业人员的业务培训，开展会员间的业务交流；对会员之间、会员与客户之间发生的证券业务纠纷进行调解；组织会员就证券业的发展、运作及有关内容进行研究；监督、检查会员行为，对违反法律、行政法规或者协会章程的，按照规定给予纪律处分；证券业协会章程规定的其他职责。

虽然证券业协会是依照会员大会制定的章程履行职责的，但是其章程必须接受证券监督管理机构的监管。

三、证券监管机构的职责和监管措施

（一）监管机构的职责

我国《证券法》第179条列示了监管机构的职责，具体如下：(1)依法制定有关证券市场监督管理的规章、规则，并依法行使审批或者核准权；(2)依法对证券的发行、上市、交易、登记、存管、结算，进行监督管理；(3)依法对证券发行人、上市公司、证券公司、证券投资基金管理公司、证券服务机构、证券交易所、证券登记结算机构的证券业务活动，进行监督管理；(4)依法制定从事证券业务人员的资格标准和行为准则，并监督实施；(5)依法监督检查证券发行、上市和交易的信息公开情况；(6)依法对证券业协会的活动进行指导和监督；(7)依法对违反证券市场监督管理法律、行政法规的行为进行查处；(8)法律、行政法规规定的其他职责。

（二）监管手段

依据《证券法》的相关规定，证券监督管理机构可以采取以下监管手段，对证券市场进行监督管理：(1)对证券发行人、上市公司、证券公司、证券投资基金管理公司、证券服务机构、证券交易所、证券登记结算机构进行现场检查；(2)进入涉嫌违法行为发生场所调查取证；(3)询问当事人和与被调查事件有关的单位和个人，要求其对与被调查事件有关的事项作出说明；(4)查阅、复制与被调查事件有关的财产权登记、通讯记录等资料；(5)查阅、复制当事人和与被调查事件有关的单位和个人的证券交易记录、登记过户记录、财务会计资料及其他相关文件和资料；对可能被转移、隐匿或者毁损的文件和资料，可以予以封存；(6)查询当事人和与被调查事件有关的单位和个人的资金账户、证券账户与银行账户；对有证据证明已经或者可能转移或者隐匿违法资金、证券等涉案财产或者隐匿、伪造、毁损重要证据的，经国务院证券监督管理机构主要负责人批准，可以冻结或者查封；(7)在调查操纵证券市场、内幕交易等重大证券违法行为时，经国务院证券监督管理机构主要负责人批准，可以限制被调查事件当事人的证券买卖，但限制的期限不得超过 15 个交易日；案情复杂的，可以延长 15 个交易日。

(三)监管机构的义务

《证券法》第 181 条至第 187 条规定证券监管机构的义务如下：

1. 国务院证券监督管理机构依法履行职责，进行监督检查或者调查，其监督检查、调查的人员不得少于 2 人，并应当出示合法证件和监督检查、调查通知书。监督检查、调查的人员少于 2 人或者未出示合法证件和监督检查、调查通知书的，被检查、调查的单位有权拒绝。

2. 国务院证券监督管理机构工作人员必须忠于职守，依法办事，公正廉洁，不得利用职务便利牟取不正当利益，不得泄露所知悉的有关单位和个人的商业秘密。

3. 国务院证券监督管理机构依法履行职责，被检查、调查的单位和个人应当配合，如实提供有关文件和资料，不得拒绝、阻碍和隐瞒。

4. 国务院证券监督管理机构依法制定的规章、规则和监督管理工作制度，以及依据调查结果对证券违法行为作出的处罚决定应当公开。

5. 国务院证券监督管理机构应当与国务院其他金融监督管理机构建立监督管理信息共享机制。

国务院证券监督管理机构依法履行职责，进行监督检查或者调查时，有关部门应当予以配合。

6. 国务院证券监督管理机构依法履行职责，发现证券违法行为涉嫌犯罪的，应当将案件移送司法机关处理。

7. 国务院证券监督管理机构的人员不得在被监管的机构中任职。

【练习与思考】

1. 证券业自律监管有什么作用?
2. 证券监管的内容有哪些?

第五节　保险业监管

对保险业的监管是金融监管的重要组成内容之一,具体是指保险监督管理部门依照法律的规定或者相关部门的授权对于保险业以及保险市场进行的监管,维护保险消费者的合法权益,维持并促进保险市场的繁荣稳定与发展。

一、保险监管模式

从世界范围考察,比较有代表性的监管模式有以下几种:

1. 监管与自律相结合模式

这种监管模式的典型代表是英国。1997 年之前的英国,采取实行议会立法、贸易工业部监管和行业自律相结合的监管模式。1997 年金融体制改革之后,英国成立了金融服务局,保险监管采取金融服务局监管与行业自律相结合的监管模式。

2. 双重监管模式

双重监管模式的代表国家是美国。美国实行联邦政府和州政府的双重监管。联邦政府以及州政府具有保险的立法权以及监管权,但是保险公司的监管仍以州政府的监管为主,美国联邦保险局只负责联邦政府法定保险,各州保险局负责保险监管事务。联邦保险局和各州保险局之间是平行关系而非隶属关系。①

3. 混业监管模式

混业监管模式是指对各类金融机构的监管均由同一监管部门负责,不再按照金融机构的种类设置不同的监管机构。日本是采取该种模式的国家之一。

4. 分业监管模式

分业监管模式是与混业监管模式相对应的一种金融监管模式,是指一国

① 郭宏彬:《保险监管体制比较研究》,载《生产力研究》2006 年第 7 期。

或地区针对其本国或本地区不同的金融部门设置独有的监管机构,单独发挥金融监管职能。我国目前的金融监管模式即属于分业监管模式。

二、我国的保险业监管

1. 保险费率的监管

保险费率是计算保险合同价格——保险费的基础,关系到保险功能的发挥以及保险当事人权益的维护。因此,保险公司保险费率的制定必须受到保险监督管理部门的监管。我国《保险法》第 136 条第 1 款规定:"关系社会公众利益的保险险种、依法实行强制保险的险种和新开发的人寿保险险种等的保险条款和保险费率,应当报国务院保险监督管理机构批准。国务院保险监督管理机构审批时,应当遵循保护社会公众利益和防止不正当竞争的原则。其他保险险种的保险条款和保险费率,应当报保险监督管理机构备案。"

2. 偿付能力的监管

偿付能力是考察保险公司经营稳定性最为关键的指标,理所当然是保险监管的重要项目之一。我国《保险法》第 138 条规定:"国务院保险监督管理机构应当建立健全保险公司偿付能力监管体系,对保险公司的偿付能力实施监控。"

对偿付能力不足的保险公司,国务院保险监督管理机构应当将其列为重点监管对象,并可以根据《保险法》第 139 条的规定,结合具体情况采取下列措施:(1)责令增加资本金、办理再保险;(2)限制业务范围;(3)限制向股东分红;(4)限制固定资产购置或者经营费用规模;(5)限制资金运用的形式、比例;(6)限制增设分支机构;(7)责令拍卖不良资产、转让保险业务;(8)限制董事、监事、高级管理人员的薪酬水平;(9)限制商业性广告;(10)责令停止接受新业务。

3. 保险公司的接管与整顿

保险公司经营得稳定与否直接影响到社会发展的稳定性,因此,当保险公司出现经营上的风险,影响到正常经营的时候,保险监督管理机构会及时采取必要措施,减轻对社会造成的不利影响。

按照我国《保险法》第 145 条的规定,保险公司有下列情形之一的,国务院保险监督管理机构可以对其实行接管:(1)公司的偿付能力严重不足的;(2)违反《保险法》规定,损害社会公共利益,可能严重危及或者已经严重危及公司的偿付能力的。被接管的保险公司的债权债务关系不因接管而变化。

【练习与思考】

1. 保险偿付能力监管意义何在?
2. 主要的保险监管模式有几种?

参考文献

[1]徐孟洲. 金融法[M]. 北京:高等教育出版社,2007.
[2]刘亚天,刘小军. 金融法[M]. 北京:中国政法大学出版社,2009.
[3]陶广峰. 金融法[M]. 北京:中国人民大学出版社,2009.
[4]朱崇实. 金融法教程[M]. 北京:法律出版社,2005.
[5]曾宪义. 中国法制史[M]. 北京:中国人民大学出版社,2000.
[6]孙国华,朱景文. 法理学[M]. 北京:中国人民大学出版社,1999.
[7]王利明. 合同法研究[M]. 第一卷. 北京:中国人民大学出版社,2002.
[8]王利明. 合同法研究[M]. 第二卷. 北京:中国人民大学出版社,2003.
[9]王利明. 物权法研究[M]. 上卷. 北京:中国人民大学出版社,2007.
[10]王利明. 物权法研究[M]. 下卷. 北京:中国人民大学出版社,2007.
[11]王利明. 民法总则研究[M]. 北京:中国人民大学出版社,2003.
[12]王利明. 民法[M]. 北京:中国人民大学出版社,2007.
[13]王小能. 中国票据法律制度研究[M]. 北京:北京大学出版社,1999.
[14]郭俊秀,蒋进. 证券法[M]. 厦门:厦门大学出版社,2004.
[15]范健,王建文. 证券法[M]. 北京:法律出版社,2010.
[16]叶林. 证券法[M]. 北京:中国人民大学出版社,2008.
[17]卫新江,等. 金融监管学[M]. 北京:中国金融出版社,2005.
[18]郭田勇. 金融监管学[M]. 北京:中国金融出版社,2009.
[19]李成. 金融监管学[M]. 北京:高等教育出版社,2007.
[20]丁孜山. 政策性银行经营管理[M]. 北京:中国金融出版社,2001.
[21]刘毅. 商业银行经营管理学[M]. 北京:机械工业出版社,2006.
[22]庄毓敏. 商业银行业务与经营[M]. 北京:中国人民大学出版社,2010.

[23]樊启荣. 保险法[M]. 北京:北京大学出版社,2011.
[24]贾林青. 保险法[M]. 第三版,北京:中国人民大学出版社,2011.
[25]郭明瑞. 担保法[M]. 北京:法律出版社,2010.
[26]杨红. 中华人民共和国物权法担保物权研究[M]. 北京:中国社会科学出版社,2007.
[27]王淑敏,齐佩金. 金融信托与租赁[M]. 北京:中国金融出版社,2006.
[28] 赵新华. 票据法问题研究[M]. 北京:法律出版社,2007.
[29]戴国强. 货币银行学[M]. 北京:高等教育出版社,2005.
[30]杨胜刚,姚小义. 国际金融[M]. 北京:高等教育出版社,2005.
[31]陈学彬. 中央银行概论[M]. 北京:高等教育出版社,上海:上海社会科学院出版社,2000.
[32]吴庆田,杨丽. 中央银行学[M]. 南京:东南大学出版社,2005.
[33]曹华. 中央银行学[M]. 北京:科学出版社,2006.
[34]郑美琴. 保险案例评析[M]. 北京:中国经济出版社,2004.
[35]王欣新. 破产法学[M]. 北京:中国人民大学出版社,2008.
[36]刘俊海. 股份有限公司股东权的保护[M]. 北京:法律出版社,2004.
[37]杨立新. 侵权责任法[M]. 北京:法律出版社,2011.
[38]唐义虎. 担保物权制度研究[M]. 北京:北京大学出版社,2011.